大 学 问

始 于 问 而 终 于 明

守望学术的视界

延续性的解读中看到"马达运作"对我们当代人社会精神文化的影响。

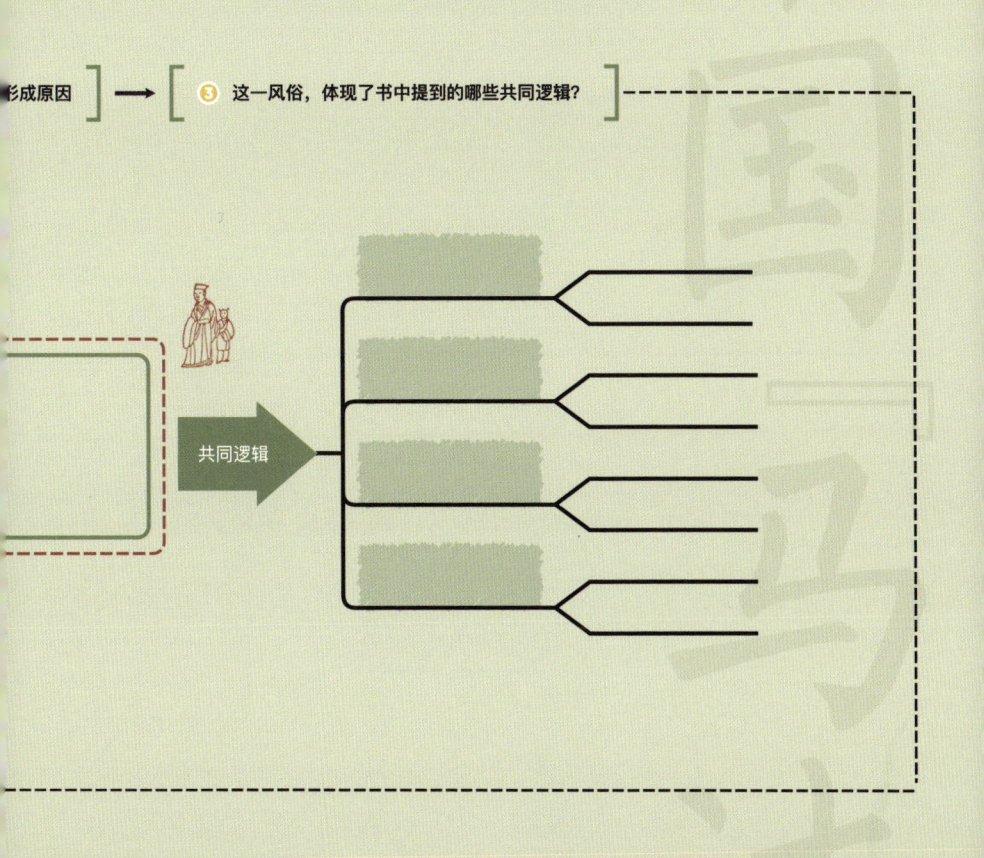

形成原因 → ❸ 这一风俗,体现了书中提到的哪些共同逻辑?

共同逻辑

China's Motor
A Thousand Years of Petty Capitalism

在贡赋制生产方式中

- ❶ 妇女：被定义为人口再生产者兼家庭主妇
  - 首要价值：为夫家传宗接代
- ❷ 女性劳动力：几乎没有现金价值
  - 妇女在家中仅仅是消费者
- ❸ 可供消费的嫁妆：对新娘的重要保护
  - 新娘在生下孩子之前，价值是不确定的，在婆家的地位模糊不清
  - 没有嫁妆意味着新娘在婆家没有保证其过上舒适生活的必要资金

形成原因

在小资本主义生产方式中

- ❶ 养育女性需要花钱，但当地劳动力市场可以让妇女为家里挣钱
  - 妇女的出嫁意味着家庭机会成本的损失
- ❷ 妇女作为劳动力可以为家里挣钱
  - 本身对于婆家来说就有价值

风俗

- 贡赋制生产方式占主导的地区
- 盛行偏重嫁妆的婚姻形式
- 由女方提供大笔嫁妆

扫码下载思维导图

中国社会中的嫁妆

小资本主义生产方式占主导的地区
- 盛行偏重聘礼的婚姻形式
- 主要或所有的婚礼开销由男方承担

共同逻辑 →

- 🚩 婚姻是**传统家庭再生产**的根本之道
  - 娶进来的媳妇成为家庭的永久性成员
    - 女工
    - 人口再生产者
- 🚩 妇女没有继承生产资料的权利
  - 只能从属于其他家庭成员
- 🚩 婚姻改变了妇女的从属
  - 将一个妇女从之前的从属于父母转变为从属于公婆
  - 如丈夫在公婆去世后继承了大部分家产，她又将从属于丈夫
  - 对夫家负有繁衍后代及经济方面的职责

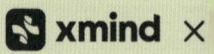

跟着作者的思维脉络，体察现下与我们息息相关的社会生活结构问题

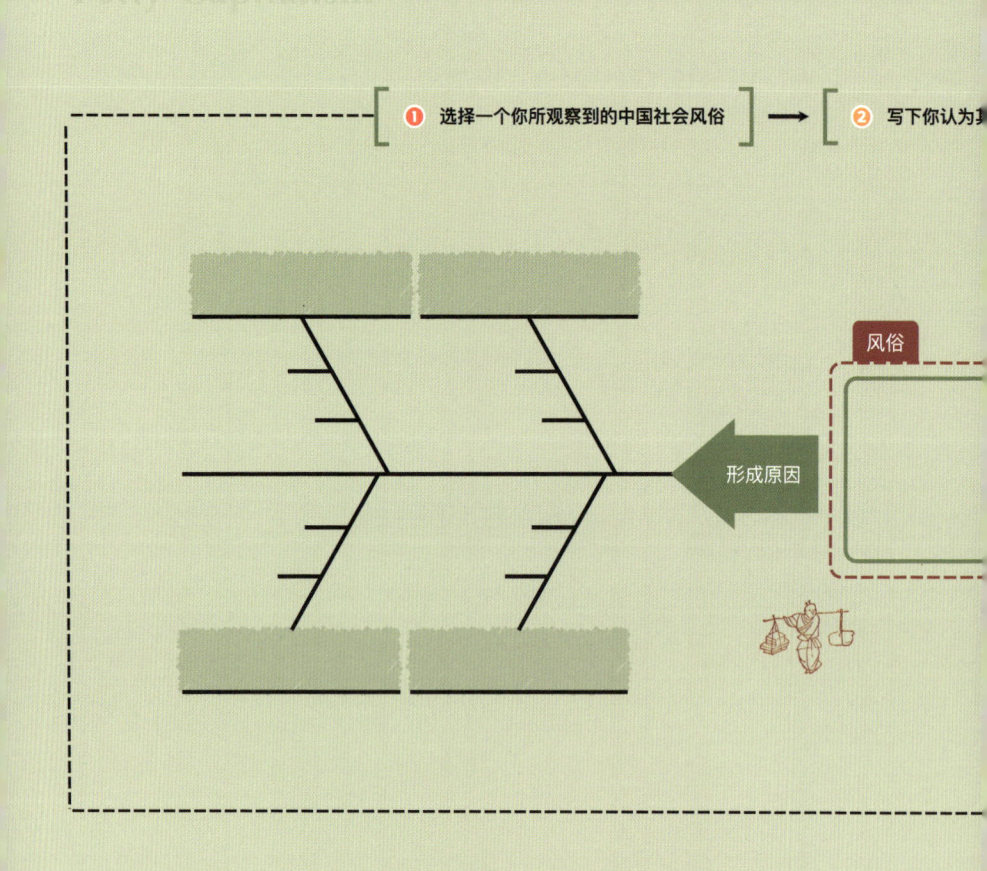

① 选择一个你所观察到的中国社会风俗 → ② 写下你认为其

风俗

形成原因

（美）葛希芝 著　马丹丹等 译　石峰等 审校

China's Motor
A Thousand Years of Petty Capitalism

960-1949

中国"马达"

"小资本主义"
一千年
（960—1949）

GUANGXI NORMAL UNIVERSITY PRESS
广西师范大学出版社
·桂林·

中国"马达":"小资本主义"一千年（960—1949）
ZHONGGUO "MADA": "XIAO ZIBENZHUYI" YIQIAN NIAN（960—1949）

图书在版编目（CIP）数据

中国"马达":"小资本主义"一千年 : 960—1949 /（美）葛希芝著；马丹丹等译. -- 桂林：广西师范大学出版社，2024.9（2025.5重印）. -- ISBN 978-7-5598-7375-0

Ⅰ. C912.4

中国国家版本馆 CIP 数据核字第 2024WV6438 号

广西师范大学出版社出版发行

（广西桂林市五里店路 9 号　邮政编码：541004）

网址：http://www.bbtpress.com

出版人：黄轩庄

全国新华书店经销

广西广大印务有限责任公司印刷

（桂林市临桂区秧塘工业园西城大道北侧广西师范大学出版社集团有限公司创意产业园内　邮政编码：541199）

开本：880 mm × 1 240 mm　1/32

印张：13.5　　　　字数：290 千

2025 年 2 月第 1 版　　2025 年 5 月第 2 次印刷

定价：89.00 元

如发现印装质量问题，影响阅读，请与出版社发行部门联系调换。

中文版序言

子在川上曰:"逝者如斯夫。"历史长河奔涌向前,瞬息万状,过去一百年的中国历史更是如此。工业化、由于医疗条件提高而出现的人口增长、新的社会制度、中国人民更加紧密地参与东亚之外的世界事务,以及不计其数的其他因素,让这个国家产生了前所未有的全球影响。其结果是,中国人民经历了社会的发展,并且适应了工作、休闲和自我表现的新方式。然而,他们以一种稳妥而又舒适的感觉,感受着"过去活在当下"。我认为,他们仍然是华夏子孙,因为他们的祖先在他们之前就是中国人;因为他们适应了同样宏大的国家图景;因为家庭和亲属关系仍旧是生活的核心;因为他们珍惜一个璀璨而又百变的中华美食谱系。上述林林总总,都呼应了"中国人"这样一个强大而又为其所挚爱的身份认同。然而,我认为,中国人民并没有完全意识到从他们的过去演变而来的另一个延续性——也许是最为重要的延续性。这一延续性是在劳动的控制与雇佣,与为了国家目标而分配的国家资源的内在逻辑之间,维系的微妙平衡;是在劳动的控制与雇佣,与通过市场外力交换家产的内在逻辑之间,维系的微妙平衡。

1968年,我在中国台湾开始尝试理解中国的生活方式。在中国台湾的实地考察及在中国大陆进行的很多阶段性调查,有两个目标。第一个目标,是了解日常生活的实践细节,以及普通人是如何谈论这些细节的;第二个目标,是寻找形塑这些细节和话语的文化与政治经济模式。

拙作《中国"马达":"小资本主义"一千年(960—1949)》就是用来描述这一平衡的。就理论导向而言,我转向了生产方式的西方马克思主义分析。传统的"生产方式"并不适用于中国历史。中国在治国方略方面日渐增长的复杂性、它的前工业化商业的充沛发展,以及这两者之间的复杂互动,与西欧的社会演化并不相似;对于后者而言,传统马克思主义的分析反倒相当适用。同样,我尤其饶有兴趣地发现,普通中国民众是如何经历了两种方式的存在与互动,并将其制度化,进而以此引导他们的生活的。政治经济分析所阐明的两个面向的透镜,或许可以解释中国人文地理、家庭、亲属关系、婚姻、性别及民间信仰的历史的诸多面相吧。

自拙作开始相关调研及撰写,至今已经过去二十多年。时隔二十年,经历了很多的附加变化之后,中国的知识分子开始重新思考他们的历史。拙作因为强调了中国社会与过去的结构性延续,现在倒可以说,与希望从帝制晚期汲取经验教训的中国人论调一致了。我希望本书所提供的独特视角可以从某种细微之处,于此有所裨益。

《中国"马达"》有机会以中文面世,首先要归功于上海交通大学人文学院历史系张佩国教授、上海大学社会学院马丹丹副教授,以及东华大学邵蕴绮女士、临沂大学历史文化学院陈建博士、贵州师范大学历史与政治学院石峰教授等朋友。我对这支翻译团队所付出的孜孜不倦的劳动,表示由衷的赞赏。广西师范大学出版社近二十年来为引入人类学学术前沿成果做了卓越贡献。本书中文版能够在广西师范大学出版社出版,我倍感荣幸。非常感谢广西师范大学出版社的刘隆进先生,是他独具慧眼,才使本书中译本"起死回生",得以呈现在广大中国读者面前。编辑王佳睿、陈焯玥专业的编辑水准和严谨的职业精神,更为译稿锦上添花。在此,谨对他们表达诚挚的谢意。

葛希芝(Hill Gates)

2021 年 4 月 16 日

圣罗莎,加利福尼亚州

致 谢

作者按照惯例所做的致谢,应该小心展开,既不自我丑化,也不涂脂抹粉。然而所有写过书或哪怕认真读过一本书的人,都会意识到作者灵感来源的独特性,所谓"文责自负"。然而我的内心充满着对那些也许毫不知情的局外人的感激,我还是要感谢他们,不管他们是否接受。

在试图对中国的社会运行轨迹进行理解的过程中,使我砥砺前行的那些批评和鼓励,更多的是来自人类学家的,而非来自那些中国研究的专业学者的。对于那种中国人为自己营造的语言世界,专业学者们往往是乐此不疲的,他们或许也能像中国学者那样得心应手。不过在本书的写作中,我却往往勉为其难。但这也使得我时常能在那些来自中国的珍宝——一篇篇文献和一次次访谈中挖掘出更为深刻的含义。看来,我的这种"初生牛犊"的状态也并非坏事。"这些更深的含义是什么呢?——或者应更为直截了当地说——谁会关注这些深刻的含义呢?"——对于这个问题,那些中国问题专家往往是不会彼此质疑的,但它是我在自己的著作中致力于探求的。当然,这往往也是醉心于宏大问题的学者们所关注的问题,不过这就要求他们必须打破学科的藩篱、跨越文化的边界。毫无疑问,那些致力于对所有人类社会的相似性和差异性进行阐释的人类学家正是这类学者。这些人当中的佼佼者是埃里克·沃尔夫(Eric R. Wolf),他的作品概括了人类学可以为理解人类文明做出的贡献;以及戴玛瑙(Norma J. Diamond),她一针见血的语言与激进的政治立场赋予中国研究以论战色彩。我将永远感激他们在20世纪60年代末给我的教诲,当时密歇根大学人类学系正处于革命思想激荡的时代。

　　对中国文化的这一阐释进行整合的想法是在我于1981—1982年访问约翰·霍普金斯大学人类学系之后许久才从脑海里浮现的。凯瑟琳·范德瑞(Katherine Verdery)和芮马丁(Emily Martin Ahern)耐心地倾听了我的观点,与此同时,并不繁重的教学工作使我能够把一些观点写作成文。接下来在我视如家园的中密歇根大学(Central Michigan University)社会学与人类学系任教的数年间,当我企图寻找一个既是马克思主义又非欧洲中心论的中国视野的时候,大学的同仁们同我一起讨论、比较并提供了替代性假设。在这些对我期许甚高且令人愉悦的同事当中,我得益于利特尔博士(Alice Littlefield)最多,她是一位真正的女性主义者,也是一位据我所知思路最清晰的社会思想家;卡洛斯·柯(R. Carlos Kirk)凭借他的政治敏感和作为一个田野工作者所具备的对墨西哥的深切理解,尖锐地评价了我对东亚的感知;莱瑞·瑞纳德(Larry T. Reynolds)对社会理论的渊博知识及其绝佳的左派观点使我确信远距离的视野最有助于社会分析的聚焦。社会学与人类学系,以及中密歇根大学,不仅慷慨地提供了他们微薄的研究资源,还给予我时间和金钱方面的资助,使我基于整体论述的田野调查得以施行。我还要特别归功于当时的系主任罗纳德·约翰斯通(Ronald L. Johnstone)先生,他是一位具有绅士风度的学者。我还要对我们系里的其他成员表达感谢,特别是南希·莱斯(Nancy Leis),当我不得不离开时,她承担了我的教学任务。

书写的时间是一个学者所渴求的最有价值的东西了。在1989—1990年间,我就有幸获得了这样可爱而不被打扰的一年时光,它是旅居剑桥大学及其纽纳姆学院(Newnham College)的美国朋友送给我的礼物。追随着最为严苛的英国学术传统,我在纽纳姆学院忙碌的同仁们让我在沉浸于其优雅建筑和精美园林的同时完成了这部手稿。他们给予我的友爱无以复加。已故的纽纳姆学院高级研究员华德英(Barbara Ward)是一位优秀的民族志学者,在我翻阅她保存在纽纳姆学院图书馆的有关中国的文献时,她总是在一旁如影随形地默默陪伴。

我还要感谢洪基隆(Keelung Hong)、欧爱玲(Ellen Oxfeld)、罗圣豪(John Rohsenow)、罗威廉(William Rowe)、沙学汉(David Schak)等学者,他们阅读了本书的全部或部分手稿,并指出了拙著中一些明显的错误。

最后,我要感谢武雅士(Arthur P. Wolf)。武雅士和我在1985年底开始了一系列关于这本书——以及其他事物——的谈话;我们至今还没有结束此类谈话。他当时很直接地对我说,如果我不认真对中国亲属关系制度进行分析,就不会有人读这本著作。我一直觉得对中国亲属关系的研究索然无味,因而刚听他建议的时候满怀疑惑。但对这一问题的思考最终却使我克服了多年来阻碍本书完成的困难。武雅士对中国的看法,以及所采用的理论和方法几乎和我没有什么不同。的确,我们都基于共同的立场:我们身处物质世界,行事迂拙木讷,而不屑于虚与委蛇。他的批评,他对于使用定量数据的建议,以及我徒劳而又乐此不疲地试图说服他"我是对的"的过程,比其他任何事物都更有助于我构想和完成这一研究规划。

葛希芝

于加州斯坦福

帝制中国中晚期的朝代更迭

宋朝　　　　　960—1279
元朝　　　　　1271—1368
明朝　　　　　1368—1644
清朝　　　　　1636—1911

目　录

第一章　导论　*1*

第二章　贡赋制和小资本主义生产方式　*18*

　　生产方式理论　*24*
　　中国的贡赋制生产方式（TMP）　*30*
　　小资本主义生产方式（PCMP）　*43*
　　小资产阶级　*53*
　　小资本主义生产方式和资本主义的对抗　*58*

第三章　体系之中的运作　*64*

　　生产方式之间的竞争　*65*
　　根源于小资本主义生产方式的性别观　*71*
　　人口增长的原因与结果　*83*
　　生产的国家强化　*93*

第四章　城市与空间　*96*

第五章　宗族：国家与家户　*132*

少数民族的影响　*135*
法律控制和流行的看法　*135*
财产关系的一致性与用工的灵活性　*143*
通过合约塑造的家　*151*
祖产、"资本"及小资本主义积累　*156*

第六章　宗族：世系群　*161*

宗族的起源　*163*
宗族和商品生产　*168*
宗族和不平等　*176*
宗族的多样化　*180*

第七章　嫁妆和聘礼　*190*

偏重嫁妆的大婚（MMD）　*193*
买卖婚姻　*201*
嫁妆和聘礼　*209*
婚姻交换的分配　*215*
武雅士的数据　*224*
卜凯的数据　*229*

第八章　民间意识形态：统治者与老百姓　*233*

民间意识形态和物质社会　*238*
天界的等级体系　*244*
阴间的政治经济　*255*

献给神明的钱　*265*
金钱的道德性　*272*

第九章　民间意识形态：女人与男人　*278*

仪式中的妇女　*282*
阴与阳　*289*
独身的典范　*296*
生育与妇女权力　*310*
作为抵抗的民间意识形态　*315*
自然性别　*320*

第十章　结论　*323*

附录：嫁妆占婚礼开销的比例　*337*

参考文献　*345*

翻译后记　*410*

第一章　导论

郑州的货虽全,却没有刺猬皮领子、猪皮大褂、金粪叉子、银粪筐。

——明恩溥（Arthur H. Smith）,《中国的谚语》（Chinese Characteristics）

1895年3月,深受与日本交战之苦,加上令人丧气地应对半个世纪以来西方帝国主义的入侵,中国已经疲惫不堪。这场战争使日本人的铁蹄踏遍中国北方的满洲,同时日本还准备进攻地处中国西南①沿海的富饶的台湾岛。就在此时,一个名叫詹姆斯·W.戴维森（James W. Davidson）的年轻美国人踏上了这个气候湿润的边陲省份。作为一名战地记者,他是来观察双方一触即发的军事冲突的。

---

① 译者注:这里应该是东南沿海。

由于找不到多少有关中国台湾的资讯,戴维森开始自己撰写相关历史。他的书出版于1903年,囊括了他做的历史研究、个人观察以及他在岛上居住的几年里搜集的一些奇闻轶事。那时中国台湾正处于为期几十年的茶叶出口繁荣期,然而当地人却没怎么见过外国人,也几乎没有领略过西方的工业产品,仍处于高度机械化的工业时代影响的外围。那些从当地出口的茶叶、大米和糖的生产都因循着传统农业时代几个世纪以来的技术和社会制度——那些灵巧简单的工具及对家庭作坊的高度依赖。这些当地人跟现在的中国台湾人很不一样,他们的经济与西方的经济存在着一些有趣而微妙的差异。

中国最早从西方引入的技术之一就是铁路。建造于1887年的一段铁路连接了台北和基隆这个小港口。在这段铁路上的旅行经历让戴维森写下了一段令人心烦的描述:

> 列车员突然意识到他的职责,开始收车票钱。乘客中很少有上车前就买好车票的,没有买票的乘客要么想在车上付费(补票),要么压根不想付钱……他们[逃票的]占了很大的比例,都显得很不情愿掏出哪怕一分一厘的钱,但售票员很坚持,非要等到对方掏出一点东西不可。乘客通常会先拿出一小串钱交给售票员,他大致清点一下,常常发现离需要支付的车费还差很远……于是双方逐渐提高嗓门吵嚷起来,一直到乘客掏出的钱接近车费才罢休,要么售票员自己喊累了就放弃了……虽然这个过程颇费力,但售票员却乐此不疲:这让他有机会"榨取"一些东西。要是所有人都能出示车票,这就不

可能发生了……售票员接着对付的是赤贫的穷人,这些人的生活至少像他们自己描述的那样悲惨。他们中有三到四个完全拒绝付钱,于是争吵重新开始。售票员去搜这些人的衣服,……然后从这些人中的第一个那里抓走一只鸡,从第二个人那里拎起一个组合枕头和小箱子,从第三个人那里拿到了一卷脏兮兮的布。当售票员回到我的小车厢时,他表现出一派波澜不惊的样子,显然颇为满意自己的收获。我不知道火车到达基隆的时候,这些东西有没有被赎回。(戴维森,1967:251)

戴维森后来提到,要在这条铁路上承担货物运输任务,就需要相邻的几个站长都进行投标。运输费用更多取决于铁路雇员之间的竞争而不是任何议定的日程。投标出价最低的站长最后收到的钱就会相应减少。

戴维森来自世界另一端的铁路运输大国,那里有庞大而复杂的铁路组织。因此他犯了一个错误。他用居高临下的语气所做的描述很容易误导那些第一次读到这些文字的人:他假定那些进口的铁轨、车厢、机器引擎等都会自动携带一个使用者系统,把生产它们的人类的活动方式、习惯和价值体系都同时进口。他想当然地认为每一个理性、正直的人都会接受这样的理念,即乘火车必须要提前买票;因没有买票而被当众斥责是一件非常尴尬的事情;乘客会感到有义务遵守铁路的规定,而不是只顾及自己的短时利益;"他们怎么也都应该出钱";最终,"如果每一个人都那样不付钱乘火车",铁路事业必定会破产(就像不久之后确实在中国台湾发生的那样)。

戴维森对于铁路是什么的想法过于简单化了。铁轨、车厢确实在一方面构成了铁路,但另一方面,如果铁路雇员和乘客没有特定的行为习惯,设备不会自动地运输乘客和货物,或形成一个不带个人色彩的资本主义企业。

台湾人只是接纳了构成铁路系统的硬件,但伴随交易而生的却是一套本土化的态度和价值观,它们是由小资本主义者,即家庭小业主在长期的生产实践中发展出来的,因为这是当地人最熟悉的经济环境。中国商行(firms)的运作原则无外乎买方所获越便宜越好,卖方所售越高价越好,这些交易所得直接进入双方各自的口袋。商行的大部分雇员都是受信任的亲戚或被密切监视以保证把雇主利益放在首位的学徒。私人联系限制了生产关系,非私人的企业模式鲜少得见。

在20世纪90年代,保有类似原则和实践的小资本主义商业仍然活跃于中国台湾(以及中国香港、日本、新加坡和韩国)。在中国大陆,本土的"小资本主义"继续和大规模的企业共存,从中获利并渗入其中。

"小资本主义"这个概念有用吗?它意味着什么?如何运作?其政治经济后果是什么?本书试图揭示隐藏在表面看来变动不居的近现代中国生活中的宏观结构的连续性。此处所谓近现代并非严密的概念界定,大致包括了帝制中国晚期以来的历史。这里的问题是:帝制中国晚期和当代中国有什么文化相通之处?

本书会涵盖两个议题。其一是在巨大的时空范围内所存在的中国文化的整体性,尽管对这种整体性还存在着诸多异议。其二是高度概括的议题。我们要做的是探索一种政治经济的动力机制。这样的机制迫使人们在相当长的历史时段内,在千变万化的情境下,做出相似的生活选择。这种动力机制也就是中国人之所以自称和被称为中国人的信仰和行动模式。中国的历史从来不是稳定不变的,因此变迁必须成为对历史分析有所助益的一个维度。但是其中也有相对稳定的一致性。这种一致性让现在的中国人能够像辨认祖先一样,从历史长河中辨识其文化传统。人们有意识地做出相似的行为选择,但无法脱离特定的限制条件。就像其他所有族群一样,中国人在无法随意选择的限定条件下创造了他们自己的历史。

不同地区的中国人在地域环境、经验、行动模式等方面有很大差异,他们曾经甚或至今仍然受这些条件的影响而生活于其中。本书就是对这些限制条件的集中探索。我在书中发明了一些抽象概念:小资本主义生产方式(the petty-capitalist mode of production),以及其与贡赋制生产关系(tributary relations of production)的互动模式,我主张通过这些概念让中国人生活中已显露的一些矛盾更清晰可见。其中的一些关键矛盾是:帝制晚期的中国人娴熟地将层级分明的分配等级和散乱的市场竞争融为一体;亲属制度强调固定的、不可改变的、把活人和死人及尚未出生的后代持久联结在一起的血缘纽带,但也允许一些极端实用主义的做法存在,反映在通过杀婴、买卖人口、包办婚姻和过继等手段安置家庭成员;民间宗教虽然把官僚的权力神圣化,但也尊崇人神之间平等的互利交易;男女之间既定的性别关系,照理说会削弱女性的权力,但实际上反而产生了彰显女性权力的令人诧异的形象,以及由此产生的焦虑;在帝制晚期的中国,服务于体制内的人们都容易出现消极怠惰、低效率的情况,与此相反,受雇于私人小企业的人却表现出难以抑制的活力。

我强调两种矛盾的趋向,而不是诸如"传统"和"现代"这样的空洞概念。这里所强调的诸如此类的对立长期困扰着初来中国的外国人,就连中国人自己也把它们上升到哲学高度。我在本书的每一个章节中都会回到这个关于小资本主义和贡赋制生产方式(tributary mode of production)的辩证法中,从城市化历史和劳动的性别分工、亲属制度、民间意识形态中找到证据来论证这一辩证法。

这不是一本在方法上循规蹈矩的书,它是从历史学家所讨厌和人类学家所不屑的疏离的角度来写的。我之所以这样写,并不是因为单纯的孤陋寡闻,或者缺乏对缜密的具体分析的认同。其实,在过去的二十年中,我的大部分人类学研究时间都花在了摸清台北市的三个街区上,即通过跟几百个当地居民交谈来了解他们的日常生活。这样的经历为我写作这本有关中国文化的概论性的书做了充分的准备。那些真真切切地教会我认识他们自身文化的男男女女,不断地提醒我:只有当我能够证明他们的生活也是我希望描述的限制和矛盾所塑造的时,我的论述才可能是有益的。

我希望发挥这个益处的方式之一,就是将浩瀚复杂的中国文献与社会分析的其他领域尤其是人类学紧密结合起来。人类学家引以为傲的跨文化视角能让我们(或者说是在我们愉快的想象中)避免某些学科上的道德和科学的狭隘性。这种狭隘性体现在"社会""政治""经济"等诸如此类的抽象结论,都是从狭小的地域和最近时间范围内的人类可能性中概括而来的。但即使是人类学家也很少利用从中国研究中得到的数据或理论洞见①,尽管少数几种族群,例如特罗布里恩人(Trobrianders)和努尔人(Nuer),曾经影响人类学和其他学科,但总结学科知识的教科书很少引用中国发生的事情作为论题的证明,或者将其作为一个理论资源去解释其他问题。相反,有关中国社会的研究在20世纪60年代和70年代就没有被知识分子的热情眷顾,甚至到了20世纪80年代——保守的经院主义时期也同样如此。这部被拉开了幕布的欧洲社会历史剧——被女性主义、人口学、儿童与家庭的社会心理学、对国家主权的关注等理论思潮重塑——虽然在中国研究中有所反映,但可惜赞誉寥寥。

双方缺少交融的事实跟欧洲中心主义和中国中心主义不无关系。我们需要抽象概念和有足够包容性的语汇,在统一的理论框架内去涵盖这两个重要的人类文化中心之间的历史大分流。为了建立这样的理论框架,我会使用所能找到的最务实的分析工具,那便是马克思主义的理论。

我的方法来源于法国和美国学术界的重要传统。法国人类学家如莫里斯·戈德利埃(Maurice Godelier)和克劳德·梅亚苏(Claude Meilassoux)20世纪60年代和70年代开始在无阶级社会的研究中复兴马克思主义理论;路易·阿尔都塞(Louis Althusser)和那些追随其结构主义思想的学者在对阶级社会的研究中开创了

---

① 最近的例子有:伊舍·N. 古迪(Esther N. Goody,1982)、戴维·纽金特(David Nugent,1991)、马歇尔·萨林斯(Marshall Sahlins,1988)和弗朗西斯卡·布雷(Francesca Bray,1986)。

新的方向,其中一些人把目光转向了中国。

在反思那些塑造中国文化的政治和经济条件的过程中,对我有更大影响的是美国的历史唯物主义人类学家,其中最具代表性的两位,是对我们中的很多人来说代表着人类学革命的埃里克·沃尔夫(Eric R. Wolf)和西敏司(Sidney W. Mintz)。在很大程度上,正是通过他们在20世纪50年代对农民和复杂社会或阶级社会所做的研究,对中国这样的复杂社会的研究才被纳入人类学的范围。沃尔夫和西敏司的研究兴趣涉及历史、政治经济,以及与此相关的农民的生活经验,这为研究非工业化的当代人群的一批新著作的涌现提供了一个合适的框架。

与此同时,在一个非常不同的传统中写作的学者莫里斯·弗里德曼(Maurice Freedman,1963,1979),呼吁要把对中国的研究吸收到英国的社会人类学中去。他的著作很出色,但他把中国学者关注的亲属制度当作自发形成的实体,认为传统中国如同一个巨大的部落式集合体,不同的宗族之间可以自由竞争;他为理解阶级和国家制度扮演的角色所做的努力大部分被忽略了。比起弗里德曼的思考所大量依赖的非洲资料,埃里克·沃尔夫写的《撼动大地之子》(Sons of the Shaking Earth)(1959)——一本研究中美洲文明的社会历史学著作,可能是更好的重新思考中国的出发点。部分受沃尔夫和西敏司的影响,部分直接受马克思(Marx)的影响(特别是他的《资本论Ⅲ》[Capital Ⅲ]),不少优秀人类学著作在这一时期的传承中问世,其中两个著名的例子是简·施奈德(Jane Schneider)和彼得·施奈德(Peter Schneider)的《西西里西部的文化和政治经济学》(Culture and Political Economy in Western Sicily)

(1976),以及迈克尔·陶西格(Michael Taussig)的《南美洲的魔鬼和商品拜物教》(*The Devil and Commodity Fetishism in South America*)(1975)。

在《欧洲和没有历史的人民》(*Europe and the Peoples without History*)(1982)这本书里,沃尔夫认为1400年之后的世界是被起源于西欧的一种资本主义的压力重新塑造的。在我看来,中国或者说整个东亚,是这个进程中的重要例外。儒家文化圈的人们不仅在相当长的一段时间内成功地把欧洲人挡在门外,还把经济渗透——甚至工业化——的大部分进程控制在自己手中。资本主义——至少是欧美主导的资本主义——现在有了一个强有力的竞争对手。我们对资本主义的全部理解以及将来它会被什么替代,很大程度上取决于我们是否能更好地理解欧洲人入侵之前中国的政治经济。在过去几个世纪里,中国是唯一一个在西方帝国主义对世界的重塑中幸存下来并具有全球影响力的政治经济体(伊曼纽尔·沃勒斯坦[Immanuel Wallerstein]将其称为"世界帝国")。最擅长分析经典资本主义的马克思主义理论家们必须创造新的思想,否则就无法更准确地把握资本主义本身,或像我之前提到的这个对资本主义运动规律而言越来越重要的中国特例。

赫尔曼·雷贝尔(Hermann Rebel)定位了一个崭新的视角:"对政治经济学家们最有启发之一的是那些经历过……互相交叉的不同生产方式的人们,他们自然而然地过着两种或三种由这些生产方式主导的生活。"(雷贝尔,1989:131)我在第2章中提出了一个用来解释中国社会特点的抽象双层阶级结构,即一个人可能既是与国家统治者阶层有关的普通老百姓中的一员,同时也是小资本主义复杂经济体系中的一个小业主(owner-operator),他和雇佣劳动力、从事生产的小生意人共同构成这个经济体系。然而,怎么强调都不过分的一点是,具有不同身份的同一个人常常必须做艰难的决定,即在特定情况下哪一种生产方式的逻辑应该主导他们的行动。简言之,到20世纪,中国人不得不在四种互不相同的生产方式中做出选择:资本主义的和社会主义的,再加上更为古老的小资本主义和贡赋制的生产方式。

中国人受制于两种不同的政治经济模式至少长达千年,它们给中国人提供了不同的甚至是部分自相矛盾的可能性和局限性。其一是由国家运作、国家受益的贡赋制生产方式。其二是小资本主义生产方式,它是由亲族合作进行的商品生产。生产方式是一种行为/观念体系,它把多余的财富从权力较弱的阶级转移到权力较强的阶级那里。在帝制晚期近千年的贡赋制生产方式下,所谓士大夫(scholar-officials)阶层通过直接纳贡、收税、强制服徭役和世袭劳役等手段直接将各个生产者阶层(包括农民、小资产者、雇佣劳动者)的剩余财富据为己有。在自宋代开始繁荣发展的私有市场里,自由生产者通过雇佣劳动力和壁垒森严的宗族/性别制度使其余的那部分剩余财产在平民阶级之中转移。在中国,亲属关系、性别制度与国家控制完美地结合在一起,为"小资本主义"发展提供了一个典型的个案。

还是让我们把简洁的概念具象化吧:"小资本主义"和其他几个概念,当然既是对不断重复的人类行为的抽象,也是对人类言行一致性事物的抽象。在此请允许我把这个有些机械化的概述做一些扩展,以使本书中的角色可以更清晰地凸显出来。我的论述即建立在这个基础上。

小资本主义者是商品的生产者,他通过亲缘关系的习俗组织起来的企业,更多是为市场而不是为自己生产的。家庭生产者的生产有赖于一套按差序清晰排列的劳动力:血亲、姻亲、过继或花钱买到的家庭成员、学徒和雇佣劳动力。这种生产所依靠的阶级文化保证提供可靠的劳动力、原材料、信用和资本。小资本主义者在平民阶级中建立的人际关系对他们的存续而言是必不可少的,而这已经超出了"自然经济"的范围。他们拥护自己的共同体,防备那些只会贪婪敛财的官员和(最近产生的)资本家们。随着商品的生产,小资本主义者既生产出一种根深蒂固的对抗性,也被其生产,他们微妙而有效地对抗着中国统治阶级所制定的贡赋制的企图。

小资本主义的一系列经济活动是被嵌入处于主导地位的贡赋模式之中的。这一贡赋模式由朝廷的官员掌控,官员们需要可靠的财政收入、稳定的阶级关系和持久的统治权,以达致满足他们个人需求的目标,他们让这些个人需求凌驾于经济发展的明显需要之上。官员们把亲属关系定义为生产关系,通过维持亲属关系的正统性(当然也通过其他途径),他们也就控制了劳动者,并借此对资源的私人积累设限。

小资本主义模式之所以一直处于从属地位,被涵纳在贡赋制生产方式之中,是因为统治阶级在定义并维系着小资本主义生产方式的关键要素——亲属/性别制度。它被当作受分层控制的整个社会形态中的一个方面。亲属/性别制度在运用到妇女身上时是有待商榷的,但它的原则——父系结构牢不可破——最终受到统治阶级权力的支持。

帝制中国晚期的两种生产方式都表现出一种世俗化的倾向,并随着时光流逝,变得越来越复杂多样。当来自官员的压榨遭到家户的抵抗时,这两种生产方式的实践就越发复杂化。近期学者的研究提供了很多证据,旨在表明中国历史的发展更多来自它的内部动力,而不是西方(包括西方资本主义)的影响。(柯文[P. Cohen],1984;史景迁[Spence],1990)在这里我想提出的观点是,中国历史发展的动力来自一种"小资本主义"的积累倾向,这种积累一直受到贡赋制力量的无情掣肘,为的是让它为贡赋制而不是资本主义目的服务。然而,一旦小资本主义开始跟资本主义结盟,旧秩序就受到威胁。本土的小资本主义者如果发迹,就会产生阶级分化,其结果是很多人生活悲惨无着,一部分人可能会积累一些财富,但只有很少的人会变得很富有。虽然主要从贡赋模式中获益的中国人会尽可能长久地抵抗西方资本主义的入侵,但那些受益于小资本主义发展的人完全拥护新兴工商业,常常公开违背统治阶级的意愿。

资本主义对中国文化造成的持久同时也许是最为深远的影响,并非由19—20世纪欧洲和日本的侵略带来,而是随着西方和中国的商业冒险家们在东南亚相遇而产生的。在16—18世纪,中国的小资本主义者通过"下南洋"疏通财路,建立起属于穿梭旅居者的小经济王国,并在大部分太平洋国家的财富积累中占有极其重要的份额。随着家庭贡赋和跨领域投资的流失,这个海外"影子"社会一次又一次地迫使中国的统治者以一种困惑的恼怒,轻蔑地对泱泱中国之外的世界投以一瞥。海外华侨的贡赋经验局限在服

第一章　导论

从外国的帝国主义,服从家庭生意的绝对需要,服从贡赋敲诈的强盗行为,这势必催生出小资本主义视野的政治实践,使其在中国命运的走向中扮演着影响力与日俱增的角色。

因为小资本主义从来没有在中华体系中取得主导地位,所以资本主义的基本矛盾,即劳资矛盾,从属于另一对更顽固的矛盾:国家和家户经济之间的显著矛盾。在中国,金钱并没有以残忍的面目出现,不像欧洲殖民地的人们(陶西格,1975)和工人阶级有时能看到的那样。对利润的追求被理想化地当作一种日常生活的美德,金钱被当作资本投入以获得利润的行为更是受到大众宗教的认可。对贡赋制、小资本主义和资本主义这三种生产方式更精确的描述可以在本书第2章中找到。

中国文化相当复杂。它也为各种对立、二元化、无果的斗争和容易失衡的社会分工所困扰,所谓"大同"的国家理想只是一厢情愿的理念。帝制中国晚期的官员们,都经历过社会动乱的噩梦。而经过王朝更替的巨变或一些其他历史大事件的洗礼后,中国人的自我意识有点违反直觉,他们变成了追求和平的市民。无论在个人还是在集体的层面,对某个道德体系的全然支持会突然转变成对完全相反体系的全力支持。写作本书的一个重要动力便来自我对这种高度的道德摇摆的困惑。

中国文化中当然也有其他令人兴奋的谜团,其中之一就是父权制强大而又危险的长期存在。本书的第3章对传统中国极端的父权制,连同它的副产品——高速的人口增长——进行了历史唯物主义的阐释。

中国的地区差异是过去二十年中一个重复出现的研究主题。

13

传统中国的地方主义,确实像施坚雅(G. William Skinner, 1964, 1965a,1965b)和罗友枝(Evelyn Sakakida Rawski, 1972)论述的那样,根植于一种不可避免的运输成本的逻辑吗?它会不会是面对多重可能性以及生活受困于两种相互矛盾的生产方式下的可能结果呢?我会在第4章中讨论这个问题。

在一个古老而结构复杂的阶级社会中,强大的世系组织的存在是有问题的,因为在这个世界上,国家通常会将亲属关系在无阶级、无国家系统的社会中行使的权力纳入自己的管理之下。在本书的第5—7章里,我将传统中国的亲属关系作为一种制度来审视,是基于其在部分上由国家行政命令强制执行,部分上作为对商品生产的一个回应的思考。这样做就可以系统地解释家户形式中的某些变化、宗族的分配模式和嫁妆/聘礼的交换。

第8、9章探讨了关于权力、阶级划分和性别的大众意识形态。仔细研究传统中国的民间仪式和信仰就会发现,它们揭示了小资本主义在等级森严的宇宙观里引发的诸多难题,以及生活在极其强势的父权制之下的妇女抱有的质疑和不满的态度。

我把中国文化理解为:它是同时依靠两种不同生产方式生活的同一人民群体长期演化的结果。当然,这一理解不是定义性的,而是建议性的。我用了一些量化的数据来证明我的观点,但更多的证据在我看来是恰当的案例和听闻的轶事。其中的一些来自我数年间在台湾、四川、福建、浙江、山西、河北和山东等地,对工人阶级的观察和与他们的对话。还有很多我引用的例证来自身处中国文化主导影响之外的人们,如一些外国或中国的社会科学研究者。我强调他们的观点是因为我的目标不是对中国人之于其政治经济

第一章 导论

的内部看法进行汇总,而是为理解继而超越意识形态的限制提供一种综合性尝试;同时也是因为害怕自己迷失在中国本土历史学家已经书写的大量史实中,而我的写作目的跟他们截然不同。不然的话,我恐怕无法处理那些文献中呈现的种种例外和异常事物。就像本章开头引用的谚语所暗示的"发现一只白乌鸦,不能否定'天下乌鸦一般黑'这一普遍原理"(明恩溥,1965:133)一样,这本书不存在刺猬皮做的衣领或黄金制成的粪耙之类异于常识的例外。

我经常向"外人"寻求资源的另一个原因在于,中国的文献资料在很多关键议题上是失语的。女性及以谋利为生的普通商品生产者在中国的历史记录里几乎是隐身遁形的,除非他们创造出自己的文化并成功地向外传播,而让统治阶级感受到了威胁,这时他们才会吸引史书编撰者的注意。即使我们找到了某些关于"前资本主义"时期的小资本主义者的重要文献,我也担心一些关键问题是否能被很好地记录下来。

作为研究中国复杂社会的内行,史景迁观察到"没有人是容易理解的。我们对中国的感知越模糊和多面化,我们可能就越接近难以捉摸的东西:真相"(史景迁,1990:14)。激发这种感触的人文传统并没有给我们提供多少指示,我们依然祈望(虽然与很多现实依据相违背)有某个说法可以弥补长久以来对中国认识模糊的残酷事实。我自己理解中国的方法倒是很好地由另一位研究复杂文明的大师级学者埃里克·沃尔夫概括了:

在利用美其名曰"亲属"的社会关系来配置劳动力的社会

形态时,人们被划分到不同的社会网络或亲缘团体中,划分的标准有性别、财富多寡或血统纯异,和祖先的连结,以及神话、仪式、象征物的不同分配。贡赋形态把这些标准变成等级体系,并建立了明确的社会分层,每一个社会阶层都被一种显著的内在物标记,并决定了它在社会中的位置和特权。资本主义社会形态将个人从包罗万象的归属体中剥离出来,并将其设置为独立的行动者,可以在市场上及生活的其他领域中自由地交换、运输或以物易物。更进一步说,三种社会行动者的分类模式揭示了它们跟"自然"和宇宙非常不同的关系。(埃里克·沃尔夫,1990:593)

亲属关系、贡赋制统治阶级/平民阶级和市场关系,千年以来都在中国人的生活中有重大意义。为了看清这些人是如何生活的,并且跨出重要的一步,把他们和我们的生活联系起来,我们必须使沃尔夫的分类模式适用于中国社会的分析,这样它们才能既是中国的也是世界的。

不管中国人对将来寄望如何,他们必须首先接受自己的过去。中国的思想家一再地被告诫贡赋制"封建主义"的威胁(张博树[Zhang],1994:128),但中国的小资本主义遗产却没有得到清楚的认识。小资本主义用两种方式实现扩张:其一,通过雇佣关系;其二,通过亲属/性别制度,很多中国人把这个制度当作自己在险恶世界中唯一的避难所。但亲属/性别制度并不是一个自然生成、未经雕琢的现实存在。几个世纪以来,就像中国的很多有识之士意识到的那样,有很多人被它伤害。然而,它对国家统治的有利一面让它的一些最为负面的特性一直延续。要根除小资本主义,中国人就需要修改那些允许把亲戚当作商品的法律和义务。妇女和年轻人的商品化不仅让他们受到伤害,也让社会受到伤害,更是把大家都置于人口学的危险中。

和中国文化中的贡赋制面向相比,小资本主义自有它的积极特征。它能激发经济活力,这必然是所有中国人都期待的结果;它倾向人人平等,这也常常是大部分中国人的心之所向。要梳理出哪些是在中国政治经济体制的传承中需要被扬弃的,就需要对贡赋制"封建主义"、资本主义和"小资本主义"进行较为清晰的区分。然而,从现实生活经验中勾画出这些智识上的区分只是改变的第二步。至于第三步,从这些有时会要命的传世瑰宝中进行选择,人们必须承担风险。幸免于这些风险的外国人或许可以夸夸其谈,但只有中国人自己才能将其付诸实践。

第二章 贡赋制和小资本主义生产方式

> 不辞春养禾,但畏秋输官。
> 奸吏大雀鼠,盗胥众螟蟓。
> 掠剩增釜区,取盈折缗钱。
> 两钟致一斛,未免催租瘢。
> 重以私债迫,逃屋无炊烟。
>
> ——范成大,宋代学者,选自《劳畲耕》

20世纪70年代东亚的经济发展开始挑战欧美的主导地位,对中国经济的密集研究也正开始于这个时期。德怀特·珀金斯(Dwight H. Perkins)认为,东亚地区的经济增长是不容易被解释的。不管从其所奉行的政策(出口导向相对于进口导向),还是从其所遵循的经济体制(放任的资本主义相对于社会主义)的角度所试图做出的解释都失败了,因为它们都无法回避这样一个事实,即在各种经济体制下都出现了高速的增长,而这些体制又是各不相同的。最重要的是,这些快速发展的经济体都有共同的历史或文化遗产。(德怀特·帕金斯,1981:360)其他学者也有类似的论断,比如研究韩国的爱德华·梅森、金满载和具海根(Mason and Kim, 1979—1981;Koo,1981),研究日本的森嶋通夫(Morishima, 1982),以及把中国外围的"新儒家"体系作为一个群体来研究的学者(比如戈登·雷丁[Redding],1990)。

用这些结论反观中国也是合适的,只是马若孟(Ramon Myers, 1980)认为文化特征把中国变成了一个特例,以致对其他地方的发展借鉴意义不大。珀金斯观察到一种新近出现的学术兴趣,即在中国经济的遗产中寻找"积极因素"。(德怀特·帕金斯,1981:361)我们可以假定这些"积极因素"会造福中国未来的发展,就像它们已经在其他华人(sinitic)体制中得到的证明那样。

那么对经济发展有积极作用的"中国遗产"是什么呢?为什么它对中国的影响并不像在其他华人体制中的作用那么明显呢?我们能够具体说明这些体制的结构,并由此获知东亚国家在资本主义时代是否正在创造与其根本不同的本土政治经济吗?

辨识中国遗产的努力一般都不太令人满意,即使经过19世纪人类学研究的洗礼,也只能得出一个罗列特点的清单:工作勤奋、重视教育、拥有应对复杂组织的经验……这个清单可以无穷无尽地列下去。但哪些特点才是真正与此相关的呢?例如,亲属关系和小规模的商业组织等特点曾一度被认为是发展的阻碍(李国鼎[K. T. Li],1976:314—315),现在却得到更积极的认可;鲍德威(David Buck,1984:463)对家族企业(lineage corporations)的看法,还有一些日本学者长期以来对经营小生意(small businesses)的看法

19

（筱原三代平［Shinohara］，1962：23—25；大岛龙一［Kiyonari］，1983）也是如此。不过这些清单终究只是清单，并不是可以构成理论的系统化的、相互关联的系列观点。

新古典主义对中国经济史和经济发展的分析尤其难以令人满意，我将在第4章中对其研究方式进行详细论述，并进一步阐发马克思主义式的诠释，希望既能对其概念在中国研究中的适当运用进行阐明，又能对其如何灵活、真实地面对当前历史的挑战进行剖析。我简要地批判了马克思主义者用经典理论解释中国的尝试，在对20世纪中叶关于生产方式的争论进行审视之后，我将继续对中国贡赋制和"小资本主义"两种模式进行更详尽的描述。此外，我也说明了该二元体系对阶级分析的启发，然后再回到"小资本主义"和正统资本主义（capitalism proper）的区别上。这些是对第1章相关概述的扩展。

马克思主义的历史变革范式把人类社会看作经由持续的进步、斗争和再整合，而从原始的共产主义阶段经过古代社会、奴隶社会、封建社会和资本主义社会发展，发展到社会主义社会的长期过程。但这与中国历史的发展轨迹并不完全吻合。大部分西方汉学家之所以反对这个范式并非仅仅因为其与中国有政治隔阂。当然还有一些学者一度对这几个发展阶段兴趣浓厚，之后又把它们抛弃了（例如何炳棣［Ho P'ing-ti］，1954）。20世纪中叶对中国社会所做的这种分析现在看来常常是欧洲中心主义的，而且缺乏社会学的洞察力，即便那些作者自己也如此认为。

在20世纪60年代和70年代，西方学界激发了有关中国的"世界体系理论"的重要研究（曼德尔［Moulder］，1977；韦艾德

[Winckler]、巴苏［Basu］和克劳斯［Kraus］在戈德弗兰克［Goldfrank］所编的论文集中所做的贡献,1979;苏耀昌［So］,1986)。然而,世界体系理论范式的支持者没能对中国社会形态(social formation)的确切性质给予足够的关注,因为这个理论范式首先直面的就是资本主义。就此而言,缺乏关注也不足为奇。之后对这类研究的学术批评所揭示的问题是:马克思主义学者把资本主义当作一种毁灭性的力量,认为它把前资本主义的社会形态都消灭了。(萨林斯,1981)

到20世纪70年代末,很多批评者宁可总结说物质生活并不比人类存在的其他方面来得更重要,也不愿寻求对非资本主义的政治经济,以及它们如何在资本主义到来前固守一方的更准确理解。

桑噶尔(Andrea Sankar)的《中国传统社会中姐妹关系的演变:从村内闺房到香港斋堂》(*The Evolution of the Sisterhood in Traditional Chinese Society:From Village Girls' Houses to Chai T'angs in Hong Kong* ,1978),就是这种不幸的理论迂回的典型体现。尽管这项研究把丝绸女工和女佣们的声音带向前台,但它低估了19世纪末20世纪初广东丝织业繁荣时期雇佣劳动在工业生产中所产生的影响,而在马克思主义者看来,资本主义的关键因素正是工业生产中的雇佣劳动。相反,桑噶尔强调了珠三角地区劳工情况的多样性。她的论述默认马克思主义的分析会把她有力描述的生产复合体定义为资本主义性质,但无产阶级的工厂劳动力明显并没有创造出有关女性劳动力的不同寻常的地方模式,因此她没有一步一步地走向反物质主义的阵营,而是纵身一跃完成了这个转变:"经济因素"(资本主义)无法决定社会产出,而"文化"可以。

21

这种带有"软骨病"的人类学论述在 20 世纪 80 年代成了主流：如果一个社会的经济没有被简单地归类为资本主义，我们就不应该在论述中把对经济方面的解释放在"首要"位置。

与此同时，桑噶尔对我所说的"小资本主义"在广东早期工业化中的重要性做了出色的细节性描述。家里的女儿制作的丝线既供给在小作坊里生产的邻居，也为资本主义的蒸汽缫丝机输送原材料。男男女女在家族企业（household enterprise）中并肩劳作，一套复杂的桑基鱼塘的生态文化把他们维系在一起。（桑噶尔，1978：65—66）10%到20%的家户有手动的缫丝机，他们依靠这个缫丝机生产出"面向本地和印度消费市场的大量生丝"。（桑噶尔，1978：69—70）尽管妇女们在父母家做的大部分工作都被直接算作整个家庭的收入，她们还是喜欢在家庭作坊里工作，"因为工作条件更令人愉快，可以兼顾其他的事情，生产所得的利润也更高"。一个既做生丝纺线又采摘桑叶的人最多可以为一个家庭增加一半的年收入。（桑噶尔，1978：72、74）生产跟广大的经济网络的联系不仅仅通过资本主义的批发和出口，也通过许许多多不尽相同的"小资本主义"事业。在此可以举出一个让人颇感惊奇的例子：一些"老姑娘"投入自己的积蓄来支持那些女商贩做远程贸易，她们的足迹远至东南亚。（桑噶尔，1978：120）

尽管这是经典的小资本主义式生产，但它的产量并不小。桑噶尔写道，"1925年丝织业鼎盛的时候，在家中和在传统脚踏缫丝机上工作的妇女们生产出的丝线是蒸汽缫丝机产量的两倍"（桑噶尔，1978：78）。她也指出，"在 20 世纪早期通过丝绸生产创造的财富非常可观，以致顺德的财富占广东财富储蓄总量的 80%。更早一些时候他们还贡献了镇压红巾军起义费用的14%"(桑噶尔,1978:64—65)。

这有力地证明了在珠三角妇女非常规的行为背后有一个政治经济复合体在发挥作用。然而在桑噶尔的研究中,缺少一个框架来对这些证据的非资本主义内涵进行系统性的探索。就像很多学者那样,桑噶尔只能依靠"文化"这个拐杖行走。历史唯物主义其实可以为此提供一个合适的框架,它探索的是不同生产方式在复杂社会中的互动。只要进行一些微调,我们就能轻松地重塑这个框架,让它适用于解释中国人在帝制时代晚期以来的不同阶段的生活。

对于唯物主义分析在当今社会理论中的作用,特里·伊格尔顿(Terry Eagleton)再次做了有说服力的论证:

> 毫无疑问[物质生产]是历史上几乎所有男女都在花时间去从事的事情。……在资源匮乏真正严峻抑或是人为造成匮乏的情况下,为了物质生存和繁衍进行的纯粹斗争已经消耗了大量人类能量的来源,我们理所当然地期待这些能量的来源可以被用到其他的人类生产上。物质生产之所以是"首要的",是因为它构成了迄今为止人类历史的主要部分;如果没有这一独特部分,人类历史的其他内容都无从谈起。物质生产是我们全部思想的前提条件。(特里·伊格尔顿,1991:82—83)

要恰当地理解不同生产方式在中国人生活中扮演的角色,首先需要做逻辑上的梳理,而不是进行其他类型的调查研究。

生产方式理论

生产方式是"规范人类物质生产活动以保证生命必需品供给的机制"(史蒂文斯[Stevens],1983:4),或者,用马克思的话说:

> 从直接生产者身上榨取无酬剩余劳动的独特经济形式,[这]决定了统治和从属的关系,这种关系是直接从生产本身中生长出来的,并且又对生产发生决定性的反作用。……这种从生产关系本身中生长出来的经济共同体的全部结构,以及由此而产生的这种共同体的独特的政治结构,都是建立在上述的经济形式上的。任何时候,我们总是要在生产条件的所有者同直接生产者的直接关系……当中,为整个社会结构……发现最隐蔽的秘密,发现隐藏着的基础。(马克思,1981,3:927)

马克思在不同地方,有时会重叠使用"社会形态"和"生产方式"这两个术语。① 多米尼克·勒格罗(Dominique Legros)等把"生产方式"定义为"一种包含两层意思的集合:1.具有经济基础(包括技术和社会两个方面);2.在很长时间内保障经济基础复制自身的上层

---

① 有兴趣的读者不妨读一下勒格罗等人(Legros, Hunderfund, and Shapiro, 1979:243—249)编著的书中对这些短语语义的出色概述,以及博托姆(Bottomore,1983)书中"生产方式"的开篇。

建筑"。(勒格罗等,1979:248)这样的定义过多地把具有探索性的"基础"和"上层建筑"这两个概念区隔开来。另一种在定义生产方式时,强调物质、社会和意识形态这些因素互相影响的观点,可以在苏珊·希默尔魏特(Susan Himmelweit,1983)的著作中找到。勒格罗等把生产方式和更广泛的存在,即"社会形态"联系在一起。"社会形态"是"具有政治地理意义的存在",它被看作"一个可能由各种生产方式构成的复合体"。(勒格罗等,1979:248)安东尼·卡特勒(Antony Cutler)等人(1977)把社会形态定义为"一系列的生产关系,连同保障它们存在条件的经济、政治和文化形式",这个定义在实用性上跟传统人类学对"一种文化"的使用很接近。

  社会形态可能包括的生产方式不止一种。实际上,很多社会形态是集合性的,甚至有学者会论证说必须得这样(勒格罗等,1979)。在每一个已知的阶级社会里,亲属团体中的合作生产和广义的互惠支配着人们的经济关系,它和那些非亲属关系的经济关系模式并存。(沃尔普[Wolpe],1980;福斯特·卡特[Foster Carter],1978;鲁德拉[Rudra],1988)当我们分析明确地关联在一起的生产方式时,我们会观察到一种"组合,其组成清晰可辨,但彼此关联的方式却显牵强"。(布洛克[Bloch],1983:159)虽然主导支配模式的统治阶级很强大,但在次属模式中不同的阶级区隔也参与了文化霸权的塑造,它既创造出和主要生产方式保持一致的力量,同时也创造出对抗性力量。

  辛亥革命之后,中国历史学家开始在中国本土的商业化进程中探求一种"资本主义萌芽"(sprouts of capitalism)①。虽然这些分析揭示的历史复杂性很有意思,但跟我的分析相比,其不同之处在于:首先,他们使用的生产方式类型直接来源于马克思根据欧洲的情况所做的描述,很少根据中国历史的特定情况来做调整,以适应中国的历史特殊性;其次,他们没有把亲属关系和性别角色纳入他们描述的资本主义的社会生产方式中。日本的马克思主义学者似乎也不太敢修正经典的生产方式分类,虽然我可以找到的相关资料不多。在顾琳(Linda Grove)和周锡瑞(Joseph W. Esherick)写的综述(1980)里,他们批评这些学者忽视了欧洲有关原始工业化的文献。阿尔夫·德里克(Arif Dirlik,1982)提倡对中国经济史里的准资本主义趋势这一问题进行再概念化,但是他没能给出解答。

马克思(和恩格斯[Engels])把中国,以及所有非欧洲的古老帝国,归入一个概括性的亚细亚生产方式中(马克思,1965),这个亚细亚生产方式持续激发着政治和学术上的争论。② 亚细亚模式

---

① 寻找资本主义萌芽一类的研究在马若孟(1976)、魏斐德(Wakeman,1980)、傅衣凌(Fu Yiling,1980)和傅筑夫(Fu Zhufu,1981)等人的著作中有回顾;在岸本美绪(Kishimoto-Nakayama,1984)和黄宗智(Philip C. C. Huang,1985:11—12)的著作中同样可以看到。原创于20世纪50年代的资本主义萌芽研究纲要也颇有用,可参见没有署名(据我所知)的《中国资本主义萌芽问题讨论集》(1987[1957])(译者注:本书为中国人民大学中国历史教研室编),还有傅衣凌的《明清时代商人及商业资本》(1986[1955]),以及彭泽益(Peng Zheyi)的论文《〈织工〉这一历史文本是否能说明中国手工业的资本主义萌芽问题?》。(彭泽益,1987[1959])彭泽益的著作曾被罗威廉(Rowe)大段引用(1984:134)。

② 参见霍布斯鲍姆(Hobsbawm)为马克思1965版《资本论》写的导论;费伦茨(Tokei),1966;嘉侯第(Garaudy),1967;汉恩和罗布拉(Kahn and Llobera),1981;卜正民(Brook),1989。卜正民整理的中国学者写于20世纪80年代的关于亚细亚生产方式的文章是我们理解中国历史和马克思主义思想在中国的发展的重要参考,然而,文集中表达的观点大部分都是对资本主义萌芽研究批判的应声附和。

的原始形成表明它达成了经济和社会的高度均衡,只有外来力量才可以打破平衡,迫使其改变。这个观点认为像中国这样的社会如果不借助帝国主义的初步干预就不可能产生革命——这让帝国主义的形象显得"正面"了一些。斯大林因此不允许对亚细亚生产方式做进一步的探索,而把所有前资本主义的国家形态归类为古代、奴隶或封建的生产方式。中国的马克思主义者继承了这个立场。

有几个特点可以定义亚细亚生产方式:掌控所有生产资源的强大国家政权,私有产权的缺席,强大的乡村共同体;而统治乡村的政权,用布洛克的话来说,阻止了"阶级形成的分裂过程"。(布洛克,1983:40)虽然马克思对中国国家经济角色的强调值得关注,但是他的亚细亚标准忽略了几个晚近中国社会中的重要角色:市场、私有产权和随处可见的阶级。现在我们知道,马克思持有的"停滞的中国"这一印象是不准确的。马克思把中国发生的巨变和资本主义的鸦片战争联系在一起,并与此相对地,在一个蹩脚的隐喻中,把中国视为完全停滞的存在:"一个庞大的帝国……在时间长河中单调地存续着。"(马克思,1968:323)就我们掌握的资料看,这个立场是站不住脚的。

马克思在两个方面忽视了中国本土商业的重要性。其一,他把这种商业归类为"自然经济",认为生活必需品的生产者是为了方便而非利润才在当地做少量剩余物品的交易。(马克思,1977,1:911)事实上,虽然自然经济存在于某时某地的中国社会,但在彼时彼地更具活力的东西亦在涌现。其二,他没有发现中国的(小资本主义)生产依赖对雇佣劳动的剥削(马克思,1981:938—943),因此缺少让资本主义施展拳脚的积累机制。

马克思反复提及建立在家户劳动基础上的生产对资本主义的出现而言无足轻重(尤其是在《资本论》1981 版,第 3 卷第 20 章中)。这个观点一直是有争议的。① 小规模商品生产者的重要性在罗德尼·希尔顿(Rodney Hilton)编辑的名为《从封建主义到资本主义的过渡》(The Transition from Feudalism to Capitalism)(1976)一书中有相当篇幅的开放性辩论。从这个标志性的辩论中可以清楚地看到,对马克思和 20 世纪中叶的马克思主义者来说,小业主生产是有重要历史意义的,但它不能作为一种生产方式独立于封建的统治阶级。至于次要和主要的生产方式有序地并存于某个单一社会形态中的可能性则不在此番辩论范围之内。② 这些学者连同马克思本人,预测这样的生产方式会随着工业资本主义的扩张而消失。确实,绝大部分关于家户生产的研究,都会假定这些家户存在于作为支配模式的资本主义的轨道内。但西方的学者们忽视了中国的例证,尤其是 1800 年之前的中国:商品生产随处可见,却

---

① 莫里斯·陶普(Maurice Dobb)在 1946 年提到"小模式"(petty-mode)生产者在英国资本主义产生的前提条件中扮演重要角色;高桥弘次郎(Takahashi Kohachiro)发现日本的学者也已在 1952 年研究日本时得出了相似的结论(1976:89n,和其他各处)。
② 亚历山大·恰亚诺夫(A. V. Chayanov)在 1925 年对俄国国内生产方式的分析(1986)被许多学者顺便运用到中国案例的分析中(比如黄宗智,1990:5—10)。葛素珊(Susan Greenhalgh)用它来分析台湾小资本主义企业,收效不错。恰亚诺夫的方法虽然有颇强的解释力,但有一个致命的缺点。要论述农业经济发展的主要动力来自家庭周期及家中需要抚养人口的比例,就要假设有一个按父系主干延伸出来的家庭结构。至少在中国,这个结构并不是不可还原的先赋,而是很大程度上由国家构建的。詹姆斯·麦高(James P. McGough,1984)对此有所概述,我也在本书的第 3 和第 5 章中有相关讨论。

很难把资本主义视作一个生产要素。

最近人类学的研究发现,在资本主义式的生产外围,小商品生产经久不衰的现象非常普遍。① 为了避免和马克思主义挂上钩,许多其他领域的作者喜欢把这种复合性生产称为非正式领域(例如基斯·哈特[Hart],1992)。大部分人会同意詹姆斯·魏斯曼(James Wessman)的归类,他把"小"资本主义和"农业"资本主义,连同商业资本主义、工业资本主义、垄断资本主义,一起归类为"资本主义模式的子类型"。在小资本主义这个子类型中,"[小生产模式的]行为主体出售商品是为了购买其他商品,而不是相反。在马克思使用的'经济速记法'中,这些交易被表述为 C-M-C^1(一件商品等值交换货币,货币又被用来购买另一件商品)。但一个资本家涉及的交易则是这样的:M-C-M^1(先预支货币购买商品,再售出商品来换取利润)"。(魏斯曼,1981:245—246)在小资本主义先于资本主义模式很久出现的中国,可以见到与上述归类的矛盾之处。M-C-M^1(资本主义的)交易类型相当普遍,就像大量的本土商品生产已经证明的那样。但一个明显的事实是,由交易产生的财富积累并没有促使其转变为资本主义。

一些欧洲学者关注家户生产对人口增长率的影响,他们又为针对小商品生产的争论赋予了新的重要性。与希尔顿编辑的文集中的分析不同,对前工业主义的分析(曼德[Mendels],1972,1981;克里特[Kriedte]等,1982,1993]把小资本主义生产和亲属关系及

---

① 例证可参见汉恩(Kahn),1978,1982;利特尔(Littlefield),1978;库克(Cook),1982,1985;利特尔和雷诺兹(Littlefield and Reynolds),1990;宾福德和库克(Binford and Cook),1991。

人口统计学的成果串联了起来。随着更多性别议题有效地被包含进来(例如克林斯[Collins],1991;莱姆[Lem],1991),研究小规模生产者的学者也开始掌握小资本主义模式潜在的内在统一了。

不是所有的小生产模式都沿着同一历史轨迹发展。众所周知,这些模式都是附属性的,其发展方向由政治经济的具体情境和内在的准资本主义因素的发展趋势引导。是中国的统一政体直接建构了它的行为主体者的性别和亲属关系,而不是教堂、种姓或其他反启蒙主义的机制代为建构。因此,与出现在世界其他地方的类似生产方式不同,中国的小资本主义生产方式作为国家政权和统治阶级对手的意味更为明显,也与贡赋制唱反调。

中国的贡赋制生产方式(TMP)

所有前资本主义的、有阶级组织的社会形态,都可以被合并起来,归入一种贡赋制生产方式的大类,这样这个术语就以其高度的概括性适用于理解所有古代农业国家和封建制度。(阿明[Amin],1972;沃尔夫,1982)沃尔夫把贡赋制生产方式定义为:其中的"主要生产者……被允许得到生产资料,同时国家通过政治或军事手段从他那里榨取贡赋"(沃尔夫,1982:79—80)。贡赋制生产方式使得从支配模式中榨取剩余的非市场机制具体化了,与此同时,它也给额外的、附属的、建立在私人所有和自由劳动基础上的机制留有余地。这样的用法也假定了一个社会动力机制,即在贡赋制生产方式中,直接生产者和国家官员之间的关系就像资本主义体系下劳工与雇主的关系一样是对立的。(柯里[Currie],

第二章　贡赋制和小资本主义生产方式

1982:16)在帝制晚期的贡赋制生产方式中游走的国家官员,除了直接榨取贡赋,利用对商品和服务的直接垄断来为己谋利,还用各种办法控制、操纵私人市场并从中获益。

在这部分对中国的贡赋制模式的概述中,我强调了官员的经济职能。这些经济职能在两个层面被遮蔽。首先,有些分析运用了现代的判断标准,说国家已经无法有效地掌控帝制时代晚期的经济(费维恺[Feuerwerker],1984:298—305),也就是说国家的经济职能并不强大。这个观点似乎站不住脚。中国的基础产品是谷物,通过实物税和赈灾品的征收,清代中期的官员控制了全国谷物总消费量的20%(该预估来自李明珠[L. Li],1982:697—698;魏丕信[Will],1991)。国家也拥有大量可耕种土地。在清代早期,中国七亿四千万亩土地中的两千万亩被朝廷支配,(黄宗智,1985:87)这足够赋予官员充分的经济权力。除此之外,他们还掌控着行政、军事和意识形态权力。

其次,官员的经济活动受到那些持极端文化决定论立场的人的轻视。一些学者把中国国家政权看作一个自成一体的管理终端,认为它带有福柯式的权力固化,其中意识形态的表达远重于物质考量,就像克利福德·格尔兹(Clifford Geertz,1980)对巴厘人的阐释那样。费维恺(1984:297)描写了管理者对经济"静悄悄的干涉(比如说通过税收)"(我所强调的)。虽然中国的官员有时会优先考虑他们职责中"平天下"的一面,但对于官府需要钱这件事他们一点儿也不糊涂。(曾小萍[Zelin],1987:308;兰东庚[Dodgen],1991:51;林满红[Lin Man-houng],1991)

普通老百姓和政府官员,这两大贡赋制下的阶级可以从几个

31

方面进行分层——财富、消费模式、社会声望等。世袭的官窑工匠很容易和各级舞文弄墨的"翰林"官员、地方官员及给地方官员办事跑腿的皂隶区分开来,尽管他们都算公务人员;有钱的当铺店主和农民小业主或工匠有很重要的区别,也和雇佣劳动力有重要区别,尽管他们都是普通老百姓。正是那些供职于官府(而非在其中任管理职位)的类似老百姓的体力劳动者让政府得以运转,例如处于贡赋制获利阶层底层的军士、衙役、杂役、驿站店主,还有驿卒。到中国旅行的外国人特别容易记录下他们的这些观察,尤其是对各种类型的仆人环伺其间的驿站系统和那些为旅行途中的官员提供歇脚的地方。他们中的有些人——一般很少是驿站主人——纯粹是临时被召唤来提供劳役的,其他人则是长期的官府杂役。我现在能找到的最早的关于这个体制的描述是葡萄牙人加斯帕尔·达·克鲁斯(Gaspar da Cruz)写的。他旅行的目的是通过谈判来营救1575年被关押在中国东南部的同胞们:

> 当[官员]在朝廷上被分配去各省任驻地官员并配备随行公务人员的时候,他们只携带要穿的衣服和几个仆人,即便有些时候没有随行公务人员,他们也不需要带什么物资或自己出钱安排马车、运送行李之类的;他们所到之处都有为所有王公大臣准备的物资,也有马车、驿站和必需的食物。这些供给都来源于朝廷征收的贡赋。
>
> 在很多城市和较大的市镇里,朝廷有很多气派的好房子给大大小小的[官员]落脚寄宿(因这些官员都是朝廷的官员),这些房子有足够的租金收入来维持每一个住在那里的官

员的日常开销,当然根据官职大小不同,花费也不同。按规定,给每一个人的花费都是有限额的。每到一个将要落脚的地方,房子的看管人都会来问这位官员他希望拿到钱还是一些实物必需品……比如鲜肉、鱼、鸭或母鸡,或者其他他想要的。房子的主人如果不能满足这个寄住官员的意愿,可能会面临受鞭打的惩罚。如果[官员]寄住在一个他的熟人那里,他通常会选择拿钱,其中官位较低的[官员]这么做不是因为需要拿出一些钱打赏,就是认为这样更方便一些……

之后在路上每隔3英里(1英里≈1.6千米)和6英里的地方都有房子,里面只为旅客提供床和椅子,供他们休憩。有一些……会给客人提供酒;另一些只提供茶,也就是水……

当[官员]到达他们要履职并居住的城市之后,他们会找到要居住的房子。根据衙门的大小不同,他们的房子也或大或小。在这些房子里,他们会发现那些已经存在的仆人都是必需的:文书抄写员、守门人,所有办公时的政务帮手也都个个有用。每一个官员按他的房子大小、人员配备多少,每个月的月初和月末都会准时收到相应的俸禄以供他们的衣食所需(有限额但是足够的)。当[官员]老了之后……他们要么告老还乡,要么去其他他们想去的地方。朝廷会每月提供维持他们生活水平的俸禄,直到他们去世……

所有服务于[官员]所在的这个房子里的看守、仆从、文书抄写员、行刑人和其他所有政务人员都有足够的日常用品,每个月都会按时付讫。(博克塞[Boxer],1953:163—166)

19世纪中期在中国旅行的古伯察(Abbé Huc)惊讶于巡查官员奢侈的住宿条件,尤其是跟普通的私人住宅相比。(古伯察,1970,1:23)1612年,福建莆田县将近12%的税收被用来支付:

> a) 日常固定开支:地方政府建立了20个需要资金支持的项目,如接待高级官员、款待通过科举考试的生员、维修衙门建筑和街道照明、提供官员朝服和供给孤儿衣物,等等;
>
> b) 官府的非固定开支:提供给普通搬运服务人员的开支,给巡查官员提供的办公文具、煤炭、蜡烛、木柴、米,新官员就职典礼的宴席,给官员的来访客人的柴火和油,巡查被拘押罪犯的官员需要的食物,参加科举考试的考生需要的奖学金和旅行费用,等等。(维梅尔[Vermeer],1990b:157—158)

据林仁川(Lin Renchuan)的描述,1439年福建航海贸易监事会款待前来朝贡使臣的花费巨大:

> 根据福建巡按御史成奎(Ch'eng Kui)写的报告:"来自琉球群岛的朝贡使臣都在福州停留。招待这些客人的开销奢侈。上一次翻译官林惠(Lin Hui)和程昌(Cheng Chang)带来了200个水手。除了每天定量供应的米,其他的生活必需品,如茶、盐、酱油,都是由里甲制所得的税收供应的……仅去年下半年,就花费超过79万6900铜钱。"(林仁川,1990:174—175)

第二章 贡赋制和小资本主义生产方式

在官僚体系中,供职于朝廷的有较高功名的那些人组成统治阶级。官绅是农业社会精英阶层中最难企及的一群人。宋代以降,帝制中国的官绅从顺利通过竞争激烈的科举考试的进士中产生,严格意义上的继承并不能让人进入这个显贵的等级,任何有学习能力且有受人尊敬的家庭背景的人都可以在具备商业意识的宋代人才市场上参与竞争。

真正统治中国的是那些上层士绅(upper scholars),他们为了整个社会,也为了他们自己的利益,管理着贡赋的社会生产和支出;即使是皇帝的命令,也要受这个具有高度阶级意识的社会阶层监督。虽然士绅与生员(lower scholars)共同组成了一个受尊敬的、有特权的贵族阶层,和普通老百姓区分开来(参见范·德·斯普伦格尔[Van der Sprenkel],1962:51),得以免除兵役、肉刑和强制劳役,但生员在诉讼和所涉及的惩罚中会受到相对草率的对待。士绅发现他们更容易逃税或把需要缴纳的税减少到最低,也更容易从公共收入中分得一杯羹。政府规定士绅、生员、老百姓的家庭婚丧献祭等典礼,所采用的形制要有所不同。(张仲礼[Chang Chung-li],1955:7—8,35—40)何炳棣把生员归为"布衣儒生"(scholar-commoners)(1962:35)。

通过税赋、劳役和其他对"农业"(nong)或说业农者(agriculturalists)的榨取,[①]官员获得了从平民那里转移来的财富。

---

① "农"最好被理解为"农业"而不是"农夫"或"农民",因为在普通人类学的用法里(参考沃尔夫,1966:2),后面两个术语暗示某种政治经济的背景——"农夫"对应前资本主义的社会构成,"农民"则对应资本主义社会,但在这里我希望强调一个可以比残余的"前资本主义"类别更准确地描述中国案例的特征。

35

这已经被很多学者研究过:它们明显是国家税收、官员特权,以及农民感知到的剥削的来源。官员的一系列作为包括:对财产所有者征税;维系土地契约;通过修建灌溉工程和征收荒地来开拓或改良可耕种的土地,然后把这些新的土地连同战乱灾荒时期被人离弃的土地再行分配出去;没收罪犯的财物;强征或购买土地用来修建道路、城市和城墙;举行组织农业生产的农事仪式。以史为鉴的中国人也清楚地意识到这些官员以皇帝的名义,在过去曾多次重塑农业经济,发起大规模的移民,并且常常宣称自己有权决定人地关系。

到帝制中国晚期的时候,比较理想的情况是,农业家户的户主同时也是经营几个小农场的小业主,农场的产出既可以维持生计,又可以满足官税和徭役的需要。最近的研究多强调帝制中国晚期土地使用权有被私人小规模瓜分的趋势,而没有出现封建庄园或其他大规模土地占有的形式。(伊懋可[Elvin],1973;马立博[Robert Marks],1984;黄宗智,1985)业农者被训导要努力生产并勤俭节约,这样才能在除去税赋和生计所需后还留有可观的剩余。(萧公权[Hsiao Kung-chuang],1960:188—189)官员们所做的辅助工作是管理并改良灌溉系统、道路和运河,并储存大量的谷物以应对饥荒,因为普通老百姓很难有足够的存粮度过荒年。(李明珠,1982:689,694—699;魏丕信,1991)

虽然有时官员想要通过农业技术革新的传播来提高生产力,但他们的目标仍然是维持一个稳定或者说停滞的经济。(黄仁宇[R. Huang],1969:77、112;1974:229)不管有意还是无意,清代中国进入了农业"高水平均衡陷阱"的瓶颈阶段(伊懋可,1973)——

人口膨胀和生产扩张同步,人均收入没有增长。因此官员只有通过更有效地征税或获得向更多可纳税家户征税的权力,才能增加他们从农业剩余中的剥夺性所得——也许对升官或扩大管理边界的追求是深深根植在他们的经济利益中的,对经济利益的考虑有时超过其他所有的考虑,老百姓有时甚至不得不卖儿鬻女来向这些官员缴税。(王安[Waltner],1990:83)

除了积累农业剩余,官员作为一个阶层也负责管控很多工商业的生产机构,通过非市场渠道如官办工场、特许经营权和垄断来获取满足公共需求的产品和资源——盐、武器装备、官窑瓷器、城墙砖。从汉代(公元前206年到公元220年)起,大规模的食盐专卖就是政府预算的主要来源,这向我们展示了官办生产的成效。到帝制中国晚期,大部分的盐由世代相袭的盐户生产,通过持有政府特许经营权的世代相袭的"盐商",在一定区域内流通。罗威廉描述了18世纪和19世纪初叶在长江中游——汉口聚集的两百个盐商,他们并不像普通商人那样是私有企业主,而是作为官场的一种延伸:他们"实际上和政府官员的地位一样。持有世代相袭的……特权,这些商人实际上就被分封了某一盐业商路的特许经营权"。盐业交易"在官方看来,和帝制行政机构之间的内部记账程序的复杂程度差不多",储存起来的盐和储存设施"都不会如实地公之于众,仓库的运营预算也会被偷梁换柱以掩人耳目"。这些非凡的盐业"儒商"(scholar merchants)有很高的社会声望,这是由他们士绅式的生活方式塑造的,他们会花很多钱捐功名,尽管这并不能让他们跻身官员行列。(罗威廉,1984:91、99、117、119、184、205、207)这样的"商人"跟"正途"士绅有两点迥异之处:他们不受任官籍贯回避规则的制约(罗威廉,1984:99);他们被授予的特许经营权许可他们售卖一种具体的物质产品,而不仅仅是无形的管理服务(就像一个文职官员)。他们组成了一个特殊的、略"下级"的官场——这个官场希冀从民众中聚敛物资和劳务,并向他们直接售卖一些被垄断的物资和服务。

盐(以及其他物资如煤、铜和瓷器)的官办生产在17世纪晚期之后"封建"色彩渐趋淡化。一些半官方的角色,比如汉口的盐商,让位于更多样且完全私有化的生产和分配渠道。(罗威廉,1984:119—120)这些事实印证了一个更具资本主义色彩的城市商业体系的崛起——这是罗威廉的观点。但19世纪末被重新构造的私有化的盐业系统也大大限制了其时纯粹私有化的盐商的规模,更坚定地把他们推向小资本主义的模式。

官员可以基于其行政职责去征税和抽捐;他们虽然俸禄较低,却拥有可以给官方服务明码标价的特权。古伯察被19世纪中期成都一个文官的坦率给逗乐了:"如果通过贸易和商业可以发财致富,为什么以礼仪教化百姓,让公平正义的原则得到伸张就不能让人发财呢?"据说这位文官曾让幕僚把以前的案子翻出来让他审查,并抱怨说他管辖的其中一个地区"从来没有一个供我审理的案件,所有的家庭都很和谐"。古伯察认为,这些"不太高尚的情绪在官员中很普遍,而且他们会没有顾虑地公开表达"。(古伯察,1970,1:104—105)

这些日常压榨的权力很容易就和榨取民脂民膏的权力融合起来(黄仁宇,1974:229、230、232;1969:103、105、125;杨联陞[Yang Lien-sheng],1979;《远东》[The Far East],1871:1—3)。史温侯

(Swinhoe)先生是被派驻到中国台湾的英国外交官,他在1864年的报告中提到了那时岛上的四个民事官员和一个军事官员是怎么分肥的。统治者的大部分报酬要从"油水丰厚的"樟脑交易中获取;地方辖区最高行政级别的官员报酬,则从案件的诉讼费和盐业专卖权中得来;更多县一级的文官通过恐吓的手段从案件诉讼费中捞取一部分钱财来补充他们的收入;管理海洋事务的文官则有权调用船只来为朝廷运输谷物粮食,因此他的收入的很大一部分来自想要逃避繁重任务的船长。"但是台湾的军事办公室在人们看来可能和很多赌博彩票站差不多。[军事首长的]属下据说是岛上最会赚钱的。"其中的一个上任仅8个月就赚取了白银4000两。(戴维森,1967:100)

虽然帝制国家压榨每一个人,但是出于实用性和意识形态双重原因,那些常规贩卖私人商品的人会受到更多压榨。在官员眼里,小业主的少量收入是合法的,大量小资本主义的利润则是不干净、不牢靠的。(曼素恩[Mann],1987a:16)商人和以营利为目的的生产者被官方视为麻烦制造者,他们存在于被视为贡赋制生产方式之根本的农业生产之外,不像业农者和他们的父母官那样值得尊重。据记载,清朝至少有一个皇帝曾经采取措施让小商户得利,并同时压制那些"自私自利"的士绅,想必是因为他们从私营经济中积累了过多的财富。(黄培[Huang Pei],1974:269—270)明朝政府的效能波动很大,在"怠惰不作为"和"组织有力且仁慈有加"之间来回摇摆,这就要看政府惩罚小资本主义和滋养小资本主义的综合力度了。(汤维强[Tong],1991:195)

当权官员对税收收入的追求有时过了头,反而破坏了作为税收来源的经济成就。(克拉克[H. Clark],1990:57)1876年,湖北省近70%的财政收入来自商业领域,而湖北的官员花费了52万两银子用于朝廷开支和军事支出;在1883—1884年间湖北再次被额外征收税款。难怪罗威廉会指出,到了19世纪80年代末,"太平天国运动之后以汉口为中心的商业繁荣开始走下坡路",因为朝廷又重获了打通财路的能力,依靠贡赋制生产方式来敛财!(罗威廉,1984:18,202—203)

长期以来,学者认为除了在征税范围内的,官方对私有领域的商业活动并不插手。加里·汉密尔顿(Gary Hamilton)概括说:

> 政府很积极地规范那些由官方垄断的对外贸易的商业活动:盐、(官窑)瓷器和其他小物品。但总的来说……明清政府不决定商品的价值、强迫签订协议、设定重量和尺度标准,甚或明确规定商品交换的中间商。政府也没有在这几个方面起重要作用:建立信用机构,建立商业保险,设定可行的利率,或者发展官方的纸币流通。除了偶尔对运输途中的商品征税(这也仅仅在1853年之后才被体制化),政府没有企图调控物品分配或对其销售额征税。(汉密尔顿,1985:195)

然而,一些学术成果指出管控私有商品领域的市场是贡赋制组织的一个重要面相。国家不仅对私营市场征税,还操控它们,让市场的运作过程从属于贡赋制。在帝制中国晚期,私营的非农业生产占全国人均附加值的比例多至30%(该估算来自费维恺,1984:299)。在曼素恩撰写的有关清代早期山东官员的文章里,她观察到"官员的一个最重要的考虑是控制市场竞争,包括:遏制中间商的势力;保护本地的农业生产者、小贩和那些建立了横向贸易网络以供应当地对货物和服务的需求的小商人,还有跨地区的贸易体系;规范商业行会、流动商人和本地企业家的商业活动"(曼素恩,1987a:58;另参见濮德培[Perdue],1987:149)。

朝廷对商人实行控制的主要渠道是一个被授予特权的经纪人体系。这个体系始于宋代,并不断被强化,一直延续到清代。经纪人的特权涉及十四种农产品及棉布、丝绸。在这些商品各自的交易中,经纪人负责安排运输和雇佣工人,并作为法定的监管者来监督所有的批发交易。在批发交易的这个层面,如果没有代表朝廷的中间人在场,它就是非法的。经由普通老百姓,经纪人拥有可观的法律、税收和行政权力。(罗威廉,1984:187)通过在四川和福建的田野调查,我深入之前做过短途搬运工的工人社区中,由此确证在20世纪早期经纪人角色的权力和他们在早期可能发挥的效用。经纪人的权力并非形同虚设。

这些经纪人的家族组成了一个商人队伍中小规模的、世袭的、依赖亲属关系的精英阶层,在某种程度上和盐商家族很相似。他们成为统治阶级的半官方延伸,被赋予了具体的特权,打着义务服务的旗号收费,同时以朝廷的名义监督他们的商业伙伴们。虽说经纪人旨在将官方标准运用到不同的商业事务中从而规范商业实践,但毋宁说这个体制似乎是向特事特办大开绿灯的。要解决争议就要跟一个特定的经纪人拉关系,给他好处费,而不是让他例行公事。

除了凭借经营特权压榨小商人,经纪人表面看来真的像罗威

41

廉美言的那样在"维持市场秩序"。他这么说,是指经纪人的存在防止了那些有权势的商人或财团垄断价格。他们因此帮助建立了一个怪异的人造市场,让左右商品价格的权力得到限制,对于那些背后有雄厚资本支持的商品来说尤其如此。如果这个经纪人体系像罗威廉概述的那样可以完全运行,那么它可能是官方对整个生产过程进行管理的重要一环。认识到自由市场固有的趋势是让资本量不断积聚之后,官方政策一方面鼓励小资本主义者维持一个竞争激烈的市场,另一方面也保留了其为自身目的而垄断市场的权力。

可以这么说,接受按自然经济规律发展的本地贸易但同时保持资本主义初始阶段的小规模是官方关注的重点。按黄仁宇的说法,明朝政府宁愿维持较低的经济发展水平,也不愿让具有潜在破坏性的地区不平衡出现。(黄仁宇,1974:2)曼素恩关于清朝企图对商业征税的研究很有启发性,它表明官方要限制具有挑战性的生产方式发展,其在这方面的考量不亚于开辟新财源的意愿。福建的经济史学家们对此尤其支持。张彬村(Chang Pin-tsun)的总结强化了《福建省的发展与衰落》这本重要论文集中大部分文章的观点(维梅尔,1990a):

> 帝制中国晚期经济机制的形成主要是为了达成稳定而非提高效率……朝廷不会允许任何单一的经济部门发展壮大到可以撼动这个以大陆为中心的农业经济的基础。明代晚期福建的海事经济也不例外。福建的海事商人就像他们内地的同行那样,选择适应大陆经济的规则,而不是冒险用商业经济的

规则去替代它,尽管那样更适合他们从事的海事贸易。结果是明代晚期福建的海事经济部门没能以提高效率为导向获得发展,不但没有削弱大陆经济,反而被后者削弱了。如若明代晚期福建的海事商人不足以被称为"商业资本主义者",只因他们缺乏主动性和创新性,那么这样的缺乏恰恰印证了他们在挑战整个中国以大陆为中心的农业经济时所面对的风险。(张彬村,1990:79—80)

小资本主义生产方式(PCMP)

虽然以上概述的贡赋制生产方式作为传统中国文化的典型,已广为人知,但小资本主义生产方式尚未明确地被看作一个整合的中国社会形态中的组成部分。① 因此有必要全面地描述一下该小资本主义模式和它的阶级关系。在这一小节中我会着重阐述小资本主义的几个方面,以及如何区分资本主义和小资本主义的问题。我会在之后的几章中展开对受国家/亲属控制的劳动的详细分析。

---

① 虽然约翰·葛兰希(John Gledhill,1984:138)和沃尔夫(1982:第8章)把中国理解成一个亚细亚或朝贡体系,但这并没有暗示中国体系的复杂性可以由一个概念阐释清楚;魏特夫(Karl Wittfogel)对贡赋制生产方式的处理几乎没有考虑到私有财产在中国扮演的角色,尽管他粗略地提到了农业社会里农民占有土地的罕见性。(魏特夫,1957:276)之前已经提到过的亚洲的马克思主义者,继续试图只用经典的"封建的"和"资本主义的"概念类型来破解经济史;至于非马克思主义的汉学家所做的经验研究,总的来说较少借鉴比较理论。

中国"马达":"小资本主义"一千年(960—1949)

小资本主义生产方式是一套有关农副商品的私有化生产的体系,这些商品可能包括:一个从事农业生产的家户在市场上售卖的其生产的部分粮食或织物,一个豆腐作坊出售的豆腐干,或者一个家庭养育的它承受能力之外的孩子——目的是将他们作为劳动力出售。尽管很多中国小资本主义的活动具有个人主义色彩,但当这些家户的产出进入市场后,对利润的追求仍然压过了对其定价的其他考虑(戴德安[De Glopper],1972:311)。小资本主义的家户,尤其是业农家户,常常只为自己的需要生产,他们保留的是非资本主义模式的,在亲属、朋友和同乡人之间进行的交换。他们的持续再生产则依赖和市场的联系,包括买卖劳动力。

家族企业虽然是私有的,但所有权并不是个人的。最理想的情况是由家族中的男性亲属们管理。家族企业和宗族企业——这里可以统称作"宗族"①(patricorporations)——它拥有或掌握生产资料,比如说农田或作坊。宗族企业首要依赖其自有的劳动力,一般当家庭劳动力不足时才雇佣外人。家户成员可能会被族中的成年当家男性当作商品,家长可能会卖出妻子、女儿和年幼的儿子,并购买能填补空缺的劳动力,以满足作为整体的家户生产和再生产的需求。亲属和雇佣帮手之间的界限常常是模糊不清的,我会在第5—7章中详细论述。这种模糊不清也恰恰说明了,要描绘商品生产的中国形式的特征并对其进行解释,是困难重重的(参见朱

---

① 译者注:这是葛希芝沿用的术语,弗里德曼曾把宗族形容为公司(corporation),这是从拉德克利夫-布朗沿袭而来的法人团体概念,她使用"patricorporation",强调父系,强化宗族属性。它和一般的血缘、继嗣、族产、祭祀等意义上的宗族的含义相比多了资本积累的弹性,这种在国家和社会之间的中介作用将在第5章充分展开。

爱岚［Judd］，1994：第 4 章）。在帝制中国晚期，劳动力无所谓自由，它既不能逃离亲属长辈的控制，也不能进入任何市场及其分支进行交易。

雇佣非亲属关系的劳动力的典型方式是雇佣少量周期较长的技工学徒，比如说整个农历年在此，或者可以按照惯例做三到五年的。（马士［Morse］，1966：33）这种劳动力的商品化由中国著名的行会部分把控。学者注意到在 20 世纪前期的中国，"实际上所有售出的手工制品"都由行会生产，并且"大部分靠手工艺维生的城镇人口都在小作坊商铺里工作"。（步济时［Burgess］，1966：29）这些行会"建立了迫使人们服从的规则；制定不容商议的价格；设定或修改贸易习惯，并且得到默许"。（马士，1966：31）只要行会的会方行为保持它的正统性，朝廷就不会干涉他们对劳动力设立习惯性规范。

许多会内的工匠和劳工因此组织起来抵抗来自非会员的竞争。他们的工资不完全由市场机制设置，一些行业的准入也受到行会垄断权的限制。然而行会也许并没有像步济时和马士的话所暗示的那样完全控制某些职业。19 世纪后期行会逐渐让某些职业世袭化，很可能是为了对付来自国外商业和技术的竞争。（傅士卓［Fewsmith］，1983：626）即使某个行会很强大，会员也并不总是坚持他们的贸易垄断。（步济时，1966：126；罗威廉，1984：141）要加入行会其实并不难，会费也不贵，他们应对经济变化的反应很迅速，会根据情况调整规则和工资水平。（步济时，1966：99、102）行会的存在及其不容小觑的权力肯定会对熟练和半熟练工市场产生影响，但尽管如此，这个市场还是存在的。

45

帝制中国晚期的劳动力市场不仅对市场竞争的回应显得被动,对贡赋制生产方式需求的回应亦复如是。组织起来的行会既要对付市场竞争对手,又要保护会员免受官员的过度盘剥。抗议和联合抵制常常取得成功(步济时,1966:78;马士,1966:30—31,45—46),即使没有完全阻止雇主要求担保人或中间人介绍雇员的趋向,至少也拖慢了其对市场压力的反应。

劳动力市场(和其他市场)也间接受朝廷对航海运输设限的影响(德庇时[John Francis Davis],1972,2:375),其他的影响还来自官员建造并维持有助于生产的基础设施的意愿与能力——比如灌溉体系、道路和运河。但是这些和前文提到的,包括亲属关系在内的其他限制,似乎并没有太大地阻碍中国的劳动力从农村流动到城市,或是到因受灾被抛荒的土地上,以及从中国向世界各个角落的常态流动。

土地市场在帝制晚期的重要性是毋庸置疑的。重要的是要认识到当生产资料由宗族而非个体占有的时候,男系亲属的多重权利就会让土地买卖复杂化(有关这些议题的方方面面会在第5和第6章中讨论)。

宗族和共同体通过广泛的商业技能和制度的积累形成生产关

系网络。① 这些技能大多通过亲属、共同体,甚至通过孩子们的游戏而非正式的方式习得。(古伯察,1970,2:149)

"小资本主义"的业务往来是建立在私人纽带和本地的声誉之上的,只有诚信的声誉才能保障非正式的、不受法律制裁的信用通行无阻。帝制晚期的仲裁法庭通常对商业争端不太具有同情心。

---

① 对小资本主义商业实践的出色描述可以在这些著作中找到:弗里德(Fried),1953;施坚雅,1961;戴德安,1972,1979;唐美君(Tang Mei-chun),1978:第 4 章;唐纳德·诺尼尼(Nonini),1979,1983a,1983b;顾尤勤(Cooper),1980;约翰·奥莫亨德罗(Omohundro),1981;郝瑞[Harrell],1982,1987;斯蒂茨(Stites),1982,1985;约瑟芬·斯马特(Josephine Smart),1983,1986;罗威廉,1984;昭崎一郎[Numazaki],1986,1991,1993;韦立德(Tim Wright),1988;徐新吾(Xu Xinwu),1988;林舟(Bosco),1989;希尔(Ann Maxwell Hill),1989;加德拉(Gardella),1990;雷丁,1990;毛泽东[Mao Zedong],1990:第 3 章;巴苏,1991a,1991b;斯马特夫妇(Josephine Smart and Alan Smart),1991,1992;欧爱玲,1992,1993;伊恩[Ian Skoggard],1993。

韦立德关注的是"截至 1937 年中国资本主义企业家的管理实践"(韦立德,1988:185)。这些资本家与其说来自私有的工商业领域,不如说来自官僚或政治的领域。"在选拔工作人员、募集资本和进行经济交易的时候,这些企业家受'传统的'价值驱使,遵循具有特殊主义的评价标准——尤其是家庭纽带,但也包括其他关系,比如说对家乡的忠诚及师生关系、学校或机构联系",而不是"放之四海而皆准的评价标准"。(韦立德,1988:187)也就是说,他们保留了小资本主义实践的很多方面。

希尔对中国南方一个以傣族人口为主的地区茶叶贸易的研究,强调了商人们勤勉的工作,他们对私人纽带的拓展,以及依赖社会关系和担保人进行的小心翼翼的资本化。"商会、茶市'前景'、短期借贷和劳动力密集型的商业生产"是这种贸易的特点。(希尔,1989:333—334)

在讨论早期工业化竞争中手工棉布生产的持续性存在时,徐新吾(据他说英国外交官米歇尔[W. H. Mitchell]也说过)总结说手工业在竞争中表现出色是因为"本土的手工业和小农经济紧密结合的情况让他们能够抵抗笨重的机器化工业。中国的小农可以充分地利用并理性分配家户中的剩余劳动力。他们也能最大程度地有效利用资源,比如利用原棉的例子"。他们可以为满足家庭消费而织布,"几乎不考虑成本—利润的计算"。(徐新吾,1988:46)

47

向仲裁庭提起上诉对诉讼人来说风险太大,因此他们不到走投无路是不会采取申诉对策的。人们遵守商业协定是因为神明要求人们正直行事(苏海涵[Saso],1982),因为人们想要保护自己的声誉和将来的信誉,也因为债权人有时会通过政治影响力或身体暴力的威胁来确保债务的偿还。长久以来,这些约束对常规的商业交易都是有效的。(古伯察,1970,2:150)就像过去一样,在私人纽带滋养的信任缺失的当下,一个观察者写道:"对金融风险控制的实践还是太过私密,以至于它们只是部分理性的。"(雷丁,1990:11)

"小资本主义"企业,无论规模大小(古伯察,1970,2:145),都可以通过一系列途径获得资本并扩展它的信用范围,这些途径包括:标会、个人借贷、聘礼和嫁妆的转移、当铺、信贷、赌博、勒索保护费的黑社会组织和其他或大或小的机制。私人的镖局运输体系凭借其高效诚信的服务把大部分中国地区,包括东南亚的华人聚居区都连接了起来。(波乃耶[Ball],1982:522—523;毕晓普[Bird],1983:158)在中国范围内通过高度个体化的钱庄系统实现的汇款也被证明是行之有效的(例如波乃耶,1982:63—66;查尔斯·考曼[Commeaux],1970:61)。就连最穷的人也能感受到钱是一种商品(波乃耶,1982:445—450)。

商业中的私人主义就像"小资本主义"的很多方面一样,是被国家政权强化的。比如说,19世纪中期当铺的官定利率是30%。按当时中国人对时局的理解,官定高利率的目的是通过提供一个可供选择的有力的投资渠道来防止土地价格上涨,这样就可以"使土地在相应数量的家庭之间得到分配,使金钱的流通更富活力且统一"。(古伯察,1970,2:133;亦参见斯汤顿[Staunton],1810:

530—532)与高利贷相差无几的利率鼓励借贷者依靠私人关系"找寻"借贷的机会。

若没有一套法律体系来保护私有产权,使其超越亲属关系的控制,要管理准资本主义化的生产关系是不容易的。那些企图寻找资本主义萌芽踪迹的作者捕捉到了类似企业的合伙关系,就像罗威廉讨论到的那些例子。(罗威廉,1984:72—74;另参见昭崎一郎,1991:42—45)我在田野工作中也碰到了类似的情况:在福建沿海的一些村庄里,没有亲属关系的男人们会各自投资一小笔钱来共同腌制牡蛎,然后将其卖到厦门。在他们均分利润后,这种临时的生产单位就宣告解散。但是政府官员对这类非个体的商业关系持消极态度,因为他们害怕当地财富的扩张。他们有时会禁止几户人家联合开展的土地收购,即便这些人之间都有宗亲关系。(濮德培,1987:147)非个人的交易当然也是有风险的。在1860—1890年间,汉口曾出现信用投机热潮,后来几千个借贷人都潜逃了。一场破产导致连续破产的多米诺效应反映出保护纯粹商业合同的机制实际上是缺失的(罗威廉,1984:166)。曼素恩(Susan Mann Jones,1972)也有同样的论证。

商人们可以(也确实)向地方官员提出申请,想让他们和他们的组织制定的规则取得合法地位,以保护他们的商业合同。这种自下而上的试图为私有产权提供法律保障的机制虽然相对民主,但有其内在的脆弱性。这种自发性肯定来自商人们自身,因此颁布的相应法律必定是地方化和碎片化的,而那些在原则上愿意接受这些法令的官员未必愿意强制执行。在19世纪末的汉口,茶叶行会的商人们成功地推动地方官出台了一系列措施来确保诚实守信的商业实践。其用语中反复出现的"压力"和"合法化",在罗威廉看来,暗示了"一种相似性,即行会和经纪人希望在茶叶贸易中实现的市场管理方式,和政府管理的盐业交易所实行的管理方式之间的相似性"。商人们要求无论政府交易还是私人交易都应该得到相同水平的法律和实际操作中的保障,然而并没有保证法律得以执行的措施出台。在大部分情况下,"中国人看起来愿意依靠私人的义务关系来保障及时和公平的付款"。(罗威廉,1984:145)虽然经纪人所处的位置非常有利于他们强制执行官方的商业规定来保护商人的财产(对抗不履行合同义务、违约等行为),但没有清晰的迹象表明他们确曾这样行事。罗威廉对经纪人角色的详细描述并没有表明,在面对一拨潜逃的本应被告上法庭的借贷人时,商人们会诉诸经纪人。我们可以假定,在很多交易和各类状况中,经纪人的多面性让其主要关心的是贸易,以及他们作为有特权的中间人在相关商业交易中的角色;他们几乎不可能去总结并推广那些保护个体、商行或其他非家庭的财产所必需的合法惯例。除非有相反的证据出现,我们必须继续假定传统中国的官员更明显倾向保护基于继承的家庭不动产,而不是新出现的企业家的个体所得和通过非亲属合作关系获得的财富。

  罗威廉不认为官员并没有尝试去强制推行商业的法律责任。他指出汉口的中国商人常常把欠债方告上地方官的公堂,并用三个例子来阐述了他的观点。在第一个例子中,总督衙门强迫不诚实的交易方偿还欠款;但他的另外两个例子提醒我们为什么在商业领域(就像在其他领域一样)人们会害怕并希望尽量避免打官司;案例中的被告,其中有一个显然是无辜的,却在一个公开审理案件的公堂上被活活打死。(罗威廉,1984:168—170)这些审判行为都是惩罚性的、马后炮式的,并非致力于建立一个法律体制来保护财产权。只有当那些财产权能够强化家族的时候,朝廷的法律态度才是坚若磐石、长久不变的。

残酷的、无休止的竞争是限制商业关系在宗族之外发展的另一个因素。商会试图限制市场过程导致的压力,但是即便如此,生活在各自社区群体中的业农者、工匠和商人对这些压力仍没有多少防范措施。每一个生产家户的所得都会威胁另一个家户,商品化的长期趋势是在市场的非个人化中消解人类关系的纽带,让所有的东西都可以在市场里买进和卖出。此种社会经济除了让人们对专制权威有所顾忌,也是孕育邻里之间担忧和不信任的温床。

不信任、害怕陌生人,甚至害怕所有亲戚圈之外的人,是帝制时代中国人的显著特点——还有其他地方的人也有类似特点,比如挣扎在资本主义经济边缘的乡村的意大利人和墨西哥人(福斯特[G. Foster],1967)。这种不信任很戏剧性地表现为帝制时代中国人对鬼神的普遍焦虑。鬼可能代表了他们生活中的一种根本性的恐惧,即在充满横征暴敛、竞争激烈的世界里孤苦伶仃、生计无着。它们缺少与物质资源相连的人情纽带,因此在本质上是邪恶的。在现实生活中,这样的人就是一个陌生的流浪者或乞丐,一种无产状态的终极表现。(焦大卫[Jordan],1972;武雅士[A. Wolf],1974b;魏乐博[Weller],1985,1987)很多生动的仪式和信仰都是这些形象的投射,比如婚丧嫁娶等仪式强调,家是这个险恶世界里唯一安全的港湾。家户和外部经济的巨大裂痕根植于帝制时代中国的最高道德伦理,也嵌入该时期的中国人最深的恐惧之中。

在小资本主义生产方式中生活的人们创造出一套自己的意识形态、象征和仪式,通过它们,普通民众清晰地表达出他们对所在世界的感知,教导年轻人和彼此教导,并把这些感知变成现实世界的行为规则。这些意识形态覆盖范围广大而且边界不定,它们负责回应的问题包括生产实践、生态平衡、政治权力、性别定义、终极意义和其他不计其数的复杂文化事项。(参见姜士彬[D. Johnson]等编,1985;葛希芝、魏乐博,1987)总的来说,他们在很多方面都和由普通农民创造出来的这一套意义体系很相似。比如"丰产",不管是人、动物、植被或是土地本身的这种能力都被强调,被符号化并神圣化。

小资本主义生产方式中的某些意识形态的主导观念(preoccupations)是独一无二的,也是小资本主义文化的特征。在中国民间生活中,钱是具有魔力的,它是一种献给神明的圣物,用于净化并象征生产和再生产的增加。在商业头脑发达的广东人中流传着一些民间传说,其中提到拜物的金钱是如何选择"到一个新的家"或"从[它]的旧家逃走"的。(宋学彭[Sung Hok-pang],1974:163—166)民间仪式支持致富、还债和为营利而投资的这些美德。那些小资本主义平民反对苛刻的贡赋模式,同雇佣劳工和部分商品化了的宗族的劳动力一起为了市场而生产。他们创造的道德图景使阶层向上流动不仅成为可能,而且变得势在必行。往上流动的人先得在崎岖的小资本主义之路上耕耘致富,然后其中一些有才华的幸运儿或许会畅通无阻地进入贡赋制的乐土。

小资产阶级

宗族的生产者之间的竞争创造了普通平民之间社会流动的酵素，他们也由此被区分为三类小资产阶级：一类是那些拥有资本并雇佣劳动力的；另一类是那些很大程度上依靠他们自己的资本或者租有稳定的土地而劳动的；还有一类是那些主要依靠出卖自身的劳动力维生的。

小资本主义生产方式里的阶级关系使一些家户得以通过劳动力剥削、租赁土地、经商、营利性的商品生产和借贷来积累资源。无论这些积累的长期影响是什么，通过经济途径实现的财富的循环流动都对组成这个经济圈的家户们影响深厚，它把他们大致划分成了拥有雇佣劳动力的业主、自主经营的小业主（有时也是稳定的佃户）和纯粹出卖体力的劳动者。经济限制和政治警惕的共同作用使得小业主或稳定的佃户变成了统计的标准，但是竞争和商品化的持续发展使得这些阶级和那些有剩余价值可积累的家户之间的差别只是数量问题。

在种植棉花的北方，黄宗智把这些看作由不同的生产关系和不同的动机区分的"社会阶层"（social strata）。他把使用家庭内和家庭外雇佣劳动力的"经营地主"（managerial landlords）与通常把土地出租给租户的"租佃地主/不在村地主"（leasing landlords）区分开来。其中经营性家户得到较高的回报，"因为大多数经营性的农民家户自己也会做一些农活，而那些纯粹出租土地的则不会"。当这种模式出现的时候，清朝的官员把这些自雇的劳动力和他们雇佣的工人归入一个类别："他们都是靠做低级的农活、卖力气维生,手上沾满泥巴的庶民。"(黄宗智,1985:72、98)虽然就参与家庭生活和劳动而言,这些受雇的帮手和雇主的地位相对平等,但其实际差距肯定会显得更大一些。

黄宗智的研究揭示了小资本主义商品生产的另一个重要特征——它从租佃关系中涌现,又在繁荣期过去后有回归的趋势。(黄宗智,1985:78)就黄宗智研究的经营性体系而言,租佃关系更多是在贡赋制而非小资本主义的原则下运作。在市场运行比较死气沉沉的时空当中,这样的租佃关系可能(就像黄宗智描述的那样)是一种相对不太挣钱但于商人而言相对保险的方式,目的是保护已经累积的财富。在其他地区,比如说台湾或珠江三角洲,有钱人做土地的投机生意,引进佃户,修建基础设施,有时也加工出售一些产品。在这些地方,租佃是小资本主义的重要组成部分,而佃户可以说是半无产阶级。邵式柏(John Shepherd,1988:427)警告我们不要把佃户和贫困划等号;德怀特·珀金斯(1969:106—107)注意到南方的佃户有时要比北方的地主过得好。租佃对中国意味着什么? 回答这个棘手的问题必须要运用适合于地方具体的术语,同时也必须把贡赋制和小资本主义这两种选项的地方多样化呈现考虑进来。

在小资本主义阶级间流动的家族企业其实形成了贡赋制生产方式内部的一个社会漩涡,只有极少数家庭有足够的幸运和智慧培养出能脱颖而出的士人,从而跳出这个漩涡,成为官场的一员。虽然关于社会流动的学术研究强调官员和平民阶级之间的流动,但是大部分的流动其实发生在平民之间。除了一些罕见的经济扩

第二章　贡赋制和小资本主义生产方式

张速度超过人口增长的时期,大部分流动无外乎向下的流动。

在小资本主义生产方式中的阶级关系——地主/商人、小业主(包括黄宗智所说的经营地主)和大部分无产者之间的关系——在原则上是清晰的,在实践中却模糊不清。1950年代土改时期关于中国农村阶级的描述,显示了在传统中国大部分地方有一种细微的分层谱系——从拥有大量土地而且自己不劳动的地主,到干一点活但是大部分请人来干的"富农",再到自有劳动力和资本均衡的自耕农家户(与贡赋制生产方式的目的最吻合的一种单位),再到自家土地不足,还需要租佃一小部分额外土地的人家,再到完全在租佃的土地上劳作的家庭,最后是需要完全出卖自己的劳动力、不拥有任何生产资料的贫雇农。(柯鲁克夫妇[Crook and Crook],1959;韩丁[Hinton],1966;第3章和附录C)类似的分层范围也可以在农业之外的领域看到:从最富有的商人到从事手工业的家户(这些手工业者把他们的产品卖给在城市街头摆摊售卖的人)。

当土地、劳动力或商品市场不稳定的时候,个体和家户就很难被清楚地分类。(马克思主义的阶级概念与其说是人的分类体系,不如说是政治经济力量的运动意象)就经验而言,居间情形并不会掩盖区别,虽然黄宗智和我用了不同的方法,但我们都把这些区别看作中国老百姓的特点。同时我也需要指出,中国人自己对作为家庭财富之基础的农业和非农事业有非常明确的区分,但根据最近的学术成果来看,这种划分只是一个幻象(例如罗威廉,1984:119;曼素恩,1987a:21—23)。

"小资本主义"在经济上的开放性给小业主家户(small owner-operator household)承诺了稳定性。这一政治经济单位所具有的制

55

度力量和文化上被人感知的吸引力有两个来源。首先,在小资本主义的资源竞争中,这样的家户可以较有把握地控制它自身的劳动力和生产资料,由此能生存下来。虽然拥有较多的家产比拥有家庭劳动力为自己干活似乎更令人艳羡,但这对大部分人来说不现实——那些雇佣外来者或出租生产资料的人也冒着风险,如果雇佣的工人、佃户或经营者不胜任或潜逃,损失就要由所有者承担,这也常常是导致焦虑的源头。其次,那些只能出卖自身劳动力的人也需要面对生存竞争的持续压力,和可能由于身体太过虚弱而无法干活,得饿肚子的残酷现实。经营一个小农场或做小生意不会让这个家庭完全免于经济竞争,但还是提供了一个能使其远离某些最糟糕情况的天堂。和其他小资本主义阶级所要承担的风险相比,这些相对安全的家庭财产所有权会强烈地驱使人们做出任何必要的选择——无论是经济上的还是亲属关系方面的——来保证这条生存之道的成功。

小业主家户的另一优势来源于官方把宗族(贡赋制生产方式的必然)定位为社会最重要的生产单位。宗族的资源积累受到几个方面的限制:法律规定的平等继承权、官员的压榨,以及一旦财产权不在国家认可的亲属实体的掌控之中,财产权就会面临普遍的不安全。与此同时,帝制时代的中国政府赋予亲族里的长辈主导权,来对家庭劳动力和他们的晚辈,尤其是妇女和女孩发号施令。在商品化的背景中,这些主导权给每个家长提供了原始积累的普遍可利用来源。围绕这些主导权形成的性别/亲属制度将会在下面几章详细谈到。

只要帝制中国晚期的经济保持稳定,也就是说不经历资本主义式的技术革新和由此带来的急剧扩张,导源于市场竞争结合家庭生产力循环变化的不平等,就会使地主和商人成为最终受益者。在市场机会偏少或者贡赋制生产方式的影响尤为强大的地方,这些潜在的资本家总是以极端非资本主义的风尚来行事,他们把本可以用于积累和投资再生产的剩余,花在扩大家户规模和(相对)奢侈的生活上。他们中的许多人也把钱和潜在的家庭劳动力投资在传统教育昂贵且痛苦的过程中,希望通过科举考试进入不仅有功名,而且有荣华富贵的主导贡赋制生产方式的文官阶级,成为其中一员。为了占有一席之地而必须经过的激烈竞争注定大多数人会以失败告终。在尚未获得贡赋制生产方式的资源时,就开始享受未来文官的悠闲生活,而抛弃节俭和生产劳动这一小资本主义生产方式的核心价值,很可能就踏上了一条血本无归的路。这些家庭在社会中的向下流动是小资本主义生产方式中阶级流动的重要根源之一。

在这个双向流动的阶级分析中,"士绅"(gentry)的身影在哪里?这个名词曾经被用来描述本地富有的权力阶层,国家依赖其维系对乡村的控制,作为回报,他们被允许通过政治和经济途径榨取剩余价值。虽然有时用一个方便的,比如说"商业化"或"市场经济"这些不带有理论含义的描述性术语,不会引发更多的问题,但为什么这些在活跃的经济竞争中维系着经济地位的"士绅",同时还保有维持农业稳定的反商业的意识形态?当商品生产可以保证更高利润的时候,为什么他们仍然相信自己必须把资本投入利润较低的土地和机会成本巨大的后代教育中?就像问"当统治阶级当权的时候他们都在干些什么"这个问题是有意义的,我们也同样可以问:士绅们都做了什么,才让当铺老板和官窑工匠能够通过士绅化过程拥有功名?

　　这种混合的阶级类型有颇多令人费解和有所变异的地方,但如果将士绅看作特殊的小资本主义者,这些地方就变得容易理解了。他们为了扩大家户或家族,过量地积累财富资源,从而超出了本属于亲属关系的财产恰恰可以承担的保护范围。这些人(通过让年轻人服从严酷的教育体系)把财富变成官位,从而拥有可以从贡赋制生产方式的经济关系中获利的权力,而不是受其剥削。看起来自相矛盾的是,因为财富的私有化不能超出家族范围,所以有钱人必须要找到一个公共的角色来保障私有财产。如果没有功名,部分免于亲族关系控制的有钱人在社会空间中很难立足,他们将尴尬地受到密如网织的宗族内部的生产者和行使统治责任的官员的双重挤压。商人往往被冠以不道德、不合法之名,因为他们的财富很容易被藏匿和私有化,而不为国家或家族等类似的机构所知。

小资本主义生产方式和资本主义的对抗

　　马克思是从两个方面定义资本主义的:其一是富有特色的生产关系,其二是兼具扩大再生产和霸权的历史趋势。资本主义的生产关系是那些市场的关系。所有主要的生产要素——尤其是劳动力——可以在一个非个人的市场里自由买卖,因此在生产中产生的人际关系就变成了非个人的金钱交易。当那些拥有生产资料的人面对只有自身劳动力可以出卖的人时,前者就占据有利地位,可以设定一系列交易规则。这些生产资料的所有者付给雇佣劳动力的工资刚好够维持并再生产一个普通工人，而他们出售的产品售价则要高于实际价值，由此这些人从工人那里榨取了剩余价值，从技术上说其实是剥削。(参见利特尔，1978)然后，生产资料的所有者至少会把部分剩余价值用于扩大企业生产规模的再投资。

那么，帝制中国晚期有没有这样一个自由的市场，其中的生产要素能够产生阶级不平等、剥削和资本积累呢？大部分农业劳动力是可以作为商品自由售卖(比如佃户/雇佣帮手之于雇主、小业主)，还是以某种奴役形式(比如农奴和奴隶)依附于更高阶级呢？这个问题非常关键。很多研究者已经开始把判断中国本土资本主义萌芽的首要标准从农奴或奴役的地位转向"自由的"状态(苏耀昌，1986;王方中[Wang Fangzhong]，1987;柯昌基[Ke Changji]，1987;蒲池典子[Kamachi]，1990)。根据伊懋可的说法，宋代大型私有地产或庄园里的农奴占了农民人口的多数(伊懋可，1973:第6章)，它的人口一般比重直到18世纪才开始下降。18世纪以后农业劳动力越来越依赖市场，这种趋势让持"萌芽论"的中国学者认定其证实了本土资本主义的开端。然而，赵冈(Chao Kang, 1987)论证说奴工或合同工在中国农业体系中占有的份额很小。赵冈坚持说小型的农场——其中大部分属于小业主——才是宋代以来中国最有特色的农业模式。而伊懋可与赵冈都认同的是，不管是大型农场还是独立的小型农庄，其获得并使用劳动力的途径既可以是屈从和孝道的义务这种非经济的"封建"力量，也可以是市场。但还不确定的是，雇佣劳动力的决定性转型时期究竟是在宋代还是在明清的增长时期。但即使雇佣劳动力在18世纪之前还不普遍,早先几个世纪的张力和变迁的重要导因也有可能就是劳动力商品化的周期性压力。

然而,对这个议题的过分关注可能产生误导。和欧美案例的一个简单比较就可以告诉我们原因。关于新大陆的奴隶是资本主义的先导还是它的组成部分有很多争议(班纳吉[Banaji],1979)。正如西敏司论证的那样,即使美国种植业的投资人"不是资本家,即使奴隶不属于无产阶级,即使当时盛行的是重商主义而不是自由经济,即使利润累积的速度很慢且资本的构成总是一成不变的——即使这些都是事实,仍有一点不可否认,那就是这些奇特的农工混合企业为英国本土的某些资本家阶层——在他们正在资本家化的时候——提供了养分"。(西敏司,1985:61)相似的论证不适用于帝制中国,因为帝制中国和世界资本主义体系的连接是比较晚近的事情,而且其统治阶级并不是热衷于再投资的资本家。自由或受雇的劳动力是定义资本主义的一个要素,主导阶级的特性也有同样的作用。在帝制中国,无论在什么样的劳动体制下,大部分的剩余,除了有限地用于扩大宗族,都流向了官僚阶级,而不是资本家。

现在所有人都承认中国的商品生产出现很早而且很重要(例如傅衣凌,1986;赵冈,1987),如果这种生产有别于资本主义,而且可以用它自己的术语来解释,那么这一有关社会历史阶段的争论就会偃旗息鼓。

如果传统中国有劳动力市场,正式的剥削就会接踵而来。但是无产者身上的剩余价值是否被资本家榨取了?这个问题的答案可能被一种教条遮掩了,在感情上要接受所有权既有市场也有贡赋的意义并不容易。在失地情况普遍、很多人只能通过出卖劳动力来维生的地方，从一个工人未被偿付的工作中榨取剩余价值，即剥削，是帝制时代的中国人生活中常见的一部分。剥削也会发生在家户中，宗族（agnatic corporation）从法律和习俗上都将妇女排除在所有权之外，但只要她们在宗族之中一天，就有义务为其工作一天。

至于这种剥削是否像其在正统资本主义体系中那样导向了资本积累，则是值得商榷的。这里我们必须参考马克思对资本主义模式的历史趋势所表达的忧虑。如果通过剥削劳动力，资本得到积累并进行再投资，那么其获得的剩余价值又得以进一步积聚，我们可以预见到由此对整个经济的扩张性刺激。在西方，资本主义引发了科学和技术的革命，以及伴随工业革命而来的经济增长。从那时起，它就变成了欧洲和世界其他大部分地方主导的生产方式。资本主义使得它所青睐的阶级和国家以前所未有的速度获得了巨大的资本、权力和知识。但在中国发生了一些截然不同的事情。

尽管传统中国没有发展出像西方那样的急剧扩张的霸权式资本主义，但它并没有停止经济扩张。清代就是一个在经济上获得明显的绝对增长的时期。在19世纪初，清代省际的人均贸易量比整个欧洲内部的贸易量还大。（墨菲[Murphey]，1970:23）虽然从公元1080年前后的北宋①到19世纪中期殖民者强行推动资本主

---

① 译者注：公元1080年左右的统计结果显示了中国人口的明显增加。例如日本学者斯波义信（Shiba）研究发现，公元1080年中国人口总户数为1721万余户，几乎是742年户数的两倍。

义进程之前,中国人口增加了四倍多,但是人均谷物产量在这段时期内仍然维持在一个稳定的水平(费维恺,1984:300),并且日常生活水平直到西方的影响被普遍感知到的时候才有了明显的下降。由此可见,中国的生产力发展刚好接近人口的增长水平,即便可耕地数量并没有增加多少。我们通过伊懋可(1973)的研究了解到,这个平衡很大程度上是由密集的劳动力,而非技术革新或者对富有资本主义特征的资本大加利用而达成的。

经济发展是由生产力的人均增长决定的,如果引申开去,也可以说是资本的私人积累导致了经济发展。小资本主义生产方式的内在增长趋势确实使生产力得到增长,但是私人积累却受到很大限制。除了零星的一些富商,传统中国的财富基本上都掌握在作为统治阶级的官员手里。他们用这些财富投资建设了一个足够强大的政权来维系征收赋税的权力,防御国境内外的敌人,并创造出一套复杂而强大的意识形态机器,让大部分人信服,从而心甘情愿地(而且是节省地)对它百依百顺。这个政权——无论从我们还是其他人的角度看——尽管有诸多失败之处,但还是比世界上的其他地方(除了日本)更有效地抵御了西方帝国主义的渗透。仅仅沦为"半殖民地"一个世纪后,中国又摆脱了殖民统治,获得独立。中国没有在政治上分裂(或者至少是广义而言),与东南亚、非洲和南美洲不同——这些地区因此产生了需要永久依赖世界体系恩惠的孟加拉国、扎伊尔(今刚果民主共和国)、巴西、海地等国家。中国的经济扩张是由小资本主义拉动的,但由那些心系国家的统治阶级掌舵。他们关心的是如何让生产力为国家政权服务,就像他们为了保护政权而投身于驱赶那些可能叛乱的化外之民一样。

罗威廉概括了数量可观的关于国家—商人关系的学术研究，总结出这种关系为官员对待商品生产提供了四种可能的、并不互相排斥的立场：压制、漠视、共谋、激励。（罗威廉，1984：177）在这种综合之外，我想强调两个看似最矛盾的立场：压制和激励。就是说，官员不认为鼓励一小撮人，一个可以被认为是由亲属群体组成的小商行进行小资本主义生产是有害的。这些经济活动为国家政权带来了好几个有价值的结果：从他们那里得到的税收比从那些从事自给自足的农业耕作的人那里得到的要多；一群精力充沛的使用低级技术的能工巧匠会发明一些（既给官员也给普通平民）提供舒适生活的"奇技淫巧"；它也提供了一个出路——哪怕这种途径从来不如人意——来满足大众对社会流动的渴望，即通过教育阶梯达成向上的社会流动以掌握权力和财富。

第三章　体系之中的运作

> 一曲清歌一束绫,
> 美人犹自意嫌轻。
> 不知织女萤窗下,
> 几度抛梭织得成!
>
> ——蒨桃①,宋代女诗人

传统中国人建构自己生活所遵循的逻辑,来自两种常常自相矛盾的生产方式,但这种建构并无稳定性可言。我认为其变化动力来自小资本主义生产方式的三个层面:其一,两种生产方式对垄断地位的竞争;其二,在性别和阶级差别之间发生的错综复杂的权衡折冲,这也是小资本主义生产模式实现积累的来源;其三,非同

---

① 译者注:蒨桃,北宋名相寇准的侍妾,淑灵能诗,以《呈寇公二首》闻名。本书所引诗歌,系《呈寇公二首》乐府诗的一首。从诗歌内容看,蒨桃可能出身于社会底层。

寻常的人口爆炸下应运而生的受多种形式剥削的劳动岗位。

生产方式之间的竞争

在某些特定的时空,传统中国人会看重小资本主义的选择;除此之外,他们往往信守贡赋制生产方式的永恒准则。想象一下,一个正值青春期的女孩无意中听到她的父母正在盘算她的将来:下个星期她是会被卖到很远的城市妓院里,还是可以在家再多留几年,然后成为一个随着嫁妆和鞭炮声被送走的新娘呢?这些不同的决定都提醒我们,虽然市场提供了一定的行动自由,但它也给一切事物规定了价格。在此,一个人是可以被作为商品的。这同样也提醒我们,当人们在贡赋关系中受(名义上)剥削的时候,这些关系也包含了对剥削程度的某些特定限制。你是谁,你控制的人、劳动或产品在附近的市场中价值几何,允许交易这些商品的市场是否就近存在,官员们在支持并树立贡赋制行为典范方面有多积极——人们利用所有这些信息来对他们的机会和选择进行计算,借由他们的参与,贡赋制或小资本主义生产模式在家户、村庄、阶级、地区乃至整个时代的影响力也得以强化。

在过去的一千年中,小资本主义为很多(可能是大多数)中国人的经济行为提供了一种贡赋制以外的空间。中国的商业规模是巨大的,其在政治巨变冲击下表现出来的持续性更是引人注目的。商品化对中国人日常生活的影响可能比经典资本主义对其欧美腹地文化的影响要大。传统的中国老百姓寻求那些尚未被贡赋制生产方式覆盖到的有利可图的经济位置(niches),针对其原则和做法

65

狡黠行事，巧妙地将一些关键制度——如父系亲属制——所赋载的神圣性为己所用。中国的"小资本主义"实践从诞生起就一直在历史上以次要的、具有破坏性的、扭曲的、危险的面目呈现，但同时它也是具有解放色彩的。

小资本主义的扩张和那些推动它的人们，迫使贡赋制生产方式的受益阶级去应对它的无序发展趋势，找到控制它的途径，并利用它为政权服务。两种生产方式就像一段糟糕婚姻关系中的配偶一样同床异梦：极端的权威主义成了帝制时期中国官员的特征，而被夸大的商品化则成为一般民众的标志。儒家的人文主义有时会软化和反击权威主义，与此同时，高尚的商业伦理也被商人们尊崇。帝制中国晚期的文化越来越为等级制度所严密把控，同时也为市场这只看不见的手所形塑。柯文在讨论历史学家海克斯特(J. H. Hexter)的著作时提到，社会上的矛盾倾向"虽然相互对立，但都可以同时上升到更高的强度"。（柯文，1984：93）这种发展模式在中国历史上显而易见。

根据许多显而易见的材料，世俗文化在帝制晚期有一种极端专制化的趋向。托马斯·梅斯格(Thomas Metzger)曾对官员角色日趋程式化的现象进行过分析，发现他们的行为被复杂的处罚措施控制着。（梅斯格，1973：347—357）加里·汉密尔顿认为在亲属关系规范中，面对政府对家庭事务日益加强的控制，"父权制这类术语越来越多地被用于建立角色关系，但它的影响实际上已经式微了"。（汉密尔顿，1984：418）卜德(Derk Bodde)和克莱伦斯·莫里斯(Clarence Morris)论及清代触犯律例的情况剧增，其中涉及钱债的案件从明代的282起增加到清代中期的813起。（卜德、莫里斯,1967:102—104)中国政府从宋代开始日益强大,因为它发明了一种更可靠且效率更高的抽取资源的机制。许多证据表明增长并非源自官员经常性地提高税率。逻辑和证据倒是都显示,宋代以降,部分通过鼓励拥有私人产权的小业主经营模式,官员能够更顺利地实施田赋的征收;而通过向商业征税,他们的财政收入也大大增加了。(斯波义信,1970;曼素恩,1987a)其他的增收途径还包括:限制抵抗、反叛和战事——这些都直接有碍税收,并历史性地将中国导向地主—农民关系的再封建化。

商品生产在中国历史上也是长期增长的。大多数西方学者用来描述"小资本主义"的术语"商品化"和"市场经济"都太模糊而缺乏解释力。所谓"市场"和"商业"在西非酋长领地、古代的玛雅、被殖民的印度尼西亚、前资本主义的欧洲和当下的美国都繁荣过:这些术语如果能够适用于对这些情况的描述,会变得毫无边界可言。他们只是抓住了中国小资本主义生产方式和欧洲资本主义的一些相似特点,但却完全忽视了那些区别这两者的本质特征。

宋代经济力量的膨胀依赖于由"一年三熟"制耕作和引自东南亚的改良新稻种催发的"绿色革命"(伊懋可,1973:第9章)。然而,区域性市场的遍布、大量靠营利性生产为生的人口,都使得中国经济并不仅仅是"自然经济"。从宋朝开始的商品化标志着它与过去是彻底不同的社会形态,这也使得帝制晚期的中国与此前生产要素不能(或不能自由)私下买卖的社会形态明确地区分开来。在工业革命之前,和其他地区相比,中国人可能更多地依赖市场为他们提供食品、衣物、燃料和其他日常需要,以及用来购买这些商品的钱。用一个研究宋代的著名日本学者的话来说:

> 晚唐到宋代(也就是公元10世纪到13世纪)的转型阶段被普遍认为是中国历史的一个分水岭……由国家控制的土地租佃体系……让位于私有产权……由此也导致税收结构的改变。农业生产力的高涨,和江南地区(长江以南)的集约化发展有部分关联……国内和海外贸易有所增长,同时增长的还有货币流通量,金融领域的信用工具也得到更广泛的使用。(斯波义信,1970:1)

为市场务农成为供养贡赋制农业生产之外的一个新选项;一个新的政府官僚阶层取代了地主贵族;融汇了家庭、政治组织和形而上学思辨的新儒家应运而生,由富有者创建的宗族(lineage)发展成一个实力强大的父权制新形式;有赖于复杂劳动分工的城市蓬勃发展。所有这些变化早在宋代之前就出现了,但直到宋代后期它们才成为中国文化的关键因素。明代晚期的扩张在持"萌芽"论的学者看来是资本主义的萌芽。我相信它也是很重要的,但这已经是小资本主义生产方式的第二个发展阶段了。

鉴于宋朝的经济中已经包含了类似资本主义的重要因素,其农业的迅猛发展催生了一种新的政治经济综合体,这一综合体进而塑造了明朝及整个帝制晚期中国的主要轮廓。明代出现的新机遇并没有使中国此后的政治、经济、亲属关系或其他模式产生太大的改变,而只是使国家权力的螺丝再次被拧动,以遏制日益灵活和复杂的小资本主义。

交换并不是货物和服务的简单转移。在所有人类文化中,它们都具有一种组织性,甚至是道德特性,其中物品——甚至金钱——的交换是对社会关系的象征和验证(帕瑞、布洛克[Parry and Bloch],1989)现代欧美人很容易理解什么是市场交换。它是"消极互惠",即试图使所获多于付出,而这正是资本主义的核心。商品关系具有竞争性、短期性和非个体的特征,它既是生产性的,又表达了利益对立的情感。马克思认为,利益对立的感受被资本主义剥削的隐秘本质抑制了,尤其在获取工资的劳动中,剩余价值是积累到资本所有者手中,而不是直接从工人手中剥夺。但是力图从别人手中获利、从剥削中获利,对参与者来说总是显而易见的。

贡赋制的交换也有其隐秘性。剥削内生于在高压政治统治的社会(比如帝制中国社会)中形成的单向"礼物"体系,又为意识形态的和某些"更高等的"、非物质性的回报承诺所掩盖。中国官员向平民提供了必须提供贡赋和劳役的隐性交易,以让他们确信强加于其身的等级制度都是由天命纲常安排的。因此无论是否所有的证据都与此相反,它都仍然是一种最好的秩序。儒家的核心价值,忠和孝,都是让下级在即使没有回报的情况下服从于上级——比如一个忠诚的大臣为死去的君主或灭亡的王朝献身,或者一个儿子继续通过仪式来供养已经死去的父母。即使是在人世间,贡赋的或封建的风尚也被认为在本质上是不平衡的,而且也是不可能被平衡的。如生养儿女的父母就无法得到同等的回报,使天下河清海晏的统治者也是如此。这种义务是绝对的、无以偿付的。与商品交易不同,贡赋的交换不具有竞争性,因为任何一方都不可能合法地压倒对方。谁应该在这物质世界中获益早已由彼此关系的性质决定了。

这些关系既不是客观的也不是心理上的。不同于资本主义关系,它们的不平等没有隐藏在工资关系中:谷物是从粮仓中被上交的,纱线是从纺车中被取走的。然而,尽管生产者会蒙受物质损失,他们却被期望以感激的情绪来回应,或者至少是谦卑的服从。精英文化教导臣民应该心甘情愿地上交所得,无论是对尊贵的统治者纳税,还是对挚爱的父母奉献。然而,意识形态也常常失效,统治者只好用强制手段来夺取他们想要的东西。这些意识形态的双重约束在贡赋制关系中制造了非同寻常的情绪。在对墨西哥农民的讨论中,埃里克·沃尔夫对这样一个例子进行了阐释,即家庭权威如何对"人生成熟机制产生刺激效应。这些机制对其最初产生的原始形态特征进行了伪造。大庄园实现这一目的的手段是把庄园主提升为严厉而暴躁的父亲的角色,准备指导他的工人子女一步步地去工作,也准备在受到挑衅时向他们发泄脾气和愤怒"。他的保护者/惩罚者角色"不仅通过义务或武力的手段,也通过爱与恨的纽带将人们联系在一起"。(沃尔夫,1959:208)

传统中国人常常因为资源不足而被迫在物或人的交换中做一选择,要么将其作为贡赋"礼物",要么将其作为挣钱的商品。做这样的选择就需要把自己置于不同的社会和道德世界当中,并经历截然不同的情感后果。

帝制时代中国政治经济的发展动力在很大程度上来源于我总结的两种生产方式之间的诸多矛盾。几个世纪以来,小资本主义的竞争引导人们生产更多产品来维持已有的生活水平,而官僚权力总能找到更好的方法来从每一种生产源头中分一杯羹。如果中国一直处于一套单一的经济参数范围中,其中产生的斗争则表现为两个阶级争夺主导权,就像资本家和无产者在英国自由资本主义的大致框架中的斗争一样,那么事情就能不证自明,关于中国历史的争论就会减少。但是,中国人有两种自成一体的世界观,它基于两种直接冲突的生产与交换的需要,而且大部分人同时参与其中,这个结构的动力不是正式战斗中的输赢,而是游击战的吸收和转化。这或许是普通中国人在他们的寺庙中普遍会祈祷平安的原因。

根源于小资本主义生产方式的性别观

只有在小资本主义生产方式以第 2 章所述的形式凝聚在一起之后,这两种模式之间的两极分化才会开始对中国的信仰和制度产生长期而又强有力的影响,而此时贡赋制生产方式已表现为其帝制晚期的官僚化形式。① 这种一致性始于宋朝,当时出现了一个新的去贵族化的统治阶级,其成员在很大程度上依赖商业财富来获得权力(麦克奈特[McKnight],1971:6),并开始对商品生产给予年轻工人、妇女及其他阶级的自由加以限制。

正如我们所知,性别等级化是"中世纪"或公元时代第一个千年的帝制早期中国的一个特征,然而许多证据却表明,性别关系的世俗化趋向大大强化了妇女从属关系。妇女地位的"典型标志"——裹小脚、纳妾、卖淫和寡妇守寡及自杀——在清代发展到

---

① 该部分的一些论述可以在葛希芝 1989 年的论文《中国妇女的商品化》("The Commoditization of Chinese Women")中找到。

顶峰并一直持续到20世纪(罗溥洛[Ropp],1976:5)。自宋朝以来围绕妇女的从属地位所发生的许多引人瞩目的争斗,最终形塑了帝制中国晚期的性别秩序。在这一时期,此前维系了数个世纪的相对平等的性别关系遭到了猛烈的冲击。这一时期是与中国经济中的一种主要因素——小资本主义——出现时间相吻合的。

看起来"被决定的"中国妇女的低下地位并非永恒且内化于中国文化,事实上,它并不比阶级关系更固定。即便在中国历史上可以找到的有关妇女的资料很少,并且我们对这些历史的经济方面所知更有限,但勾画一段事件的梗概还是有可能的。正是这些事件塑造了帝制中国晚期妇女独特的地位,甚至也推动了小资本主义生产方式自身的形成。在这个过程中,关键因素是妇女作为织物生产者的经典角色。随着这些妇女生产的产品(连同其他很多东西)在宋代被广泛商品化,妇女自己变成了新儒家反击的主体。

虽然传统中国人已经在君主制统治下实行了四千年的父系亲属制,但该体制内部及其本身并不一定催生极端的父权制度,并打上让妇女处于从属地位的烙印。在男人们把他们自己完全当作文化统治者的社会当中,当问及妇女的时候,她们可能对其所在的政治经济及妇女地位有不同的(支持性的)解释。(古德尔[Goodale],1971;菲尔[Feil],1987)即便在中国,父权制也并非一种极端排他的传统,不会把妇女行使社会权力的实践完全排除在外。(张光直[Chang Kwang-chih],1980:89—90、182)

宋代是一个自相矛盾的阶段,在此期间,妇女的财产权状况可能要强过其他任何时代(伊沛霞[Ebrey],1993:6),但与此同时,她们的自主权也经受了最凶猛的打击。比之前任何时期都广泛流行的缠足习俗,是越来越多地限制妇女的缺陷中最生动、最实质的一种,无论是距离、亲密程度或异国情调都不应设法掩盖这种风俗的恐怖,也不应掩盖它给本应安全的家庭生活带来的精神和身体暴力的程度。妇女也是新儒家重申女性贞操(包括即便在丧偶之后也要终生实行的一夫一妻制)和父系继承规则的重要性的对象。从宣称父权政治经济复苏的新儒家体系总结出来的迫害妇女的严重程度,就能看出威胁到"秩序"的妇女独立的程度。

宋代文化最引人注目的一个方面是它的经济扩张。它是高度城市化的:在11世纪,大约有五分之一的人口——将近2500万人——居住在城市和城镇中(赵冈,1987:56)。商业、手工业、大型工业、服务贸易业在各地的城市和市镇繁荣一时。随着实物税收的大规模终结,经济得以货币化;伴随着其他金融机制和银行业的出现,纸币也得以试行。新富商人公开地和官员们竞争权力和声望。(赵冈和陈钟毅[Chao,Chen],1986:406)一个以金钱为导向、带有资本主义元素的大众文化体现于民间宗教中(侯锦郎[Hou],1975)。处于萌芽状态的资本主义生产的迹象在各大重点区域里随处可见(参见斯波义信,1975)。自然经济的自给自足在很多地区消失了,商业化允许劳动力成本被涵纳为决定商品价值的因素。(柯睿格[Haeger],1975:5)宋代的城市出现了巨大的阶级差异,坐拥华丽府邸的新富阶层和"数以千计的生计无着的人"(狄百瑞[deBary]等,1960:455)同时出现。①

有学者注意到工业的进步在丝绸贸易中得到体现:

---

① 这些话出自程颢。他是著名的宋朝新儒家主义者。这些来自他写的对宋神宗时期(公元1068—1085年)不良世风的批评笔记。

这是农作物产量有显著提高的结果。服务于都市市场扩张的长途贸易和城市中生产特殊物品的制造业都成长起来。一些地区开始变成养蚕的专区,桑叶的投机贸易开始出现,商人作为丝绸中介和产品的征收人在农村有纺织业的地区活动,为丝绸生产者服务,这些商业资本所控制的农村地区也逐渐扩大。(斯波义信,1970:111)

生产以外包制的形式组织起来,并且形成一个复杂的网络,把城乡劳动者、零售商店、小型集市、仓房所有者、中间商、包买商、批发商和小商贩都连接起来。丝绸成品通过海外市场和消费者被吸纳到纳税系统当中。(斯波义信,1970:168—169、121)[1]

人类学家已经观察到类似的生产关系对遭遇资本主义的前资本主义社会所产生的往往是相互矛盾的影响。财富集中了,本来就存在的不平等也更加深化了;土地、劳动力和资本变成了商品,但市场所带来的初步的平等却使得世袭爵位的社会声望受损,地位下滑;随着年轻人在远离家庭的地方工作,亲属关系的纽带也要重构;一些妇女也赢得了较平等的地位;人们对阶级基础也有了新的见解——一个人要么拥有生产资料要么一无所有,阶级意识开始在那些劣势人群中滋生。现有的政权和统治阶级被商品经济带

---

[1] 宋代国家在刺激丝绸生产中扮演的角色不应被忽视:宋朝要给北方的入侵者岁币,因此丝绸产品的税收很重。在1005年签订的一个条约中,20万匹朝贡丝绸(相当于240万米)被用来笼络辽国的皇帝,这让宋朝的官员陷入困境。(迪特·库恩[D. Kuhn],1988:385、409)

来的一系列变化威胁,特别是当它们像宋朝的那些国家和统治阶级一样,依赖于不自由的劳动和父权制家庭的时候。

然而,不像欧洲出现的资本主义,我认为宋代出现的资本主义遭遇了贡赋制生产方式的一种决定性的反动力量,其厌恶女人的价值观乃是新儒家的政治—家庭哲学的缩影(朱熹、吕祖谦[Chu and Lu],1967:179、181、188、202、243、272)。儒家的复兴不仅仅是一种价值和形式的"文化革命"。它的目标是消解一些在准资本主义经济活动影响下社会生活中已经开始产生的根本性变化。虽然宋朝的官员强调要整饬亲属制度和政治体系,但我们必须记住,这些制度的基础是经济制度。

新儒家借由对儒家经典的解读,依据上古的伦理美德,以类似佛教的禁欲苦修的做法,试图对他们认为颓废、淫靡的世风进行重塑。已经融入生活或"现世"的新儒家,把生产关系直接构想成宗族内的等级关系,如同小型的封建政体那样:"管摄天下人心,收宗族,厚风俗,使人不忘本,须是明谱系,收世族,立宗子法。""仍不得分割了祖业,使一人主之。""吉凶嫁娶之类,更须相与为礼,使骨肉之意常相通。"(朱熹、吕祖谦,1967:228—229)对宋代的思想家来说,家户的亲属关系和财产有紧密的联系,现在大部分中国人也还是这么想的:人们在谈论亲属关系的时候常常就在谈论财产关系,因为亲属关系很大程度上是通过对"公"资源的分享来定义和实现的。宋代的学者们对家庭伦常问题给予了相当的关注。(例如张英的《恒产琐言》,见贝蒂[Beattie],1979:140—151;伊沛霞,1984)

帝制中国晚期对各个阶层的妇女施加的越来越多的残酷和限制,削弱了商品生产赋予妇女的权力潜在增长的可能性。在宋朝,女性劳动在纺织业中居于优势地位。从17世纪高度商品化的苏州织造收入来看,这种力量可能是相当可观的。一个织布女每年的收入和她种植经济作物的丈夫的收入几乎相当;丝织的利润是稻米种植的四倍。(罗友枝,1972:54—55)虽然在早期,作为实物税收的纺织品的生产为妇女的劳动赋予了官府认可(白寿彝[Bai],1982:253;①凯琳·萨克斯[Sacks],1979:105),但为了供给一个涉及几百万人口的商品市场,纱线和织物的市场化生产把她们的劳动私有化了。

宋代的织物生产是规模巨大的,甚至可以满足平民所需。(宫川尚志[Miyakawa],1969:7)它的技术支持来自14世纪早期就得到广泛使用的水车动力的麻类纺纱机和复杂的多轴旋转轮、绕线器,以及宋代的缫丝机(李约瑟[Needham],1965,4[2]:404、103—108、269;迪特·库恩,1988)。中国的私营手工业生产在那时进入鼎盛时期,直到20世纪一直拥有它所能供给的最大的市场。(赵冈、陈钟毅,1986:502)官营和私营的纺织物生产规模都很庞大。城市居民竟然可以承受布料的浪费,留在官府手里的实物贡品70%都是丝绸和棉布。(赵冈、陈钟毅,1986:500、502—503)

纺织品生产者在各种不同的生产制度之下劳作。大型的官营工场为朝廷生产纺织品,在开封城的工场里劳作的人曾经达到2214人,其中有很多纺织工匠并非自愿成为贡赋制生产方式中的一员。但这些作坊供养的是政府及其官员,而不是在中国许多城镇都拥有庞大人口的手工劳动阶层。(赵冈、陈钟毅,1986:137)一

---

① 按照杜希德(Denis Twitchett)过去的解释,虽然这种劳动分工表达了古老实践的理想,但唐代妇女并未付税。(1963:26)我不知道如何解决这种观点分歧。

些妇女还进入了那些专门纺织上等丝绸的尼姑庵,其中有一个尼姑庵,每五天就会举办一次自己的市集,面向全国售卖自己生产的丝绸绣品。(斯波义信,1970:113)用以描述这一时期由雇佣劳动力组成的作坊的历史资料或证据是罕见而又富有争议的,而且这些证据更多是有关男性的,而非女性。[①] 到了南宋,蚕的养殖——从结茧到吐丝——被安置在农村,而缫丝与纺织则大多在城里。在众多纺织品生产商中,一些是"机户",即父子相传的家庭产业,另外的则是私营作坊(赵冈、陈钟毅,1986:503、504),如在《织工》("The Weaver")中描述的一个例子(彭泽益,1987:489—490)。宋代的大部分纺织女工很可能是在家工作的,那么,这个"家"的性质很可能是生产性纺织工人和其他家庭成员之间一个存在争议的问题。

谁会控制纺织女工的劳动?是众多的纺纱工和织工自己,还是她们的男性亲属?在后来的扩张时期,我们看到了一些线索。16世纪,棉纺织业给妇女提供了更多的就业机会,跟纺织有关的工作打破了有关性别的传统观念。这些变化激怒了一个官员,以致他要"指导镇里的人们根据性别区分他们的职业"。他禁止妇女上街,坚持只有男性才能在外奔走或者在工场和作坊任职。他教导妇女:妇女应该只在家里工作。(韩德林[Handlin],1975:25—26)19世纪,当广州开办的缫丝厂和浙江的棉纺织作坊给妇女带来独立的机会时,她们很快发明或借鉴了一些社会形式来满足她们对安全和社交的需求。(玛乔丽[Topley],1975;桑噶尔,1978,1984;

[①] 有一个罕见而又颇受争议的元朝文本说明在纺织业的雇佣劳动当中,拿工资的工人至少部分是男性。(参见彭泽益,1987)

韩起澜［Honig］，1986：第8章）虽然这些形式在当地得到了相当程度的接受，但官员还是试图打压它们。（斯托卡德［Stockard］，1989：110）有一个地方官员希望强行规定所有的妇女必须和她们的丈夫生活在一起（桑噶尔，1978：46）。

如果一个从事纺织业的妇女可以为家庭提供衣服、缴纳税款并在商品市场上挣钱，那么她在家户内至少有去讨价还价的可能性。有关宋代妇女的文献大部分仍然出自那些精英话语，对于纺织业的商品化转型是如何影响妇女的，我们不得而知。当时的文学作品也没有反映这点。（伊沛霞，1993：149）但是，一个相当基本的、必需的、被赋予文化价值而且是劳动密集型的产品，在供给不断扩大的市场的同时，却免于（着重号为作者标注）给它的首要生产者带来影响，这种说法并不可信。各个地方发生的纺织品的商业化都是在年轻妇女的参与下完成的，而且很典型地导致了对这些妇女更严格的控制，同时她们也试图对这些控制加以反抗（例如羽美贵［Hane］，1982：170—205；鹤见［Tsurumi］，1994）。

但是，关于宋朝经济革命影响了妇女经济融入社会的论点，不能仅仅依靠对纺织女工的猜测，她们的劳动和反抗是不会引起当时编年史家的关注的。我们或许也可以考虑对宋代经济扩张有根本性作用的农业发展对性别关系造成的影响。埃斯特·波塞拉普（Ester Boserup）的敏锐分析可以在这里用作指引。在我们自己所处的时代里，她细致地考察了商业化的农业生产对妇女的影响。

在这样的政治经济条件下，多季农作物的引进强化了男性拥有的土地价值，使男性的重要性大于女性。复杂的农业技术和经济作物的种植很典型地提高了男性的劳动生产力、收入和地位,但同时降低了妇女的生产力、收入和地位。这些趋势随着男童入学率增加而加剧:靠着有限的文化程度,信息得以通过农业指南和其他类似的技术材料传播出去,但大多数是流传到男性那里。另外,劳动力需求随着农业需求的加剧而增长,妇女作为人口再生产的角色——尤其是生儿子的角色——可能被强调。(波塞拉普,1970:56)宋代农业值得关注的特征有:两季甚至三季的谷物种植、食物和纤维的多种种植、经济作物的种植、对土地和劳动力的集约化使用,以及学校教育和识字的普及。相似的原因在宋代准资本主义的环境里对性别关系造成相似的影响是极有可能的。因此,妇女在纺织品生产中的潜在优势可能在很大程度上被弱化了。

赵冈在对商品经济情境中的租佃关系进行描述时,将这个可能性具体化了:"佃户在宋代早期享有的高度的流动性和自由……引发了地主的应对行动,他们想要将佃户和其他类型的农场劳动控制在伦理合法化的范围之内。租佃关系被解释成一种家族亲属关系类型,这种关系与宋朝新儒家强烈提倡的一套家庭伦理相一致。"他引用了一位12世纪作者的话,指出当时提倡对"顽固地"拒绝"主仆名分"的佃户施加"有力的惩罚",这些佃户中有人离开他们的主人另择住处,自己养活自己,有人"开始经商,在干农活和养蚕时工作就不甚卖力了"。(赵冈,1987:181—182)

一个因为商品流通而成长起来的市场,给妇女提供的不仅仅是用以维持她们婚后核心家庭的纺纱和编织的机会,更是开面馆、开酒肆,以及作为收入丰厚的独立卖身女进入"风月场"的机会——就像唐代和宋代的妇女所做的那样。(薛爱华[Schafer],

1963:51;李瑶丝[Yao,音译],1983:86)这种现象出现的频率有多高？宋代晚期，在杭州这样繁华的大城市里，妇女们从事着很多类型的工作，包括刺绣、卖艺、做小生意、管账、经营饭馆并服务。一个观察者指出：在做小生意的家庭中，男女之间相对平等，就像现在可以在任何中国场景中观察到的那样。（谢和耐［Gernet］，1962:148、165）一个宋代的旅行者看到，妇女常常负责将货物带到市场中售卖：

> 当我看到华南偏远地区的妇女时，我想知道她们的数量怎么会那么多，而且她们又是那么幸福。男人们骨瘦如柴、肤色很深，而且表情悲伤。已婚妇女则是皮肤黝黑，身材丰满，其中大部分很健康，精力充沛。那些背着货物在城市或郊县或定期集市上售卖，希望赚取利润的都是已婚妇女。一夫多妻制［在广东的这个地区］是比较普遍存在的，所有的妻子都会背着货物到市场上售卖来资助她们唯一的丈夫。（斯波义信,1970:152）

宋代的萌芽状态下的资本主义不仅对妇女，而且对男性都产生了影响。年轻的中国男性，有时能在重要事件上成功地反对长辈的意愿，即便他们在家庭之外的工作机会有限。有一个来自中国台湾的生动例子：日本在20世纪早期推行的工业化，使年轻男子得以对家长强制实行的根深蒂固的习俗进行反叛，这种习俗要求他们和家中的童养媳结婚。（武雅士、黄介山［A. Wolf and Huang］,1980:193—201)有一个引人关注的宋代的相似例子：

> 在12世纪和13世纪,分家和家庭人口数量的减少在庶民中尤其明显,因为经济环境对他们并不友善(着重号为作者标注)。虽然这跟习俗不相符合(这些相关的习俗是由上层阶级的大家族奠定的),但在浙江的农村(一个纺织生产的中心),这种情况相当普遍,很容易发现父母还健在的时候,儿子们已经自立门户的例子。(谢和耐,1962:148)

我认为这不是坏事,而是好事:经济环境让年轻的男性能够较早地从他们的父母那里得到独立,就像处在类似的"典型工业化"情况下的欧洲一样。社会性别和两性的等级体系都受到经济扩张的威胁;同时,为了把握新的商机并适应资源匮乏日益得到缓解的状态,亲属关系呈现出新的形态。

我们不太确定从事原始工业中的经济作物种植、商业、服务业和手工业的宋人会用他们新获得的财富做什么。但是我们知道随着新儒家话语体系(Neo-Confucian synthesis)的出现,普通人是跟着官府的指示走的。朱熹和他的新儒家同僚们重新强调了父权的价值,他们似乎要重建一个贡赋制生产方式的经济理想。这是一个以亲属关系为基础的农业体系。在这一体系中,人民的财产由负责任的族长统一管理,受到家族和世袭等级制度的良好约束;他们会顺从地回应国家政权对税收和劳役的要求,就像回到了尧舜禹的美好时代那样。如此行事的人们,也就不会去忙着经营自己的事业、寻求利润,远离皇权和他们的父母而独立行事。

虽然凭我们现在的知识还不能得出结论,但是关于妇女历史、纺织、中国政治经济的进一步推测值得关注。在元代，棉花开始取代大麻、苎麻、蚕丝和其他更小众的纤维，成为主要的纺织品原料。虽然不是所有的地方都适合植棉，但它迅速得到应用和推广。棉花作为日常用品比粗陋的大麻或苎麻制品要高级得多，即便熟练的工匠可以生产出来制作蚊帐的上等大麻纤维，以及同时吸引中国人和欧洲人的上好苎麻"夏布"。粗绉丝绸更耐穿，但比大麻织物要昂贵。到了19世纪，棉布已经普及到中国的大部分平民百姓中，即便在少数民族聚居的高地，人们也穿着土布和手工纺织的棉衣。有些人购买现成的棉衣；也有人买来棉纱线，带回当地去织布；还有些人买原棉，在家里自己纺线织布。

这些商品的分配不仅仅依赖适合棉花种植的自然条件，也取决于人们是否愿意提供额外的劳动力资源来种植和处理棉花。像黄宗智揭示的那样，棉织品的本地生产改变了社会关系，尤其是社会性别关系。(黄宗智，1985，1990)一些老年妇女告诉我，在以大麻和苎麻为棉花替代品的地区，棉织品的生产需要更大的总体劳动投入。处理大麻和苎麻并将它们拧成线的过程甚至比单纯纺棉纱还要节省劳动力，即使在棉花已经过处理成为净棉的情况下也是如此。在一些地区，如果妇女坚持使用传统的纤维，她们可以更快地为家人做衣服（即便穿起来不那么舒服）。如果妇女的劳动时间没有太大价值，比如在人口稠密的地区，而她们又几乎没有其他工作可以选择，棉花就可能会以非常便宜的价格出口。而在福建西部这样的地区，比起本地生产的大麻布料，棉织品更受当地人的欢迎，因为这里的妇女可以靠做搬运工获得不菲收入，从而买得起棉织品。

随着人们对种植和加工成本、运输、女性劳动力的地区回报以及贡赋制和小资本主义对家庭的压力等因素进行复杂的计算,棉花成为标准的中国织物。在元朝,棉织品生产被继续推广,而宋代纺织品商品化所引发的一系列事件无疑对两性关系产生了重要影响。但在此必须停止猜测,以利于继续研究。

"小资本主义"不是资本主义,虽然它可以被称作"准资本主义"。它和资本主义的差异在于它是从一个强大的政权里诞生的,其统治阶级有能力来设定边界防止它不断扩张。这一观点至少可以追溯到马克斯·韦伯。但要想了解这个遏制政策是如何发挥作用的,我们就需要联系到包括宋代在内的有关妇女地位、亲属制度、意识形态及许多其他社会机制的广泛的文化变迁。虽然贡赋制和小资本主义生产方式在继续"斗争"(存在于官员和小资本主义者的身上),但为了争取对剩余的控制权,这两种生产方式的经济实践都仍然牢固地建立在妇女的依附地位之上。

人口增长的原因与结果

作为一个整体,上述阶级和社会性别关系并没有导致经济转型:长远来说,人口以相同速度和生产力一同增长。然而,人口增长如果保持这一速度或超过生产能力的提高,本身就必须得到解释;而且就中国的规模而言,两者的辩证发展具有重要的影响。

在帝制晚期,人们的生育高峰发生在两个明显的历史阶段:宋代和晚明。粮食库存和农业技术水平的主要增长也就发生在这两个阶段。一个被普遍接受的观点是,如果没有这些新的农业形式,伴随而来的人口增长率就不能继续保持。(何炳棣,1954:183—189)然而人们并没有被迫使用新兴的、高要求的农业技术,也没有被迫在国家安置的新耕地或新领地上生儿育女,以不断提高这个地方的人口密度。为了了解人口爆炸性增长的潜力,我们必须知道人们是如何组织起来进行生产和交换的。正如马文·哈里斯(Marvin Harris)和埃瑞克·罗斯(Eric B. Ross)所表明的,认为粮食充足会自动导致大家庭式的养育和人口的快速增长的假设显然是错误的。(哈里斯、罗斯,1987)

然而在中国研究领域,这个假设是很普遍的(例如黄宗智,1985:17)。伊懋可描述了一个不断加剧紧缩的集约化劳动陷阱,这一"高水平均衡陷阱"的形成是因为人口的压力导致了对劳动力的更多需求,而劳动力又必须更加密集地工作,以在固定的土地基础上谋生。(伊懋可,1973)赵冈把人口增长解释为中国历史的首要推动力,他主张到明代的时候,人口增长趋势已经足以快速补偿帝制晚期所发生的入侵、战争、叛乱、瘟疫、饥荒和其他灾难导致的破坏。(赵冈,1987:41—42)伊懋可的论述表明在他所假设的某种更大的复杂性里,必定产生激发人口快速增长的动力;赵冈的洞见在于揭示了人口增长的模式会影响政治经济体、皇帝或者国家的一体性。但他们都没有充分考虑到贡赋制需求对人口增长所造成的影响,同时,两人都太过轻率地认为人口有一个自然的高增长率。

最近的人类学研究表明这样的假设并不正确。对觅食者(豪威尔[Howell],1979)、新几内亚园艺种植者(海德[Heider],1991:84—87)和印度农民(麦德尼[Mamdani],1972)等的族群研究表明:各个人类社会对其家庭规模和生育间隔做出了非常不同的选择,一些社会即使没有现代避孕措施也生育很少的孩子,而另一些社会即使很容易获得这些设施,也会生育很多孩子。

托马斯·C. 史密斯(Thomas C. Smith)的研究表明,在技术、粮食库存和文化制度跟中国都没有太大差异的日本,人口增长率在某时某地是已知的前工业复杂社会中最低的,而且生育间隔也很长——从结婚到生育第一个孩子需要2.6年,生育第一个和第二个孩子相隔4.4年,再接着是3.2到4.2年。后来的德川幕府中后期(1700—1867年),虽然经济增长相当可观,却是人口实际增长出现停滞的时期,其中一大原因便是杀婴。(托马斯·C. 史密斯,1977:7—10、60、80)

在公元前[①]100年到公元800年左右,中国的人口是5000万到6000万。公元1100年增加到1亿2000万,14世纪晚期又回落到6000万,1592年则达到2亿左右,然后1800年达到3亿,1848年是4亿2700万。(赵冈,1987:41)这之后的增速前所未有地加快,到1994年超过了12亿。14世纪的人口回落反映了元朝的88年统治造成的暴力和分裂,以及它被汉人推翻的过程。后来的人口增长不应该否定早期人口维持稳定的事实。这作为一个重要的文化证据,证明了宋代形成的文化与中国早期有重大的差异。

这种差异的意义是什么?我相信赵冈以下的解释并不正确:

在北宋时期,经过150年的稳定增长,关键的转折点终于

---

① 译者注:原文是BPE,经和作者商榷,应为BCE,系印刷错误。

出现了,此时的人口大大超过了以往历史的峰值,因此重大战争和自然灾害所造成的破坏性也相对没有那么严重了。就像珀金斯指出的,中国能从13世纪蒙古人的入侵中存活下来的唯一原因是,蒙古军队规模太小,而中国人口数量太大。这样的后果就是从人口统计上来看,这个时期开始出现呈周期性变动的向上发展趋势。(赵冈,1987:42;并参见珀金斯,1969:197)

也就是说,他认为中国人口终于达到了一个基本水准,使其能够承受非常巨大的甚至是统计学意义上的人口损失而不受影响。这个没有什么说服力的假设也认定,宋代以后人口会有所增长,但其承受军事和马尔萨斯式的人口自我消亡的能力仍然会受限。当然,如同元朝已经证明的那样,将人处决,或是让他们因贫困和社会负荷过重而抱病身亡,所花费的时间和精力要比将婴儿抚养成能够繁衍后代的成年人少得多,因而内战的破坏性比入侵要大得多,这是众所周知的。实际上,赵冈论述道,正是内战让宋代以前的中国人口长期稳定在5000万到6000万。

自宋朝开始出现的人口的持续高增长率,更有可能是某种可以导致更高需求的政治经济体创造的结果,而不是中国在此时跨越了某种人口学意义上的卢比孔河①。在贡赋制模式中,宋代的统治阶级创造的组织形式足够强大,以至于大多数外部的敌人都被挡在外面,而大部分内部战争都可以被内部消化,至少饥荒导致的某些损失被转移了。这一强有力的政府也是更为公正的税目征收者,因此有更多的家户为国家的金库做贡献。在小资本主义模式中,商品市场和商品生产所需的劳动力让人们养育更多的孩子变得合情合理,但需要为它的生产资料而工作的家户就很难这样了。结构——而非规模——才是关键因素,它为中国人口变化轨迹赋予了一个新的形式。

高生育率(生育大量婴儿)不一定会导致大家庭的产生和/或人口的快速增长,故意或意外的死亡率也可能很高,这就导致了小家庭的出现和人口的缓慢增长。虽然出生和死亡是概念上的两极,但它们却被人类的决定紧密联系在一起。社会环境会影响照顾新生儿的一系列选择,从强烈的保护意识和父母的自我牺牲到实用主义的,甚至可以说不可思议的杀婴。在技术水平低下的社会里,改变自然不孕或低生育力的情况几乎是不可能的,但性欲节制或性冷淡(武雅士、黄介山,1980)、长期的产后性禁忌以及妇女的饮食不足和过度劳累都会通过文化的途径轻易地降低生育率。虽说不管在高技术还是低技术的社会,我们都会死亡,但是死亡率

---

① 译者注:卢比孔河(the Rubicon)是意大利北部一条约 29 千米长的河流。公元前 49 年,裘力斯·凯撒跨越这条河开启了罗马内战,并最终成为独裁者。在西方语境中,"卢比孔河"如同一条与过去的分界线,穿越生物进化、历史演进的大部分重要节点。每当个人、国家或国际形势面临重大抉择或处在关键的十字路口之时,"跨越卢比孔河"的暗喻总是如影随形。宋朝人口激增,相对于过去漫长的人口基数累积而言,犹如一个突变的临界点,这里作者采用的就是这一隐喻。

很易于增长,因为幼儿的生命会受到杀婴或一些可能导致意外死亡的习俗实践的威胁。在台湾,作为童养媳被抚养长大的小女孩的死亡率几乎是普通在家长大的女儿的两倍;(武雅士,1995:305)故意杀婴行为在传统中国的许多地方都能见到(迪克曼[Dickemann],1979,1984)。

当人口像宋代之前那样在长时间内保持稳定时,高死亡率可能是人口稳定的原因之一。然而,即使每个妇女只抚养她们一生中可能"自然"受孕的12个子女中的6个或更多,人口增长率也会快速上涨。如果情况并非如此,我们就必须怀疑是人们——很可能是妇女——在有意选择较小规模的家庭。对人口增长的限制可以在所有文化的功能中找到。

在生产技术低下的情况下,人口迅速增长,就像中国宋代以后那样,往往是一种或几种因素发生变化的结果。人口增长可能是由女性初潮和生孩子的时间较早并且绝经时间较晚(或许因为营养更好?)而促成的高生育率带来的,或者是性习惯的改变导致的;也可能是因为营养增加或公共健康的改善而使死亡率下降。这些事物的变化都可以为人口增长提供可能的解释,但人们更有意识地发展出一些技巧来养活和照顾更多孩子而不是遗弃他们,也可能是人口增长的诱因。人口增长要求妇女生育并养育更多的婴儿。不愿意抚养很多孩子在承受巨大生活压力的人群中间是一个很普遍的现象,充满了痛苦细节的关于为贫穷所迫的巴西人的描述就体现了这一点(谢珀-休斯[Scheper-Hughes],1992);在中国南方(对女孩而言)也有几近流行的相关习俗(斐姑娘[Fielde],1894:24,引自武雅士、黄介山,1980:230)。在山东人的俗语"多个孩子多张嘴"中更能看到这样的强烈暗示。在这个当时极度贫穷的省份,"在孩子需要被抱在怀里照顾的所有时间里,养家糊口必需的劳动被中断了;随着这一中断,小笔但不可或缺的家庭收入就减少或者消失了"(明恩溥,1965[1917]:300)。

从严格的人口学家的角度来看,生育率的变化不能为中国宋代开始的人口增长率的变化提供解释。对帝制中国晚期生育模式(参见科尔[Coale],1985;武雅士,1985a)的详细辨析对于我们把握中国目前人口问题的多面性有很重要的意义。这个问题被一个强大的国家政权放大,它强大到能够干涉妇女和其家庭关于是否继续养育新生儿的决定。杀婴现在在中国是犯罪,但是帝制中国晚期的统治者并没有禁止杀婴的权力。在大多数历史时期,当有意识的行为和"自然"死亡率轻易地限制了养育子女的数量时,我认为,生育率的变化本身并不能解释人口激增。不管是同意普林斯顿人口统计学家的观点,即20世纪早期中国农村家庭的生育率"很低"(就农业社会而言),妇女平均生育孩子的数量在4—6.5个之间,(巴克利[Barclay]等编,1976:625)还是像武雅士那样根据更可靠的记录推断实际情况会比这个数量高5%到15%,即每个妇女平均生育6个孩子,(武雅士,1985a:168、185)都对解释为什么宋代开始大规模的人口增长没有多大帮助。这种增长可能是由于选择保留更多的婴儿,也可能是由于自然死亡率的下降和/或自然生育率的提高。虽然我们不可能再找到足够的证据来证明人类的抉择在这些有千年历史的事件中所扮演的角色,但我们需要至少去理解当时来自政治经济的压力可能如何驱使人们做决定,尤其是妇女在实现这种决定中所扮演的特定角色。

无论文化如何要求人们养育更多的孩子,鼓励高生育率的行为最终总归要由妇女独自在生理上承担。虽然很多文化里的妇女为能够生育6个、9个甚至12个孩子而自豪,但我怀疑在世界的任何角落是否存在这么一个妇女,对她来说做母亲的快乐完全盖过了养育一个家庭的负担在她的身体上、时间上和精神上留下的印记。尽管受到普遍的厌恶,传统的中国妇女仍然被教导要视多生多育为她们的最高价值,而这种"多子"崇拜与民间流传的性交和生孩子都是不洁的(芮马丁,1975),禁欲生活则与享有某种纯粹和愉悦(桑噶尔,1978:256—257)的信仰有所抵牾。

很多中国妇女可能会争辩说,妇女特别需要将孩子作为情感和经济的支持,因此她们有动力去养育尽可能多的孩子。她们认为妇女自己的利益完全依赖于依托孩子们建立的"子宫家庭"(uterine family)(卢蕙馨[M. Wolf],1972)——尤其是儿子,他们会成为她一生情感和经济的支柱。传统的中国母亲常常对多子的实惠直言不讳。虽然生养孩子会给妇女带来负担,但妇女想要孩子的诸多理由是显而易见的。

然而,理解人口增长的真正问题是"要有多少孩子"。家庭和妇女自己认为足够了吗?谈到帝制中国晚期,武雅士和大多数人一样,对这个问题的回答是:"尽可能的多。""日本的农民让家庭规模去适应他们的耕作,而中国人却认为他们可以让耕作来适应家庭规模。"(武雅士,1985a:177—178)然而武雅士和黄介山也展示了中国台湾妇女如何激进地重塑她们的家户:她们会调整生育策略来让家庭适应当时和未来的物质需要,尤其是通过收养。(武雅士、黄介山,1980)在宋代,妇女是如何从抚养孩子,但让人口保持平稳的状态转变到另一个让人口发生剧烈增长的状态的？商品化、农业集约化及由此产生的对劳动力需求的增加——所有这些肯定都增加了对妇女的压力，让她们过早地、坚持不懈地生育。与此同时，社会又将女人的美德定义为"温顺"，用名誉来奖励忍辱负重者，并削弱妇女自我谋生的能力。在宋代，这些压力发生在妇女拥有相对性机会和自由的情况下，由此来看，对妇女的"说服教育"在当时肯定是激烈的。

官方和新儒家的原始资料显示这些文化精英很热切地指导礼仪的细枝末节、借贷的利息应该定多少、对年轻人的教育和不计其数的各种道德与实践问题，但在"性"这个问题上讳莫如深。新儒家对夫妻关系只有一个观念：下级服从上级，就能达致和谐。这种强迫性肯定也被移植到夫妻的卧室里，要求女人对男人的性服从。妇女不能拒绝或延迟结婚，也不能拒绝丈夫的同房要求来推迟怀孕时间或产褥期。对于寡妇而言，即使她们只是十几岁的处女，也要终生禁绝自己的成年性行为，这足以证明官方文化想要消灭妇女选择性行为的愿望和力量。

人的欲望就像饥饿一样，是由生物化学作用驱使的，在男女两性身上都有很强烈的作用。那么怎么解释这种"灭人欲"的行为呢？毫无疑问，部分答案来自社会需要确认女性不会生错孩子：如果没有父亲传授孩子技能，让其继承遗产，那么在父权社会中，这些孩子就会掠夺那些法定子女的财产。但在帝制中国（和其他高度商品化的"农民"社会，如地中海地区、伊斯兰世界和印度的社会），有需要贬低和剥离妇女自身的性行为主体身份的压力存在。我相信这种压力来自婆家的家庭利益，是为了让妇女的生育能力最大化，迫使一个妇女生育更多的孩子，而非听命于她自己的眼前利益。

帝制中国的家户常常需要面对的压力来自他们在满足自己的生存、补给和节庆需要之外，作为农民还必须满足国家对纳贡的需要。(沃尔夫，1966：9—10)此外，他们必须在市场中参与竞争，以得到各种生产要素。经济越商业化，市场就越活跃，土地、牲畜和其他生产资料就越容易得到或失去。劳动力是一个贫穷家庭的"最后一根稻草"，是其维持生计的唯一希望。然而，这样的策略只有在成年的孩子和父母紧密地联系在一起时才有效，正如孩子与父母被儒家政权紧缚在一起一样。生育劳动力是妇女的工作，把孩子抚养成劳动力就能够缴付租金和税款。如果还有一个为劳动力而存在的市场的话，挣来的小钱积少成多，这个家庭就有可能最终致富。一种被压抑的"小"资本主义使那些人丁兴旺、经济上灵活的家庭得以扩展和繁荣。在低技术的条件下，家户只能受市场的摆布，根据家庭成员能否成倍增长以及资本能否扩大，来定义什么是富裕。这样的一系列条件表明市场里的长期、短期或地区性的经济增长会给妇女带来相应的生育压力，让她们献身于繁衍后代的例行公事中，而这些生育行为越来越多地受到宗族需要的制约，越来越少地出于个人选择。在小资本主义繁荣的地方，果不其然，我们会看到宗族和它们的同盟——国家——付出特别努力来强迫妇女臣服的极端生育主义并不亚于劳动纪律。

在某些历史情境下，人口压力可能促使劳动密集化以及伴随而来的劳动力市场的兴起。在其他情况下，市场交换的扩张鼓励父母养育更多子女长大成人，以便将来他们能挣钱补贴家用。就中国而言，我们不太可能找到数据，把人口增长和市场扩张之间的辩证关系简化为一个清晰的因果关系。但是像其他由强大国家政权支持的农业社会一样，第三种因素作为一种主要的动力，可能对中国具有显著意义。这个因素就是国家需要。

生产的国家强化

　　帝制时代的中国统治阶级所勾勒的贡赋制生产方式，在扩张性上跟资本主义或小资本主义生产方式有所不同。帝制时代的中国官员确实有关于效率的标准，然而，他们把这些标准看作要向民众灌输的理想。在农作物"一年三熟"的地方，农民们应该把作物产量提高三倍，否则就会被谴责为懒惰和不忠。荒地需要被开垦以提高国家财政收入。在人口稀少的地方，人们就需要加倍繁衍出稠密而又驯良的劳动力大军。

　　濮德培（1987）对明清时期湖南人地关系的记录让人印象深刻，是这一过程的生动例子。晚明时期，由于有了充沛的食物和土地，湖南的家庭觉得不需要再那么辛苦地忙于种植"一年两熟"作物或为此抚育一个大家庭。虽然一个活跃的粮食市场在庶民之间制造了不平等，但人们还有其他的选择：通过在森林、矿场和边疆地区谋生，他们可以凭借从事自给自足的营生，逃避国家需要及小资本主义竞争。国家无法将密集种植"一年两熟"作物的命令强加到不乐意接受它们的人群头上，因此这些做法显然在这些地区缺少影响力，而贡赋要求又相对容易逃避。结果，促使人口飙升和经济集约化的双重压力都缺失了——人口数量仍然维系在较低的水平。

取得人地之间、生产资料和劳动之间的平衡,常常是官员们的当务之急。清朝的儒家官员洪亮吉①(Hong Liangji)是这么描述这个解决方案的:"使野无闲田,民无剩力;疆土之新辟者,移种民以居之;赋税之繁重者,酌今昔而减之;禁其浮靡,抑其兼并;遇有水旱疾疫,则开仓廪、悉府库以赈之。"(狄百瑞等,1960:625)洪亮吉的这个方案清单遗漏了一项官员们一贯使用的方法:屯田政策。它能够让闲置的土地得到耕种,并迫使这些耕种者采取密集化种植的模式,以产出更多的食物。(狄百瑞等,1960:596;黄宗智,1985:85—86;濮德培,1987:94—95)

移民会从决意扩大税收基础的官员那里就各种事务得到指令(有时他们会忽略这些),无论是有关军事的还是民用的。一个15世纪的官员"企图让佃户像地主那样按他们的能力来交税或服徭役,他还命令单身男女按照他们当地的风俗结婚,从江西娶亲。他的目标是增加湖广人口,让荒地得到开垦,同时,谨慎地维持人口登记,保证政府的税收收入"。(濮德培,1987:102)

在让原本稀疏的聚居区人口密集化的过程中,帝制中国的统治者至少有两大动力来让生产(以及社会生活)标准化:密集——但不要太密集——的人口才能产出更多的收入;只有人口密集的聚居区才能使国家的社会控制方法卓有成效。政府管理的费用可

---

① 译者注:洪亮吉(1746—1809),清代经学家、文学家。初名莲,又名礼吉,字君直。阳湖(今江苏常州)人,祖籍安徽歙县。乾隆五十五年(1790)榜眼,授翰林院编修。嘉庆四年(1799),上书军机王大臣言事,极论时弊,免死戍伊犁。次年诏以"罪亮吉后,言事者日少",释还。居家十年而卒。其文工于骈体,学术长于舆地。洪亮吉论人口增长过速之害,实为近代人口学说之先驱。

以由当地的财政收入支付,老百姓之间的互相监督较之自上而下的监视会更行之有效。帝制时代的中国官员可能在很认真地执行他们的使命,即在未受过教育的平民中推行等级观念和宇宙秩序。即使官员们还没有这么做,财政收入的增加、出于管理便利的考虑,也会催生类似的政策。

依靠劳动密集型的庄稼填满他们的山河地貌,依靠给他们的人民施压而提高农业产量,帝制时代中国的官员们正在把这些"业农者"推向一个狭窄的生存领域。要想通过原始工业化的努力谋求生存,人们常常要重新发明小资本主义。人口的脉动和市场扩张之间的紧密联结是宋代和明代的典型特征,但这种联结的主要推动者并不是人口统计学意义上的某种自然规律,而是一个强大贡赋制体系下的严苛政策对家户生产的强力干预。

第四章 城市与空间

> 天高云淡，
> 望断南飞雁。
> 不到长城非好汉，
> 屈指行程二万。
>
> ——毛泽东

到目前为止，我把帝制中国晚期的社会动态看作这样一些事物演化的结果：用以维持贡赋制生产方式或用来扩展"小资本主义"生产方式发展空间的人与人之间的斗争（这有时表现为阶级之间的博弈）、围绕女性劳动控制权的争夺、作为对政治经济及性别不平等的反应的人口膨胀。除此之外，还有一个不是太抽象的运动模式，同样在中华文化的形成中扮演着重要角色，这就是人口在空间中的分散与聚居。我认为，帝制时代中国城市设置的模式，主要取决于中国统治阶级的选择,而这一选择的目的同样是维持贡赋制生产方式。而且这一结论也契合武雅士的质疑:"要对这样一种现象做出解释,那就是尽管中华文化创造和维持了一个官僚等级体系,而且在这一体系中上层人士的一举一动都被视为下层人士强行效仿的行为典范,中华文化依然是多重混杂的。"(武雅士,1989b:318)对贡赋制生产方式维持霸权地位的强调,应该取代对自然主义市场模式的关注,而后者已经主导中国研究几十年了。

一个不言而喻的事实是,事情变得越大、越复杂,就越有可能出现线索被中断、边缘被拆解的情况。阶级社会是一个精妙的产物。它的折裂很少是由于天灾,更多是人祸使然。例如,一条运河被错误修建,或者错误选址,亦或维护上出现了过失,导致的结果就会是:洪水爆发、饿殍遍野,而新移民将取而代之。人口的压力增大,并导致极端的集约化,这使得山林被砍伐,洪水过后,干旱接踵而至,流行病和饥馑将摧毁这个地区。饥饿、愤怒并遭受着残酷剥削的人们揭竿而起,杀死官员,烧毁城池,然后又被官兵剿灭。官府在废墟上建造新的城市,派兵驻守,并在各部族间进行贸易。在官府的一系列努力下,该地区实现了汉化,然后又是开凿运河、砍伐森林,造成新一轮的人口过剩、饥肠辘辘和民怨沸腾。

许多西方人认为中国人是安土重迁的,他们扎根在祖辈生活的土地上。这种情况实际上是很罕见的。官僚体系因为其内在的不平等,经常处于失衡状态,因而大量人口也在不断地迁移,以维持生存。只要有机会,普通百姓就会靠迁移来夺得一些土地。这些土地往往由于当地部族保护不力,或因洪水、瘟疫、饥荒导致人口锐减而被撂荒,又或因政府镇压起义而被夷为废墟。而有些时候他们来到城里仅仅是为了寻求生计。

一个国家的人口变化是对自然事件的反应,也是对不平等进而只能保持脆弱平衡的政治经济所做出的回应,它本身的重要性就是不言而喻的;同时它也揭示了发生在诸如阶级和生产方式等抽象概念之中的运作变化。这种人口流动短期内呈现出区域性混乱的局面,除了表明某些时期是"承平"还是"动荡",就没有什么解释性意义了。然而在传统中国,人口的散布状况存在两股世俗化的趋向:汉人不断向南迁徙,越来越渗入东亚的各个角落里;大量人口向城市各阶层中聚集。

汉人的南迁,尤其是汉文化的南向发展趋势在过去被过于强调了,这主要是出于意识形态方面的原因。考古学和逻辑思维日益被学者们结合在一起,显示出当今中国领土内,少数民族居民历史的悠久性和复杂性。人口向南迁徙是人口流动的过程,但更多的是一种特定的社会形态的变化,统治者在征服当地的同时,也对之进行了吸收、重组。

然而人口向城市的迁移却具有根本的意义,这对于政治经济的运行来说是如此,对文化而言亦复如是。帝制中国晚期的城市化已经成为学术领域内非常受关注的话题,特别是施坚雅在1964—1965年提出的"中国集市模式",这直接促成了他此后的几篇有关城市化的论文,这些论文在1977年被收录成书,最近他又做了进一步的论述(施坚雅,1985)。施坚雅最初把城市化几乎等同于设立集市,他在研究时收集了大量关于城市空间分布的信息,并对这一分布包含的潜在研究意义进行了阐释性分析。他的观点建立在"中心地理论"的基础上,这一观点认为中国城市的功能定位主要是经济活动的市场中心。在这一经济活动中,逐利性的商品流通是最大的动因,交通网络也是基于成本付出的考量而建立的,并且受到了自然地势的限制。这些关于中国政治经济的核心假设在西方的中国研究者中颇有市场,因而应当被特别仔细地加以审视。他们引入了经典的资产阶级概念,因而歪曲了我们对于中国人的空间流动的理解。

施坚雅主编的《中华帝国晚期的城市》(The City in Late Imperial China)一书是在其早期关于集市和社会结构论文的基础上发展而成的(施坚雅,1964,1965a,1965b)。在这部著作中,他着手说明中国城市分布状况的形成主要是基于其作为商业中心的角色。建造城市的政治原因次于商业原因,因为"对于政治制度来说,关注商业中心,致力于控制和管理交换及(间接)生产的手段,而最终获得……财富才是高效的"(施坚雅,1977a:276),甚至"治所的正规行政属性,大体上是从与经济中心地区相关的地方性系统中发展出来的"(施坚雅,1977c:254)。这些经济中心地区形成了"中国社会的'自然'结构——一个由集市与贸易体系、非正式的政治因素组成,并由在野官绅、无职衿绅及重要商人支配的亚文化镶嵌其中的混合体"。(施坚雅,1977a:275)

施坚雅开始利用"中心地理论"进行分析,这一理论"严格地说仅仅与零售有关"。为了强调这一点,他把对城市位置的关注放在了"商品分配渠道框架中,这一框架是与运输网络中的经济中心[以及地方]联系在一起的"。"零售"对我们来说被具体化为"消费需求[使得]供应商获得正常利润"。(1977a:276—277)对施坚雅来说,城市是主要用于交换的市场,"正常利润"在这种交换中产生。他设想每个人实际上都置身于市场中,并且认为连乡村也是依城而设且村村相望的,这样就使乡镇之间的货贸运输最为便利。

　　施坚雅坚持强调汉学家应当认真对待市场关系,这对于我们理解中国城市和空间关系尤为重要。商品生产具有改变社会的力量是一个极为重要的观点,无论是其理论意义,亦或对于我们的历史理解,还是对于有关中国未来的预测来说都是如此。施坚雅认为中国人建造城市主要是逐利的交换关系使然,然而他一部接一部的大作却没有为之提供证据。他这一观点的中心假设是,"市场"在中国的运作如同它在资本主义生产方式中一样,对其他所有系统具有形塑和控制作用,然而这一假设是站不住脚的。施坚雅的失误还在于,他清楚地意识到商业经济的政治意蕴,却在实质上忽视了政治进程中的经济力量,他将政治进程归因于行政。他在经济和政治之间采用了功能主义的二分法,这一做法的二分削弱了他的分析。只有运用政治—经济学方法才能够捕捉到即便是简单的社会形态也无法否认的复杂性。甚至在中国政府的衰弱时期,这种复杂性也总是强有力地彰显出来,而且毫不顾及利润概念甚或人民的死活。

　　施坚雅在 1964—1965 年写就的有关四川盆地市场体系的研究著作中,将沃尔特·克里斯塔勒(Walter Christaller)[①]的理论运用到这一区域,并认为其适用于整个中国。或许是对如劳伦斯·W. 克里斯曼(Lawrence W. Crissman,1973)所提出批评的回应(施坚雅没有引用这篇文章),在 1977 年的文章中(特别是 1977a),施坚雅

[①] 还有其他学者,参见施坚雅对第 71 707 页的表格引用。(施坚雅,1964)

做了一个改动。他放弃了克里斯塔勒中心地广袤大平原的理论假设,而使之更加适合中国崎岖多变的地理环境。围绕着作为主要交通渠道的自然河流,他把中国划分为九个地理(physiographic)大区。这一修正开始让数据与纯粹的"中心地理论"的预测更为吻合。这样他的工作与冀朝鼎(Ch'i Ch'ao-ting)有关"中国历史上的基本经济区与水利事业的发展"的重要研究也就联系起来了(冀朝鼎,1936)。

我们或许可以使用齐普夫(G. K. Zipf)对集市体系相对发展的另一个检验标准(齐普夫,1949)——等级/规模规则——来展现中国的浩瀚城市如同一个群体呈现出的不规则形状。它们的布局表明,中国作为一个整体,没有形成一个内在统一的集市层级体系——许多其他证据也印证了这一点。然而施坚雅认为,这九个大区恰恰属于那种内在统一的体系,尽管它们的整合程度因地区而各异。因此大区划分似乎解决了这样一个问题,即为什么城市的整体布局不符合克里斯塔勒勾画的几何图形:因为中国的市场并没有形成统一体。整个中国及各地方的市场层级体系,都因为水利运输的便利性而被大幅修正了。

这两个因素,即纯粹的中心地逻辑与水运的谋利用途对此的修正,仍旧不足以作为中国城市建造的先导条件。所以施坚雅天才般地加入了另一个变量(这一变量或许来自伊曼纽尔·沃勒斯坦的世界体系论):每一个较大区域都有中心和边缘;中心的确立始于其自然条件上的优势,这种优势可以通过压制边缘或内陆发展的常见过程得到强化。这一过程以各种方式影响到了城市的选址。

边缘地带的不发达状况,可以从中心和边缘之间的不平等转换中体现出来。施坚雅从众多案例中选出了一个有趣的案例,用来说明这一点:中心地区的土壤肥力(决定农业产量的多寡)之所以能够不断增强,是因为腹地的产品,尤其是木材,统统被汇集到了中心地区;这里的人们消费了从腹地运送过来的食物,产生的粪便也被保留在与中心地区毗邻的土地上,作为肥料循环利用。然而对于人们对中心/边缘修辞蕴含的有关社会不平等的普遍认知,他却充耳不闻。我们知道各种财富在帝制中国是由边缘转移到中心的,而且通常是通过官员的百般筹措及小资产者的蝇营狗苟才得以实现。除非传统中国与其他阶级社会非常不同,否则我们应当知道这些人就是不平等的创造者,而且是更高效、更生机盎然的创造者,而非木讷陈腐、随波逐流之徒。正如中国谚语所云:"人往高处走,水往低处流。"(西德尼·戈德斯坦[Goldstein],1987:915)

施坚雅对于看似"自然"的人化自然和更为重要的生产要素——土地有着敏锐的直觉。但这也使我们注意到其地理大区分析中一个至关重要的薄弱环节。他对中国城市模式的解释依托于商品的运输成本,这潜在地减弱了周边自然河道用于运输的适应性。的确,在前工业社会,后者是适宜的。但施坚雅事实上忽略了这种运输的人工模式,而这一模式存在于所有古代农业国家,在中国则更为清楚地得到证明。虽然他加入了一些自然主义的限定性说明,简要地提及了排干低洼的沼泽,以及熟练技术在水运方面的运用,(施坚雅,1977d:12—13)但其论述的要旨和所引述的大量数据,都显示了他对中国水运系统中浓厚人工色彩的忽视。几千年以来,权势滔天的统治官员千方百计地榨取资源,并驱使百姓在自己的辖区内建立起庞大的交通网络。

范力沛(Lyman P. Van Slyke)提醒研究者要关注官方大规模操控水利运输的重要性。被称为"奇迹运河"的灵渠,是世界上第一条等高渠运输运河(contour transport canal)。它把向北流入长江的湘江和向南汇入西江,流向中国南方最大港口广州的漓江连接在了一起。它虽然修建于公元前3世纪,却在唐宋时期发挥了最为充分的效能。它最初被用于军事,其后演变为贡粮的主要运输干道,在唐代,北向的运河航线可承载的运力达到35吨。(范力沛,1988:60)在一幅17世纪早期荷兰人绘制的地图(韦坦特[Vertente]等,1991:61)上可以看到,在它流经的路线上不同的街坊名称更迭交替,这显示出在明朝末年它仍是一条重要的运输通道。

广为人知的大运河是隋代(公元581—618年)的杰作,后来它被政府用来运送税粮。唐代的中都(medieval capitals)位于黄河难以航行的河道上,但早期的大运河却可以把漕运延伸到那里。可从14世纪开始,运河税粮漕运的目的地变成了北京。隋运河的主干部分——汴河始于长江口,可径直通到西安。长达500千米的永济渠连接了黄河,并由此延伸到边陲地区,这一边陲地区就是后来的北京;而其第二条主要支道长达215千米,把杭州和长江连接在一起。范力沛描述了600—610年间,隋朝统治者是如何驱使两三百万劳工(其中包括妇女)去从事这项建设工程的。"男性劳工由于农业、战争和劳役的需求已被征用殆尽了",永济渠是在女性劳力的投入下才得以完工的,"它的设计是为了把帝都的政治和经济力量向外辐射,而不是把外来资源转运到首善之区"。14世纪

103

后,黄河已经改道,元朝的统治者也早已把首都定在了北京,这样一条新的北部河道就被开凿出来,它贯穿了华北平原。正如当年汴河的开凿一样,它也是尽可能地利用自然河道,但即使是这些河道也需要大量的加固和修缮工作。这条"新"的大运河起于杭州,止于北京,长达1000千米,沟通了东西走向的两条大河和其他自然河流,这样,米粮运输所通常采用的河道就被它完全贯通了。(范力沛,1988:69—73)

新旧大运河都被充分利用起来,进行漕粮的单向运输。这些漕粮是由控制政府收入的官员和拥有官方特许权的商人经营的。沿途仓储的存储能力惊人,如隋朝粮仓的存储能力就超过了81648万公斤(3000万蒲式耳)。借助这些存储设施,这类运输的数量也是巨大的。范力沛认为这类运输的"花费也是异乎寻常的,在19世纪早期清政府花费高达1500万盎司(约850万两)的白银,用于对漕粮进行运输和管理,这几乎是其全部收入的四分之一"(范力沛,1988:74—75)。黄河管理的巨额费用被用于在运输旺季对黄河水位深度的保障,以便运输漕粮的驳船通过。这样的花销使得粮价极为昂贵,但是这些费用却是由那些被强迫在堤坝上进行劳动的民众,以及用数量巨大的谷物秸秆进行护堤工作的劳动者来承担的。(兰东庚,1991:41—42)尽管北京的官员们对这种运输的价格并不认可,但漕粮并不是市场上的商品。与贡赋制生产方式的利益相比,市场条件的障碍、运输上所花的费用及土地的自然分布等因素都是不足挂齿的。

在中国东部沿海的北段,利用海运进行这种运输的做法并没有得到真正的实施,据范力沛的说法,这在很大程度上是因为"大运河已经成为既得利益藏污纳垢的泥淖。对之负责的等级制度是三大监管机制之一(它与黄河护卫、盐业的行政机构一起构成了三大监管机构),它俨然变成了一个拜占庭迷宫,贪污腐化、官商勾结和中饱私囊在此交织起来,比堵塞在运河里的陈年淤泥还难以清理。海运航行被阻滞也当然是合理的,因为它威胁到了这些既得利益者,因而遭到了强烈的反对"(范力沛,1988:76)。因为贡赋制生产方式的执行者的核心目的是,把社会剩余价值从非官方输送到官方的口袋中,所以在这里唯一真正的问题是那些高官的看法:他们认为自己切的那块"蛋糕"应该更大,并且应该有不同的用途。

　　对于自然水道的中心作用,施坚雅进行了较为详尽的论述,但是关于宁波历史的研究对这种中心作用提出了质疑。在帝制中国晚期,宁波已经成为浙江省非常重要的商业城市,它地处杭州湾,地理位置非常优越。但其重要性只有在它成为京杭大运河的南部终点后才得以体现。这条大运河带动了整个长江下游地区的经济发展。(斯波义信,1977:392)这不是在欧洲——一个小国林立的大陆,而是在一个把所有地区通过贡赋体系整合成一个整体的统一国家。当水道被大规模地修建起来,决策者们所顾忌的就不再是私人企业家利益的患得患失。中国官员们的兴趣在于军队和赋税的运送,以及获利丰厚的官场肥缺的出现。

　　这一理论同样适用于陆路交通。尽管水路运输无疑是非常高效的,但陆路交通对于跨地域的官方沟通来说仍然非常重要。官员们可以每天100—175英里(约161—282千米)的速度通过陆路来传递重要信息(施坚雅,1977c:270),这一速度远快于水运。施坚雅在关于四川城市的著作中也强调了陆路运输的重要作用。他总结道:"水系结构实际上决定了一个地区高级经济中心的位置。而主要道路又对水系结构的缺陷起到了弥补作用,即把这些城市彼此联系起来。"(施坚雅,1977a:291—293)

但这些情况并不都是显而易见的,施坚雅就指出成都没有重要的水陆通道连通,"但明显成了中心都会,而[位于长江上的]重庆仅仅是一个区域性的都市"。(施坚雅,1977a:290)只有到了19世纪20年代,四川地区的商品化、国际化程度引起长江流域贸易的剧烈变革,加之军阀政治的作用,才导致这两座城市商业角色的置换。成都依旧是首府,现在亦然,这或许与过去的2000年间它在大多数情况下都是如此的原因颇为相近吧。这一现象很难和水运联系在一起,而更应解释为农业生产上的受益,这源自公元前3世纪修建的都江堰对于防洪和灌溉的功效。汉代的这一重大水利工程①在2000年后仍在发挥着作用,它也许可以成为我们期待找到的由贡赋模式塑造的人类定居模式的一个实例吧。李中清(James Lee)曾对中国政府,尤其是清朝政府,致力于在四川拓展道路网络的工作做了描述。(李中清,1990:第3章)

随着时间的推移,由于新数据的出现,施坚雅已经不再像最初那样强调商业是城市设置的首要原因了。《城市和地方层级体系》("Cities and the Hierarchy of Local Systems")一文乃是施坚雅对其所认为的首府的独立层级的一个延伸性阐释。由于认识到中国官员在适应商业变化方面非常精明,施坚雅对官方之于税收征管的异见也给予了相当的关注。他注意到,税收成为影响其行政区域

---

① 译者注:都江堰实际上修建于战国时期。

官僚层级和规模的一种防御手段。在其主编的《中华帝国晚期的城市》这一论文集的结尾部分,施坚雅提到了商人和士绅之间的阶级关系,并认为它对我们理解城市居民在他们城市之内的空间关系,"阶级与职业(其中饱含着千丝万缕的联系)"而言似乎是一个关键的因素。而区域性统治阶层被他看作一个与中国"根本文化差异"同等的决定因素。(施坚雅,1977e:269)

在《城市和地方层级体系》一文中,施坚雅更为直接地考察了国家政权:"我的结论是清代的领地管理精妙地适应了这一帝制时期地域结构的实际情况……这些发现有力地祛除了这样一个观念:帝制时期的中国城市仅仅是帝制本身的缩影,或者说它们或多或少是一个全能国家整齐划一的产物。与此相反,它们向人们证明一个前现代朝廷可以有效地控制有限的官僚权力,并对其进行娴熟的管理和部署。"(施坚雅,1977a:344—345)

但是那些被施坚雅看作行政因素的事物,我们将其视为贡赋制政治经济。如果把传统中国的社会形态看作两种明确的生产方式是有效的,那么大多数中心地的经济功能就包括了小资本主义的功能和贡赋制的功能。我们可以像施坚雅那样把中心地区分为首府性的和非首府性的,但这种区分既非经济性区分,也非行政性区分。劳动力等物质资源是在每一个行政单位内以两种彼此隔离的循环路线(包括小资本主义生产方式和贡赋制生产方式),从家户到国家进行由下而上的流动。对个体成员的控制也是如此,这不仅是由人们常见的行政角色(从"一家之主"到地方官吏,再到北京的朝廷要臣)来践行的,也是由统治阶级霸权的微妙机制竭力维持的。这些控制条件囊括了物质和精神领域的诸多事物,从施坚雅所强调的商人与士绅间共同的利益纽带(施坚雅,1977e),到民间意识形态的复杂性,诸如乡村神祇世界的官僚组织。

在对首府和非首府性城市的区分日趋困难的情况下,国家再要对商业和行政的重要性进行权衡也就变得勉为其难。在对1549个以衙门为商业主导者的中心地进行分析时,施坚雅忽略了处于极为边缘地区的80个县级单位,这就使得他所采用的数据和其设想的观念吻合起来。(施坚雅,1977a:302a)他的这些设想多涉及某些行政模式,但无疑对商业事物很少涉及。同时他也忽略了一个"可以说是……仍旧处于萌芽状态的低级行政单位"。某些县级单位是包含分区(ssu)的,这些分区的"首府"是城镇,在城镇中副职地方官(巡检司[hsun-chien])承担了特殊的行政事务。这或许是一个重大的遗漏。罗威廉(1984:32)提及清代在湖北设有68个巡检司,因为这些城镇通常跻身"其所在县中最重要的城镇"之列(施坚雅,1977a:303n),所以这些城镇所包含的特殊行政单位显然无法作为施坚雅竭力确立的商业领先地位的例证。《城市和地方层级体系》中的图表20据称是为了表明行政中心是依据其在经济层级上的重要性来分布的,(施坚雅,1977a:340)但它远没有像施坚雅所认为的那样发挥清晰的阐述作用。

但是证据问题不在于分析技巧的细枝末节,也不在零零散散的几个百分点上,而在于要去把剩余价值和贡赋制这两种非常不同的运动,以及其各自产生的城市化影响区分开来,仅仅依据我们手头的数据是极为困难的,甚或是不可能的。乐祖谋(Yue Zumou)利用历史和考古学证据,显示了军事防御在汉代以来中国城市选址因素中的优先地位。(乐祖谋,1994)我们可以用这种方式对宋代及宋以后的大量城市进行探讨,去认识它们究竟是建立在水利工程所承担的国家责任上(如同成都那样),还是建立在防御的需求上,抑或是建立在对于某一宜居之地的族群偏好上。这样我们就可以了解它们的商业是否得到发展以及何时得到发展。相比之下,我们也会发现因为商业而得以兴建或扩展的城市,比如重庆和汉口。前者的地理位置使其能够较好地萃集新的财富;后者则在明代中期乍然而现,在它的整个繁盛时期,都与官府保持着一定的距离。(罗威廉,1984)

我们的确均可在城市中找到两种发展模式,并发现在宁波等许多城市的发展历程中,这两种发展模式几乎同时发挥作用。该议题的研究目的不是对商业之于行政、经济之于政治的首要决定作用进行区分,因为现在每个学者对这两者的关系都具有了相当程度的体认,而这在部分上是出于对施坚雅著作的回应——这两者都很重要。我们的研究目的应当是找到一种方法,使我们可以清楚而有效地去思考这两种因素之间关系的性质,同时能够体察它们与其他可以发挥作用的因素之间的关系。

这一研究的本质在于对人的能动性的明确关注,在此我对施坚雅把城市视为"用于人在空间和时间中表述和整合人类活动的'指挥部'"的构想(施坚雅,1977b:216)提出异议。把抽象概念具体化是靠不住的:城市不会行动,但是人可以做这样或那样的事情;作为对此的回应,另一些人可以或屈服、或赞同、或保持消极态度、或创造反抗的想象,或向坦克上扔石头。中国人的两种政治经济逻辑阻碍了一个阶级结构的概念化,尽管这一概念化与他们的历史和民族志的细节相契合。出于将个人与生产资料有关的各种关系联系起来的话语的需要,人群的某种混杂被归并为一些较大单元。但城市不是那些单元。历史唯物主义的方法,而非被社会—心理学的"整套理论"修正的功能主义的方法,看来更倾向创造一个在人类关系方面的可行性分类。不是河流或城市,而是作为生产者的人与人之间相似与相异的关系,使得中国人定居下来。

在阐述了另一种理论的轮廓之后,我应该对该理论如何能更好地解释中国居住空间方面的问题进行勾勒。施坚雅的研究揭示了两个重要问题。他对城市化在宋代达到顶峰后就开始走下坡路及其所呈现出的不同形式提出疑问,还对首府和非首府性城市的差异性分布提出质疑。

虽然施坚雅的研究视野持续关注宋代以后的中心地问题,但他也指出,"在中世纪,在大多数发达地区,城市化的程度要高于帝制晚期"。(施坚雅,1977d:28)施坚雅将中世纪之后城市化的原因归结于防御当时武力强大的中亚人的需要,其后(宋以后)首都的选址相较于中世纪来说,更远离大区的核心位置。就贡赋制的术语而言,这一观念是合理的,但却和施坚雅的主要论述背道而驰。

然而,在贡赋制生产方式/小资本主义的运作中,出于对在宋朝精英阶层中势力异常强大的小资产阶级利益的考量,其资本为生产的核心地区所保留。就阶级层面考察,相较于此后直到民国前各朝代的官员来说,宋代官员更好地代表了小资本主义者的利益。在帝制中国晚期,随着其在北部都市获得统治权力,贡赋制体系进入了最后的形式,并通过贡赋的榨取成功地固化了统治阶级。在清代,为数众多的农民成为皇家宗室或旗人——满族贵族——直接控制的佃户。(韩书瑞、罗友枝[Naquin,Rawski],1987:146)

直隶所有可耕地的29%属于清初的旗人。根据黄宗智的统计，"中国7.4亿亩可耕地中仅有2亿亩可为朝廷少量发放"（黄宗智，1985:87）。

贡赋制的精英们可能会通过收缩势力，以及将都城迁到华北平原的做法来强化他们的生产模式。他们凭借四通八达的平原维持领地上的收入，因此得以增加自己的权力，以便与小资本主义竞争。在那个治安良好的平原地区，即使货物运输缓慢，军队也可以快速行进，政府可以从小生产者那里榨取最后一滴油水，而不用直接面对南方那些狡猾且势力强大的商人。在贡赋制的僵化氛围中，北方平民所从事的微小积累无形中得到了升华，而资本主义萌芽却被冻结了。在此我们看到一种和家户制并行的奇异模式：这些人通过经营盐业和当铺业致富，然后把自己的一部分财富埋入地下以确保安全，但同时仍然通过经营城里的店铺获得利润。

后起的大城市缩小了规模，或者至少没有达到之前规模的现象也符合这一逻辑。尽管贡赋制在宋代较为弱化，但它的支持者在元、明及清初又重新获得了权力。因此，当小资本主义仅能获得较少利润时，为了便于资本的小型化，建立大型商业城市的趋向也不得不适应这一情况。那些有望成为资本主义的发展趋向变得"微型化"了，缩小了规模，退回了小城镇阶段。

贡赋制生产方式/小资本主义生产方式，是如何与施坚雅关于中国城市整体布局的阐释形成对照的？有兴趣的读者或许会乐意像我一样去查看《中华帝国晚期的城市》一书卷首的地图。它标明了晚清时人口在4000人或以上的所有中国城市（或是1953年人口达到5万或以上的所有城市）。这些城市包括：县一级或者比县更高一级的省会城市；1893—1953年间官方认定的城市；以其他方式表现出明确的都市区(urbanness)特征的城市。(详情参见施坚雅,1977b:221)这张地图具有重要的参考价值,尤其是其中对于县府的图式展现。然而它高估了与欧洲贸易的影响,而低估了那些从东南沿海到中国台湾地区和东南亚地区的本土贸易影响。

这些县府在分布上有三个引人注目的特征:首先,中国作为一个整体,其城市模式有三种划分方式;其次,华北平原中心地的布局是不均匀的(在四川盆地则是较不明显的),北部沿海那些聊胜于无的城市也是如此;最后,云贵地区的县府布局非常奇特。

我们先看看施坚雅的地图展示的三种城市布局模式。首先,以北京为首的华北平原是县府密布的地区,但是这些县府却不具商业上的重要作用。这里实际上也不存在具有商业重要性的非县府城市。四川盆地实际上是这种模式的再版。其次,真正的大城市位于长江下游,它们为数众多且并不都是首府,有些甚至不是县府。正如海外贸易全盛期的东南沿海(包括台湾在内)一样,珠江三角洲是长江地区的缩影。第三种模式占据了一个巨大的新月形地带,它从杭州以南和长江沿岸的城市开始,横掠福建沿海狭长城市带的内陆腹地,再西向和北向至川西及其以北地区。这是一片广大的山地地带,也是相对人烟稀少的区域,首府几乎就是所有的城市;没有充足的商业去产生超出作为权威中心的官僚需求的、足以供给城市地区的盈余。①

与城市位置相伴的是,通过贡赋制生产方式支出的分配、上层统治者的安置、亲属关系的散布及支配性生产关系的构建,我们可以对贡赋制生产方式和小资本主义生产方式的不同影响活力进行评估。对这种变化最简洁的呈现,或许是一个四方形模式的图表。在其中我们把一个较强/较弱的贡赋制生产方式与另一个较强和较弱的小资本主义生产方式进行了对照(见图4.1)。

图 4.1 三种不同城市模式中的贡赋制生产方式(TMP)与小资本主义生产方式(PCMP)的活力

		贡赋制生产方式	
		强	弱
小资本主义生产方式	强	强 TMP/强 PCMP	弱 TMP/强 PCMP
	弱	强 TMP/弱 PCMP	弱 TMP/弱 PCMP

左上:长江中下游平原,珠江三角洲地区(城市类型二)

---

① 韩书瑞和罗友枝(1987)仅仅对施坚雅的大区稍作修整,然后加以运用,并对18世纪的大区社会进行了饶有兴趣的综述,俨然自己在此生活过一样。她们关于每个地区的描述都很翔实,涵盖了近代社会史范围内的众多主题。她们的工作使我在很多方面受益匪浅,特别是当我对自己的区域性中心思想之形成进行审查时(它遵循了这一重要论著中的解释)。韩书瑞、罗友枝依循施坚雅的思路,揭示了大区间的诸多差异,对此人们或许不会感到意外;着实令人惊奇的是她们对于大区间"千人一面"的同一性的发现。但是除了少数例外情况,我对自己宽泛的分类颇为满意;我把基于18世纪和19世纪初城市模式的某些大区聚在了一起,而不是让它们处于彼此冲突的状态。

左下：华北平原(广义上来说)，成都盆地(城市类型一)
右上：东南沿海地区，台湾(城市类型二)
右下：从东南沿海到西北内陆的新月形地带(部分汉化地区，城市类型三)

大新月形地区(右下,弱 TMP/弱 PCMP)是国家版图中"汉化"程度最低的部分。其商品生产既没有因为密集的贸易得到发展，也没有受到政府的过多关注。从许多方面来看这都是真实的。这些城镇几乎不具备初级的政府形态和小资本主义的生产机制；这里的人民没有承载诸如榨取性体制这样的双重负担；这些地区人口密度不高，也没有采用精耕细作的劳动方式；这里的亲属关系、地方政治组织、风俗习惯存在着众多的变异，被我们称为具有族群特征的风俗习惯得以普遍存在。汉文化只有在两种生产方式的互动中才得以沉淀。韩书瑞和罗友枝把施坚雅所研究的岭南(广东和广西)乡村和它附近的珠江三角洲核心地区进行了对比："山地文化显然被大区的边界遗忘，但它却与其他高地上的边缘地区非常类似，特别是毗邻长江中游的地区。"(韩书瑞、罗友枝，1987:180)

我们对于这些地区中少数民族[1]和汉族的情况知之甚少(他们之间的关系即便不是十分和谐，也是高度依存的)。然而他们明显包含了相当多的文化变异性。有一点是可以期待的，即人们的选择无疑既不受官方的操控，也不受市场秩序的制约。在这里，政府

---

[1] 这类已有研究普遍忽略了人类学家业已确立的研究成果，这些人类学家对文化变异在国家社会(state societies)之中的相似结构进行了研究(参见利奇[Leach]，1965；巴斯[Barth]，1969)。这项研究成果明确表明，"少数群体"(比如农民)只有在宽泛的文化模式中才能被理解，这些文化模式持续着它们自己的再生产。

的支出对他们来说仅限于微观的社会控制。在这样的地区,无论是宗族还是上层统治者都不会声名显赫,而且由于生产资料是可以被普遍使用的,这些地区的生产关系也体现出相当程度的平等主义色彩。

图中左下四分之一的部分代表了华北平原(和四川盆地)(强TMP/弱PCMP),我们在这些地区发现了另一种政治经济平衡:国家的产权和干预都非常强大,私人的商品生产主要是为了满足当地的用途,商品交换大体上也只存在于周期性市场。周期性市场并非资本雄厚的商品生产的一个标志,而恰恰是其反面的表现。在1930年实地调查后,毛泽东得出一个结论:"圩场生意代表半自然经济,店铺生意代表商品经济。"(毛泽东,1990:109)

在华北平原,虽然只有首府这一类型的城市,但是这样的城市星罗棋布。在这里,国家的力量强大,而商业的发展孱弱,用韩书瑞和罗友枝的话来说,这是一个"由强大的政府监控"的地区。这两位对18世纪的中国进行研究的历史学家还提到,中国北方"所接受的贡赋远多于一般人想象中官府所享有的资金份额,这些资金投入包括用于物价的稳定、水道及陆上道路的维护、地方性防御的费用,更不用说要付给旗人(在清代)和政府雇员的俸禄了"。官府在黄河的维护和运河的经营上挥金如土、乐此不疲。(韩书瑞、罗友枝,1987:144)然而政府的这些钱财并没有用在平民百姓身上。

长期以来,华北平原已经成为国家相对来说比较易于榨取几乎所有剩余价值的地区,不论榨取物是劳动力剩余还是产品剩余。韩书瑞和罗友枝指出,一直到清代,华北平原(与长江下游地区)都

115

具有重要的作用,那就是给北京提供漕粮来养活"那些依靠皇粮为生的人"。这里保留的是清朝为数不多的实物税的一部分。(韩书瑞、罗友枝,1987:22)施坚雅在此把中国北方城市的(连同广州的一起)规模/层级分布看作两个"明确的首要事例"之一(施坚雅,1977b:237—238)。这一模式所涉及的是为了供养统治阶级支配的首府城市而采用的集约化压榨。

小业主以及用较为安全的方式租种邻近区域地主土地的佃农在这一地区居于主要地位。黄宗智认为,在清初,官方限制了大地产的发展,却鼓励小农经济的发展,因为小农"与强大的庄园主比起来,更易于作为税收的来源。从朝廷的观点来看,他们也远不会构成政治上的威胁"。(黄宗智,1985:86)

对于普通百姓来说,华北平原是一个贫穷的地区,因此仅产生了少量具有强大的小资本主义生产特点的社会组织,宗族在这类组织中比较具有代表性。北方人仅能组织起弱势的、小规模的宗族,他们看重的主要是福利和聚集教育方面的优势,而非在市场中合伙经营。据韩书瑞和罗友枝所称,实际上被分封在曲阜的山东孔氏(儒家)家族"是一个少有的例外,它通过与仕宦保持非同寻常的联系而飞黄腾达"。(韩书瑞、罗友枝,1987:146—147)

由于从私人商品生产中获利的希望渺茫,而财富主要是由贡赋制生产方式的收益带来的,华北的普通民众把教育当成了最为明智的——几乎也是唯一的——阶层升迁策略。在18世纪,只有当来自富庶地区的竞争日趋激烈时,长江下游——也仅有长江下游地区——才会涌现出比北方人数更多的儒者。(韩书瑞、罗友枝,1987:143)

第四章 城市与空间

如果说低水平的贡赋制生产方式/低水平的小资本主义生产方式所占据的不发达的中国新月形地区,至少是中国最不具备"汉化"色彩的地区,那么在华北平原,贡赋制的循环路线则完全支配了小资产阶级的循环路径,这种情况也和文化正统相当吻合。在这里,私人市场是普遍化的,足以满足那些贫穷和节俭的消费者们的需要,而商品生产却无法获得财富,也无法让众多的商品流通到更远的地区。官员则是为了履行税收、军役、劳役及其他形式的贡赋职责而存在。我们或许可以重温这样一条记述,即当一个朝代中的男性劳力"竭尽"时,"新的"大运河的修建就有赖于女性劳力的参与。

四川盆地和华北平原在许多细节上都是非常相似的。在19世纪末重庆得以迅速发展之前,成都一直是当地的首位城市——远大于下一个层级的城市,因而也具有高度的榨取能力。尽管当地人曾屡次显露出对自治权的偏好,但是由于战略方面的原因,官方必须控制四川盆地。在宋代以前,一旦其子民建立起必要的水路和陆路网络,四川盆地就会变成黄河上游首府城市的口粮供给地。而且对于内陆省份来说,四川盆地也是唯一的内陆盐产地,同时也较早就成为官营丝绸出口地。据韩书瑞和罗友枝所言,尽管这一地区处于国家的边缘,但"它却比其他地区更好地被整合到国家经济中去"。(韩书瑞、罗友枝,1987:194)

四川地区的主要产品被转运到了贡赋制的循环圈之内,而非被推进市场体系。而且这些产品的运转是在成都官方的控制下进行的,它们通过交通繁忙的道路被送到首府,或是通过木船被人力拖运到长江上。无论怎样,在19世纪中期,四川盆地的所有城市都是首府,这使得官方可以直接介入,以确保贡赋制较之小资本主义的承载者处于支配地位。

四川远离帝都,这使得它的小资产者比起华北平原的同行来拥有较多的自由空间。(正如我所预想的那样)在经历了四个世纪的劫难和恢复后,这一地区显然已不存在盘根错节的宗族,而其所生产的产品也不会是为了供给上层统治者的(这是和我的主张相反的情况)。(韩书瑞、罗友枝,1987:198)

小资本主义只有在官方所控制的人口中才能获得一个强大的立足点,而这样的人口要面临两类截然不同的问题,因此小资本主义发展得最为强劲的两个地区就出现了重大的差异。这两个地区分别是长江流域与(以广州为中心的)珠江三角洲地区(强 TMP/强 PCMP)以及(主要为福建的)东南沿海和台湾地区(弱 TMP/强 PCMP)。几个世纪以来,无论在哪里,城市的分布模式都是相似的,直到欧洲汽船的入侵及长江流域城市在此后的扩张。所有这些地区都是高度城市化的。而它们的城市和市镇也更多地扮演商业和制造业中心的角色,而非区域首府的角色。东南沿海的温州(浙江省)、福州、泉州、漳州、厦门(以上四座城市属于福建省)和潮州(广东省),以及台湾的鹿港、北港和安平在 17—18 世纪都是重要且充满活力的港口。

尽管这些地区的所有民众都对小资本主义生产方式的逻辑积极响应,但正如图 4.1 所示,根据其他组织和文化方面的倾向,我们仍然可以将其分为两个种类:贡赋制在长江下游和珠江三角洲的影响较为强烈,而在福建沿海和台湾地区则是孱弱的。原因很明显:河道或运河运输对长江流域和珠江三角洲的资源榨取至关重要,它在两个方面完全不同于海运。首先,河运更有赖于人力干预来修建适宜的基础设施,因而其使用者更为直接地处于国家控制之下;其次,这些福建城市的内陆腹地不仅是省内边陲(那里也的确是相对落后的),也是他们海外商业帝国的边陲,传统中国的皇权对此是鞭长莫及的。

传统中国的河运总是过于向帝都倾斜,但是在16世纪末,每年也有超过7000艘福建商船满载着丝绸、瓷器驶向马尼拉,那里有着等待前往新世界的西班牙大帆船。(韩书瑞、罗友枝,1987:168)这样的航运规模远远超过了长江流域和珠江三角洲,因此福建的小资本主义者可以无视国家的要求,而按照小资本主义者的原则行事——去从事那些一贯被政府官员称为走私、伪造或者更加恶劣的营生。对于清朝统治者来说,在福建沿海实行贡赋制的榨取模式是极端困难的。在17世纪60年代,他们曾经气急败坏地下达"迁海令",要求居民不得进入海岸10英里(约16千米)以内的区域。尽管这一举动曾引起骚乱,但骚乱并没有持续多久。在其贸易繁荣时期,福建人的贸易曾遍及亚洲各处海岸,在"南洋"的许多地区都建立了永久性的定居点。他们还在本乡建立了由"围龙屋"宗族(lineage hall)构成的城市,这些"围龙屋"乃是他们商业帝国的企业总部,如同"厦门的兴起"一样。(吴振强[Ng],1983)清朝虽然也关注福建国防和商业税收,但是显然并没有像他们对待河运的维护那样,给予长期持续的拨款。

相比之下,在本地商人被许可进行与欧洲人的贸易之前,长江流域居民和广东居民的财富更多来源于土地而非海洋。虽然广东人现在以旅居者闻名,但是直到19世纪中叶,他们仍没有建立自己的海外定居点。长江流域的居民则被官方和说教羁绊。我将在下文对此详加描述。

在特定的时代和地域中,高等级身份的获取数量,不仅受到财富的影响,还受到官绅商业纽带的影响,这些商业纽带对于商业的成功经验来说是不可或缺的。在长江流域和珠江三角洲,拥有政府特许经营权的商人与地主及其他主要商品生产者对于攀附统治阶级的这类联系,确是孜孜以求。这些地区长期以来涌现了一大批上层统治者。然而,凭借着海外商贸的繁荣,福建人对这种纽带的需求却索然无味。在明朝,福建人中涌现的进士(科举精英)数量高居榜首;而在18世纪的福建商业繁荣期,这一排名降到了第八位。(韩书瑞、罗友枝,1987:173)

正如我们将在第8章看到的那样,贡赋制之于小资本主义者影响能力上的差异,也助长了长江/珠江地区与东南沿海地区之间有些微妙但又很重要的区别。

长江流域和广东地区同样高度依赖贡赋制模式的逻辑——也是非常高产的。(或许结果如此?)就天然河运塑造中国命运的重要性而言,长江流域(施坚雅将之又分为长江中游和长江下游)是再清楚不过的例证。然而即便在此也存在一个异乎寻常的例外:长江北部沿岸地区是贫瘠且没有实现城市化的平原。下面我将转而对江北进行描述。

对长江流域的低地进行的排洼、开挖和其他改良工作延续了长达几个世纪的时间,这也包括对东部和南部具有重要经济价值的地区进行的基础设施投入与维护。(斯波义信,1977:391—401)但是,自汉朝将其归入国家控制以来,对之进行多样化的开发并从中获取财富就成了统治阶级的一个长期目标。结合先前关于将河流与其他重要地区连接起来的官方运河开掘的讨论,我们可以得到一个明示,有助于我们理解官员为何心甘情愿地将贡赋制转向这一目标的达成。

早在汉代,珠江三角洲地区就凸显出了其重要的地位。它首先是一个战略要地,用于抵御其他强大的东南亚国家政权("灵渠"的修建就是用于辅助军队转移的)。此外它还是漕粮和纺织品的生产地,并且成为参与海外亚洲贸易的一个重要地区——海外贸易为福建人所喜好。然而,到了 18 世纪,当这里被政府允许作为转口港从事与日俱增的对欧洲贸易时,它才变成了一个真正的大型商业中心。尽管通过与广东和广西内陆山区的交流,珠江三角洲的城市会获得源源不断的财富,但这些地区的大部分区域并不是任何政治经济实体的腹地,而只是偶尔有中国小贩光顾的自治性部落领地。①

宋代以来,这一地区的贡赋制生产方式和小资本主义生产方式都逐渐发展茁壮起来。特别是长江流域,它成了中国历史斗争的中心舞台,斗争的双方分别是具有支配地位的贡赋制生产方式和更具结构性活力的小资本主义生产方式。长江流域的富庶不仅

---

① 曾有一个小贩背着半年的存货——其中包括针、丝线、提花布等——在 20 世纪 30 年代的广西中部地区从事贩卖工作。这个亲历事件显示出与汉人相比,这些山区的许多居民仅仅把商业交易当作偶然性的事物:"在山区内部有一些小平地和小山地,河流从其旁边流过,交通条件也较为优越,因而当地人可以通过其他渠道购买物品。他们的生活较为富足,种植谷物、番薯和芋头,而非大米。我们也曾拜访过那里,他们免费供给我们吃住,而无须我们花费钱财,因为他们说我们一年才来一次。"(葛希芝,1987b:134)

是因为自然的恩赐,甚或如施坚雅所说"受到了帝国的宠爱"(施坚雅,1977d:13)。当国家的都城迁到遥远的北方时,它和政治中心之间保持了一定的距离,这使它获得了发展的力量。由于既非因地处偏远而受到保护,又不在帝王的门厅前院,它获得了一种重要的平衡:官方力量与小资本主义者力量之间的平衡。前者能调拨社会财富支援社会建设,后者则凭借亲缘团体资本集聚扩张而生存。

与此同时,长江流域也变成了蕴含着骇人贫困的地区。这里的居民不仅包括富足殷实的商人和家境兴旺且身份独立的农场主,还包括生计窘迫的佃户、无处安身立命的农人、精力耗尽的纺织工匠以及数以百万计的奴隶和奴仆。纤夫和码头工人忍受着令人惊骇的剥削,把这一区域的商品运往衙门和市场。就贫富差距的程度而言,除了广州或许能与之媲美,中国其他地区显然无出其右者。(韩书瑞、罗友枝,1987:63—64)施坚雅在长江中下游和广州地区的规模和层级分布图中,对城市中心地详细的层级体系进行了概括。(施坚雅,1977b:238—239)如这一层级体系所示,市场的参与不是一种选择,而是一个既定前提。毫无疑问,这里的失败者远多于成功者。

相比于其他地区来说,在这里人们不得不对资源的使用做出艰难的抉择。那些获取剩余的人——从事租佃业的地主、种植经济作物的生产者、延揽外包业务的资本家、放贷者及在生产业之外的商人——可以期望借由他们所掌握的生产资料获得利润。但是此后他们必须设法使自己不被国家掠夺,例如怂恿他们始终热衷于修缮城墙或当地孔庙,或者期望他们能为战争、陵墓修建及重大生态失策分摊费用。或者，小资本主义者的剩余可以花费在教育豪赌上，通过培育男系亲属进入官僚体系，而使自己获得来自统治阶级地位的经济利益、保护和名望。有时候贿赂也有同样的效用。然而与此同时，其他商人、地主和高利贷者也会通过扩大资本，为自己增加胜过阶层同辈的可能性。

在我这样的外来者看来，贡赋制生产方式的世界观对他们来说不过是一个统治阶级的工具。正是这个中部地区，而不是北部地区，更清楚地表明了帝制中国文化的独特性。残暴的封建主义把农民看作"摇钱树"，并一度赋予他们的皇帝尘世间神圣的地位，而那些收税官和扈从官也被当作近乎神的存在。在一个结构缜密的官僚体系中，文人也被期望成为设计师和律例的宣教者，他们和一群世界上极为出色的商业人士都被这个永无止境、残酷无比却油水丰厚的官僚体系揽入其中。然而这也是一个首屈一指的文化创造源地。在这一区域，很少有农民从事商业生产；农场主则更多地面向市场生产，并购买其他人生产的产品以备日常之需。他们都是两种生产方式斗争中的竞争者。而这种竞争更明显地体现在了城市里，尤其是长江流域的城市里。

随着小资本主义生产方式的出现，城市生活开始繁荣，这种情况的确存在了一千年。就经济发展而言，无论是集权主义与利己主义之间的平衡，还是计划性的基础设施和充满活力的市场之间的平衡，这一地区较之别的地区都更趋良好。

施坚雅所绘的地图引起我们关注的第二类独具特征的城市地貌，是在19世纪几乎没有城市存在的北方海岸。除了主要借由蒸汽机和资本主义大力发展的天津和青岛，这里港口很少，三角洲也人烟稀少,沼泽低地并没有被排干。令人奇怪的是,渤海湾虽然没有地中海那样的宽广和温暖,却比波罗的海以及英国附近危险的北大西洋更适于人类开发和利用,但它却是不被人关注的海洋。

江北和淮北是特别引人关注的地方,它们位于长江和淮河以北。这里兼具海运和河运的潜在可能性,拥有平坦的土地且属于温带气候。我们理应可以期望在这里看到类似于长江流域或东南沿海的城市分布状况。然而恰恰相反,如施坚雅的地图所揭示的,在这块由江苏和山东数百英里(1 英里约合 1.6 千米)的沿海及安徽广袤的内陆构成的土地上,首府城市虽然不是次级的,却也很小,而且寥寥无几。其他雨量丰沛、地势平坦的地区,几个世纪以来早就成了物产丰富且人口密集的生活中心,淮北却是暴乱和匪患的发源地(裴宜理[Perry],1980);而来自江北的贫困妇女最终流落至长江流域沦为娼妓,或在上海做纺织女工。(韩起澜,1986)

本土商人也的确沿着这条海岸航行,但他们却从长江下游和福建绕过这里到达山东,然后再前往朝鲜和日本。他们之所以不在此处停留,是因为江北的贫困以及这里时常处于暴乱状态的民众,而且这一地区潜在的沃土也被盐碱化毁坏了。导致这一地区生态贫瘠的直接原因是,东向流动的自然河道被大运河的排水阻扰,导致了沿海岸线 75—100 英里(约 120—160 千米)的土壤盐碱带。(范力沛,1988:77)大运河的修建对地貌的改变程度是如此之深,使得这种模式可以在今天的卫星照片上显示出来,也可以反映在城市的分布上。这种分布堪与中国最边缘和人口最稀少的地区相比。如果一个地区发挥更多的局部作用,那么官方的水路控制就会减少,这在无数地方和时代都产生了相同的效果。萧邦奇(R.

Keith Schoppa)曾经描述了一个地方性的"重大"水利项目——湘湖:1465年,它在杭州附近竣工。它所导致的生态灾难创造了一个被旱灾和麻烦反复眷顾的"小江北"。(萧邦奇,1989:43—44)

关于城市模式的最后一个实例揭示了贡赋制生产方式的架构,这在中国构成了商贸和管理发展的基础。它出现在施坚雅地图中被称为"云贵"的地区。他自己也把它认定为剩余部分:"在19世纪40年代,云贵地区最好被看作由5个狭小并且具有相当程度自治权的中心地系统组成的聚落。依旅途所需时间来看,这些中心散布的区域相当宽泛,彼此之间仅有些无关紧要的联系。"(施坚雅,1977b:241)但这种陈述未能体现出偏远的西南地区所特有的魅力。

在最为崎岖的1000英里(约1600千米)长的山脉上,伸展着一条均匀散布着县府和驿站的道路,它从长江各支流的源头一直向南延伸到缅甸边境。货物是通过背夫和马帮(mule trains)翻越狭窄的山路来运输的,这吸引了官府去寻求对这种收益的管理。但是当控制意义大于资源管理的时候,就必将激发一代官吏去维持这一连接边境重地的交通要道。

对中国人群的空间分布进行叙述的企图,必然引发对于事件发生的时间性规律的探寻。施坚雅超越其他空间模式建构之处,就在于其研究中所包含的区域性发展循环(cycles of regional development)的视野。他认为要对此进行理解,就必须先把中国众多的发展轨迹作为一个整体来领悟。(施坚雅,1985:288—290)

在施坚雅对这一循环表现出兴趣并就此发表早期论述(施坚雅,1971)与其对这一观念的发展有了较为完整的表达(施坚雅,

1985)的时段之间,郝若贝(Robert M. Hartwell)发表了他"关于750—1550年中国人口统计、政治和社会转型"的综合分析(郝若贝,1982)。在这篇被广为引用的文章中,他试着对一些用区域系统方法(regional-systems)阐释中国历史的假设进行了验证,因而成为少数几个试图通过扩充经验研究来探讨施坚雅广为流传的观点的学者之一。然而他的立足点更为接近传统史学的立场,与施坚雅研究普遍规律的社会科学倾向渐行渐远,因而对施坚雅的结论支持愈加弱化。由于缺乏简明的结论,郝若贝的工作似乎变得确实更接近于中国的历史经验了。

作为对施坚雅工作的继承,郝若贝拓展了研究基础,包括援引区域性循环(regional cycles)概念去涵盖三类原因:

(1)在特定区域内的独特历史事件,其事件发展或者有始或者有终。(2)技术、生产性因素和剩余价值在地域间转移时耗费成本的变化。(3)可以对地域内发展和地域间交换进行形塑的制度性反应差异。换句话说,对于历史进程的理解,要求对处于不同发展时期的、具有生态多样性的农耕区域的内在动力进行系统分析,同时也要求探寻处于不同时段的、能体现中国社会性质的广大区域之间相互关系的积淀性影响。(郝若贝,1982:367)

在其对区域内发展的研究部分,郝若贝用一种对施坚雅大区研究的修正观念,把七个至少都处于宋代历史疆域之内的区域进一步划分为中心与边缘,对亚分区也同样如此划分,进而总共划分为十九个地理单元。(郝若贝,1982:368)这一出发点立刻让我们脱离了流域交通网这一固执逻辑——这在施坚雅的大区分析中具有基础性的地位。但这还是引起了读者的一丝不安,即如果一个人频繁区分数据且技艺炉火纯青,他会不会迷失在一大堆细微的相关性中,而忽略了对主要趋势的把握?尽管施坚雅的模型有其缺陷,但它至少体现了一种一致性——他对河流的重要作用青睐有加,却对"例外"因素充耳不闻。

但是更为重要的是,郝若贝根本性地修正了这一研究的理论本质。在跨区域聚落(比较性人口密度)研究的部分,他选取了一个从当今时代上溯到16世纪中期的华北东部亚分区的极具说服力的事例。他的核心论点是这几个世纪里帝都的定位。这些定位过程似乎"都有区内发展、迁移这一系统性衰落的循环周期……发展是跨区域整合的结果,这一整合是通过财政系统人为降低运输费用来完成的。而运输费用的降低是通过对税收物品运输及国家收购进行补贴来实现的,国家收购经常是在遥远区域以谷物的形式进行收购"。(郝若贝,1982:386)郝若贝完全改变了施坚雅的零售集市驱动模式,并导向了这样一个模式:在此模式中,官方行为不是基于逐利动机,而是引发了其他形式的生产增长。而在这一模式内,来自核心地区的跨地域影响是"区域性循环"的关键。在我看来,这是非常正确的。

郝若贝的结论被博学的汉学家们看作对于一个关键时代的一个有价值的概括(郝若贝,1982:425—426)。但这些汉学家们没法对任何一个假设进行验证,因为没有人能够站在历史现场,而施坚雅所发展起来的潜在"聚光镜"也早已被学者们抛弃了。因为大区不再定位在自然河道和沿着河流进行的有利可图的贸易上,所以这一概念的设定也可以被随意改动。大区可以是根据个人喜好给区域划界的任何事物;区域性循环可以被任何事物触发,从瘟疫到帝王的突发奇想,等等,都可能成为这样的事物。

学者们强调把商业作为中国人生活的一个终极决定因素。无论就世俗生活,还是就社会形态的其他方面而言,这一学术要旨都具有独立的特质。但是就这个论点的核心而言,什么是利润交换的伴生物呢?是资本主义吗?如果不是,那是什么?我们忽略了国家的经济角色吗?如果没有,那么如何将之概念化?在中国研究中,一个以集市为核心的视角如何与诸多需要回答的问题关联在一起?这样的问题包含着传统中国是否发展出了本土的资本主义,或工业革命,或现代化的问题。这些都是过于欧洲中心主义的问题,但至少自韦伯以来,它们都是中国研究领域的大问题,而与施坚雅的研究规划不太相关。一个人很容易在论述欧洲、美洲、非洲和东南亚的著作中忽略这些问题,在这些论著中可以看到经过精心理论化、被广泛理解的资本主义生产方式,而其效应在学术话语中已经是既定的存在。这种对"市场"属性漫不经心的布罗代尔式做法用之于中国的研究是令人失望的。资本主义在中国没有并且也从来没有居于支配地位。资本主义在它的过去、现在和未来都是以商品生产的运作为标志的,这一现象在中国持续了一千年或者更久的时间,但却没有转变为资本主义。那么市场在中国又意味着什么呢?

1985年,施坚雅又重申了他一贯坚持的关于中国政治经济原动力的设想:"一个关键的事实就是,每一个大区经济都是在依流域盆地所限定的地理大区中被形塑的,并被包含在其中。"(施坚雅,1985:280)他的这一观点在其主编的《中华帝国晚期的城市》这部论文集中得以发展。他认为,中国历史具有"一种等级结构,它既与地方和区域制度的实际等级结构类似,同时也是对这种结构的表达。在从基层市场社区到大区经济的每一个层级,这些波节状的体系都有着典型规律并体现出了独特的历史轨迹"。他进而断言集市体系"同时也是一个社会共同体、准政治性体制和文化承载体。当运输未能实现机械化,而又广泛地渗透于人类生活各个方面时,经济地理学家就把人类互动中的限制量化为'距离成本'——这种限制与行政和社会互动方面的联系不亚于其与经济交易方面的联系"。在一个罕见的跨文明区域比较中,施坚雅把前工业化的欧洲与中国都囊括进来,作为"由商业资本主义主导的农业经济"的一个例证,并借此最终阐明了他要分析的这一社会的经济体系的性质。(施坚雅,1985:286—288)

正是在"区域性循环"中,施坚雅发现了"中国历史的结构"。"循环"对他来说意味着什么呢?在1985年的论文中,他提及了"长波"理论的运作情况,并简要论述了毫无疑问是由外生性的、非人为因素诱发的事件带来的可能结果。这样的外生性因素包括太阳热辐射的变化、小规模的气候波动,等等,它们在历史上引起了一些颇具争议性的事件。① (施坚雅,1985:284—286)然而,无论是

---

① 当然,后者对人类活动所产生的反应远远超越了庸俗唯物主义的想象。几个世纪以来中国农学家凭借植树、兴修水利及其他众所周知的手段,在创造适宜耕种的微观环境方面付出了巨大的努力。然而或许他们也没有意识到,这些手段采取得过于迅速了,以致对许多地区造成了环境破坏。(参见萧邦奇,1989;濮德培,1987)

施坚雅的"循环",还是郝若贝的"循环",都并非立论于诸如气候变化等外因触发事件的作用之上。相反,施坚雅还反复提及诸如首都迁移或限制沿海贸易这样的政治决策在贡赋模式中的变动情况(施坚雅,1985:271—272、276)。

最终,施坚雅的"循环"如同他的"大区"与其所做的分析一样,是缺乏能动性的:"我们要让数据——经济活动的兴衰——自己说话。"(施坚雅,1985:288)这种把事件当作能动动因,把人当作物,把理论视为"数据"产出的与价值无涉的"新生儿"的做法,严格说来是错误的。马克思曾相当强烈地谴责了资本主义学说中这种"把婴儿连同洗澡水一起倒掉"的错误。

尽管施坚雅没有找到一个合适的理论前提,但他的研究仍是非常重要的。他关注的是将商品生产视为中国文化不可分割的一部分。同时他也关注这样一种视角的必要性,即不仅要把中国看作一个单一实体,还应当把她当作 100 万个乡村去研究,1 万个县城去分析①,1000 个宗族去阐释。他的著作既涉及宏观的描述,又关注了细微的分析;既是关乎历史的,又是具有唯物主义色彩的。这就为这门学科的中国研究提供了一个理想的传统研究支点。许多人认为在这门学科里不仅自己的世界,每个他人的世界也是由言辞和意志的泡沫混合而成的。

人人都会对别人的"捕鼠器"品头论足,但要让他做一个更好的恐怕就没那么容易了。把中国人口的空间分布看作两种生产方

---

① 译者注:原文为 annalize,经与作者商榷,可以译为"分析"(analyze),不过这个词又有一点反讽的意思,是个双关语,因为历史有时候又被称为"年鉴"(annals)。

式相互作用的结果,而非商业与行政相互作用的结果,这样的研究视角具有什么优越性呢?优越性有很多:既有理论性的也有预见性的。就其理论性而言,它更适于那种由经验性探索得出的理论。

第五章 宗族：国家与家户

"看！"她用颤抖的手指着寡妇，"我儿子，安平最好的渔夫，他已经离开我：他曾经用他挣来的钱，给我买我想要的东西。现在他走了，撇下了没用的寡妇和这两个女儿。除了吃米，她们还会做什么？"

——一个台湾女人，19世纪60年代末

我不会放任自己对孩子们置气。这不是她们的错。如果我对她们生气，我早就卖掉她们了。把她们抚养成人是我的责任。我的生母和我的养母已经去世，留下我一个人长大成人。我不会离开我的女儿。

——罗阿兰（音译），一个台湾女人，1980年

第五章 宗族:国家与家户

"中国家族制度"不仅是中国人日常生活中的典型特征,也被作为有关中国的标志性研究。它经常被援引为一个基本结构,一个不可被化约的给定事实,一种行为的动因(例如赵冈,1987:9、29—30、226)。但中国家族制度作为一种信仰和习俗模式之所以得到充分的研究,本身或许就是某些更为根本性的因素使然,但这一点没有被研究者给予太多的思考。基于马克思主义和女性主义的观点,一些人类学家不仅已经开始把亲属关系视作一套基本的、不可简化的习俗,还认为它更应被看作社会的调节机制。在它的作用下,对劳动的社会性别分工才看似具有生物性、自然性和正当性(例如费尔南德兹-凯利[Fernandez-Kelly],1981;哈丽特·弗里德曼[Friedman],1986)。正如人类学家们所反复论述的,亲属关系在应对政治经济变化时会展现出某种可塑性(例如里柯克[Leacock],1971;盖利[Gailey],1980、1987;杰克·古迪[J. Goody],1983)。正是这样一种对中国亲属关系的研究路径,加深了我们对于这些未解之谜的理解。

这些谜题中的首要问题是,"中国亲属关系"是单数还是复数?现实生活当中存在某种我们称作中国亲属制度的事物吗?我们是否可以这样描述中国亲属制度:一种出现在 20 世纪 30 年代早期,它是台湾地区的亲属制度;另一种出现在南宋后期,它是杭州市郊的亲属制度;还有一个变体出现在明代中期的西北地区;诸如此类,不一而足。在漫长的历史长河中,每一个政治经济情境中应运而生的亲属关系是否都表现出显著差异呢?亲属关系的各种衍化形态随着时空变换而不断涌现,这从地方官的判词、地方史及当下留存的风俗中得到印证。然而,在这些跨越时空的各种形态中仍

133

存在着某些具有强大影响力的共同特性。这些共同特征的强大影响,不仅使中国人自己确信,也同样使大多数西方学者坚信,对中国亲属制度普遍特征的探索是有价值的。在此,我试图对中国亲属制度的这种共性做出一种令人较为确信但又很难说具有整体性特征的研究,与此同时,也试图为它的那些较为明显的演化形态提供一些独特的、具有折中主义色彩的解释。

下面的两个谜题所涉及的是一个解决方案。什么是家(jia)、"家族"或者家户?为什么中国人要以宗族的形式将自己组织起来呢?相较于汉学家来说,这些谜题对热衷于比较研究的人类学家来说,或许具有更重要的意义。持续困扰分析者的是,如何来界定"家"这个概念(它包含了亲戚与非亲戚,一起生活和不在一起生活的成员)(例如谢继昌[Hsieh Jih- Chang],1981;王崧兴[Wang Sung-hsing],1985)。宗族,在以亲属关系维系的(呈现为松散的"部落")社会中很普遍,而在阶级社会("国家")中,一般只存在于贵族阶层。像在中国很多地区存在的这样由普通村民组成的庶民宗族,在其他同样存在不平等阶级关系的社会往往是不为人们所提及的:为了巩固政治权利,新兴国家通常会削弱这些潜在的政治权力竞争对手(弗里德[Fried],1967)。

不论中国的亲属制度在宋代以前是什么,从那时起它开始由至少三个强大的因素重塑。其一是在汉人新近定居区中,由非汉人群体流传到汉人群体的某些行为基质;其二是朝廷官员和他们在当地的无薪下级官吏以及负责维护家族正统秩序的族老们所共同强制实施的法律;其三是财产关系中的政治—经济一致性,在劳动力上的灵活性,以及与此相伴的基于对贡赋制和小资本主义的不同选择而产生的功能上的差异性。

少数民族的影响

在一些地区,例如台湾南部,少数民族亲属关系对近代以来汉族移民的影响显然是非常重要的。(庄英章主编,1988;邵式柏,1993)其中入赘婚的比例之高,可能彰显了少数民族传统中的女性权力。(武雅士,1989a)与不同于汉族社会的劳动性别分工、土地所有制、社会权力的分配相伴随的是,少数民族可能影响到汉人移民对女性的角色预期及他们的婚姻习俗,对于小部分需要土地、有责任保护族人和妻子的男人而言,上述因素的影响尤为明显。

然而,正如19世纪60年代茶业在台湾北部展现出的繁荣景象那样,当贡赋模式和小资本主义模式在一个地区同时或者单独变得活跃时,汉族聚居地的不同模式很快就把少数民族的影响消除殆尽。虽然我们在评估引起亲属关系变化的原因时不应该忽视中国复杂的文化遗产,但我认为少数民族基质对汉人社会亲属关系变化产生的影响,可能仅仅是暂时的,或仅仅长期分布在被官员和商人视作一潭死水的地方。

法律控制和流行的看法

当官方意识形态通过法庭对外进行社会宣扬时,它往往会对亲属关系产生强烈的影响。据唐美君的介绍,"司法干涉家族制度在中国有着悠久的传统,从帝制时代早期就已经开始"。(唐美君,

1985:61)西方——或者至少是说英语的国家——法律的核心价值,不管真心还是假意,过去好几个世纪以来都是保护个人财产;而自宋代以来,中国法律就把聚焦点放在了对于政治等级——尤其是亲属制度等级——的具体规范与维系上。《大清律例》对涉及男性宗亲及其妻子的案件裁决做了周密详尽的规定(姻亲关系则很少被提到)。

当冲突的"两造"是亲戚的时候,这种关系就毋庸置疑地成为争端解决的核心事项。正如卜德和莫里斯所指出的,在过失杀人的案件中,"强调父母权威的必要性似乎[凌驾于]其他所有考量之上"。对盗窃的刑事处罚需要仔细审视当事双方在亲属关系中的身份。量刑标准依据的是双重约束:法律制裁与道德良知。倘若犯罪,子女们肯定会受到异常严厉的惩罚;清朝法典规定,如果父母"唆使儿子做了道德败坏或盗窃的事,因害怕被发现而自杀",则对儿子处以流放三千里的刑罚。与此同时,忤逆不孝也是一个严重的罪行。在这种逻辑下,女性受到了严重的束缚。虽然依照法律来看,儿子也需要遵从他的长辈(senior relatives)的管教和法律的约束,但是对于已婚妇女来说,如果她的行为给娘家或婆家带来麻烦,她就会受到法律的惩罚。清代法律将女人背负的这一附加的枷锁正式化了。(卜德、莫里斯,1967:196、301、411—412、360—362)已婚和未婚的女儿对其父母的法律责任在民间传统中被象征化,她们被教导要在父母的葬礼上精确地划分出各自的角色,在葬礼上她们(以及所有重要的亲属)都要穿着各有所别的丧服。(武雅士,1970)

包括婚嫁在内的亲属关系仪式,是上升到法律层面的另一个重要领域。在清代法典中,男女之间没有婚约、媒妁之言,以及适宜的婚庆仪式,就不算结婚,而是卖淫或偷娶,可"以通奸论,令其离异"。(黄伯禄[Hoang],1898:13)19世纪中期,有一个居住在广州的外国人观察到一个此类案例,在这个案子中,父母让官府把一对私奔夫妇投入大牢,因为他们不顺从乃至违抗了父母安排的婚约(女人已经被许配给了另一个人)。至于判决结果,我们不得而知。(葛雷[Gray],1878,1:191)

当地位显赫的大家族举行婚丧嫁娶及其他仪式的时候,其一举一动都在严密的监督之下;与此同时,老百姓当中滋长的亲属关系的异端实践,亦会遭受舆论的责难、官方的警告及实际的惩处。明末一个名叫秦镛的学者写了一系列劝民歌,以阻止与日俱增的入赘婚,他认为入赘有违伦常。其中一段写道:

> 如登傀儡场,骨肉缘皆假。哀哉父与母,何忍弃其子。财帛重丘山,骨肉轻收屣。恩男与赘婿,举国皆入狂。愿言一丕变,醇俗臻义皇。

(引自秦家骢[Ching],1988:191—192)

另一种受人诟病的姻形式是不落夫家,就是新娘虽然嫁人了,但还在娘家住,有时甚至留居多年。这种婚俗在19世纪晚期珠江三角洲的部分地区声名狼藉。葛雷评论道:"由于朝廷对此采取遏制的态度,地方官员经常贴出告示,明令父母须强迫女儿一结婚就和丈夫住到一起.'(葛雷,1878,1:208)对这种婚姻听之任之、一再姑息的父亲时常会被那些遵奉孔孟之道的官员惩罚和羞辱。(斯托

137

卡德,1989:105—116)

父母通过诉诸法律的威胁和事实来控制叛逆的子女。滋贺秀三(Shiga Shuzo)提到,根据清代法律,父母或祖父母可以要求审判官惩罚孩子的忤逆,"地方官不经调查,仅仅根据父母的申诉行事",就可以做出流放的判决,如果父母收回投诉,地方官就可以撤销处罚。(滋贺秀三,1978:141)葛雷记载称,"有时候父母把不听话的孩子投到大牢。这类犯人通常被拴着锁链和大石块,每天和其他违逆者一起在监狱的大门口示众"。他本人就知道两个案子,一个"受人尊敬的商人"的儿子和一个不听话的年轻人被监禁了几个月。(葛雷,1878,1:236—237)在19世纪60年代的台湾,皮克林(W. A. Pickering)看见一个母亲把她的儿子带到审判官面前,哀求审判官给家长权威撑腰。(皮克林,1898:61—63)作为威海卫的英国殖民官员,庄士敦(R. F. Johnston)了解很多家庭纠纷的案例,有时候"一家四代人同时出现在法庭"。(庄士敦,1910:107)他指出,在女方娘家能够并且愿意全力支持她的情况下,一个男人想和这个女人离婚很难。他们"或许会把他拖到审判官面前,要求审判官对这个负心汉严加惩罚,以此来获得大量的赔偿"。(庄士敦,1910:107、209)庄士敦是英国人,他的法庭审判与传统中国审判官依赖惩罚的裁定方式极其不同,也判不到点子上:当地居民来法庭打官司时,我们必须假定,当不太正式的调处失败的时候,他们才会相信法律能做出妥当的处置。

其他有关官府通过法庭强制实施亲属关系规范的文献在"局外人"的观察中随处可见,在中国法律文献中可谓汗牛充栋(参见麦高温[Macgowan],1909:115—116[争告家产];古伯察,

1970,2:271[未履婚约];博克塞,1953:150[其妻通奸不告官以纵容妻妾犯奸论];满乐道[Coltman],1891:168[通奸者依律拟斩];葛雷,1878,1:225[本夫提奸夫淫妇人头见官,拟杖并获嘉许])。庄士敦听过很多这样的案例:兄弟之间,或男人和他们的兄弟媳妇之间,因为护坟荫木的使用起了争端;男人让宗亲偿还上辈人遗留给他们的债务;男人声称土地是从宗亲那里抵押来的;男人控告家族长老;儿子被控告不赡养老人;家族的一个房支在族田轮值问题上对另一个房支采取对抗行为。除了用这些案例来说明特殊的观点,庄士敦还指出同族的抵押诉讼经常发生;无论是通过特殊的方式还是按照家规,亲属都有可能被威胁要鸣官纠治;公公尤其可能给年轻无子的寡妇捏造一个莫须有的不孝之名,迫其再醮;一些女人经常"跟跟跄跄地跑到审判官那里告状……控告一个亲戚或者邻居"。(庄士敦,1910:121、160、139、140、159、199、258、147、159、160—162、218、202)

从另一个例子可以看出,人们仍然非常重视亲属关系的法律地位,即便这样会造成严重的社会和经济后果。武雅士指出:"我目睹的最严重的一次叫架是在我第一次田野调查(1957—1959年在中国台湾)中发生的情况,当时一个家庭发现他们入赘的女婿贿赂警察,让他所有的儿子都随他的姓,争吵随之爆发了。"(武雅士,1995:第3章,6—7)

当然,大多数中国人并没有按照政府的规定承担孝道的责任、结婚或转让财产,或因为政府的规定而如此行事。事实上,正如我将在下面讨论的,他们经常在他们的亲属生活中遵循着其他原则。但官员对中国亲属关系始终给予强烈的支持,保障了贡赋制对社

139

会资源的生产与分配。

就官员而言,他们有时会将官僚主义的一致性和官方的恐怖做法结合起来,这种做法有时仅仅表现为令人毛骨悚然的文字和图片,有时则成为可怕的现实。一个野心勃勃的道台张贴了一张有关"五种惩罚"的告示,借此来"威慑老百姓",乾隆皇帝认为此举粗鄙不堪,龙颜不悦。(孔飞力[Kuhn],1990,204)正式的处罚伴随以偶尔的酷刑的特点非常显著。一个 19 世纪的旅行者看到犯人的手被钉到车上,只是因为负责押运的人碰巧没有铁链;(古伯察,1970,2:269)监狱里囚犯因恶劣条件而死亡的情况必须由一套官僚记过制度来控制。(葛雷,1875:52)被控谋反罪或"谋害皇帝罪"的人会被追捕,被捕后被施以极刑。(孔飞力,1990)

官方的惩罚对大众行为的影响是否清晰可见?那些来自外国访客的记载显示出一个特点:他们比中国人更加热衷于评论官方惩罚发生的频率及其社会情境。这些外国人不应该被认为是特别心软,因而对暴行格外敏感的人。实际上,他们对此种西方恐怖耳熟能详:在监狱、教养所、海军军法处等关押犯人的场所,上演着鞭打、严责、奴役,以及种种难以言表的惩罚。(罗伯特·休斯[Hughes],1987)

县衙——县级政府的总部驻地——是关押犯人的地方。囚犯有时被圈在衙门最外面的院子里,这样在更加尊贵的衙门内院做事的人都会看到他们。20 世纪中叶,古伯察在四川旅行的时候看到"一群不幸的罪犯,面露菜色,四肢绑缚,衣衫褴褛。他们蹲在太阳底下,一些人肩膀上扛了一个巨大的枷,也就是可用于游街示众的那种大枷;其他人全身绑着锁链,还有一些人只戴着手铐和脚

140

镣"。(古伯察,1970,1:41)

如果说监狱无处不在,惩罚则有过之而无不及。犯人经常披枷带锁站在城门、大型寺庙或其他公共场所,在众目睽睽之下忍受皮肉之苦和人格羞辱,正如葛雷回忆的那样:"我注意到在我经过各个中心省份的途中,枷(以及带枷的罪犯)被安排在城门口、衙门口或者公共机构的门口示众,以此杀鸡儆猴。"1866年途经江苏时,他在一个镇上看到十几个农民因为抗税,在市场上披枷带锁地沿街示众。为了减少国库开支,带枷的囚犯经常被迫挨家挨户地乞讨食物,一路走一路被鞭打,一路还要有人敲锣打鼓,这是对小偷小摸之人常见的惩罚。(葛雷,1875:54—57)公开处决吸引了无数看客,古伯察注意到那些关于叛匪生平和审讯的通俗小册子"发行量巨大,价格便宜,很容易就能弄到手,而且老百姓还喜闻乐见"。(古伯察,1970,2:252)19世纪80年代中期在山东旅行的途中,满乐道被一群推着独轮车的男人告知,在最近的荒年中"通往济南府的每一条官道沿路都摆放着人头,罪犯的头颅暴露在篮子里,靠近城墙根也有一些人头","'这难道不是事实吗!'第二个人附和道"。(满乐道,1891:63—64)葛雷发现,这种把人佝偻着身躯装在笼子里公开示众的残酷惩罚"在府县城市远比在省城更为频繁",在当时还叫作艋舺(Nanka)的商业小镇(现在的台北万华),他也多次看到这样的情形。(葛雷,1878,1:56,58)

朝廷发布的要求遵纪守法的讯息会到达乡村吗?萧公权将地方自治描述为"集权化不彻底的结果;一旦官府认为干预乡村生活是必要的或者急切的,其对乡村生活的干预从来就不会手软",并就此举出了行政权力渗透老百姓生活的案例。(萧公权,1960:

141

263)对乡村生活和民间文化的研究表明,民间文化当中存在国家控制的力量。通常由于无力对乡间百姓直接施加统治,国家会更依赖父母权威和宗教恐吓等手段实行间接统治,而不是诉诸地方官。贡赋制的结构严格建立在间接的、非自愿的、无俸禄的宗族和家长——村庄长老的基础上。族人出现争端的时候,族中男性长老往往是解决争端的合法委托人;若解决不了,也是长老带他们去见官。这样,这些长老就成为国家行政权力链条中的"士官"(NCOs,即 non-commissioned officers)。

当族人犯错的时候,经常是由族长辈或村里老人来惩罚犯错的宗亲。他们这么做,很大程度是为了避免见官的危险。这种惩罚本身所传达的信息是,冒犯者很有可能犯法。葛雷将其联系到广州叛乱后发生的一件事:1854—1855年广州叛乱失败后,南海县和顺德地区乡村的老人们逼迫很多叛乱者自杀:"这些不幸的叛乱者宁可在他们各自的村庄,由亲人在旁边看着,死在村里长老的手里,也好过落在清朝官员手里。若是那样他们遭的罪更多:先要被折磨一番,然后再被斩首。"(葛雷,1878,1:72—73)那种认为宗族长老的管理独立于国家之外、处于政治和法律真空地带的想法,忽视了帝制中国晚期人尽皆知、反复无常、致命而恐怖的法律实践。这些人——下至个别户主——就这样不情愿地成为国家基层统治的代理人,对于他们所监督的对象所带来的任何不良行为,官员都有可能让他们为此负责。

然而,对于法律的恐惧渗透到每一个人心灵中的最佳证据,也许可以在与之平行的民间宗教中所描画的死人在轮回转世时所受的惩罚中找到。几个世纪以来,特别是佛教宣扬的"恶果"逐渐被儒家道德伦理和政治罪行取代之后,这些儒家伦理与政治罪行在道德世界里就意味着超自然的惩罚。(艾伯华[Eberhard],1967:60—75,尤见67)葛雷列出了一张令人触目惊心的罪行清单(包括抗粮和抗租),以及这些罪行在地狱判官的公堂上会得到的报应。(葛雷,1878,1:150—156;同时参见艾伯华,1967:24—59)1986年,在台湾的一个太平间里,展示着一张精美的彩色版画:一个人死后在阴间被八个"判官"审判,每个判官都穿着明朝的官服,坐在桌子后,桌子上摆着毛笔、官印和生死簿等档案。不幸的灵魂不仅仅被鞭打,披枷,站笼,被钉在架子上,被砍头,还要被锯子大卸八块,被刀剑刺穿身体,被火烧,被水淹,被老虎和野牛强暴(只限女人),被热油烹炸。

这样的图景在中国辽阔的土地上和悠久的历史中俯拾皆是。老百姓通过流行读物、歌谣、民间戏曲、皮影戏、寺庙壁画与葬礼上的水陆道场画,知晓它的意象与教义。艾伯华宣称:"毋庸置疑,每一个男人和女人都以某种方式浸淫于这些教义之中。"(艾伯华,1967:59)正如科大卫(David Faure)所述的香港"新界"一样,这地方因其地方主义作为而恶名远扬,"清代法律的权威并不总是占上风,但在地方争端中,即使是文盲和地位低下的人也会援引它"。(科大卫,1984:5)

财产关系的一致性与用工的灵活性

两种政治经济的压力,可以看作影响中国亲属关系的创造和再生产的最重要因素:由于剩余的不平等分配而产生的贡赋压力

143

贯穿并涵盖国家的等级制度,而再分配的基础是宗族;小资本主义因竞争性市场交换所产生的压力,对象同样是宗族。这两种压力并没有发展出两个完全自主、迥然相异的系统,像儒学官员和平民那样创造出不同的阶级文化。夹在矛盾性倾向之间,家户和宗族依据这些倾向的相对强度,做出了千变万化的协调。

在贡赋制生产方式中,"封建的"或"传统的"中国亲属制度、宗族,之所以与国家平行,是因为它们采用了相似的交换形式。统治者对他们的统治对象寄予"秩序""忠诚""服从",以及其他毫不掩饰的非物质期望,而这些都与使权力得以实现的经济期望密不可分。"忠诚"意味着"老实交税,不要抱怨";"孝"是指在物质上赡养父母,在精神上顺从他们的意愿,不要惹他们不高兴。儿童虽然从小就被教导要听话,但是只有在长大成人,可以参加生产劳动的时候,才会理解"孝"的全部含义。

在传统中国的大部分阶级和地区,亲属关系习俗中一直保持不变的是父系对生产资料的继承,以及继承权为儿子们所分享。(武雅士,1989a)在亲属关系的所有方面,人和财产的关系对于国家有着最为重大的意义。国家总是强调土地征用权和他们统治的资源,以及他们拥有的其他形式的产权管理方式(例如封地、私人财产、市镇等)。这些复杂的产权关系必然要将其卷入与产权主体相关的亲属行为中。亲属群体通过策略性的婚姻习俗积累了大量的财富,在欧洲和中国,这都会令国王和皇帝心有余悸。诸子均产的继承模式极为理想地再现了贡赋制自身,即一个符合预期的、基于亲属关系形成的成员所共有和共同经营的微型帝国。

尽管财产继承的主要形式是诸子均产,然而在文人士大夫与拥有封号头衔的统治阶级中,世袭的头衔和爵位都要由嫡长子继承,嫡长子是正妻所生,地位高于其他庶出的儿子。① 在一个家户缺乏继承人的情况下,这些好处都会传递给已故家长的弟弟;收养宗族之外的人作为财产的继承人是要受到处罚的,这种做法会导致那些亲族失去原本可以获得封号、俸禄的机会。(斯汤顿,1810:49—50)

虽然在老百姓当中,律例要求家长按照长子继承制继嗣,不过它也认可诸子均产的继承方式:斯汤顿指出"如果在一个家庭的长房和次房之间,发生的是不公正的或者有偏颇的家产分配,一经分割,就要……受到处罚"。"只要这些父母或是祖父母亲自告发",他们的儿孙就可能会因未经父母同意抛弃或分割他们的遗产而受到惩罚。家族中的长辈告他们的儿子或孙子遗弃父母或者不经父母允许分割家产,被告人会因此受到惩罚。"老百姓可以收养宗族外的男孩,但是他们不可能成为继承人。"(斯汤顿,1810:92)

地方官可以解释法律,而且也确实是这么做的,正如判例就是从中发展而来的。然而,他们的解释显然是一致的,都是支持父系遗产的平均分配继承(这一贯穿全中国的亲属关系实践依然表现出异乎寻常的统一,虽然在某些风俗中可以留有变化的余地。例如,给予长孙较大的遗产份额以支持对远祖的祭拜)。一个人可以把他的儿子逐出家门,卖了他,或者因为某些原因杀了他,但唯独不能剥夺他的继承权。滋贺秀三指出:父亲想要进行不平等分配的企图往往是要失败的,至少在中国北方是如此,因为"在场的第

---

① 译者注:这里需要区别嫡长子继承制与作为大儿子的长子,显然,长子继承制当中指定的长子与年龄是否最长无关。

三方将拒绝为一种不合习惯的非法行为承担责任"。(滋贺秀三,1978:136—138、139)债务和家产是要被一起继承的。(庄士敦,1910:138—139;戴维森,1967:609—610)个人出卖土地须先问亲族,否则是不能卖给外人的,尽管这一限制对于其他生产资料的买卖并不适用。①

很多纠纷在宗族老人面前就可以解决,宗祧长子继承制和诸子均产制度乃是关键的裁决原则。低下的生产力水平所产生的平等主义倾向(劳动力的投入在其中占据相当大的比例),为兄弟间在这些事务中的平等权利提供了支持,人们很少有必要诉诸法律来强制执行遗产分割方案。

要让父系家产平均分配的管理变得简单化,还必须考虑一个小的复杂性。人在一生中所获得的财产——无法继承的——或许会被所有者随心所欲地使用,就如宋龙生(Sung Lung-sheng,1981)描述的那样。土地作为商品,一旦脱离宗族控制,就会更加容易被让渡给买家——但这种土地买卖机会只能持续一代。它一旦被继承,就会再次隶属于儿子们之间的平均分配。对这笔新财富有所贡献的孩子们,很有可能主张根据在财富获得过程中的不同角色按比例分配。但是这些主张都得经过协商。父亲有权处置他自身获得的财产,这就使他更加有权力去操纵他的子女,尤其是在财富的扩张期。(参见葛素珊,1994)当纠纷建立在他自己最初继承的财产基础上的时候,不管如何勉强,父亲的权力通常都可以有效地

---

① 除了儿子,如果我们可以把儿子看作一种生产资料的话。从家族中过继的男孩,也有非常典型的过继方式:禀明家族之后,父母才能处置他们。

介入纠纷①;按照礼数尽孝的儿子也许特别期望法律成为他们的后援,依靠法律争取他们父亲家产的平均分配份额。

没有儿子的家庭,有时会考虑为女儿招赘。这种婚姻形式出现的比例及可接受程度在中国各地千差万别。武雅士基于 20 世纪 20 年代和 30 年代对七个地区进行的一项调查,发现入赘在某些地区几乎不可能出现,在另外那些区域却很常见。(武雅士,1980)入赘现象最为常见的地区似乎是贡赋制体系力量薄弱的地方——也就是汉人社会的边缘地区(例如巴博德[Pasternak],1972,1983,1985b),或者处在这样的环境下:小资本主义成为替代传统亲属关系的贡赋制期待的一大选择。

中国人在父系财产传承方面的统一习俗决定了两性与生产资料之间的关系。女性作为姊妹和女儿没有财产权,尽管她们的族人也许会保护她们免受虐待。② 以上所讨论的个人获得财产的处置当中,存在个别漏洞——女性也许偶尔会被裁定为家产继承人,正如当代中国台湾确曾发生的那样。虽然没有宗族财产的所有权,但是对于明媒正娶、声称自己生前死后都将从一而终的妻子而言,承诺在死后象征性地将她的牌位放在祖先祭坛上供奉,也是有效的。那些以卑微的婚礼庆典合法地娶进来的女人——不管是妾还是其他——即使做了母亲也没有这种资格。妇女对嫁妆没有"死前继承"权,即嫁妆的继承权在父母死前生效——这一点将在第 6 章展开。

---

① 当代中国台湾地区实质的家族企业遗产与继承的大量个案,参见李林德(Mark,1972),昭崎一郎(1991:250—254),欧爱玲(1992)。
② 或者不能保护(斯汤顿,1810:566—567)。

宗族中诸子均产的家产分配方式得到了国家的许可与支持，这就保证了财产世世代代相对有序的传承。在父母死后将家户分成两个或更多新的家，这在事实上几乎是被禁止的。父母死后，兄弟不分家，依旧生活在一起，这一联合家庭的创造虽然不会得到制度上的嘉奖，但也许可以被视作一个道德榜样。贡赋制生产方式模型假定了一个由成年劳动力和他们年幼的子女及需要奉养的双亲老人组成的世界——这些人将祖上给他们留下的财产作为"家底"来赚钱养家。这一理想总是不考虑这样一个事实：家产也许已经无法适应分割的可能性——然而家产终将再也无法支持家庭扩张。除了含糊不清的类似"辛苦劳作、勤俭持家"等规范，贡赋制生产方式的亲属关系图景没有给出解决"有限的资源支持人口增长"这一问题的办法。

土地、建筑和设备是重要的生产资料；在技术低下的生产系统中，劳动力同样重要。劳动力在一个纯粹的贡赋制生产体制中不是商品，因为在这样一个制度里没有劳动力市场。所有的劳动关系都表现为下属对上级应尽的贡赋责任以及依据劳作者在国家/亲属等级体系中的位置给予报酬。当劳动力成为商品，变化也就应运而生。帝制中国晚期劳动力商品化的问题，受到了多种外力的刺激：新资源的开发，或既有资源又开发出了新市场；国家的建设项目或者在某地新建政府对人口增长所产生的刺激作用；交通状况得到改善；外国资本主义得以引入；等等。

劳动商品化以多种强有力的方式影响着亲属关系。在20世纪70年代初的台湾工业化时期，此前以农业劳动进行交换（用一天做工换另一天劳动）的亲属开始更为理性化地考虑他们的交换所得。随着雇佣劳动的机会增加,一个调查者指出,"交换直到每个人劳动的结算工资一样多的时候才考虑平衡",甚至(或者说事实上)在亲属关系当中尤其如此。亲戚不会要求另一个有机会在别的地方赚钱的亲戚与其换工。(陈中民[Chen Chung-min],1977:112—113)在19世纪,当丝绸制造业在珠江三角洲雇佣更多的女性,茶叶生产在台湾北部雇佣青年男女的时候,非正统的婚姻模式也在快速发展。(武雅士、黄介山,1980;斯托卡德,1989)在资本主义生产受到出口冲击的情况下,社会变迁的规模与速度毫无疑问比本土小资本主义所面临的要大很多,但是产生的影响可能是与之相似的。区域性经济的商品化也许会产生对女性和男性、年长和年轻的劳动力不同的需求,因此对亲属关系的实践产生的影响也是多种多样的。市场同样为宗族提供了新的或者可替代的目标。

尽管市场的存在常常导致亲戚在中国被作为劳动力来使用,但因男系亲属的财产继承关系而建立的、具有依附性的保护关系并没有被削弱。官方也得以继续实现等级制、父权制(partrilineality)和男性的文化支配力量。就贡赋制生产方式而言,这种支配性呈现在小资本主义生产方式的这些运作模式上:随着财富的积累和众多儿孙的成长,宗族(patricorporations)不断得到扩张,并取代了那种严格的遗产继承方式及对传统的继承人的诸多保护措施;家庭和亲属关系也就不仅是基于血缘,而且是由于契约和市场考量而组建的。由于女性与生产资料的联系是非直接性的,她们比男性更容易受到市场的影响,这样一来,女性就更容易被商品化。婚姻也呈现出多种形态,聘礼通常会远高于嫁妆。当某个家庭没有继承人,而其父系家庭也没有子侄的时候,他们通常会抱养一个儿子。实际上,在父系子侄存在的情况下,他们也常抱养别人的孩子。这样,当不存在正当的男性亲属继承人时,男性的亲属关系就让位给了由大地产和商业经营建立的合作关系,或者是由联合产业中对共同继承人的认同建构的世系群。清代的法律对这种联合产业中的共同继承人的权益和义务,一直都有明确的规定。

对于大多数人来说,并不是贫穷迫使他们如此行事;生活的真正选择,包括小资本主义生产方式使亲属关系产生的变化,都被视为道德和习俗。珠江三角洲和台湾北部的人们认定他的异常婚姻形式是极其合理和光荣的。"我小时候,每个人都把他的女儿(作为童养媳)送走。"对于老百姓而言,他们当地的亲属关系习俗并不是应该受到谴责的礼数,而是实现诸如家庭扩张和财产积累之类的具体小资产阶级目标的一种手段,在这一目标中,人与物一样,都是可以被获得和被处理的。只有那些与财产和法律有关的贡赋制生产方式方面的内容才得以维持和享有特权。通过它们,父系宗族的核心得以维系。受西方假设影响,认为阶级压迫可能比亲属压迫更严重的读者在此会被提醒,中国统治阶级可以通过国家力量对后者提供支持,而西方国家却很少敢这么做。国家和亲族长辈们的共谋对商品化的劳动力实现了剥削和控制,这是理解中国亲属关系的核心。

第五章 宗族:国家与家户

通过合约塑造的家

我在本章开头就提出,中国亲属关系的难题之一是如何将这个被称为"家"的单位更好地概念化。困难的产生是因为"家"在观念上既是人的单位,也是财产的单位,它是从资源攫取管控者的角度来定义的实体。人类学家通常倾向葛学溥(Daniel Kulp)所强调的观点:家应被看作"经济家庭",它是由血缘、婚姻等不同关系纽带联系在一起的。(葛学溥,1923:148—150)虽然这类关系对家庭成员来说是非常普遍的,但它们为什么必然如此呢? 就像经常与之互换使用的"户"(hu)一样(很明显是"家庭成员"的意思),它是一个行政单位,包括亲戚、奴隶、仆人及其他并非亲属的成员。最终,它是由共同的行政关系及这种关系所隐含的成员的资源集合来定义的。台湾的家庭登记为"户口"(hukou),他们的"当家人"不是户长(huzhang),而是家长(jiazhang)。在那里和当代中国其他地区的日常用语中,人们可以用"家"来表述纯粹的亲属关系,但也随便把家庭、学徒和工人等共同生活在一起的组合称为"家"。至少在福建和四川的农村,"家长"也可以指代宗族的族长。"家"是多义性的,但我认为它的核心含义是在社会等级制度中最底层的正统性的生产单位,或最小的国家核算单位,在一个贡赋制生产方式的观念世界里,它指的就是一个父系家庭。卜德和莫里斯在一个颇具启发意义的清代案件中阐明了家在晚清时期的概念——它被官方认定为核算单位:一起旅行的商人们被视作"家"的成员,因为他们把金钱和货物都放在一起。(卜德、莫里斯,

151

1967:193)

　　民间仪式清晰地表达了关于"家"的思想。在19世纪——现在也是一样——除夕年夜饭不是仅由亲戚们独享的,而是和其他住在一块的家户成员一起分享的(例如葛雷,1878,1:250)。没有给后人留下财产的祖先得不到供奉,后人也没有所谓义务尝试为他们寻找继承人:"事实是拥有财产,特别是地产,在习俗中被看作延续祭祖仪式的不可分割的条件……没有产业,没有神住(没有祖产就没有祖先牌位)。"(葛雷,1878,1:285)滋贺秀三强调"人和财产"的不可分割性是定义"家"的核心问题所在。(滋贺秀三,1978:121)

　　构成一个家的人和物都与国家紧密联系在一起。一个人不能把祖业从正当的继承人——他的儿子及其他同族近亲——手中剥夺。他也不能轻易地剥离他的儿子们与生俱来的财产继承权:对男性的领养要比对女儿的处置困难得多。

　　在某种"纯粹"的贡赋制生产方式的世界里,能够分享生产资料的只有男性宗亲和他们的妻子及未婚的女儿;在此,政治经济要素和父系家庭几乎完全重叠在一起。在与为其产品、生产资料、劳动能力及家庭成员提供市场的小资本主义生产方式的接触中,家充满了发展的可能性。它也因此而成为一个具有极大可塑性的实体,其特点是可以利用各种机制,在增减其家庭成员上具有极大的自由度。这些机制中的绝大部分都让人强烈地联想到受合同保护的市场交易。

　　当市场对劳动价值进行量化时,亲属之间的交换越来越被视为具有市场价值的,而非贡赋制生产方式的绝对性交换。"家"内的关系也趋向于成为各方间的协商契约,即使他们在家庭中的关系是不平等的,其在市场中的关系也是平等的。这种平等关系虽然很不充分,却或许成为形塑其身份的一个重要方面,并给予他们讨价还价的能力。

当家(以及宗族)被置身于商品市场中时,它们可以通过各种交易——购买、典当、抵押等方式——来维系和扩大生产。生产要素的转让协议通常会采取文书的形式:地契、合伙契约、卖身契、婚约、收养文书、家谱等。这些文书可以呈于公堂,用来证明原始契约的性质,而恰恰是它们的存在能够有效地消解诉诸法律的必要性。中国的法典并未将物的交易与人的交易区分得泾渭分明。

"小资产者"当然也可以通过继承以外的方法获得财产。他们习惯于通过父系血统、大婚和近亲收养之外的方式来塑造其宗族成员,而这也是为贡赋制生产方式完全认可的唯一具有效力的机制。家户和宗族是通过用各种合约协议来增减其成员而得以形成的。这种契约普遍规定了当事人之间的经济交换关系。

葛素珊在当代背景下,对中国亲子关系进行了敏锐的分析。在这一分析中,她援引了隐性家庭契约的概念。葛素珊对女性产业工人研究进行的概述表明,就父母的渴求比例而言,他们对未婚女儿收入的占有欲(在理论上全部都)要比对未婚儿子的更高。她认为,这种安排的道德性,不是基于女儿的劳动价值较低或更容易被剥削,而是基于父母和孩子之间隐形的契约关系。父母负担孩子的抚养费,子女则至少需要对父母给予同等的回报,好让父母年老的时候可以养活自己。(在隐形契约中)儿子和女儿的不同在于,儿子可以用一生的时间来偿还父母,所以他们在年轻时可以稍

153

微懈怠一些。女儿在结婚时家庭成员身份就会发生转变,因此只有在出嫁之前的那几年时间里偿还对父母的亏欠。(葛素珊,1985a)

从关于中国家庭生活的访谈中,可以发现很多有关这种隐形契约的案例。在这样一个与贡赋制生产方式迥异的经济逻辑中,每个家庭成员的价值及其对彼此的贡献都得到高度精确的揭示。一个中文专业的台湾大学毕业生选择不要孩子,她向我讲述了她对婆婆的婚姻义务:"婆婆想要孙子,但是我每年春节都给她两三万台币,她还能说什么呢?"亲属关系变成了协商、交换的结果,法律契约的存在也在百年前的广州得到了很好的印证(葛雷,1878,1:220—221、233)早些时候,在中国某一不太可能受到外国资本主义浸染的地区,古伯察也曾听闻一个病人的亲戚在病人的生命价值和可能拯救他的药物成本之间反复顾虑权衡。古伯察还描述了另一个场合:一个男人对他的老婆怒不可遏,结果把锅砸了,他对古伯察解释说,如果他必须把老婆往死里整的话,这种方法比休妻要更合算。(古伯察,1970,2:10—11、235)

比起男孩和男人,女孩和女人更容易与她们所属的家户疏远。以正统的大婚之外的方式来安置她们,有助于一个家庭解决财产/劳动力的平衡问题,从而促进家庭的稳定。女儿们是否也参与了家庭资源的扩张?相较于父母养育她们的花销来说,她们是否像儿子一样,有义务按照贡赋制价值给予父母更多的回报呢?答案明显是否定的,因为嫁出去的女人,所生养的子女及其成年后的收入都是别人的。但是,就如今的台北和成都等地来看,许多女性都拥有可观的收入,甚至还拥有用于社会生产的财富。在此情况下,

第五章　宗族:国家与家户

家庭对女儿收入的期望也发生了变化,对这种变化背后的逻辑的探究是有意义的。在这里,贡赋制的性别身份远远不如金钱和劳动力的市场价值重要。在台湾受过教育的女人(参见徐宜兰[Tsui],1987)和我在该地(以及四川)研究的工人/工匠/小生意家庭中,"女儿现在被当作儿子看待"。传统上,女儿尽孝的义务在她出嫁后就会终止,正如一个流行的说法"嫁出去的女儿泼出去的水"所揭示的那样。然而,随着妇女状况的改观,这类家庭的母亲也会越来越自豪地声称,她们的女儿现在即便嫁出去了也很孝顺,也就是说,女儿继续给她们钱花。在讨论生女儿是否比生儿子更好的问题时,(至少对母亲来说)女儿给予的这些礼物经常被提及。儿子往往出于对妻子的过分依恋,而选择和父母分开居住,他们所给予父母的往往要少于父母的期望。女儿喜欢常回娘家看看,甚至说服丈夫搬进岳母的公寓或者住在岳母家附近。比起婆婆,她们更喜欢自己的母亲对孩子所产生的影响。丈夫们则担心妻子会从家庭或父系祖产中偷偷拿出钱交给自己的母亲。

女儿可能不会像儿子那样给家庭提供更多的经济支持,但她们的这类行为会被给予充分重视,并被视为对父母所给予的幸福生活的适当经济回报及对父母真挚情感的证明。女儿可以很容易地引用儒家的道德原则、公婆或丈夫的压力,或自己照顾孩子的需要为借口,遵循既往的做法,结婚后不再为娘家提供支持,一些妇女毫无疑问也是这么做的。但也有很多女人不会如此,而现在的父母在夸耀自己有这样一个女儿时,也往往会满怀骄傲、容光焕发。

看来,女儿能否回报父母养育之恩,不在于她们作为女儿的不

155

同责任,而是由妇女有限的经济来源制约的。在过去,很少有已婚妇女有现金收入,她们所拥有的都是她们正在建立的核心家庭所需要的。葛素珊的分析很大程度是基于年轻女工的行为,她的研究发现:她们的经济前景可能不容乐观。正如他们的父母很容易估计的那样,她们中的许多人几乎没有什么东西可以回馈自己的母亲。但是假设给予其充足的、相对平等的资源和机会,从严格的经济角度来看,女儿的"责任"与儿子的"责任"也并非必然不同,因为在市场面前,二者是平等的,或者说是相对平等的。

中国统治者往往致力于重申"家"的观念,"家"在其产生和解体的过程中都是由有关亲属关系的法规决定的;试图在新的条件下生存和发展的中国人有时也会对"家"进行坚持不懈的重新诠释。在小资本主义生产比较盛行的地方,劳动力和生产资料之间的家户平衡,可能会通过比国家赋予中国父系制度的机制更灵活的机制来解决。因此,"家"成了代表亲属的群体进行商品生产的主要单位。

祖产、"资本"及小资本主义积累

迄今为止,我一直避免将中国家庭继承、购买或以其他方式积累的生产资料定性为"资本"。严格地说,资本只存在于资本主义生产方式支配所有其他形式的地方。小资本主义与资本主义的区别,部分在于对构成私有生产资料主体的"祖传财产"性质的考察。

马克思论述道:"资本不是物,而是一定的、社会的、属于一定历史社会形态的生产关系……资本不是物质的和生产出来的生资料的总和……资本是……被社会某一部分人所垄断的生产资料,同活劳动力相对立。"(马克思,1981:953)在詹姆斯·魏思曼(James Wessman)所用的恰当短语中,"雇佣劳动和资本互为因果、互为条件"。(魏思曼,1981:243)因此,正如另一位学者所指出的那样,"个体在私有财产中是客体化的,继而在思想和社会生活中也是客体化的……[并且]劳动和生产资料(资本)都是'自由的',因而能够实现自我扩张"。(哈特,1992:46)虽然生产资料存在于资本主义之外,但只有在一定的历史情境下,资本才能成为具有历史力量的、重要的"真我"。这一历史情境正如另一位学者所界定的那样,"资本的生产主宰并支配着其他各种生产"。(伯托默[Bottomore],1983:60)它"具体化"了人类劳动力的无偿部分,这些劳动力参与了生产,它们与其说是资本家的创业技能,不如说是剥削工人的纪念碑,他们的工资低于他们的工作价值。

中国人也把祖产视作具体的劳动,它是由过去的活生生的人付出苦尽甘来的辛勤劳动换来的。家族男性和长老手中积累的财富是从女人和年轻人那里剥夺而来的,这一事实不符合马克思对资本的定义——马克思的资本定义是用来描述欧洲条件的,包括非常不同的性别和亲属关系。然而这一财富积累的定义阐明了家户生产资料通过亲属的无报酬工作,通过将他们商品化或者将其淘汰而得到扩展的。人们对资本积累的这一面却缄口不言,祖先被看作具有自主特征的成年男性,理所当然地从自己的辛勤工作中受益。人们并不把家族产业描述为剥削的物质结果,正如资产阶级宁可将资本视为企业家技能的物质结果,而非对工人的剥削结果一样;中国人也是这样,宁可把祖产看作勤俭有加的成果,也不愿意至少部分地承认其中包含的残酷代价——溺婴，鬻子，为了彩礼而嫁女，让儿子客居异国他乡，妇孺挨饿受冻甚于男人等人间惨剧。祖产既代表又延续着家户内部不平等的社会关系，正如资本在严格意义上代表和延续着有产阶级和无产阶级之间的生产关系。祖产是神圣的，这不是单靠情感维系，而是受到法律的保护。直系和旁系亲属共同赋予的潜在集体权利，不允许我们将家户生产资料——特别是土地——描述为资本主义生产方式中完全自由流动的"资本"。

一般来说，在小资本主义生产方式中，不断拥有或增加自己的生产资料的可能性，类似于资本主义当中被称为原始积累的过程。这一过程被描述为"像农民这样的小生产者与生产资料的直接联系分离的过程，他们的财产积累在相对较少的人手中……原始积累……是'无产阶级化'这个术语所指代的过程的一部分。也就是说，在我们通常认为的资本主义兴起之前，不仅存在一段原始积累时期，而且随着非资本主义和前资本主义生产方式被纳入资本主义世界体系，这一过程还在继续发生"。（魏思曼，1981：241—242）就中国而言，在每一代人身上，贡赋的压力都会将劳动报酬从一些家庭成员身上转移到另一些家庭成员身上。在小资本主义情境中，市场压力使得原本存在于贡赋制中的不平衡增大了，有时甚至几乎无视对亲属应尽的贡赋制义务。在积累财富中取得成功的家户进入了生产要素市场并占据优势地位，这迫使其他家庭在竞争螺旋中被迫跟进。

当我们从家户内部的社会关系角度来看家族土地和商铺时，我们看到的不是资本，而是祖产。然而我们在观察中国商品生产下的家庭关系时,却能看到一种几乎可以被称为资本的事物广泛存在。几个世纪以来,家庭雇工进进出出是农业和手工业生活的正常组成部分。典型的业主经营者家庭通常会同时利用临时劳动力需求和剩余劳动力。不过这种典型的"中农"策略不太可能使生产资料有异常庞大的积累。大资产持有者运用了同样的策略,他们雇工并支付少于他们生产价值的报酬,这就使相对富裕的中国人能够成为类似欧洲的商业资本家和借贷资本家的角色。

从严格意义上说,他们通过这种机制实现的财富积累看起来非常类似于资本。阶级之间的剥削,正如家户内部报酬的不平等,持续从孩子、妇女和穷困家庭手中搜刮他们仅有的生产资料,迫使他们在激烈的竞争中走向绝境,这些生产资料落入拥有大量生产资料的男性所有者手中。但是这种剥削的双重性质阻止了这一发展势头达到质变的顶点:真正的资本主义只能生长在别处。中国的小资本主义者拥有剥削自身和剥削家人的权威,剥削的程度达到了那些较少带有个人色彩的雇主不敢奢求的地步。(郝瑞,1982:108—113;1987;聂霍夫[Niehoff],1987)从家户内部榨取剩余与那些在家户之间榨取剩余的群体是敌对关系。如果一个"当家的"被更加富裕的家户盯上,又在剥削过程中被逼迫得太紧,那么他为了避免即将被吞噬的命运,不仅会拿家庭成员来换钱,而且——不管出于什么目的——还要继续繁衍更多的家庭成员。劳动力只有围着家转的时候,才是"自由"的;一旦脱离了家户,他就不再是个体化或自由的状态。

有权剥削年轻人的父母权威,正如其他因素一样,也许已经为中国社会真正的资本积累倾尽了"掣肘"之力。一个家户的劳动力可以被另一个家户部分地剥削,因为贫困家庭没有生产资料,所以他们只好把家庭成员"租"出去。家户通常会竭尽全力留住他们的成员,毫无疑问,情感羁绊和经济原因都蕴含其中。然而,在中国的很多地方和很多时候,家族长老计算留下或者送走家户成员的相对经济价值,是为了维系他们可以获得的生产资料与需要继续掌握生产资料所有权的男性占有者数量之间的平衡。除了被杀的人和因疏于照顾而死去的婴儿,这些"多余"的人大多数以妻子、养子养女及被典当人的身份成为其他家户的成员。更多的劳动力通过契约在人之间的流动(the contractualized movement of persons)实现了转移,而非通过雇佣劳动实现劳动力转移。真正的资本主义倾向是通过雇佣劳动的剥削实现资本积累,就像滚雪球一样,朝着缔造数量相对较少但是资产庞大的资本所有者的方向越滚越大。在中国,这种倾向被宗族之间的人口直接再分配阻碍。正如葛素珊所中肯地指出的,这些人口再分配的方案和策略,根据不同宗族各自的人口抚养比例,在宗族的繁盛期表现各有不同。(葛素珊,1985b)然而葛素珊和其他恰亚诺夫论者的理论忽略了这样一个事实:在中国,为了让那些人口抚养比例保持在可控范围之内,家族长老在晚近传统时代(late traditional times)是如何严酷地对其进行干涉的。

第六章　宗族：世系群

　　他们从城市到乡村、从州到县……集资修建一个祠堂。他们假称是名人之后，许多籍籍无名之辈争相效仿，这种情况在当地犹如遍地春笋，竞相涌现……建祠堂剩下的钱不是用来购买更多的土地，就是变成钱与谷物存储起来，再变成高利贷经常借给同（姓）的成员。那些依赖祠堂讨生活的淳朴族人，就这样以被迫偿付利息的方式被剥削。

　　　　　　　　　　——关于江西祠堂陋习的记忆，1764

　　有人说李姓宗族之所以变得如此之大，原因在于他们是第一批定居者，他们的后代自然都姓李。有人说，这是因为他们祖坟的风水好。然而，真正的原因是，一旦他们有点权力，其他所有人就想入赘并冠之李姓。李姓宗族把我们的儿子都"抢跑"了。

　　　　　　　　　　——王为民（音译），福建村民，1990年夏无论是基于柴米油盐的日常生计，还是出于作为亲属所不容推脱的责任，以及对一家人养家糊口的经济考量，中国人似乎都感到有必要把自身作为"家"的群体模式组织起来，否则他们就会在社会中无所适从。因此家就具有两副面孔：第一，它是每个人都必须生活其中的、在理论上无法逃避的一个社会单位（这种说法比较理想）；第二，它是人们在艰难的世道中赖以为生的合乎情理的社会工具。国家不需要人们都属于宗族（正如属于家），但人们这样做是为了获得一个强大的政治经济工具带来的优势。

　　宗族与家只是部分地类似，尽管正如科大卫所指出的，一些观察人士和中国官员"往往倾向把宗族看作家户的延伸"。（科大卫，1986：129）宗族在部分层面上是由相似的观念形态要素构建起来的，这些观念要素将家固定在恰当的位置上，但是比起国家所设想的家户，它们创造的社会组成单元所具有的能力还要更加广泛。在力图将宗亲关系作为基本纽带的逻辑下，宗族被赋予了某种官方合法性，因而成为一种集体对抗国家和市场的毋庸置疑的机制。正如家要同时面对税吏和雇主，宗族也使男人能够参与到以贡赋或资本为目的的不同竞争中。他们通过聚敛宗族财产来实现这一目标，这些财产在仪礼上是合规的，在法律上是被保护的，并为集体所拥有，不得被分配给各家。

　　宗族从宋朝开始具有了现代性的形式，我们发现它将贡赋制原则运作于商品经济中，并塑造了一种能从贡赋制中吸取资源，然后将之引入平民世界的大众组织。宗族有时会扩展成类似小资本主义生产方式的资本主义商业公司。

第六章　宗族：世系群

宗族的起源

正如我们从伊沛霞和华琛（Patricia Buckley Ebrey and James L. Watson, 1986，尤见其中戴仁柱［Richard L. Davis］、邓尔麟［Dennerline］、贺杰［Hazelton］、韩明士［Hymes］、韩书瑞、华琛的文章）及科大卫（1986）那里了解到的，宗族的发展源于宋代。他们的研究揭示了宗族构建中经常呈现出的矛盾属性。这些研究所依据的材料表明，富裕家族是如何通过专注于对贡赋权力的宗族式积累，来寻求宗族的内部威望，以及建立本宗族与贡赋制更为直接的个人联系的。因而，它们对于我们探寻大型宗族通过哪些途径使宗族的重要成员实现他们更深远的小资本主义目标的帮助就不大了。然而越来越多的证据支持这样一个观点：宗族组织一方面能够维系官员地位并获得官方特权，另一方面又能够将私人生产合法化并加以扩张。

科大卫对我们如今在弗里德曼（1958，1966，1974b）的结构性分析、科大卫（1986，1989）的社会历史研究，以及最近的民族志研究（例如裴达礼［Baker］，1968；波特［Potter］，1968；巴博德，1969；芮马丁，1973；华琛，1975；华如璧［R. Waston］，1985）中所熟悉的这种宗族组织进行了新的探索，他通过对香港地区宗族与乡村之间分化的研究，讲述了在香港新垦地区，围绕定居权利组织的农业乡村被这种宗族组织渗透的长达 400 年的历程。自宋代以来，区域群体伴生于区域性差异，被亲属意识形态渗透的类似情况在中国许多区域一定发生过。我们知道宗族形式自身就是在此种渗透

163

的过程中被创造出来的(伊沛霞、华琛,1986)。在对香港宗族的分析中,科大卫着重凸显了其最为精美的组建形式。无论是行之成文的家谱、严密组控的祖先崇拜、营建的墓园,还是富丽堂皇的宗祠,都是这一大型群体组织内在团结的表征。这样的宗族是"官方政治的无意识创造"。(科大卫,1986:165)亲属团体的兴起与官方新儒家文化之间的结合,通过体面仪式、宗族对族人教育的支持及族人所获的官职得以实现。富人不仅希望自己能更富有,还渴望超越单靠财富所能获得的有限地位,将宗族打造为结构和象征均体面的"门第"。到了明代,这种形式已然存在,并受到官方支持,因此直接引导权力追求者使用具体的宗族形式谋取宗族利益。在历史上,这种合法性的早期建构的一个重要因素是宋朝的政治经验:允许一批有限数量的人士,通过与高级儒学官员或宫廷要员的宗族纽带涉足国家管理的行列。与这样的官级相关的是官府俸禄、各种赋税豁免及社会的声望等特权(戴仁柱,1986:62),借此,父系宗族的关系在贡赋制体系中被赋予了物质价值。

当宗族成员踏入仕途的机会减少时,宗族凝聚力的另一优势也许就凸显出来。当特定家族年轻的后生获得一个"曾为他们所独享"的职位变得愈加困难时,族人就更加有必要扩大人才储备,以从中找到更有把握的继承者。由于宗族组织强调了同一代男性之间在效用上的互换性,培养父系亲属的外甥就像培养儿子一样有利,培养远亲外戚也像培养近亲一样有利。在多年艰难的职位竞争中,成功的官员得益于整个家族的支持,也就对这整个集体背负了债务:任何能够利用这位成功人士的政治影响力的亲属都有权这样做。虽然即使是一个庞大、富裕、源远流长的家族也只能寄希望于子孙中偶尔出现一个官员,但如果把他们的男性亲属汇集起来,一个家族还是能大大增加找到可靠的官方关系的机会。

发生在1794年的一件丑闻揭示了踏入仕途的可能途径,以及有时它所面临的风险。一个后生在汉口获得了功名,但由于他的冒籍属于违法,他实际上没有资格参加乡试。当他被一个竞争者揭发出来时,学政不仅取消了他的秀才功名、惩罚了各个涉事官员,还揭露了科举考试中广泛存在的冒籍之弊。有些人宣称自己祖上已经寄籍汉口,目的是在汉口合法地参加考试。然而更糟糕的是,常居的商人正在"过继"年轻的族人,宣称他们是自己的儿子,目的是增加年轻人获得科考配额的机会。罗威廉把这一实践看作一种可能性:"国内瞩目的商人家族也许已经在全国各个商业中心系统地建立了地方寄籍房支,并且常规性地把他们的继承人来来回回地输送,使其辗转于各个地方以应乡试,这样就大大增加了成功的机会。"同样的事情以不同的程度在杭州和苏州发生着。(罗威廉,1984:240—242)与此同时,一些生员从泉州和漳州去往台湾非法参加考试,也许践行的正是同一策略。(韦坦特等,1991:131)

当家庭环境使对男性的收养成为必要时,对家族内部子嗣的领养是具有优先性的,这是出于这样一种考量:作为人力资源,这些男孩是令人心安的,收养者不用为养子与家族外的关联而忧虑。这样一种从不同支系灵活过继(就像在当代中国台湾兄弟之间交换孩子),强调一代成员的可交换性的理想模式,让宗族虽然很"像"家户,却又比家户规模更大。

宗族要采纳的另一个形态要素是:当最高级别的官员被允许

建庙祭祀远祖时,最低级别的官员和老百姓仍旧被限制在他们自己的家户内祭祖,这一传统也许最早可以追溯到唐代。(伊沛霞,1986:21)通过祭祀定义的宗祧继承的能力就这样依据人们的阶层不同而有所区别。到了清代,这些规矩就不再流行了,不过拥有或渴望更大声望的家族大多仍旧采用独立的祠堂祭祀,而不是在家户神龛前举行祭祖仪式。(科大卫,1986:148)

国家在宗族继续存在的情况下,做了持续不懈的努力去控制意识形态条件。宋朝官员们对于大型世系群并未掌控在受教化的领导者手里这一事实惴惴不安(伊沛霞,1986:20)——大型世系群没有被宗族头人社会化,从而进入贡赋制生产方式的价值体系。明代早期的皇帝因为犯罪或叛乱而对宗族采取了"灭族"的惩罚(科大卫,1984:34—35),这个迹象表明他们没有做到对"忠诚"这一至高无上的封建价值的忠贞不二。

在国家强调家族统一的这些范例的引导下,为了对抗国家权力,宗族采取了现代形式,以寻求合法的地方权力争夺。香港有无数祠堂建于17—18世纪,这些祠堂在科大卫看来乃是"区域性宗族统一体的象征:门楣(fronts),如果一个人想要这么叫它们的话。在门楣背后,各个分支可以追溯到一个共同的祖先,这就让宗族看起来像是存在于区域政治中,并且与衙门打交道的法团"。(科大卫,1986:159—160)毫无疑问,这些团体也在设法利用具有统治阶级成员身份的父权团体可能提供的贡赋资源,来增强他们榨取财富的能力,从而使其进入该阶级成为可能,并避免向这些有权势的人缴纳贡赋。(萧凤霞[Siu],1989:37)

正如弗里德曼和其他人所认为的那样,官僚们也在担心与自己竞争财富的宗族势力的膨胀。宗族竞争及接踵而来的不平等也许总是会在朝代的衰落时期变得更为激烈。许多可以在香港找到的体现尖锐阶级分化的数据,都源于 1662 年"迁海令"的余波。"迁海令"造成了巨大的困境,七年之后被取缔。随之席卷而来的是一个近似混战的时期,一些人设法留住他们自己宣称拥有的财产或其他人的财产,反对亲属群体将其收回的要求。华如璧认为"统治结构……在 19 和 20 世纪的新安(Hsin-an)可以追溯到'迁海令'解除之后的巨大繁荣期。少数几个宗族凭借大多数机构(例如集体土地、祠堂、市场和庙会),建立他们凌驾于其他宗族之上的权力和权威就肇始于这一时期,或在 17 世纪晚期到 18 世纪,宗族势力得到本质的扩张"。(华如璧,1985:21—22)贝蒂(1979)的研究描述了一个经济扩张伴随着宗族之间高度不平等的相似模式,该模式就产生于 17 世纪中期安徽的一场毁灭性叛乱之后。(贝蒂,1979:44—47)宗族之间的不平等也许会在贡赋制生产方式控制松懈或无能为力的时候变得更为激烈,"小资产者"的竞争导致了经济扩张及势力最大的群体对资源的垄断。

在宗族势力尤为强大的地区,宗族成为一个逃税机器。(科大卫,1989:24)他们在反对向国家上缴税收方面是成功的,这一成功有时候在限制国家对地方发号施令方面是有益的。在官方力量相对薄弱的地区,宗族依靠自己的武力来捍卫他们的利益;在国家力量强的地区,宗族更多的是希望在诉讼中实现竞和,而非诉诸武力。用税收买来和平,究竟是不是一笔好买卖不太好说,因为优势力量(而非市场的平等)通常会为了官场的面子决定这一社会契约是否生效。官员在诸如东南沿海等区域无法杜绝宗族的政治自治

("世仇"),这些区域同样也是官员收税和压制小资本主义都比较困难的地方。

宗族和商品生产

正如科大卫指出的那样,人们发明并利用宗族都是为了获得官职,并且确保在"当官的"那里成就的地位。(科大卫,1986:144)宗族在扩张性商品生产中同样有效。一个宗族可能是"一个合伙人,它的形成方式与商业伙伴可能已经形成的合作方式有诸多相似之处"。(科大卫,1989:24)在18世纪的中国台湾,同姓的男人们"把……在大陆的一个祖先……看作一个共同崇拜的对象,通过合约字,组织祭祀公业"。他们购买土地赚取租金,用这笔收入来支持仪式。这些宗族与建立在血缘关系上的宗族形成对照,更像是社区仪式群体(神明会)和其他地方姻亲组织,而非世系群。(庄英章[Chuang],1987:194—196)本文认为"合约字"宗族乃是受边陲条件激发而形成的,黄介山自从在小资本主义发达的福建,从移民迁出的地方发现相似的"合约字"之后,亦持相似观点。(私下交流,1992年3月12日)在台湾,在小资本主义自由运作、与贡赋制联系不多的地方,宗族并没有将科举考试作为成功的阶梯。在19世纪末,台湾虽然拥有科考的充足配额及活跃的宗族,却少有人参加科举考试。(韦坦特等,1991:131)

加入某人的宗亲、形成一个宗族,是积累原始资源、令社会流动成为可能的有效策略。"朝为田舍郎,暮登天子堂"的中国版霍

第六章 宗族:世系群

雷肖·阿尔杰①可能会进入官场,但这是很罕见的,大部分统治阶级成员从宋代以来都出自名门望族。在宋代的苏州,戏剧化的社会流动是可能发生的。郝若贝指出,"在960年到1279年之间,63个家族提供了所有成功候选人的90%"。(郝若贝,1982:419)向上流动的路径是平坦的:父辈用赚的钱为儿子或侄子讨一个功名;子代得到朝廷任命并接受贡赋。国家"孝道"意识形态给贴上"祖产"(而非个人或私人的财产)标签的生产资料提供了保护,这种保护对于向上爬的成功人士而言是极其重要的。富人的财富很容易被没收,但一个宗族的祭田(或砖窑、当铺)是一种神圣的信托,官员们认为必须对其给予尊重。

西方汉学家唯恐被贴上"经济决定论"的标签,再加上中国原始文献的性质(偏重美化祖先的功绩,而对这些创立功绩者如何赚钱描述得过于圆融),使得在宗族研究中可能是核心议题的经济行为被严重低估了。② 这个问题也许根植于编撰原始文献的人们所

---

① 译者注:霍雷肖·阿尔杰(Horatio Alger,1832—1899)是一位多产的19世纪美国作家,他最为著名的作品是一系列小说。这些小说的主题大多是出身卑微的贫困男孩,通过努力、决心、勇气和诚实等品质上升到中产阶级。他的作品的特点是对"白手起家"的叙述,这对美国的"镀金时代"有深远的影响。阿尔杰所有的少年小说基本上都具有相同的主题,被称为"阿尔杰神话":贫贱卑微之人依靠个人奋斗努力摆脱贫困。

② 伊沛霞反对世系群凝聚力的经济(或政治)起源论,并将其归因于宗教观点的变化,尤其是唐代关于在墓地祭拜的宗教观点的变化。(伊沛霞,1986:29)正如思想的内在怀疑独立于行动的原因,我认为,当南方汉墓是文化变迁的最重要来源的时候,墓地的出名用途是用来宣称开拓或追讨的财产,就像其他事物一样,这些都激发了我们对墓地越来越多的关注。我的(汉族)父亲的骨头在你的(非汉族)地方,相当于在伊斯帕尼奥拉岛插上中国的旗帜。任何明智的国家都将鼓励这样的象征意义。

169

持的性别意识形态中,而且在编撰者已经有价值偏好的前提下,历史学家还必须倚赖这些原始材料"说话"。人类学家要更为幸运:他们可以问中国女人各种很傻但又有必要的问题,并且得到更直接的回答。在中国香港的新界,华如璧从妇女那里了解到很多关于同属一个宗族的两个相邻村庄的不平等根源的事情。

> 锡降围(Sik Kong)的妇女不同于丈夫的地方在于,她们会直言不讳地谴责新围的地主家庭。在描述她们的以往生活时,她们会用手直指新围的方向说,厦村所有的地主和债主都住在那儿。她们说,就是这些人过去拥有所有的土地,还用高利贷的方式借钱给她们。锡降围的妇女乐于指出自己和新围地主间的差异,可她们的丈夫对此却闭口不谈。地主—商人住的房子更大,吃的食物更好,拥有更多的土地,这些男人对此并不是视而不见,而是认为这些事情并不适合作为谈论的话题。(华如璧,1985:102)

学者们对于宗族财产的重要性已经进行了大量的讨论,宗族财产对于围绕土地的宗族团结、宗族权力及宗族存在的意义,与宗族财产对于法团的意义一样重要。不可避免的是,在前工业化的中国,相对于其他资源,宗族可能更倾向拥有土地并且从土地当中谋利。现在的学术文献相当清晰地呈现了宗族经济在这方面展现出来的图景。宗族土地有时采取轮耕,或以低于市场价的租金租给最贫困的族人耕种;有时为了收入最大化,它以市场价租给任何人,或者只租给外人。临近城镇市场或有特殊环境优势,能够使农业获利的地方,也是宗族在土地再开垦及经济作物扩张等领域大力投资的地方。为了进一步理解宗族作为小资本主义法团的含义,我们应当聚焦于两个议题:第一,宗族生产资料积累产生的剩余;第二,该剩余不同的分配方式:平等主义的再分配,贡赋制方式的剥削,供给宗族当权者的消费,以及小资本主义者的再投资。宗族管理显然需要将生产剩余按照贡赋原则进行再分配,为此适当倾斜乃是有效的:贫困族人的需求应得到照顾,所有男孩都应享受平等的受教育权,大部分(男性)族人按照年龄和辈分的差序都可以享用祭祀食物。如果存在现金剩余的话,它也应被各种制度安排,分配给作为个人或者作为特定房支代表的男人。(参见波特,1968:108—110)然而祖产"蓄水池"中的资源不知怎么地就积聚并流向了宗族统治者规定之外的其他渠道。

一些宗族既获得盈余,又将其作为资本使用,他们借由给生产者低薪来获取剩余价值,然后进行再投资。南方大宗族,特别是我们最了解的广州大宗族,一般投资于商品化的农业生产之中。宗族通过将土地开垦或排涝,修建或改善灌溉系统,又或者鼓励具有区域性特色的商品生产,来将其资本化。(萧凤霞,1989:25—33、36—37、54、59;华如璧,1990)香港新界宗族的财富是建立在土地开垦的基础上的,开垦的大多数土地并非坐落于遥远的边陲,而是位于内陆主要城市,在那里,大米、蔬菜或生产的纺织品很容易卖出去。(科大卫,1986:173)这样的宗族确实"把他们的钱投到土地上",然而并非,至少并非首要地将钱投资到家户的小块土地中——在这块土地上,农民靠田吃饭,除了对土地慷慨无私的热爱,几乎所剩无几。宗族围垦造田,以种植农作物;宗族提高生产

171

力,使得他们的产品既能供养城市工人的吃穿,也能供养他们自己族人的吃穿;同时,宗族还是半成品的加工者和批发商。(萧凤霞,1989:59—62、128—129)珠江三角洲在以小资本主义者为主体的宗族的努力下被加以改造;台湾北部茶乡的开拓过程也类似珠江三角洲:因为茶乡的开发而侵犯少数民族,茶乡种植的茶叶被专卖商纳入茶叶贸易,一些宗族也许已经在资本主义再生产中做了必要的"拉动",目的是获得土地证。(邵式柏,1993:227—228,又见315)黄宗智(1985)主张将占有土地的地主所有制看作一种典型的小资本主义生产模式,在这种模式中,地主有时会是强势宗族领导者的派系成员,他们有权把土地租给自己的亲戚,也有权不租给他们。

关于宗族涉资于非农生产的详细个案较少。我们知道宗族(及其支系)拥有市场、借贷机构、商业机构和船运公司,有时还通过寺庙间接控制财产。(科大卫,1986:153—155)正如吴振强所揭示的那样,它们在17世纪和18世纪福建人的贸易中起到非常重要的作用,为航行提供了人力和资本——尽管只能算作航运商业资本。(吴振强,1983:216)此外,他还提出:

> 海上贸易是影响宗族组织的最重要因素。其所凭借的资本最初来自土地收入,加之大型宗族组织为其提供人力支持,当地显赫家庭能够垄断来自贸易的巨大利润。他们派出自己的亲戚或仆人作为航行风险的管理"伙伴"。双方是上下级关系,而不是平等的伙伴关系。从事航海贸易的家族对贸易助手的需求在福建催生了收养儿子的新风俗(养子代替他们为

了商业企业的贸易所需而远航国外,也许之后可以通过入赘婚的方式进入家门,成为"真正的儿子")。(吴振强,1983:29)

吴振强深入地讨论了这些由商业利益驱动的收养及通过集合好几个姓氏形成的"伪宗族":"由于政府会对当地的地方社团产生疑心,打着官方认可形式'宗族'的旗号,从中衍生的新的集合功能就顺理成章地奏效了。"(吴振强,1983:29—32)

韩书瑞告诉我们,明清直隶的一个亲族群体是白莲教一个分支的领导层,由此而来的收入使其得以维系。白莲教从"城市居民或流动人口那里积累了可观的财富,这些人口包括城里的菜农、工匠、店主、剃头匠、道士和道姑、金匠、裁缝、小贩、风水先生……资源显然是被投入了寿峰寺和祠堂,以及宗教劝服的日常任务,资本经过这些运作,转而生成新的收入"。该宗族一直依靠这种秘传技术资本生存,直到1821年,在官府对异端教派的一次扫荡中,所有创始人的所知后代(共136人)都被处死或流放,他们的财产也被没收并出售。"在王好贤(Wang Tao-sen)死后二百年,他的后人接受了他们长期以来在法律上应承担的惩罚。"(韩书瑞,1986:235、237、239)

萧邦奇描述道,在15到18世纪,浙江湘湖附近的两个宗族经营着一家重要的砖窑。他们把建筑材料卖到杭州和绍兴,同时从另外一个宗族雇佣210户砖窑户。这一工业结合了商业和农业,制砖业及相关的疏浚、伐木、泥沙搅拌、柴烧、搬运等工作大部分是在农闲时完成的。(萧邦奇,1989:54、70、77、115)附近其他宗族则把权力建立在从专盐贩卖、鱼塘、各种水产经济作物中获得的财富基础上。在这些宗族中,小资产者的赚钱营生使得一些成员可以"倾注一切踏入仕途,并借此巩固已经存在的地方经济权力,尽可能使其合法化"。(萧邦奇,1989:136)一些龙头家户则是"相对富裕的财富中心",并"以大部分人的贫穷为代价"。在当地最富有的人当中,有一个人修建了好几座寺庙,这些寺庙"象征了他与佛教的纽带,象征了富人展示于众的慈善,奉献给了个人(着重号为萧邦奇所加)业力财富的强化"。(萧邦奇,1989:76—77)这一历史描述了宗族创造者的经历,他们发现在当时"诱使地方官员对宗族大兴土木、盖庙建庙的行为闭口不言和'睁一只眼闭一只眼'"是相对容易的(萧邦奇,1989:47);但同时他们也会慢慢陷入官场的诱惑和风险之中,并且反过来被统治阶级的权力和特权蛊惑。萧邦奇的研究使我们更加希望能有更多的证据来证明宗族存在经济活动,尤其是非农业的经济活动,这些活动使这些宗族将自身嵌入小资本主义法团的躯体之中。

宗族成员自身可以被看作宗族的财产,正如我们所看到的,宗族的成年男性为了科举目的被召集起来。只有在不可或缺的继承人迟迟没有出现的时候,宗族才会允许他们的委托家户从族人当中收养孩子作为继承人,然而宗族也发现收养非亲非故的孩子,往往会引来道德和法律的双重麻烦。[①] 尽管如此,一些宗族还是借着自行决定权,忽略宗亲观念,获得人力资源。在明代的广东,宗族成员有时收养男子代替自己服兵役,然后把被收养者的后裔从他们的族谱中除名。(科大卫,1989:22)福建宗族的恶名在于他们通

[①] 参见波乃耶(1982)对宗族收养实践颇有解释力的总结,以及王安(1990)对该议题更详尽的探索。

过收养的方式招徕外面的人才及劳动力(吴振强,1983:29)。在今天的福建,很多地方的人们这样描述前革命时期的宗族:因劳动和战争所迫,通过收养和入赘婚等方式,迫不及待地增添他们的人手。王安写道,在清代商业化的安徽,收养没有血缘关系的男性继承人可能会促进"分号"的进一步设立:"一个养子比一个普通雇员更可靠,但是比亲生儿子更费钱。"从明朝开始,官员们就试图将儿子和雇工的角色区分开来,平民雇主则非法购买仆人,并将其身份转化为养子。(王安,1990:90、83—87)广东大宗族在婚姻和收养领域维系的贡赋制传统,将在下一章详细介绍。

在当今世界,中国的宗族成员用实际行动表明,他们是精明而富有创新意识的经济行动者。也许最著名的例子是香港新界宗族的男人,华琛对他们经营的旅行社和餐馆的资料进行了梳理。男人最有效率同时也最有收益的餐馆是家族生意,伴随这些家族生意的是,几乎所有其他生意都由宗族男性以多种合伙方式经营着。(华琛,1975:109、107)通过受信任的宗亲纽带产生的可获得性资源,使得男性成员有可能实现连锁式移民,还使得相当一批人得以兴旺发达。

大宗族,特别是那些通过生产和贸易与外部资本主义产生联系的宗族,大力推行"小资本主义"的观念。他们(或他们的领导人)的行为就像资本家一样,很难不把他们的积累称为资本。如果他们的影响力能够强大到足以推翻贡赋制统治(例如在中国东南部),一个真正由资产阶级主导的中国政体就可能出现。在这种情况下,宗族成员的贡赋权利肯定会被迅速侵蚀,只剩下市场和契约来管理亲属关系。因为事实上并没有这样的资产阶级革命发生,所以我把宗族定义为"小资本主义宗族",而非资本主义团体。关于这个结论,我的前两个论点已经在第 2 章中阐述过了。无论我们如何称呼这些社会结构,它们都并未将中国推进入机器工业化的发展状态,并为这一状态提供不同的人力动源。而且,直到资产阶级开始支配社会时,社会关系也未被资本主义改变。第三点是,因为贡赋制仍是构建社会的主要力量,所以即使在东南地区,生产性的宗族关系中也仍包含了大量的亲属义务和雇佣劳动,并维持着工人之间作为亲属的不平等,此乃对潜在的资本主义发展进行贡赋控制的关键所在。

宗族和不平等

超越贡赋等级和剥夺宗族成员贡赋权利的内在不平等乃是许多宗族的著名特征。有些是结构性不平等——贡赋逻辑要求宗亲沿着不同的路线发展:年龄、辈分和一夫多妻制中的母亲身份,将自身区分出来。然而正如华如璧所指出的那样,"为了突显其结构,中国世系群中的分化必须以财产的联合为本,通常是将土地联合成祖产(tsu)。若要建立一个新分支,一个男人只是结婚生子还不够,他的子嗣们必须拥有足以捐赠地产的个人财产……事实上,亲族之间的经济差异,根本不与中国继嗣制度对立或相冲突,而是这个制度根本的重心所在"。(华如璧,1985:37)

但是,华如璧继续质疑道:"是什么……阻止邓氏世系群解体为独立的资源占有单位,同时又让每个单位都试图支配其不那么富裕的同族?那些富人为什么没有挣脱与贫者的关系,也没有让他们沦为附庸或者奴仆,就像印度社会的亲族间有时会发生的那样?"(华如璧,1985:37)她在此后的大部分研究都是对这一重要问题的一个回答。她将邓氏族人的继嗣作为一个概念系统和一套复合的社会实践来探讨。

华如璧拒绝"把继嗣简化为财产关系问题"的做法无疑是正确的。尽管文化性劝喻频频教导人们要博爱,然而财产的不平等却在持续不断地被再生产出来。她的"兄弟并不平等"的研究向我们充分展示了为什么邓姓也许没有想象的那样不平等,而非解释她在邓氏宗族这样一个单一宗族之内发现的,这种经济不平等让锡降围的妇女如此恼怒的原因。也许,正如中国研究的个案里面经常出现的那样,中国生活的准资本主义动力是如此自然而然,宇宙的一般秩序是如此普遍,以至于对此似乎没有分析的必要。人们在解释中国社会的时候,一直存在这样的偏见,该偏见显然主要来源于贡赋制生产方式的"大传统",这就影响了人们对贡赋制生产方式的物质关系和小资本主义的意识形态维度的注意力。

随着宗族财富的积累,财产什么时候仅仅在仪式中被消费或在亲族中被再分配,什么时候又被用作资本——用于再投资从而创造出越来越多的财富?一个势力强大的宗族成员为了个人目的而动用公共收入,这一举动有时候仅仅被视作腐败,但是它也可能只是遵循了一套不同的原则。小资产者的逻辑和道德强烈地主张积累、投资及抑制消费。如果投资能提高一个人的地位,使他能够更多地帮助其亲戚,那么这种投资就很容易被视为合法的,尤其是对当事人而言。至于这种帮助实际上是否惠及较穷的亲戚,也许取决于宗族领导者能否坚持不懈地把财富用于再投资,而不是对联合收益的再分配。把有限的资源再分配给最穷的族人无形中给宗族施加了压力,当再分配的压力与投资的欲望和机遇产生冲突时,宗族的领导者在决定群体可以继续支持多少福利性消费方面扮演了关键角色。相对省力的宗族调控是将穷人定义为"低阶级的没有社会地位的人":他们从事卑贱的职业,通过和寡妇结婚或者举行不体面的家庭仪式,来藐视崇高的道德准则。当穷人被如此定义的时候,他们就可以被排除在宗族成员之外,而不是继续保留其宗族福利,这便是一个减少消费负担的举动。正如科大卫所指出的那样,"不只是宗族支脉在族谱中被替换,弱者和贫者的行列也常常从族谱中被替换"。(科大卫,1986:64)这样的行为,不论被如何合理化,都不太可能经常出现在文献中,因为文献记载的目的是证实宗族组织在按照贡赋道义安排族人的生活。

如果宗族发挥了相对平等的再分配作用,族人之间的阶级分化就不会像有时候表现出来的那样具有鲜明的烙印。在波特描写的一个由八个村庄构成的香港宗族中,"村庄的大块祖产大部分属于富有的宗族房支……很少有贫困农民的份。但另一方面,村里的大多数农民都是来自相对贫穷的宗族房支,他们仅仅拥有小块祖产。因此,这个村和两个联合村的大多数农民……从他们没份的那些大块……祖产当中租种土地"。(波特,1968:81)即使在英国人对香港施加的限制条件下,宗族领袖仍然掌握着祖传产业的权力,从而在管理其财产的同时,也管理着内部不平等的再生产。他们为了关系最近的亲人竭力积累资本,同时还要在整体上与宗族组织的指导原则保持一致,这就经常导致复杂而又不尽一致的选择。

在如今的一个宗族里,族人土地的93%都由宗族代管,波特提到,每一个主要房支的上级领导"都有责任通知、召集并主持所有的群体会议,做出处理祖产的管理决定……(他)必须在现存合同生效之前签署所有关于祖产的租赁合同,(他拥有)和现有佃户续约的权力"。这样的领导人在今天和过去通常代表有钱有势的宗族成员行事,后者能够掌控地产的租赁和买卖。波特写道,"过去的传统和现在一样,通常只有宗族的一小撮男人了解祖产的财政事务",由此导致轻易挪用公款的可能(他提到了好几个严重的事例),这样的后果当然令人沮丧。(波特,1968:103—104、106—107)由于祖产被以低利率私下里租给为自己所偏向的族人,租赁者不得不从经济作物或者高利率的转租中赢利,(波特,1968:113—114)这就让租赁者在非法获利和适当履行自己对至亲应尽的义务之间徘徊。

宗族领袖们在集体资源分配的困扰中需要做出选择:是追随贡赋制生产方式的封建亲属关系逻辑,还是遵循小资本主义生产方式的合约亲属关系逻辑?有一点是与我所了解的零散数据相一致的,那就是在商品生产活跃的地方,小资产者的道德经常占据上风。在这样的情势下,宗族的内部分层就会变得越来越尖锐;与之相伴的是,依附在周围的宗族成员充当了他们的阶级/亲属领袖们的佃户和雇员,而非手足兄弟。

诸如台湾板桥林家花园这样的宗族村落,用聚落建筑为他们的社会关系做了一番图解:优雅府邸带着从中隔离出来的闺房、花园、戏台,以及住着重要家户成员的豪华祖厅;上百个匠人阶层家庭的住房则低矮狭小。这段有关19世纪宗族不平等的历史已为经济利益所重构。它最近被重建为一个公共公园,但这导致了其社会学意义的解构。为了挽救他们的部分财产,林氏后人将工匠阶层的住宅夷为平地,以给人留下全体林氏族人同居共爨、生活极尽奢华的虚假印象。

在大宗族当中不同阶级之间的亲属纽带,被学者描述为缓和(甚至是根除)传统中国社会阶级冲突的"缓冲阀"。怀揣对贡赋制"亲亲"理念(tributary kinship ideal)的合理偏见,贫穷的族人会理直气壮地向他们的富有族亲提出某种要求。对偷窃亲戚财产的惩罚要比对偷窃陌生人的惩罚轻得多(卜德、莫里斯,1967:247—248、297),这很明显是根据亲属关系与经济"蓄水池"协调一致的原则,对穷苦族人的慈善支持并不仅仅是一个"真实的谎言"。然而不同阶级的宗族伙伴之间的亲属纽带同样可以被视为一种国家支持的劳动纪律。如果对经济剥削者的反抗不能在宗族内部解决,殴打家族长老的暴力就会被法律谴责,这将引发法律带来的所有严重后果。

宗族的多样化

中国最著名的宗族是拥有集体所有的实质财产的大型法团,这些共有财产在地方政治经济当中占有重要的地位,闻名于广州、福建和长江下游地区。还有更加寻常、分布更为广泛的小型宗族团体,他们拥有很少的集体财产或者没有集体财产。这样的宗族在中国社会有着不可小觑的重要性,不能因为他们是类型更加复杂的欠发达例子就将其忽视。

以地产为中心的规模更大的宗族，其分布范围比较狭窄，集中在东南沿海和长江三角洲地区，在其他区域仅仅是零星地分布(韩书瑞、罗友枝，1987；武雅士，1989a：248—250)。他们拥有高产出的地产，他们的收入分配比贡赋原则所要求的更加不平等——如果不是在意识形态中这么做，也会在实践中这么做的。依靠土地、农耕技术改良、工业生产、海外贸易、国内商业及高利贷的广泛投资，在他们的穷亲戚的协力支持下，领袖们在这种宗族中结成的小圈子，成为小资本主义事业的主要行动者。在人才不足和人口匮乏的地方，他们总是以非正统方式自由地收养，有时候允许入赘婚——在这种婚姻中，"娶进来"的女婿往往被当作男性"儿媳妇"或者临时的、无足轻重的"妾"对待。(王安，1990：89、100—101)

没有公共财产的小宗族，正如杨懋春(Martin C. Yang)所描述的华北刘氏宗族(杨懋春，1945：134—141)一样，只能通过一种松散的自我意识来维持存在，没有任何积累机构。他们所拥有的只是非生产性的财产，诸如墓地或一小块托管土地，这笔收入用来维持年度祭祀。剩余部分则用于祭祖的宴席、微薄的福利及共有的建筑象征等方面。宗族有时会为男孩的教育买单，不过这种支持可以被看作一个由炫耀性消费、赌博和实际投资混杂在一起的连续统一体：受惠于集体资源而受教育的男孩也许将来有一天会谋得一官半职，到时候宗族得到的回报会比当年在他们身上的花费多得多。然而大多数青年才俊，并未如此。

小宗族一般会强烈地反对收养外姓继承人，因为这会限制他们对有限的资源基础的索求。其他种类的亲属习俗也有可能与贡赋理想协调一致，例如对于成年女儿至少要求实行偏重嫁妆的大

181

婚,而非入赘婚或者小婚。①(武雅士,1989a;并参见本书第 7 章)他们的活动似乎很大程度上是旨在维持现状与稳定,而非通过准资本主义的行为进行扩张。

较小宗族的经济交易一般来说是与贡赋模式一致的,大宗族的经济交易则展示了小资本主义的属性。前者似乎是一个中国家族法呈现的必然结果,他们的历史,甚至是易得到的史料,不太可能揭示出比从他们当下的表象所看到的还要多的内容。大宗族形式的历史显示出他们是主要的政治经济行动者,他们将国家接受的亲属形式当作保护伞来使用,目标是使其小资本主义企业避开统治阶级的掠夺。

武雅士在对宗族规模、社团和成员招募中的变化进行讨论之后,得出结论,认为通过将这些变化与中国长时期维持的文化基质结合,研究者可以对财产占有形式(连同中国亲属关系中发生的其他某些重要的变化)做出解释。(武雅士,1989a:260)我不同意武雅士在解释中国亲属关系的过程中对基质的普遍意义的强调(参见本书第 5 章),不过我发现他对宗族区域化(regionalization of lineages)的论述与我建立在政治经济基础上的预期高度吻合。

1980 年,武雅士通过对 600 多名 60 岁及以上女性的实地访谈收集了区域性数据,将辛亥革命前的中国宗族划分为三个类别,这种分类与贺杰设计的分类非常相似。(贺杰,1986)武雅士的类型Ⅰ宗族在分支结构、是否拥有较大规模的宗族成员及共有地产等方面较为相似;类型Ⅱ宗族是单姓村,拥有一个祠堂、一个公共墓

---

① "大婚"在武雅士的术语中指的是:新娘会作为一个成年人在丈夫的家中开始婚姻生活;"小婚"指的是:她从婴幼儿时期开始由未来的公婆养大。(武雅士,1968)

地;类型Ⅲ宗族联合祭祀祖先,拥有一个共同象征(例如族谱或者祖碑),展示了社会团结。(武雅士,1989a:247)为了最清晰地看到贡赋制和小资本主义影响的不同结果,我们可以有效地将这些类型简化为两种不同类型——宗族Ⅰ与宗族Ⅱ、宗族Ⅲ——之间的对比。这两者最显著的区别,是小资本主义生产资料的集体所有制的存在与否。为了简洁起见,我提到的是"所有者"宗族和"非所有者"宗族,武雅士所谓的第二类和第三类宗族确实拥有集体财产,不过其形式包括祭祀建筑、墓地,以及赋予"社会团结"一词物质意义的集体努力和人力资源的汇集,这是可以被理解的。这些集体财产在很大程度上影响了其在贡赋制中的地位。

宗族的所有者和非所有者均拥有科大卫所称的入住权:当一个宗族的祖先在一个特定的地方安家时,"他的子孙后代就赢得了在这个地方居住的相关权利,随着他从这个地方离开,他的子孙也失去了这些权利"。科大卫提醒我们,这些入住权并不仅仅是象征。它们在贡赋制生产方式当中是合法权利,向成员资格持有者敞开了合约保护的大门(以及不情愿的纳税义务)。他引用了一个开基祖的传说,在这个传说中(正如在其他相似的传说中),经常包括如下"桥段":"官文肯定是州府与县衙官员颁发的,官文内容当然也包括经其恩准的后人的入住权。"(科大卫,1989:12—13、9)宗族有时候会宣称土地是他们购买的,不过更普遍的情况是宣称他们的祖先已经得到官员允许,有权定居在此块土地上。虽然所有的宗族都拥有入住权,但是只有武雅士的类型Ⅰ宗族将宗族财产用于再投资获利。

为什么在意识形态和法律地位上如此相似的机构在如何使用

集体生产资料方面会有如此大的差异？武雅士对这一问题的回答与我大致相同："尽管各种类型的宗族在相对频率上有广泛的区域性差异，宗族组织所有类型的例子还是几乎可以在每一个地区发现。换言之，区域性差异是统计性的，而非标准性的。如果人们想要并且能够掌握必要的人力资源和物质资源，他们总是可以选择培育出更为复杂的宗族组织形式。"（武雅士，1989a：258）科大卫在结论中进一步强化了这一观点：到了清代，"一套共同的仪式语言已经涉及宗族实践并发展起来，这套仪式语言在全国范围内使用，并不局限于任何特殊社会阶层（social class）"。（科大卫，1989：8）（科大卫习惯性地使用"阶级"指代仅仅基于财富划分的社会阶层）

　　武雅士有关宗族形态的方法，建立在田野调查可靠的大样本基础上，方法与理念结合得非常完美：与宗族在贡赋制生产方式之做法与小资本主义生产方式之做法间做出选择的观点不谋而合。我相信这些选择依赖于一个活跃市场的存在，而市场又是为了土地、劳动、产品和金钱等生产要素而存在的。在活跃的市场上，那些从宗族组织中得到初始优势——哪怕这优势相当微薄——的人在宗族结构之外发现了动力所在，于是他们依靠此种动力，开始剥削他们的亲戚，对待他们不像是对兄弟，更像是对雇工。倘若没有这样的市场存在，相对繁盛的宗族支系剥削他们的亲戚所产生的压力，就会更容易被"所有宗亲人人平等"这一贡赋理想抑制。虽然此种平等被年龄与辈分的等级体系保障，然而其与阶级的分层体系非常不同。

　　宗族地产不仅将族人之间不平等的可能性结构化了，而且将这种不平等植入宗族制度的根基。一个人的家户在他的带领下变

第六章 宗族:世系群

得富裕起来后,这个人也许会把部分积累作为集体持有的遗产分给他的后代。其他的财富,当然包括他自身已经从父亲那里个人继承的所有财产,将会在他的儿子们当中平分。一份妥善管理、世代延续的祖业带来的收益,很有可能让被赐予这份祖产的房支,变得比那些未受祖宗恩泽的房支富裕。这道程序保护积累性财富,抵制宗族更加平等的倾向,加剧了阶级分化。

家户或房支之间偶尔的不平等可以被宗族的一部分人利用,他们借此扣动简单支配循环的扳机,凌驾于宗族的其他人之上,或者是让整个宗族凌驾于邻人之上。这种在控制生产资料过程中产生的不平等也许来自从依附性群体那里压榨而来的盈余,这会导致积累的螺旋式上升。然而很明显,这种不平衡不仅未导致积累的螺旋式上升,也未能在大多数时间和大多数地方推动再生产的扩张。只有当官员吸纳贡赋的能力受到限制时,盈余才可能被用作资本。在非所有者宗族成为统计标准的地区——往往是贫困地区(如华北地区),穷人比富人更有可能组织成可出售生产资料的宗族。然而,区域性贫困也许很大程度上是贡赋制生产方式有效摄取财富的结果。

虽然将武雅士的三种类型简化为两个类型,有助于强调宗族作为"小资本主义"宗族的重要性,然而保留最初的三种类型意味着对宗族之间的地区性差异有一个更加细腻的分析。武雅士的田野数据与我在第4章陈述的政治经济区域化相当合理地联系在一起。武雅士的类型Ⅰ(拥有大规模的共同财产),应该尤其分布在弱贡赋制生产方式/强小资本主义生产方式的地区(如东南沿海);类型Ⅱ(拥有一些祖产)分布在强贡赋制生产方式/强小资本主义

185

生产方式的地区（例如长江流域）；类型Ⅲ（没有可出售的生产资料）分布在强贡赋制生产方式/弱小资本主义生产方式的地区（例如华北平原）。（读者应该还能回想起来弱贡赋制生产方式/弱小资本主义生产方式的区域在中华文明的疆域中处于文化边缘，人口并非全是汉族。巴博德[1969]的边陲假说也许能更好地解释分布在那里的宗族）

在对武雅士发现的讨论中，杰克·古迪（1990：60—61）为读者引用了武雅士得出的每一个类型的范例，并对其进行甄选。我相信，这些范例乃是绝佳的民族志素材。这些范例并未在我对它们做出预想的地区找到。例如芮马丁（1973）研究的当今台湾北部某些非常小的宗族，属于武雅士的类型Ⅱ。并非分布在指定区域的所有宗族都与预言的形式吻合。然而，通过研究武雅士的原始数据，我得出的结论是，他的宗族类型与我在高强度和低强度水平上提出的贡赋制生产方式和小资本主义生产方式在三个区域的互动结果非常一致。

我对武雅士发现的重新解释，阐明了宗族拥有的不同事物之间的区别，及其过去与当下用途的区别。男系继嗣群行使对每一个人的祖产进行处置的干预权及对继承人拥有的某些公共财产的控制权；当他们这么做时，他们从定义上来说是法人团体。正如之前论述的那样，因为政府支持这样的要求，所以类型Ⅲ宗族可以说是潜在地无处不在。只有在某些地区，或者当大规模和混乱的人口流动破坏了它们近乎自动的生成过程时，它们才可能完全从人们的视野中消失。类型Ⅲ宗族，尤其在华北平原和到处可见的穷人之中多有发现，他们为自己的家户福祉做出了微薄而实惠的贡献,但是最终大多数盈余都贡献给了国家通过教化和强化贡赋价值实现的贡赋制压榨。在这样的区域性经济中,由于已然被国家榨干,无论是宗族还是个体均不会积累太多盈余。

超越宗族类型Ⅲ这一最小形式的宗族——宗族类型Ⅱ——拥有一部族谱,并会修葺安葬族人的墓地、建造祠堂、创办义塾和社学,也许还会留出充足的土地来保障宗族仪式的举行。这一集体财产虽然值钱,但不具备生产资料属性,至少不具有市场销售性。这些财产具有使用价值,而不具有交换价值,它们按照贡赋交换的逻辑在宗族成员之间进行分配。它们带来了声望,可能可以帮助宗族成员进入贡赋体系——要想进入这扇门,义塾、社学和举止得体的仪式是很重要的。但它们不是生产资料,或者类似资本的任何存在。宗族类型Ⅱ利用他们声望的优势,凭借一个活跃的贡赋制生产方式所提供的丰富可能性,偏离了将财富唯独投资于宗族企业的方向。在诸如长江流域这样的地区,利用政治庇护所提供的充足机会,个体不用把自己的财产伪装成集体财产,就能保护他们的财富。

作为类型Ⅱ宗族的对照组,创造了新的经济领域,或经营一个市场、当铺、砖窑,或者从事食盐专卖等经济活动的类型Ⅰ宗族,拥有生产性的共同"祖产",而且运营祖产之道与运作资本之法非常相似。武雅士的类型Ⅰ宗族在小资本主义力量较强、贡赋模式太过薄弱的地区是可能存在的,在这种类型中,贡赋制力量太弱,以至于很难有效地控制小资本主义,或者无法以贡赋制生产方式,将其成员的精力转移到追求财富的轨道上来。这样的宗族出现在福建,在国家统治力量薄弱时期的广州也有其身影。他们是主要的

187

政治经济行动者,并用"孝道"的修辞模糊了其积累财富的能力与生产社会不平等的能力之间的界限。

小资本主义生产方式(以及其他形式的小商品生产)的核心悖论是,在更为宽广的社会环境中,类似资本主义的生产关系可能在亲属关系的伪装下,保持甚至创造出浓厚的封建生产关系。(克林斯,1991;莱姆,1991)在中国,贡赋制坚持把人们以"家"的形式组织起来,并奖励那些发明和使用宗族方式进行生产的人们,这样,宗族就成为商品生产地区最重要的制度之一。

然而,自宋代以来,宗族最普遍的、在历史上最为持久的功能或许是其对社会性别再生产的贡献。宗族活动把男性提升到神圣地位。虽然母亲在中国社会中也会作为祖先受到供奉,然而只有沿着男系继嗣的序列,亲属关系的整个躯体才能够将各支系的繁衍彼此联系起来,并追溯到始迁祖那里——这条线索的依据是谁才是宗族结构赖以存在的基础。父系亲属纽带受到尊崇、颂扬和仪式化;其他类型的亲属关系,以及母子关系之外的女性角色,基本上都被宗族从根本上忽略了。在很多宗族中,妇女被禁止参与宗族仪式——甚至在宗族仪式中扮演微不足道的角色也不行,或无法分享任何宗族财产。在帝制晚期的中国,即使是散布在农村的一些规模较小、没有财产的宗族,也在仪式上彰显出男性的重要性和女性的不重要性。贡赋模式关于性别和其他形式的等级制度的核心价值在每次宗族仪式和议事场合上都被重演和强化。

我最近在中国农村的田野调查中,从两个十四岁的福建女孩欢愉的笑脸上,观察到了最为生动的表情背后真正的革命性变化。她们正在跟我讲述她们最近参与的宗族重建的仪式。"人们从四面八方来到我们的祠堂,里面有好多吃的,足够每人分食,我们都得到了新衣裳——真是太好了!"一个姑娘欢喜地说道。"女孩子也有份吗?"我问道,"你们两个都拿到了?""当然了——这是我们的宗族!"她们天真地回答。

第七章　嫁妆和聘礼

几天之后，我对他变得更加疯狂……并且我开始幻想着应该让他给我买什么衣服，买什么样的窗帘、什么样的床上用品及什么样的家具……我应该向他要位于南院的三间北屋，我多想让他为我把房屋整饬一新，配有许多条几和方桌；我还要让他买桌上饰品，要给中间的桌子摆一只座钟，在侧面墙上安一个挂钟；我想要在夹克兜里戴一块金怀表……当然如果手腕上没有戴金镯子，我宁肯闷在家里。

——一个小说女主角，憧憬着她的梦中情人，1936年

如果人们很穷，在女儿出嫁的时候，他们仅仅会给一两套衣服作为嫁妆。如果他们有钱，他们将会给女儿比聘礼多得多的嫁妆。

——一个大约出生在1830年的潮州妇女如是说

第七章　嫁妆和聘礼

女儿仅仅是中国人拼命生儿子的副产品,在传统中国社会这是一个不争的事实。① 在这一章,我将考察与中国女性相关的亲属制度的核心问题:婚姻,以及隐藏在其中的嫁妆和聘礼交换。我将从贡赋制生产方式不可避免的制约因素以及小资本主义生产方式对其颠覆性的双重建构中去考察这一亲属制度,这一双重建构同样也是到目前为止已为读者熟知的视角。

婚姻是传统家庭再生产的根本之道,通过婚姻,娶进来的媳妇成为家的永久性成员——既作为女工,又作为人口再生产者。婚姻作为塑造家的机制,在文化性文本中得到了非常清晰的表述。婚姻被当作一种契约,它将各项规定行之成文,只有通过法庭(至少由当地约定俗成的长者组成)才能将之合法解除。不论是诉诸纸面还是被习俗认可,经济问题都是其核心特质。根据中国相关法律规定,没有文书的婚姻是不正规的。古伯察在其1846年的游历中写道:"中国人一旦合法确立了一个婚约,就要完全意识到彼此之间已经组建了一个不可解除的纽带,《大清律例》与大众对婚姻的一般信念是相吻合的。法律对公开忽略自己婚姻责任的人将施以严厉的惩罚。"(古伯察,1970,2:227)

婚姻将一个妇女从之前的从属于父母转变为从属于公婆;如果丈夫在公婆去世后继承了大部分家产,她又将从属于丈夫。她从此对夫家负有繁衍后代及经济方面的职责,尽管部分其他权利

---

① 当然,这并不意味着中国的女儿们从来没有被爱过。1619年,一个中国父亲在挽歌中表达了失去刚蹒跚学步的女儿后的心碎,听来让人倍加心酸。然而,这份感情对他来说是不合时宜的,因为她毕竟还仅仅是一个小女孩。(爱诗客[Ayscough],1938:8—13)我们也知道,有时候妇女也祈祷自己能生一个女儿。(葛雷,1875:453)

191

与责任让她继续与娘家相连。

　　支配男性宗亲的意识形态,必然与男性根据其在亲属关系中的不同位置继承和使用祖产的权利是兼容的。然而支配妇女在亲属关系范围内行为的规则,运转模式则明显不同。妇女没有继承生产资料的权利,尽管有时一些富裕的家庭会通过嫁妆给予妇女对财产的使用权,作为对疼爱之情的特殊标榜。(参见华如璧,1984b:2、8)妇女在她们出生的宗族中仅仅是临时的一员,对于她所嫁入的家族来说,又是弱势的一员。她就像被打包的行李一样,从一个家转移到另一个家。在出嫁当日,她被遮得严严实实的,乖乖地坐在轿子上被抬走,这种送行象征着她们归属的转移(王安,1990:103),在此之前必然有一场战线拉长的谈判,来讨论什么东西可以随她们而去,或者作为回报什么东西可以回馈其娘家。《大清律例》使经济交换对于正式婚姻具有了不可或缺的意义,但是没有对被交换物品的性质做具体描述。这是为了避免这一在贡赋制中女儿的唯一谋生手段开始运作时,祖先财产被自然地转移给女儿,而使她们身陷于交换关系之中。

　　父系亲属关系是由家族财产的诉求联系起来的,与之相较,姻亲关系以及女性与她的娘家、婆家之间的关系在市场交易的转型中显得更加脆弱。现存的、正式的婚姻法律规范叠加在主导父系亲属关系的法律规范上,但是事实上,婚姻习俗很容易陷入某种有点像、比较像或者完全像市场消极互惠(negative reciprocity)的关系中。

偏重嫁妆的大婚(MMD)

正如武雅士和黄介山(1980)所述,中国老百姓在安排女儿的终身大事时,会有很多婚姻形式可以选择。他们把大婚看作文化优先形式:女儿长大成人,初潮已来,并可就此建立姻亲关系。这种婚姻形式借助于正当的要求,不仅仅构成了精英阶层的婚姻,也构成了在自给自足的地区过着非商品化生活的农民的婚姻。妇女在夫家除产生使用价值之外没有任何其他作用,其中,妇女首要的使用价值是为夫家传宗接代。在她的娘家,妇女被认为是"泼出去的水";在出嫁之前,对于父母而言,她是"赔钱货",除了做一些有限的家务,不能给家里带来任何回报。如果妇女从根本上被定义为人口再生产者兼家庭主妇,而非通过土地转让或者赚钱实现祖产积累的一个潜在来源,那么女孩只有到被抚养成人时,对另一个家庭才是有用的。这样,父母就不得不在她进入青春期后就立马将其嫁出,否则她生下的孩子将会挤占家中真正所有者的资源。

一个女儿从来不是她出生时生产资料的共同所有者,但她受到了来自非商品化的贡赋制政治经济的意识形态的习惯保护。(滋贺秀三,1978:110)在贡赋制政治经济中,对妇女最根本的保护就是让其拥有谈婚论嫁的权利,以及之后作为母亲成为另外一个宗族的永久成员的权利。一个女孩即使在很小的时候被卖身为奴,也会被理所当然地认为:在适婚的年龄,她自己的父母或新的监护人/父母/所有者要把她嫁给一个合适的男人。20世纪30年代,一个男子将其新生的女儿遗弃在福建漳州角美镇附近的河里,随着女婴一起漂流的还有她的"生辰八字",这是将来其进行婚配所必需的。(武雅士,1980)如果可能的话,一个年轻妇女会嫁入一个家境与她相当或比她略好的家庭,这样可以避免两个家庭之间微妙关系带来的压力,并且保证她在该家庭中享受到公平的待遇。精心制作的生辰八字、媒人、三姑六婆的流言蜚语都可以确保这一结果。一旦结婚,她有权免于无故被休。据滋贺秀三所述,"通过牺牲换来永恒稳定的生活对于妇女而言是婚姻所保障的"(滋贺秀三,1978:127)。

对女儿的另一个重要保护是可供消费的嫁妆,尤其是家具、床上用品及衣物等新居之所需。虽然在法律上,婚姻是由新娘的家庭接受新郎家的聘礼并缔结的,但一个新娘的尊严往往是通过其娘家给婆家的贡献获得的。这一特征也体现在关于19世纪末一个富有的澳门新娘的叙述中。在她出嫁当天,其娘家无意间忘了给她准备为夫家烧第一顿饭的柴火——这理应包括在嫁妆里。新娘拒绝了婆婆好心提供的燃料,傲慢地烧掉了两匹丝绸为丈夫煮饭。她的父亲闻后大喜,认为女儿用实际行动挽回了他的面子;随后,他就差遣100个苦力拉上柴火送往女儿的婆家,弄得柴满为患,整个屋子都装不下了。(曼培斯[Menpes],1909:17)如果没有嫁妆,新娘就有被当作乞丐的风险,婆家会认为她是来混吃混喝的,还会从夫家顺手牵羊,将夫家的财产据为己有。她在婆家的地位是模糊不清的,只有为婆家生下孩子后,才能在这个家族里赢得一些经济权利;在此之前,她仅是家庭的一个潜在成员(例如苏薇[Sa],1985:292)。没有嫁妆就意味着新娘在婆家没有保证其过上舒适生活的必要资金,她在那里得到任何东西都会被理所当然地视作"外人"而遭到嫉恨。在这种风气下出现了一种转型婚姻:缓落夫家(delayed transfer marriage)。在该婚俗中,新娘即使在婚后依旧不与丈夫、公婆生活在一起。有一个细节在这项风俗中显现出来。在20世纪20年代,有这样一位新娘,她为自己赢得的经济独立使她在暂住婆家时,拒绝了公婆所提供的食物,并给自己带过来所有生活必需品。(斯托卡德,1989:19)在她开始履行她的性义务之前,从贡赋制要求来看,吃公婆的饭食是不合适的。在她与他们就自己这一劳动力进行的小资本主义谈判中,她的拒绝是一个强有力的仪式声明。在整个前现代时期的中国,妇女若没有嫁妆,带过来的就仅有自己的身体,因此在完成繁衍任务之前,她的价值也是不确定的。很多新娘接受的仅可用于消费的嫁妆,体现了有关妇女价值的一个极其复杂的含义。

婚礼至少要带有一些约定俗成的象征意义,包括公开展示新娘和她的嫁妆,以及举办获得社会认可的宴席。尽管贡赋制逻辑鼓励父母为女儿提供嫁妆,但如果他们不这样做,女儿也不该因此感到委屈。嫁妆是一份礼物,而不是权利或遗产(葛维汉[Graham],1961:129;麦克格瑞雷[McCreery],1976:164;滋贺秀三,1978:118、147),它几乎从来不包含生产资料,后者天经地义地属于男人。如果没有被给予嫁妆,她不会为此与父母对簿公堂。这与儿子被剥夺继承权的情况不同,尽管她也许会为了这份亏欠在"哭嫁歌"里大声抱怨。(谢志民[Xie Zhimin],1991,2:774—779)女儿获得嫁妆的可能性很容易受外界压力影响而发生变化,这种压力包括当地的商品化水平。

我所说的"偏重嫁妆的大婚"(major marriage with dowry,简称

MMD)是在中国得到普遍认可并被广泛实践的一种婚姻形式。在中国各地,结为秦晋之好是士大夫阶级认同的形式,也是人们既风光又常见的选择。这种婚姻形式与贡赋制原理水乳交融,在这一体制中,每个人的政治经济权利由其所处的社会地位决定。它还体现出对女儿的爱,而在儒家的家庭资源分配中,对女儿的爱很少得到考量。大多数有关中国亲属关系的研究都将"偏重嫁妆的大婚"看作中国人婚姻的一般形式。

但是事实上并非如此。在妇女及其劳动商品化所导致的小资本主义可能性的影响下,妇女的许多贡赋制权利被废除,婚姻关系的其他模式开始浮现。例如,当妇女不能生育孩子时,这种婚姻的永久性会遭到严重的破坏。在一些小资本主义非常发达的地区,许多不能生育的妇女都被婆家休弃。在 19 世纪晚期和 20 世纪早期的台湾北部,以"大婚"开始、婚后不育的婚姻中,有 20% 在结婚 14 年之后离异,23% 在结婚 25 年后离异。对于以小婚形式——也就是"娃娃亲"(女孩在襁褓或幼儿期订亲)——结婚的妇女而言,如果她们无法生育,有 47% 会在结婚 14 年后离异,56% 会在结婚 25 年后离异。在这个地区,妇女即便生了孩子也不能在婆家拥有稳固地位。在台湾北部,结婚 25 年并育有两个孩子的妇女仍旧有离异的累加可能性,其中大婚的离婚率将近 10%,小婚的离婚率将近 20%。(武雅士,1995:第 8 章)

在婚姻领域,我们也可以看到父母是如何忽视贡赋制思想的。在这种思想中,女孩应该在初潮后作为一个年轻的成年人被嫁出去,因为在幼年时期,父母对她们有养育的责任。但实际上,妇女的结婚年龄就像嫁妆、聘礼及结婚形式一样是可以协商的,而不是像贡赋制逻辑所要求的那样固定在成年早期。在19世纪晚期至20世纪早期,台湾的某个地区的大多数女孩会在幼年时期就被嫁出,并且与婆家生活在一起。(武雅士、黄介山,1980:233)

妇女的结婚(或"打发")年龄对于如下事项的计算来说是极为敏感的问题:如果妇女在家中仅仅是消费者,那么养育她们需要花多少钱?如果当地的劳动力市场可以让她为家里挣钱,那么将她们早早地嫁出去又会损失多少机会成本?在浙江绍兴附近那些高度商品化的村落,妇女在婚约中的聘礼是按照订婚的年龄来计算的:女方多少岁对应多少元,每长一岁的花费大概对应4元到10元。在19世纪早期的福建北部,年轻女仆按照其年龄确定被卖的价格,其变化随米价而变动。(戴玛丽[Darley],1917:62—63)然而在女性劳动力很廉价的山东,女性劳动几乎没有现金价值,在女性过了二十出头的年纪后,聘礼的数额就会显著下降。没有适当的劳动收入,这些妇女的唯一价值就只在于其潜在的生育能力。(武雅士,1980)

在女孩被高度商品化的地区,贡赋制所青睐的"门当户对",或者说经济水平相当被轻易地忽略掉了,这对妇女来说是一种极大的伤害。我见过台湾的一些旧式妇女,她们家庭富裕,却在幼年时期被嫁给了一个木匠、一个小农或者是一个还在吃奶的孩子。在20世纪初的台湾北部,贡赋制的作用微乎其微,财富足以带来声望。人们不需要浪费金钱来养育女儿,也不需要给女儿准备嫁妆。

在小资本主义的影响下,婚姻形式极其富于变化,有时其变化仅在历史上昙花一现,有时某些变化则成为具有持续性的婚姻模式。晚清时期,许多妇女的婚姻都偏离了以嫁妆为主的婚姻模式,在经济条件允许的情况下,父母往往可以对其做出一些选择。虽然作为大婚约定俗成的象征物,结婚礼服、轿子等都会被提供,但是隐藏其后的金钱交易要比表面所呈现的更加多变。一些家庭索性将女儿卖掉,或者在幼年时期将其嫁掉,或者给予她们很少的嫁妆,或者不给嫁妆,或者以入赘的形式招上门女婿与他们一起生活。偏重嫁妆的大婚不是与非主流婚姻类别彼此对立的孤立事物,而是在中国许多地方广泛存在的婚姻习俗。大婚主要有两种形式:嫁妆形式和聘礼形式(major marriage with brideprice,简称MMB),或者以这两种形式结合。这两种形式对各自对应的两种家庭来说,产生的几乎是相反的经济后果。

在偏重嫁妆的婚姻形式(MMD)中,新娘的家庭要花费自己的资源来置办嫁妆。台南人仍然会提供大笔嫁妆,他们说"嫁女如遭劫"。相反,在偏重聘礼的婚姻形式中,根据婚约,主要或者所有的婚礼开销都由男方承担。女方的娘家也许会保留所有或者部分聘礼;如果需要购买衣服、家庭用品等嫁妆,那么大部分或者所有的钱都由男方承担。在这种婚姻形式中,虽然婚礼非常隆重——其隆重之程度与偏重嫁妆的婚姻形式实质上是对等的,但对于新娘、新郎及其双方家庭来说,各自的实质结果呈现出异常鲜明的差异。典型的偏重嫁妆的婚姻形式(MMD)对于新娘父母来说代价很高,他们要自己提供新娘的嫁妆,为新婚夫妇置办所有的家庭用品,或者还可能要在男方所给予的彩礼中添上一大把。在这种婚姻形式中,新娘父母的嫁妆支出得不到补偿,新郎家庭的花销较低。

在偏重聘礼的婚姻(MMB)里,嫁妆全部或部分由男方家庭承担,这种形式比偏重嫁妆的婚姻更为常见,古今皆然。女方会向男方索要丰厚的彩礼,尽管所有这些东西通常会随新娘一起返回新郎家并归男方所有。这样丈夫、婆家和新娘自己就陷入了一种债务困境,因为新娘也有义务偿还这些债务。(韩起澜、贺萧[Honig and Hershatter],1988:149)在中国,确实常有人说偏重聘礼的婚姻就像卖女儿或者买儿媳一样。

偏重嫁妆的婚姻形式(MMD)和偏重聘礼的婚姻形式(MMB)也被描述为与直接嫁妆或间接嫁妆相联系的婚姻形式,这点我将在下一章继续讨论。在这两种极端的婚姻形式之间还存在着一种勉强平衡的交换:新娘带着双方都做出贡献的嫁妆嫁入新郎家。有时女方父母会明确地提供与聘礼相匹配的嫁妆。

武雅士和黄介山(1980)将我们的目光吸引到1845—1945年间分布于台湾北部的另外两种婚姻变体。其一就是入赘婚,在这种婚姻形式中,上门女婿进入一个无子嗣的家庭,并答应将来孩子(或者其中的一些)随他母亲的父姓,当然他可以为孩子起名字。在中国,入赘婚为大家所熟知,它是一种为绝户的家庭和没有财产的男人解决危机的策略。作为解决家庭重大困难的策略,它在某些地方相当盛行。例如20世纪早期,在台湾南部的部分地区,这种婚姻形式就占40%。(巴博德,1985b:315)在小资本主义生产方式影响薄弱的地方,入赘婚明显被新娘的父辈家族严格限制,他们不允许与他们无关的男子通过婚姻,宣称拥有家族财产的所有权——这本应被他们独占。在这种婚姻形式中,妇女的立场与大婚明显不同。在经过父母的允许后,她有权将已经完成生育任务的丈夫逐出家门。在完全被允许的情况下,入赘婚展现的一系列内在含义与贡赋制生产方式的婚姻模式明显不同。在这种婚姻形

199

式中,是财产关系决定了权力在中国家庭中的分配,而不是代际关系和性别关系。当用财产招上门女婿时,宗族父系原则实际上是可以为了家庭而妥协的;当妇女可以染指财产时,妻子与丈夫及双方家庭之间的关系就被彻底颠倒了。

武雅士和黄介山所说的第二种婚姻变体是"小婚"。台湾北部是19世纪商品化爆炸性发展的地区,劳动密集型的茶叶种植在该地区发挥了重要作用,在这里,74%的女婴在出生不久后就作为儿媳妇被未来的公婆家收养,其中的80%最终成亲。(武雅士、黄介山,1980:233、196)富有之家和贫穷人家一样,地主和劳工都会为他们的儿子积极筹划这种婚姻。(武雅士、黄介山,1980:263—265;苏薇,1985)在这些地方,小婚成为大婚的替代品,是被社会普遍认可的标准婚姻,后者通常仅仅是家户竭力安排小婚失败后的第二选择。这种婚姻形式在中国的其他地区也很普遍,有时它被鄙视为贫穷地区无所不用其极的手段,但有时它又在文化上被普遍接受。(武雅士、黄介山,1980:255、2—8)小婚用年轻人——尤其是女孩——的价格,让父母权威蒙上利令智昏的阴影。在19世纪茶叶和樟脑种植的繁荣时期,随着年轻劳动力需求的骤然增长,小婚也得到极大的扩张。小婚很快就被日本人合法化,并演变为日本人的规矩,这些变化极大地改变了当地的政治经济秩序。这一契合表明父母对市场环境高度敏感,不惜动用他们的权力摧毁大婚对妇女的保护。

还有一种婚姻变体在某时某地也被充分接受,并且被富人和穷人以相似的方式施行着。(葛雷,1878,1:207—208;玛乔丽,1975;桑噶尔,1978;叶玛丽[Jaschok],1984;斯托卡德,1989)古伯察在对产丝和产棉区的独特观察中发现,在这里,女儿被允许与娘家人生活在一起。实际上,这些地区的父母甚至不愿意看到女儿结婚并进入另一个家庭。(古伯察,1970,2:347—348)

这一形式被斯托卡德称为"缓落夫家",在蚕丝生产繁荣的广州乃至整个珠江三角洲地区非常盛行。在19世纪晚期的广州,年轻妇女的手还没有因纺织这一繁重家务(包括剪桑叶、剥茧抽丝来赚取不菲工资)而变得粗糙。在同辈和父母的鼓励下,在公婆不情愿的同意下,再加上她们的丈夫毫无疑问越来越粗暴的容忍,丝织女工等"大婚"婚礼一完,就会迅速回到娘家生活。在把自己正式移交给婆家和生儿育女前,她有长达6年的时间可免于同房和生育——她们一拖再拖,可说是为此绞尽脑汁。一些妇女拒绝去婆家生活,她们会为丈夫买一个女人以替代自己完成生子义务,以此确保她们将来入宗祠、立牌位的身份。鉴于这些情况,加之台湾的小婚,我们可以发现在小资本主义生产方式较为发达的地区,婚姻形式是最可以协商的。

买卖婚姻

19世纪,明恩溥记录称"在中国北方的一些地区,从未来新郎家庭榨取的钱财是如此可观,以至于在置办完全套嫁妆之后,剩下的钱财还可以成为父亲们的利润来源"。(明恩溥,1899:270—271)这一评论一看就知道是一个"中国通"说出来的,他还描述了一个地区,这里的妇女在和平时期比在中国大多数地方受到的保护都更有力,可以免于被市场操纵,这一点非常明确。然而,中国婚姻研究面临的最有争议的问题是,在中国社会,"婚姻"是否等同于"买卖"。杰克·古迪虽然在分析中沿用了许多基于非洲社会对婚姻交换的理解而发展起来的论点,但一直否认中国存在这种情况。(杰克·古迪,1973;1990:30)其他最初利用非市场社会案例进行研究的人类学家也否认给予妇女嫁妆就意味着买卖的说法。康拉德·科塔克(Conrad Kottak,1974:134)认为"'聘礼'这个术语意味着不幸,因为它暗示了妻子是被卖的。在大多有聘礼制度的[非洲]社会,人们不把这种财产的转移当作买卖,当然他们不认为婚姻就像是男人与可以被买卖的物品的关系";与此同时,马文·哈里斯(1971:279—280)认为,在非洲社会"女性的交换与汽车、冰箱在价格—市场(price-market)发挥杠杆机制的欧美社会的买卖不可同日而语。娶妻者在任何意义上都并不完全占有他们的妻子;他们必须照顾好妻子或她的兄弟,且'父亲'可以要求娶妻者将女儿归还给他们"。古迪也持相似的论点,而其对嫁妆和声望之影响的研究使这些论点变得更加复杂(并参见郝瑞和萨拉·迪基[Harrell and Dickey],1985)。这些当然都和贡赋制背景下的婚姻观念有关,但它们并不否认中国婚姻的商品化。

中国人在涉及婚姻安排的时候,会自由地使用"买"和"卖"两个术语,并且不是将其作为隐喻来使用的。就在最近几年,妇女似乎曾经拥有某种非常接近"整体感"(a total sense)的东西。对一个已婚的妇女来说,娘家家族的男人们所持有的唯一被普遍认可的习惯性合法权利,是对妇女在婆家因受虐待而自杀或早夭的后事处理。当然,娘家的父亲或兄弟们并不要求归还被虐待的女儿或姐妹①,也不会在她们生前提供有意义的保护。就如莫里斯·弗里德曼所认为的,"中国社会……普遍缺乏对已婚妇女与其亲属关系的管理规范"。(莫里斯·弗里德曼,1979:297)而且,与古迪和科塔克所研究的非洲经验不同,中国是一个"价格—市场社会",就如对奴仆和收养的研究所清晰展示的:中国曾经有一个发育良好的人口交换市场。(葛希芝,1996)

在中国传统社会,一个买来的人仍旧是人,他仍拥有某些——动物或物所没有的——权利和能力;妇女不是纯粹的商品,也从来不是纯粹的商品。但是,在日常的言语中,在一个大家都承认的一般事实中,妇女可以被"买",可以被"卖",因为即使是成人婚姻也离不开金钱交易。在小资本主义(或者资本主义)的条件下,象征妇女生育力的钱可以变成一种价格,妇女可以根据价格被买卖。在女孩娘家的眼里,当卖掉的女儿被这样处理时,她就不再是家庭资源的消耗者——事实上,娘家还可以从她的卖价中获利。她的立场和她的家人的立场无足轻重,就好像她为了聘礼嫁出去一样,然而这种婚姻可没有嫁妆婚配那样体面。家庭最终所采取的婚姻形式,无一不是灵活选择的结果。

在19世纪晚期和20世纪早期,有足够的证据表明,买卖是一系列妇女交易的终端。我注意到了庄士敦(1910:211—213)的一段关于一群威海卫男人的描述,这帮男人的朋友帮他们从北京买

---

① 从这种残酷的普遍现象中找到例外总是很令人欣慰的。我最近听说在20世纪20年代,一个四川家庭将其出嫁的女儿从婆家索回了,因为女儿的婆婆为了防止她多吃,将她的腰勒了起来。

媳妇;葛雷(1875:586,并参见567)记录了一些不服从命令的尼姑被官府卖给了一群娶不起媳妇的光棍当老婆;满乐道(1891:116—118)详细地记录了济南一个"公正父母官"的故事,在19世纪70年代早期,他关闭了当地所有的青楼妓院,逮捕了妓女,并且将其按重量以市面上猪肉的价格卖给未婚男子当老婆。四川的一个父亲想把女儿嫁到"攀高枝"的地方,但不巧这个老爹过世了,这笔婚姻交易就留给了女孩稍有良心的兄弟们,兄弟们说:"让我们的姊妹过得幸福一些吧,哪怕钱少一点。"①(立德夫人[Mrs. A. Little],1898:101)还有一个四川人在考虑从本省买个媳妇,他以非常近乎生意人的口吻与立德夫人的丈夫谈论这件事。他说:"在四川,我可以花十美元买一个老婆。但这样我对她的家庭情况和生活习惯一无所知,就和从湖北带回一个媳妇一样……当然从湖北买媳妇会花更多钱……如果我发现自己买的媳妇吸鸦片,那么就等于我的十美元泡汤了。她是否吸鸦片,这点可从她身上看不出来。"(立德夫人,1898:129)在山东,"一个谈吐朴实的农民……在谈论到买媳妇或者卖女儿的话题时和谈论在邻近的集市上出售农产品没啥两样"。(庄士敦,1910:208)将女人卖给别的男人当妻子是清代法律对通奸女人的惩罚,买卖价格随行就市。(斯汤顿,1810:307、404)在台北,小女孩会被送(或"卖")给需要童养媳的家庭来养育,如果养育她们的家庭的需求发生变化,她又会被转手卖给其他的男人做老婆。(武雅士、黄介山,1980:114—115)在中国台湾的

---

① 兄弟不像父亲,他们必须要征得妇女的同意才能将其嫁掉。(查尔斯·考曼,1970:188)就让我们善意地相信文中兄弟所说的完全是出于好心吧。

乡村,对婚姻最普遍的比喻是"带到市场上的猪"①——猪是市场上出类拔萃的动物,它的价值在于卖猪所得的钱是家里一年的主要收入来源之一。

台湾为我提供了许多机会与这种制度的参与者和观察者讨论婚姻买卖问题。1945年至1950年间,一些嫁给大陆人的台湾女人急切地辩称她们的婚姻不是一桩"买卖"婚姻。20世纪60年代晚期,在台北工人阶级集中的街区,人们用"去买"作为男性结婚的近义词,而且这个词在当今仍然被人们毫不掩饰地运用着。即便是当地妇女嫁给了其他本地人,婆家给予娘家的聘礼价值也要远远高于新娘可能带回婆家的任何钱与物。与嫁妆负担沉重的南部不同,在台湾北部,人们认为娶媳妇是要"烧钱"的,嫁女儿却是会有收益的。

在中国的部分地区,"抢婚"的形式是多种多样的,当事人试图通过"抢婚"避免礼俗性花费。这有时包括直接的买卖,它经常发生在双方家族长辈的秘密谈判之后。新郎的亲戚会埋伏下来,直接将被选中的新娘掳走。这一举措避免了新娘的抗议,是一个罕见的迹象,表明一个有主见的女儿可能确实对自己的处置有发言权;它还为娘家节省了嫁妆费用,就像浙江的一个例子一样。有时抢婚可能仅仅是一场诱拐,未经新娘家庭同意,然而达成了男方家免于支付聘礼的目的。(武雅士,1980)可以说,我们看到的是混杂了强奸的抢掠,而非买卖婚姻。因这些习俗而存在的方言(根据我的报道人所述的在四川的那些行为)表明这些"抢婚"形式是妇孺

---

① 我要感谢武雅士给我提供的这一乡村俚语。

皆知的。

许彰铭(音译,Hsu Chang-ming)对1946年流行于陕甘宁边区的婚姻状况进行了研究,当时当地的男女比例为135∶100。她区分了直接买卖妇女和新郎家的礼物没有被等价嫁妆抵消的婚姻模式,并排除了纯粹买卖的情况。然后,她对只支付聘礼的情况做了如下描述:

> 1939年,一个富裕的农民可以花64元为儿子买一个媳妇,这比一个羊倌一年的收入(大约45元)还多。两年后,这种花费达到50—200元,到1942年,花费达1000到8000元。从1942年所显示的不同金额中可以看出新娘的价格与她们的劳动能力是有关联的。一个7岁的女孩最多只能卖700元,一个青少年女孩的价格则是她的两倍,一个寡妇可以卖到3000元。① (许彰铭,1984:15)

婚姻交流中的层级使得中国人的婚姻尤其难以被概念化为一个单一类别的事物。即便是像弗里德曼这样的专家在为独立的新加坡制定法典的过程中,要试图从法律角度对其进行定义,也会感到困难和沮丧,这尤其体现在婚姻交易问题上。(弗里德曼,1950:98—112;1979)1948年,中国香港地方委员会的一个报告发现,"关于妾(买来的第二任妻子)的确切关系和定位及这种关系的组建方式,也许比中国法律与风俗的其他现有问题存在着更多争议。虽

---

① 参见在20世纪早期的广州被单纯卖为奴隶的女孩的清单,见叶玛丽,1988:145—146。

然一些妾来自比正室(正妻)低很多的社会阶层……她们被像仆人一样对待……听命于婆婆的指挥",然而还有"一些妾来自大约和正室一样的社会阶级……(而这)可能会使她更容易行使自己的权利"。报告将它的结论建立在中国文化预期上,指出妾"在法律上被看作妻子——第二个妻子或许是地位更低的妻子,这话不错,……然而妾既不是妻子,又不能被当作仆人对待",并且她生的孩子是合法的。很多并非按照一夫多妻礼俗结婚的妇女"根本就没有举行所需的……迎亲仪式"就进门,一进门就是儿媳妇、孩子的合法母亲,想必还被当作妻子,这种结合是"纯粹的讨价还价"。(香港政府委员会[Hong Kong Governor's Committee], 1953:23、24、25、22)

叶玛丽描述了广东地区的陪嫁丫环(女仆)的辛酸历史,她们生活在最为极端的小资本主义条件下,被买到家中,为主人带孩子,并在主人的一时兴起下被纳为妾。(叶玛丽,1988:38—39、57、95)罗伯萧(Robert Shaw, 1994)在厦门访谈了几个在前革命时期沦为奴妻(bondservant-wives)的妇女,她们在自己所有的个人悲剧中都重申了这些要点。被买来的"仆人/女儿"的"真正"地位给外来者创造了太多概念上的困难:如何尽量在作为亲属的妇女与作为财产的妇女之间做出明显(并且不恰当)的区分。一个陪嫁(*mooi-jai*)丫环可以作为下等的女儿并入一个家庭,或者仅仅被用来使唤干活,直到主人便于以获利价格将其再次卖掉。(叶玛丽,1988:76、83—84、99、125n.33)关于台湾的童养媳(*simpua*)、年幼女仆(*cabokan*)的命运同样也可以举出很多这方面的例子(武雅士、黄介山,1980:114—117),或者说,这其实是所有女童的命运,

207

就如叶玛丽所说:"卖掉女儿获利的选择是多种多样的。"(叶玛丽,1988:7)。小资本主义的精神与实践甚至被妇女自己吸纳。叶玛丽记录了一个年轻妇女,在极度贫困的情况下,她坚信将自己卖掉所得的钱可以让父亲开始一个全新的生活,与此同时,在别人家里做女仆也可以让她的生活变得更轻松,至少能保证其一日三餐。(叶玛丽,1988:54)对她们的生活进行协商的空间,向我们展示了妇女婚姻可能性的范围,从通过各种各样的婚姻形式沦为悲惨的奴隶或者妓女,到罕见的自我供养式的"缓落夫家"所捍卫的自尊。

我们可以勾勒出不同婚姻之间的区别吗?一种是穿上正式的衣服,被给予嫁妆,坐上轿子"嫁到婆家";另一种是被她遭受饥荒的父母从河南卖到山西,被人买来当女仆,并在伺候主人多年后被卖给一个合适的苦工做老婆。我们能以这样的思路,将买卖妇女排除在对婚姻的分析之外吗?我认为不能。为了进行分析,我们没有必要依赖在灾难时期卖女儿的"例外"情况,即使这种情况并不罕见,因为在灾难时期不但女儿会被卖掉,儿子也会被高价卖掉,尽管父母对此更不情愿——当然这种情况相对较少。我更多要考察的是正常生活时期的普遍选择,在这种情况下,当时的父母也许要么把女儿视为(虽低人一等却是)"真正的"家庭成员,即有权得到童年照顾和体面婚嫁,要么将其视为父系群体的可协议转让资产。在做选择时,传统的中国父母往往被两种相互矛盾的德行模式引导。在这两种模式中,一种比另一种让人更容易接受一点;而且每一模式都遵循不同的经济逻辑,并且会导致不同的结果。

并不存在小资本主义生产方式的单一婚姻模式。小资本主义在婚姻形式中是多种多样的,这点我们从年轻劳动力的不同用途中最容易证实。在以上所讨论的几种形式中,市场的逻辑是显而易见的。从性别化的政治经济视角来观察中国人的亲属关系,可以发现这种差异源于市场/契约关系,而非贡赋/继承关系。在小资本主义影响强大的地方,我们会看到妇女的劳动及其自身得到不同的对待,同时也会发现这些差异对该地区亲属习俗的影响。我们还可以预见到政府会做出巨大努力来限制这种差异,以免妇女和青年男子完全受到市场化的影响。这些举措应该在市场不繁荣的地方最为成功,或者在市场繁荣却被丰富的贡赋资源遮蔽的地方最为成功,比如统治成本高的省会城市和其他地区。

随着对中国妇女研究的深入,我们也许会发现更多的婚姻变化形态,并且这些变化应该符合我在这里提出的论点。例如,我很惊讶地发现,在中国的某个地区,以幼子为唯一继承人是新居民的通常模式,但这不是缓落夫家的夸张性做法,因为就后者而言,新娘在最后的从夫居住到来前,有一个必不可少的服务期。就前一种情况而言,如果面对兄长提出的法律要求,它恐怕是无能为力的;而后一种做法的问题在于,在特定的男女劳动力市场条件下,如果缺少自身的劳动,新郎的家庭又能够承受多久呢。

嫁妆和聘礼

艾利诺·里柯克(Eleanor Leacock)对比了两种社会:在一种社会中,"妇女作为有价值的人来回流动,通过流动,她们创造、再创造并且巩固了互惠关系网络,这一互惠关系网络以聘礼作为回报";在另一种社会中,"妇女的首要角色是为她的丈夫和婆家提供家务劳动,在这种社会中,聘礼以购买而不是交换的形式体现出来……当重要财富的流动发生逆转,婚姻需要嫁妆而不是聘礼时,就会出现进一步的差异"。(艾利诺·里柯克,1977:258—259)不像婚姻形式中的变异那样显著但同样令人困惑的,是全中国在嫁妆和聘礼这两个不同形式之中呈现的变异。这些从根本上矛盾的婚姻交换模式之间的复杂联系,在一种亲属关系行为模式中得到最为清晰的表达。身处这种亲属关系行为模式之中,人们——尤其是妇女——似乎变成了商品。

1973年,杰克·古迪和斯坦利·坦姆鲍亚(Tambiah)的文章是关于嫁妆/聘礼难题的一个非常重要而又极有影响的讨论。1990年,古迪开始重新探讨这个主题。他总体上以自己对嫁妆和聘礼性质的早期讨论为基础,增加了一个有关中国的新章节,在比较视角中大大扩展了中国研究的范围,充满了对中国制度的洞察力。

在1973年的论文集中,古迪和坦姆鲍亚一致认为聘礼和嫁妆并不是一组对立物或一组镜像。它们都是财富转移的机制,都对直接相关者和更广泛的社会关系有着不同的影响。古迪在关于聘礼的讨论中,通过突出非洲无国家社会的例子,强调了这种财产转移的平等主义和再分配功能:"聘礼(bridewealthy)经由新郎家族流向新娘家族;它形成了一个社会基金,一个资源循环'蓄水池',这种运动与配偶尤其是妇女的权利运动相一致。"聘礼通常"由一组特定的对象在它们自己的圈内流通",比如牛。(杰克·古迪,1973:17—18)从他对聘礼的论述中我们可以看出,作为聘礼的物品必须具有有限的流通性,而且仅仅适用于这种交换行为。

然而在中国,聘礼通常由一种最灵活的交易媒介——金钱来支付。金钱不仅仅在配偶交换圈内流通,它可以——实际上也是如此——被用在任何事务上:支付丈夫兄弟们的教育费用,买地,还债,作为资本去做生意。当代台北和成都妇女都提到了她们所获聘礼的以上所有用途。

坦姆鲍亚指出在南亚社会,聘礼有时候明显带有"一种'购买'妇女的独特气息",并且指出,在不同群体深深卷入商品经济所形成的交易类别当中时,其他类似买卖婚姻的交易也在增多。(坦姆鲍亚,1973:64、62—63、70)在这方面,中国与印度相似。就这两个国家而言,聘礼(brideprice)这个术语不恰当,其运作也不会促成平等关系和社会资金的循环。在南亚,嫁妆通常会产生集中财富和扩大贫富差距的社会效应。(杰克·古迪、坦姆鲍亚,1973:19、64—65)

古迪和坦姆鲍亚也发现嫁妆作为妇女财产的一部分,在归属新娘之后通常会被她的丈夫掌控,在整个大家族中成为夫妻之间的独立核心财产。(杰克·古迪,1973:17;1990;坦姆鲍亚,1973:63)古迪特别分析了中国式婚姻,将其视为一种不同的权力下放,即来自父母双方的资源成为新婚夫妇的经济支持。(杰克·古迪,1990:36)古迪和坦姆鲍亚强调代际传递,将女方父母给予女方的资源(直接嫁妆)和女方公婆(或丈夫)通过女方父母给予女方的资源(所谓间接嫁妆)结合起来。这种礼物赠予的观念几乎抹去了衡量亲属团体在物质方面哪一方获利和哪一方损失的问题,然而这个问题是理解如何从文化和分析性两方面来看待妇女的核心。

古迪和坦姆鲍亚探讨了嫁妆(包括直接嫁妆和间接嫁妆)作为

死前遗产继承的形式。(杰克·古迪,1973:1、17;坦姆鲍亚,1973:64)但是只有真正的直接嫁妆才能被当作妇女的继承物,成为妇女复合财产的一部分;新郎家族所给的资源(间接嫁妆)并不属于新娘。对于那些用丈夫的聘礼买嫁妆的妇女来说,她们在婆家的地位与那些自带嫁妆、不需要男方家出钱的妇女相比是非常不同的。此外,嫁妆很少包含基本生产财富——生产资料,除了体现为"金饰"的钱财(华如璧,1984b:8),嫁妆主要由消耗品组成。因此,以嫁妆为妇女所继承财产的观点在中国很难得到支持。

坦姆鲍亚引用莫里斯·弗里德曼的研究,得出结论:"在中国,嫁妆和聘礼同时出现:妇女接纳聘礼,同时带来一份嫁妆……其中一些或者所有嫁妆也许是娘家在收到的聘礼之外支付的。"(坦姆鲍亚,1973:71—72)古迪在1973和1990年的研究中,将嫁妆和聘礼合并在一起作为分析的关键,并且给人留下了这样的印象:中国人的"嫁妆"通常属于间接嫁妆。然而真实情况不但更加灵活,而且更加有趣。中国的婚姻交流比古迪的论点所能给予解释的更丰富,更富有规律性的变化。古迪试图厘清中国在这些问题上所呈现出的巨大阶级和地区差异,却无助于澄清问题。①

这种差异性在某种程度上是地域性的,但同样也是暂时的,因为随着不断变化的政治、经济环境导致的压力转换,婚姻习俗也在

---

① 古迪的研究涉及等级变化和区域差异。他的研究开始于这样一个假设:"在前工业时代,亚洲和欧洲的婚姻和家庭结构与组织的差异处于一个特定的范围内的变异,这与它们基于青铜时代而发展出的大致相似的生产活动形式大体上一致。"(杰克·古迪,1990:1)换句话说,传统中国的社会形态(类似欧洲和印度,但是不同于非洲)是被贡赋制生产方式组织的。古迪借鉴了莫里斯·弗里德曼的观点,但从根本上避免了他对"阶级"这一唯物主义术语的使用;他承认社会等级的重要性,但使用的是尽可能中性的表达方式。在他对中国的分析中,人民和群体有时被描述为"阶层"(例如杰克·古迪,1990:101),但通常被描述为"高层"或者"低层"的人、群体、宗族。在其表述中,明白显现了"高"和"低"的思想趋向。(杰克·古迪,1990:98、104)这些完全没有理论内容的空间隐喻,都是古迪用来将婚姻和家庭的差异与中国人和非洲人的政治经济区别联系起来的手段。地区性的差异很难得到更好的解释。古迪在很大程度上依赖于对中国北方和南方的宏大区分,并提供了一种含糊其辞的解释:"是什么促使较高阶层群体通常更像北方人,较低阶层群体更像南方人? 在北方和较高阶层群体之中流行的习俗与儒家典范联系更加紧密,也就是说,与汉文化、儒家和新儒家的原初核心地带更加接近。与南方最近出现的中心相比,他们与(儒家)著作中包含的典范更加接近,而经典乃是学派形成的基础,只有少部分人才被特许加入。这一分布是可以理解的,因为北方是汉人社会的发祥地。当然,不管是南方还是北方,不管是大城市还是小城镇,任何典籍文化(literate culture)中心都是该地的汉文化和儒家思想的教化中心。南方的较高阶层群体……自然更倾向追随北方模式,下层群体则坚持当地的行事方式。我认为,这种趋同部分上是由于相似的社会经济条件,部分上是由于移民的到来以及殖民者的权力和威望。但更主要的是由于国家和以教育系统为中介的儒家思想的影响。"(杰克·古迪,1990:109—110)古迪几乎没有提到国家的角色;在他那里,"社会经济条件"通常指的是"富裕"或"贫困",偶尔指"乡村"或"城市"。在古迪坚持避免"一些经济学家和人类学家所热衷的对市场活动的粗俗还原做法"的过程中,他放弃了考察市场和非市场生产方式对家庭和婚姻的影响,转而求助于一种有些人负担得起而有些人负担不起的意识形态。(杰克·古迪,1990:129)因此,古迪将大量可以证明中国婚配问题的证据(难道是因为政治上的不正确?)弃而不用,给不了解中国数据的读者留下了一种不会变通的误导性印象。

迅速变化着。葛瑞黛(Rita Gallin)对她已经持续观察好几十年的台湾新星村进行了一番描述。在20世纪50年代晚期：

> 嫁妆的费用由新郎家提供的聘礼支付，也就是用聘礼购买嫁妆。虽然有些家庭会让聘礼有所增加，即购买比聘礼更多的嫁妆，但是大多家庭不会这么做。一些家庭甚至会送一份比收到的聘礼价值低的嫁妆（葛伯纳［B. Gallin］，1966：208）……然而，在20世纪70年代，新娘家置办嫁妆的花费要比新郎家提供的聘礼高很多。就像一个妇女所说的，"今天人们非但不保留聘礼，还会添置一些东西给新娘陪嫁过去"。（葛瑞黛、葛伯纳，1987：27n.4、7）

从偏重嫁妆的婚姻到偏重聘礼的婚姻，再到买卖婚姻，如同婚姻交换的谱系从两极到中间点的变形，婚姻交换范围的两端和中间点，是商品化影响在贡赋制约束下的必然结果。区域性婚姻习俗沿着这一谱系定位到某一点，乃是根据两种生产方式的一种或者另一种进行互动选择的行为结果。许多地区的婚配模式在这两种模式之前维系的平衡中经历着快速的变化，家户内部及家户之间的协商也许使得他们不再因循守旧，遵从"传统"模式，而是创造出了许多可供选择的婚姻模式。在可能的范围内，特殊的地方环境造就了童养媳"小婚"和"缓落夫家"婚姻，可能还有其他未被纳入研究的婚姻形式。偏重嫁妆的大婚是统治阶层的婚姻模式，采用这种婚姻形式的家庭总能安然地宣布自家的较高地位。然而小资产者从他们所做出的婚姻选择中赢得的优势也许超过了他们对外宣称的价值。除官宦家庭外,阶级并不能解释中国婚姻变异的存在和分布;两种生产方式的局部性衔接才能为之提供合理的解释。

婚姻交换的分配

这些变体是如何分布的?尽管可获得的数据不充足,但它有可能证明婚姻交换的模式与两种生产方式的不同结合之间存在着某种一致性。为了阐明这些模式,我利用了三组数据:1986年和1988年,我自己从台北和成都200个做小生意的妇女那里搜集而来的数据;1980—1981年,武雅士对中国7个地区的农村、郊区的好几百个老年妇女就亲属关系进行调查的田野笔记(这些数据由他慷慨相赠);1929—1933年,卜凯(J. Lossing Buck)对中国进行的广泛调查中关于婚礼花销的内容。武雅士的数据(取自1980—1981年间59岁以上的妇女)和卜凯的数据反映了20世纪30年代及更早的中国大陆的情况。我自己搜集的数据从1986年伊始一直延续到现在。

我们从成都、台北婚姻形态的比较入手,可以更好地理解婚姻交换模式的分布情况。在成都,辛亥革命前的风俗习惯和新近的经验使得宗法关系尤为突出;而在台北,繁荣的市场长期以来使得婚姻具有很强的可协商性。首先,我要将成都前革命时期和当下的婚姻状况与我较为了解的台北同时期的婚姻状况进行比较。

在前革命时期的成都,新郎家给新娘的礼物大多是可立即消费的奢侈的食物——广为人知的猪肉和糖果,以及给新娘穿戴的衣服和类似首饰的小礼物。在成都,当男方把聘礼给付女方时,金钱会以嫁妆的形式返回,嫁妆的价值高于或者低于聘礼,其比例大致相当。嫁妆大多由家具,以及给新娘的衣服、珠宝组成。对于仍然掌握在父母手中的新娘的身体而言,其并不存在制度化的单独"价格",而且当她的父母可以为自己保留钱款时,交易实际上也没有任何意义。新娘通常会得到一小笔塞在嫁妆箱里的钱,因为它具有一定象征意义;她们的首饰至少可以在一定程度上抵御公婆聚揽钱财的欲望。

在成都,前革命时期的婚姻交换很好地呈现了贡赋制的极端形式——偏重嫁妆的婚姻。在这种婚姻中,女儿得到的嫁妆主要由她的父母提供,新郎家给新娘家的订婚礼物是即时消费品,不能轻易地转变为资本。革命以来移风易俗,婚配模式不得不因政治发展而做出必要的改变。在 20 世纪 80 年代,经济改革的十年间,婚姻交换所遵循的当前中国城市的典型婚配模式实质上是间接嫁妆的补充模式(聘礼);在某些家庭,嫁妆由新娘父母提供,购买新婚物品的费用则常常是新婚夫妇自己的积蓄。在成都的这一阶层分化中,从过去强大的贡赋制生产方式模式到韩起澜和贺萧的所谓"婚姻唯物论"(1988:98),转变是惊人的。然而,人们仍然强烈希望婚礼基本费用能够作为消费品赠送或消费,而不是作为现金转给新婚夫妇。

在极易协商的台北婚姻中,资源从许多可能的方向进入交易,并可被输送到多个可能的目的地。正式的与非正式的协商在每一次财富转移过程中随时随地都能发生,所以实际的结果会和最初的期待大相径庭。在最有名望、嫁妆规模大于聘礼的家庭,新娘家会提供新婚夫妇(在一定程度上)日常生活所需的一切,上至床、家具、女儿的衣服,以及为女婿准备的从头到脚的全套衣服(包括手表和钱包),下到"房间里的马桶"。① 然而,置办嫁妆的钱或者全部或者部分来自新郎家,或者由新郎和新娘各自承担,或者由他们一起承担。

父母送走新娘,同时分文不受或者不求回报,这样的嫁女理念在台北被仪式化了:新娘的父母在婚礼当天拒绝男方隆重呈上的协商好的聘礼。但数额可观的聘礼早在婚礼前就已经转交完毕,也许这才是问题的实质。最后可能还有一小笔聘礼,大概是大笔聘礼的十分之一到四分之一,被用来购买嫁妆,这样一来它就又回到新郎那边。如果女方不接受大笔聘礼——他们觉得这样做有点卖女儿的意味,他们就会只保留少量聘礼给自己去购买嫁妆,或者甚至将其全部归还(当然这种情况很罕见)。男方最初提供的大笔聘礼也可能会被一个更为贪婪的家庭据为己有。在 20 世纪 70 年代的一场婚礼中,新娘的一个多管闲事的姨妈代表新娘家亲戚向新郎家索取了大笔聘礼,这几乎摧毁了新娘与怒不可遏的婆婆之间的和睦关系。在实际操作中,大多数家庭不会因聘礼的多少而谈崩。

1988 年,75 个积极参与家庭生意的台北妇女给我详述了她们的婚姻交换情况,她们的年龄在 20 岁到 85 岁之间。在 10 个超过

---

① 当被问及为什么新娘家需要送新郎全套衣服时,回答往往是"这是一种习俗"。一个聪明的报道人说这个习俗象征着女人想要占有未来丈夫:"这意味着你得到了他的全部!"我在这里的解释是,送新郎一套全套西装与新娘父母通过嫁妆所表达的完美声明是一致的,都是在强调:"她不会花你一分钱,我们有足够的钱养活我们的女儿。"

50岁的妇女中,有4个没有索要聘礼,另外6个协商的聘礼平均值为7000台币(当然是她们的家庭出面),这6位中的5位实际收到了平均值为6550台币的聘礼。在17个年龄在40岁到49岁的妇女中,有6个新娘的家庭没有索要聘礼,11个协商的聘礼平均值为8750台币,这11位中的8位实际收到了平均值为7600台币的聘礼。在22位年龄在30岁到39岁的妇女中,仅有1位没有收到聘礼,21位协商索要平均值为143 400台币的聘礼,这21位中有13位实际上收到了平均值为93 000台币的聘礼。在26位年龄在20岁到29岁的妇女中,有9个没有索要聘礼,17位协商索要平均值为123 300台币的聘礼,这17位中的11位实际上得到了平均值为114 000台币的聘礼。

即使考虑到1968年至1988年间发生的剧烈通货膨胀,最年轻人群的聘礼也显示出稳定的长期增长。这一趋势反映了主要以年轻未婚女性劳动力为基础的经济的迅速发展。所有人群接受的平均聘礼相当于当前在建住房或购买简单居所费用(包括装修费用)的两倍,或者非熟练工人年工资的五到十倍。

那个被常常提起的部分聘礼返回新郎家的习俗,并未对接受我访谈的妇女的平均聘礼产生多大影响。除了三十来岁才找到婆家的妇女,新娘实际上得到的聘礼与最初所商议的金额相差无几。台北父母并没有按照传统(或实际情况)自掏腰包为女儿置办嫁妆,并且往往会在婚礼花费之外保留一笔现金。

聘礼可以通过多种渠道流动。全部或部分彩礼可能会留给新娘的父母,而不是转给新婚夫妇。新娘的父母可能会同意花去所得聘礼来置办与聘礼相匹配的嫁妆,或者把钱给年轻人,让他们按照自己喜欢的方式去花销——许多小生意的启动资金往往就来源于此。新婚夫妇及双方的父母可能会同意把亲戚朋友给的所有份子钱给小两口用。新娘会在订婚期间拿出她收到的全部或者部分红包(钱)给母亲,用来支付招待新郎家人的费用。母亲也许会从这里面拿出一部分钱秘密投资,然后等女儿在新家有一定独立权后,再不动声色地还给她。

尽管新婚夫妇已经组建了他们自己的家庭,但是台湾的老一辈人仍会要求年轻夫妇与新郎的家人一起生活至少一年左右的时间。在这段时间内,新郎的父母会秉持贡赋制生产方式的持家理念,为了所有的家庭成员,将包括新娘嫁妆在内的所有资源变成家中公有财产。现金陪嫁有时会存在婆婆那里,为婆家所用。一个于20世纪70年代中期结婚的台北妇女,痛苦地抱怨了她的大笔嫁妆都被用在家里的生活开支及小姑子、小叔子的教育上。另一个更年轻的新娘讲述了将嫁妆转交给婆婆的经历,她甚至连陪嫁过来的金银首饰也上交了。(金银首饰很容易变现,它通常被看作一种耐用消费品,可用于对抗婆家的非分之想)

嫁妆的"公开"部分,有时是24克拉的珠宝,有时是一本精美的存折,会在婚礼当天展示,婚后通常由新郎的父母监管。然而,新娘的"私房钱"将被在暗地里给予,有时候由新娘母亲保管,以免被充公。私房钱对一个妇女来说具有长远的意义,但是对丈夫和婆婆却有刺激性,因为它触犯了家的原则:家是经济共享的一群人。尽管原则如此,但是新婚夫妇也许拥有他们自己的资源,因而也许会与双方父母协商,争取他们对婚礼的开支和所得的独立控制。

就如最近一项重要研究所显示的,与儿子相比,大多挣工资的女儿对其工资的控制权较小,她们必须依靠父母的一时兴起来决定自己为家庭贡献了多少,并据此获得嫁妆。(葛素珊,1985a)做生意的年轻已婚妇女,往往会从婚前收入中节省出一部分资本,用来给自己的事业筹资。成都妇女将这种独立储蓄投资于自己事业的可能性几乎是台北妇女的三倍,因为台北妇女更强调对父母的绝对贡赋义务。这种儒家意识形态在大陆城市被支持妇女工作和独立的社会主义者积极地加以批判(虽然其效果有时是有限的),台北妇女自主权的合法性则无法与之相提并论。

钱一旦存下来,无论是由年轻女性的母亲保存起来供其日后使用,还是由该女性自己保存,一般都会被赋予特殊的光环。妇女有权支配自己挣得的财产很可能得到相应的尊重,即使对象是父母和公婆也不例外。这让人忍不住猜测,在中国社会,钱具有使人迷信的神秘力量。我将在第8章探讨这个主题。但是我们不能忽略一个更加务实的解释,即妇女的"私房钱"神圣不可侵犯。公婆(或者丈夫)很难开口问儿媳妇讨要她婚前存下的钱,可能仅仅是因为只有她自己知道她有多少钱、将其藏在哪里。为了攒钱,她可能会欺骗她的父母,或者和父母商量着为自己攒钱。她可能不会将这笔资金告诉丈夫;如果丈夫可以信得过,她或许会把这个秘密告诉丈夫,用来对付婆婆。儒家思想是正确的:金钱是秩序的颠覆者,作为一种易于携带的具体化价值储存,它的抽象性质给弱者赋权;或者,正如台湾妇女所说:"谁有钱,谁就是老大。"

许多妇女通过曾经荣耀一时的小资本主义机制,扩充她们的秘密"小金库",例如加入标会(rotating credit associations)、放高利贷、买房子来出租,或者靠已经工作的女儿时不时贴钱给她、对丈夫给的家用补贴精打细算、赌博,以及(在当下的中国台湾)投资扶轮社。① 这种投资介于正规的公司资本主义与碰运气之间,比打麻将要有趣得多。成都的妇女也向我述说,在旧社会,她们自己及她们的母亲会参与赌博、标会、放高利贷、做买卖、倒卖金条等投资活动。但是,"当然,我们现在不做那些了"。当聪明的年轻媳妇将一笔钱抓在自己手中,婚姻交换实际上就给家庭主妇提供了一个契机:钱也许是她们最可靠的保障,能够保障她在婆家享有好的待遇,保障她在家庭议事中有发言权。②

新郎在婚姻交换中谈不上得到多大好处。他们可以分享可消费的嫁妆(床和床上用品、电视和摩托车),然而在偏重嫁妆的婚礼中他们不会得到太多现金,除非老婆给钱。只有当聘礼和间接嫁妆是实质性的时,年轻人才能更加确信"嫁妆"是真正属于他们的资产,从而将这笔买卖资本化。嫁妆,不管它们的最初形式是什么,可能会被用来购买一个新车床、店面,或者(在过去)干脆是一

---

① 译者注:扶轮社是依循国际扶轮社的规章成立的地区性社会团体,以增进职业交流及提供社会服务为宗旨,其特色是每个扶轮社的成员须来自不同的职业,并且在固定的时间及地点每周召开一次例行聚会。每个扶轮社都是独立运作的社团,但皆须向国际扶轮社申请通过后才可成立,通常会以所在地的城市或地区名称作为社名。扶轮社在闽台地区又被称为"老鼠会"。在2008年,中国台湾地区共有517个扶轮社,18774位社员。
② 在她所参与的家族生意中,拥有一半或者更多的资本所有权,也可以给予妇女更大的生育控制权。只是这对于出生在20世纪50年代前后的台北和成都妇女而言稍显不现实。(葛希芝,1993)

221

小块地。① 很多婚姻未来的鸾凤和鸣，就发端于夫妻之间有关金钱的最初商议：每个人都为孕育这个新家出了钱，各自出了多少钱，谁出的钱多……商议得好，百年好合；商议得不好，婚姻很可能就此解体。

年轻男人在婚前比年轻妇女有更多的挣钱机会，而且他们将钱交给父母的压力较小。和妇女一样，父母为他的婚姻倾注多少钱以及有多少会落入他的手中，在很大程度上取决于他在婚前与父母的经济关系。对于一个男人来说，与父母讨价还价是很难张口的，因为他们总有照顾双亲的责任。女性既没有男性的经济负担，也没有男性的思想负担，包括任何时候都要符合贡赋制孝子典范的负担。因此，女性更愿意讨论她们所做的微妙的经济选择，包括要求特别丰厚的嫁妆："因为我在娘家已经工作了许多年，并且帮他们挣了很多钱。"男人不打算像妇女在乎嫁妆一样去考虑聘礼的多寡，因为在某些情况下，他们的受益会以牺牲自己的父母及兄弟姐妹为代价。他们也不打算将工资袋上交给妈妈，目的是理直气壮地声称：这笔聘礼会计入他未来小家庭的收入。我认为他们实际在做这些事，但是发现在谈论它们时不知不觉就会变得非常尴尬。

在婚姻交换中，青年男女有时都被父母期望获得曾被给予的

---

① 当土地很贵的时候，很少有嫁妆能够买得起地。然而来自台湾边远地区的报道人告诉我他们的土地来自嫁妆。据我了解，台湾与四川的新娘，将土地作为嫁妆是非常罕见的。武雅士曾经着重描述了在前革命时期的台湾，这种礼物非同寻常的性质通过一种特殊方法得到展现：将一个盒子装满土，标注上土地的大小与质量，放在陪嫁物品队伍中最荣耀的位置，浩浩荡荡地向新郎家进发，这样即使是文盲也能看出这份大礼的分量。（武雅士、黄介山，1980：76）

东西。(陈中民,1985)尤其是对一个女人来说,许可她自主择夫的价钱可能正是她父亲对任何求婚者要索要的。一个来自青岛的妇女,在20世纪30年代被父亲强迫嫁给了一个男人,她发誓一旦找到自己喜欢的人就会逃之夭夭。她也确实这么做了。她从自己做纺织女工的工资中给父亲寄了足够的钱,让父亲帮她处理与前夫的离婚事宜,并给前夫"买"(用她的话)一个妻子做她的替身。"我必须这么做,不是吗?我让他失去了他们已经说好的妻子。"二十年后,有一个台北妇女把十年来做裁缝东拼西凑的积蓄给了父亲,用来给自己办嫁妆,因为她的父亲一直坚持:"如果你丈夫没有彩礼钱,你就得自己扛着!"

在我所搜集的台北样本中,金钱是婚姻交换的主要元素。从老一辈报道人讲述的故事和台湾、福建上世纪留下来的风俗记载来看,这在很长一段时期内都是不争的事实。在我所搜集的成都样本中,金钱在婚姻中扮演的角色要小得多,不能转化为生产资料的直接消费品的地位则更突出。的确,两个地方的婚姻交换整体模式截然不同。在台北,50岁以上的妇女中,有聘礼的婚姻占全部婚姻的50%;在成都,只有8%。在台北,49岁及以下的妇女中,有聘礼的婚姻占全部婚姻的77%;在成都,仅占16%。在相对年轻的群体中,因为两个城市都逐渐繁荣,更多的聘礼里面包含了礼金。在台北,婚姻交换在更多的传播途径上吸引了更多的资金来源,并产生了更多不同的结果。

这些来自台北和成都的数据表明,贡赋制生产方式和小资本主义生产方式对亲属关系的压力是如何产生了各种各样的结果,但仅凭这些数据是无法让人信服的。将这些数据与另外两个研究者搜集的婚姻交换资料进行对比,将在很大程度上增强这个论点的可信度。这两套资料没有一个与我现在希望应用到其中的概念框架相一致。在它们支持我的观点的范围内,或者至少在与我的观点不相矛盾的情况下,它们可以成为我论点的有力证据;这些数据比我所掌握的更加庞大,代表中国更多的区域,并且也不存在从单一的阶级类型中搜集数据的偏见。

武雅士的数据

表1 1979—1980年三类经济地区调查中59岁以上妇女的嫁妆和聘礼的相对比重

地方	人数	重嫁妆			重聘礼			没有交换
		只有嫁妆	嫁妆>聘礼	平衡	间接嫁妆	间接嫁妆+聘礼	买卖婚姻	
北京	44	7 (16%)	1 (2%)	24 (55%)	8 (18%)	0 (0%)	1 (2%)	3 (7%)
总计		73%			20%			7%
山东	78	1 (1%)	9 (12%)	47 (60%)	18 (23%)	3 (4%)	0 (0%)	0 (0%)
总计		73%			27%			0%
四川	85	3 (4%)	27 (32%)	39 (46%)	8 (9%)	1 (1%)	4 (5%)	3 (4%)
总计		82%			15%			4%
平均数		76%			21%			—

续表

地方	人数	重嫁妆			重聘礼			没有交换
		只有嫁妆	嫁妆>聘礼	平衡	间接嫁妆	间接嫁妆+聘礼	买卖婚姻	
江苏	73	6 (8%)	2 (3%)	6 (8%)	15 (21%)	27 (37%)	3 (4%)	14 (19%)
总计		19%			62%			19%
浙江	58	1 (2%)	3 (5%)	2 (3%)	5 (9%)	29 (50%)	11 (19%)	7 (12%)
总计		10%			78%			12%
山西	67	1 (1%)	2 (3%)	0 (0%)	10 (15%)	44 (66%)	9 (13%)	1 (1%)
总计		4%			94%			1%
平均数		11%			78%			—
福建	42	5 (12%)	2 (5%)	5 (12%)	10 (24%)	0 (0%)	6 (14%)	14 (33%)
总计		29%			38%			33%
平均数		29%			38%			33%

资料来源:武雅士1980年的田野笔记

第一组关于聘礼与嫁妆的信息数据来自武雅士的田野笔记,记录了1979年至1980年间在中国七个地方发生的前革命时期的婚姻实践。除了北京附近,他在每个田野点都访谈了80—90个年龄超过59岁的妇女。当时中国的许多地方都还不允许外国人进行调查,所以他访谈的地点大多在城市中心附近。这七个地方被

225

分为三个自然组(natural groups):第一组包括位于中国华北平原(北京周边和山东)的两个点和位于四川的一个点(我在第4章将其描述为强贡赋制生产方式/弱小资本主义生产方式);第二组包括位于长江下游的两个点(分别在浙江和江苏)和位于山西的一个点(强贡赋制生产方式/强小资本主义生产方式);第三组是位于福建的一个点(弱贡赋制生产方式/强小资本主义生产方式),该地与我所调查的台湾相似。由此,我得以对这三种"类型"覆盖的地方进行更加细致的探讨,并发现其中两类可将我的假设推向极致。

　　武雅士的调查对象在表1所提供的信息中传达了这样一个主题:在这七个地方的婚姻交换中,到底是男方家还是女方家给予的更多。出于确定该问题的需要,我将武雅士所提供的充足数据分成七类:(1)"只有嫁妆",在这种形式中,只有新娘带来一份嫁妆,哪怕它仅仅是一份薄礼;(2)"嫁妆>聘礼",在这种形式中,新娘所提供的嫁妆比男方提供的聘礼多;(3)"平衡",在这种形式中,两个家庭通常通过明确的协议,向这对夫妇提供大致相等的物品;(4)"间接嫁妆",在这种形式中,所有的或者大部分嫁妆都作为间接嫁妆来自男方;(5)"间接嫁妆+聘礼",在江苏和浙江一带流行,人们会根据惯例将聘礼分成两个明显不同的部分,这让该类别变得必不可少(其中一笔现金给女方父母,因为"他们养大了她"——也叫"买身钱";另外一笔现金用来置办嫁妆);(6)"买卖婚姻",根据当地报道人的描述,就其本身而论,该婚姻仅有单方的金钱交易;(7)"没有交换",在这种形式中,仅有新娘本身被转移——或许是因为极度的贫穷,或许是因为双方都想省钱并同意节省婚礼庆典的开销。

我对这七类数据进行总结，并进一步将它们合并成三类："重嫁妆"（包括仅有嫁妆、嫁妆>聘礼、嫁妆与聘礼平衡），"重聘礼"（包括间接嫁妆、间接嫁妆+聘礼、买卖婚姻），以及"没有交换"。我的这种分类逻辑基于我对作为交换对象的女儿（而非儿子）的关注，因为中国人肯定会把她们视为交换对象，也基于对婚姻从增加到减少一个女人原生家庭的物质资源之差异的思考。我依据这三种婚姻类型，将数据放置在贡赋制生产方式/小资本主义生产方式的地方场景中进行仔细考察。

在北京/山东/四川（强贡赋制生产方式/弱小资本主义生产方式），女方家庭在婚礼交换中扮演实质性角色：这种案例占76%，与男方家庭在婚礼交换中贡献较大（占21%）的案例对立。生活在贡赋制生产方式支配交换形式的区域的人们，在婚姻交换中会达成贡赋制的预期，把女儿风光地嫁出去，而不是去卖女儿，这一事实也支持了我的观点。这些家庭之所以遵循贡赋制的理念，是因为小资本主义的生活理念还没有被详细阐述：这些地区的商品化程度较低，对妇女在家庭之外的劳动需求很少。妇女的家庭在将其作为可生育的成年人安置，并确定其生活费用的谈判中是弱势的一方，因此，他们为她的安置付出了代价，这是他们对女性亲属的最后责任。

在江苏/浙江/山西（强贡赋制生产方式/强小资本主义生产方式），重嫁妆的婚姻交换明显减少，仅占11%，重聘礼的婚姻交换数量反而多得多，占78%。在这里出现了贡赋制生产方式与小资本主义生产方式的交换形式的激烈较量。在婚姻交换中，一方面在贡赋制生产方式的压力下，需要以炫耀性的仪式为亲人庆贺；另一

227

方面,面临同等强度的小资本主义积累投资性财富的压力,他们舍不得花钱在妇女身上办婚事。在婚姻交换中,父母给女儿的嫁妆很少,甚至什么都不给,这迫使处于追求地位的夫家不得不通过间接嫁妆来支付适当的婚礼开销费用。这些文化的适应性是与使用妇女劳动力的区域性模式相契合的。妇女在地里干农活,在家里从事手工业,最后又在工厂做工,这种情况在长江中下游地区比中国其他地方都要普遍。嫁出去一个女儿至少算得上一个小的经济损失,娶儿媳妇的人家得到的则是具有可计算价值(calculate value)的劳动力。① (在这里将山西包括在内似乎显得有些古怪,因为在常识中,山西似乎并非具有小资本主义显著特点的省份。我将在下面结合卜凯的数据,进一步讨论山西的这一独特性)

来自福建(弱贡赋制生产方式/强小资本主义生产方式)的数据看起来与其他两组数据存在本质差异。它的婚姻交换形式大致分为三种:重嫁妆的占29%,重聘礼的占38%,没有交换的占33%。这些数据支持这样一种观点,即这里的婚姻交换是非常公开的谈判的结果,这也是市场交易的特征,得出这些数据的叙述资料也支持这一观点。

---

① 可以与这种模式一并考虑的样本虽小但是非常符合实际的(well-contextualized)一组数据来自斐姑娘的生活史研究,1887年,她对潮州(汕头)24个妇女的生活史进行了卓越的研究。这个地区代表着说闽南方言的人们向南扩张到广州北部。潮州是一个以纺织品和出口闻名的城市,斐姑娘的田野资料显示了很多妇女在那时可以凭借自己的纺织手艺独立养活自己。这里的婚姻交换形式与浙江、江苏相似,男方家除了给女方购买嫁妆的间接嫁妆,还会另外再给一笔钱,这就让聘礼成为不折不扣的聘礼。

卜凯的数据

那么,两种生产方式的互动是如何影响婚姻交换的?可以检验我的这一假设的第三组经验性数据来自卜凯。卜凯及他的学生同伴在1929年到1933年间对广泛分布于152个地区的15 316个农场进行了调查,并据此编写了《中国的土地利用》(*Land Utilization in China*)一书(1937)。该调查既不是随机的地理抽样,也不具备中国各阶层的充足代表性:它主要来自拥有土地或土地使用权相当有保障的家庭,因此绝大多数是农村和业农家庭,以及小资本主义阶级中的中等至最富裕阶层。它还因其他原因受到批评。(例如科尔,1985;武雅士,1985a,1985b;阿里戈[Arrigo],1986)然而,它的存在就像珠穆朗玛峰一样,难以被忽视。而且,它包含了我们所能得到的有关"传统"婚姻交流的最大一组数据。

表2是根据卜凯的数据概括出的有关嫁女儿花费(D)与娶儿媳妇花费(W)的比例。

表2 有关不同政治经济类型的嫁妆/聘礼比例概要

政治经济类型		地点	嫁妆/聘礼
高 TMP/低 PCMP	(典型)	华北平原	1.13
	(变体)	四川平原	1.55
高 TMP/高 PCMP	(典型)	长江流域	0.71
	(变体)	广东	0.55

续表

政治经济类型		地点	嫁妆/聘礼
低 TMP/高 PCMP	（典型）	福建	0.53
	（变体）	甘肃/青海	0.50

表2中6个地方的嫁妆/聘礼比例支持了这样的观点:区域性婚姻现象可以准确无误地解释为贡赋制生产方式选择与小资本主义生产方式选择之间互动的结果。① 至少,它们将婚姻中经常出现的变异加以量化,这些婚姻的变异特点是:婚礼的仪式表演本质上很相似,但是婚姻交换的物质结果存在着重要差异。在这样的地区,既能够做出小资本主义的选择,又能够规避在一个复合的贡赋制度中产生巨大损失的风险,双方父母会就他们子女的结婚花费进行激烈的讨价还价。在市场软弱无力的地方,或者家庭需要通过效仿官方仪式、坚持贡赋制价值来获取巨大利益的地方,女方父母会给他们的女儿准备嫁妆,男方父母为了他们的儿媳妇会给亲家准备象征性聘礼。

附录中的材料支持了目前我有关中国人聘礼与嫁妆的论点,并且给第4章呈现的区域化提供了一个实证检验。

婚姻及伴随它的交换是中国家户参与的最重要的活动之一。结婚不像死亡或出生,乃是很大程度上通过花钱来安排的仪式,它

---

① 虽然卜凯有关聘礼与嫁妆(以及丧葬开销)的数据需要深入的调查,但是这一任务仍值得进一步分开研究。例如,从数据中不难看出,随着调查向华北平原的西部延展,嫁妆/聘礼比例的分级越来越多,这和长江下游地区的嫁妆/聘礼比例相似。这一结果在预料之中,因为远离首都增加了选择。

相对来说是可控制的,并且与家户内部及家户之间的资源流动密切相关。它不但对家庭成员再生产的家户需求做出回应,还会对妇女劳动的需求做出回应。它不仅满足了家庭繁衍后代的需要,也满足了妇女工作的需要。一个女人的价值,以及她、她的父母和新郎父母之间的协商,只能通过当地复杂的人口、生产、市场和个人因素来决定。

有关嫁妆和聘礼相对丰富的定量数据支持这样一个争议性结论:贡赋制和小资本主义的交换模式渗入了帝制中国晚期的社会组织中。考虑到内在一致又部分冲突的二重生产方式对于区域性差异的内涵——正是二重生产方式将习俗和经济连接起来,你也许会发现一个区域性的平行模式,在其他区域却表现出不同的行为习惯。一个围绕妇女劳动的持续变化的市场不会在短时间内转变婚姻交换的结构,但是区域性经济的商品化会对市场/契约交易产生强有力的影响。如果商品生产得以持续的话,该模式将被看作替代亲属关系的导向,对那些最不受法律保护的人来说尤其如此。在这样的区域中,人们会对新的条件做出回应,特别是当这些新的条件影响到妇女和年轻人的时候,正如小婚及"缓落夫家"婚姻所示,女儿和妻子都值得去讨价还价。在商品化渗透不深的地区,使得家庭决策产生本质性混乱的最强大压力是基于理想亲属关系的门当户对和保护男性财产权的法律框架。女儿和妻子都是依附性的负担,是不受欢迎的、昂贵的繁衍儿子的必需品。复杂的交换、社会关系和合理的意识形态构成了一种生产方式,它框定并塑造了人们对经济变化的反应,无论这种变化来自人口增长、新技术、帝国主义者推行的资本主义,还是统治者的命令。

231

对劳动商品化的需求不会立刻转化为文化差异:人们必须找到思考它、将其合理化以及使之稳定的方式。然而,这些新思想,尤其是从生产和交换的具体经验中得到的新思想,本身乃是由物质、社会与精神联结的一系列关系,通过这些关系,我们得以维系我们的物质、社会及精神生活。

第八章　民间意识形态：统治者与老百姓

山东威海卫的中国人说，尽管蝗虫会对农作物造成重大的破坏，但它们其实并不像其他许多昆虫那样可怕，因为这些昆虫没有大王，它们不受任何人控制，也不受任何法律约束。人们认为，如果能在危害更大的苍蝇和蛆虫中建立君主政体，那么劳动人民的幸福感就会大大增加。

——庄士敦，1910年威海卫的地方行政官员及法官

亲爱如兄，字曰孔方……失之则贫弱，得之则富强。无翼而飞，无足而走。百姓日用，其源不匮。无远不往，无深不至……文君解布裳而被锦绣，相如乘高盖而解犊鼻，官尊名显，皆钱所致。不计优劣，不论年纪，宾客辐辏，门常如市。使才如颜子，容如子张，空手掉臂，何所希望？不如早归，广修农商，舟车上下，役使孔方。

——来自20世纪早期的一副对联，对钱神的一个流行描述[①]

[①] 译者注：这段关于"孔方兄"的文字，实际上是西晋鲁褒的《钱神论》，出自《晋书·鲁褒传》。《钱神论》虽以"论"题名，却是一篇赋作。清末民初流行的《钱神论》，为清代嘉道年间文献学家严可均所编《全晋文》收录的，系据《晋书·鲁褒传》《艺文类聚》《初学记》合抄而拼成的。

本章聚焦于民间意识形态，它是对权力的反映，并使中国普通民众能够进行反抗。意识形态是一系列观念和实践，我们通过它们来解释和证明我们所知的世界。我们建构意识形态，很大程度上是为了使我们的痛苦经历合理化，或者让我们将他人所造成的痛苦合理化。我们也把它们作为一种手段，来为我们向往的事物辩论，有时还可以采取行动。虽然我们"想要"的许多事物往往是被社会建构的，但是民间意识形态总是对根本而又明确的欲望的强调：渴望健康，渴望某种能给予帮助的亲密关系，渴望尊严和尊重，渴望摆脱身体暴力和专横的外部控制，渴望物质资源——它能让其他一切成为可能。就此而言，尽管统治阶级往往会产生巴洛克式的、无意识的渴望，并以娴熟的艺术形象将其表达出来，但在这些渴望中，不同社会的普通民众并没有表现出太大的差异。

意识形态必然是多元的，在阶级社会中更是如此。生活的困难不但明显地来自人类不可控因素的影响，例如，我们虽然可以延年益寿，却无法避免死亡；也来自那些或多或少被认为是人类行为造成的，因而可以控制的影响，比如，我们必须为租佃土地而付租金，但也许有一天我们能攒下足够的钱去买下属于自己的土地。即使考虑到文化的可塑性，对我们欲望的真正自然约束也仍然存在。此外，每个重要的社会团体都有一个独特的视角，有些人拥有比他人更大的权力来传播和落实自己的主张。对于那些有权将宇宙划分为自然和社会两类并对其要素进行价值评估的人，我们虽然可以与之抗衡，但通常必须在他们所界定的基础上进行抗衡。这是因为，他们的意识形态赖以生长的经验世界在某种程度上也是我们的经验世界：我们不得不为租借他们的界定物做出偿付。

第八章　民间意识形态:统治者与老百姓

事实之所以如此,是因为统治者或出于阴谋,或出于真诚的信仰,总会将他们的观点、语言、阶级立场宣传为最好的表述。

陷于这样一个由语言与行动编织的网络,普通民众很难清晰地表达他们真实的经验。要清楚地表达一个替代性的自主构想,别说他们,即便是我们,也很难实现。在阶级社会里,大多数人要么仅在自主性方面有碎片化经验,要么唯有零星经验可供想象外在于他们自己的另一个世界。这样一种意识形态如果能够达到真正的透明,就会对那些通过垄断观念生产,部分地行使统治权的统治者权力构成威胁。虽然民间意识形态必须要揭示出足够多的共同经历,让它们的缔造者听起来真实可靠;但是这些意识形态的神秘性足以使武断的统治者从思想上隐藏这一真理。如何对一种被建构得只有间歇性可见的意识形态进行分析呢?姜士彬等人编辑的关于大众文化的文集展示了目前在这方面的技艺水平。姜士彬等人在序言中强调了他们对价值观及其传播的关注,指出"如果不了解行为者的价值观、思想和信仰(心态)就不可能理解他们的行为。而要理解价值观以及与其相类似的事物,就必须研究它们是如何从一个人传播到另一个人、从一个群体传播到另一个群体的,以及它们在传播的过程中又是如何变化的……我们认为,关注价值观及其交流为理解帝制晚期的中国提供了一种特别有效的方法"(姜士彬等编,1985:i)。当然,唯物主义者还会对上述研究加以补充:如果不观察这些人的行为,同样不可能理解他们的心态。思想并非来自神灵,也不是来源于柏拉图式的本体,甚至也不仅仅来自他人的思想——每一代对父母的价值观做出矛盾反应的年轻人都证明了这一点。来自物质世界的经验使我们头脑中浮现的一

235

些观念变得崇高,同时,也会将另一些观念贬值。

姜士彬等人也问及,中国传统价值观的多样性是如何被整合到"一个单一的复杂文化系统"中的,如果没有这个体系,"中国文化的整个概念就会消解"。他们断言,"能跨越巨大的社会、地理和经济距离却能具有共同的价值观、理念、设想和社会规范,一定是具体的、可识别的人类行为的结果。因此,我们主要关注的问题之一是语言结构和符号结构被用作传播工具的媒介和机制。我们还试图从一开始就了解信仰和态度在面对不同受众时是如何被修正的,以及不同社会群体的心态是如何相互区别的"。(姜士彬等编,1985:xiii)姜士彬的研究规划的困难在于它假定所传播的价值观在传播之前就已存在。对于这部文集的大多数文章来说,因果关系问题,即为什么这些价值观会是这样的,没被作为核心问题。

然而,在收入该书的罗友枝的论文中,她对价值观的创造和选择性进行了概述性说明。她强调明清时期的商品化产生了一个"做功德的意识形态"及相关现象,"新崛起的精英阶层对世风日下的关注,其本身就是社会变迁的产物"。帝制晚期中国文化的日益融合,不仅仅是官方政策有意识引导的产物,也是市场融合并继以城乡地域日益融合的产物。彼此之间日益完善的信息交流网络,有助于将精英与农民传统的价值观体系联系得更为紧密。融合带来了社会稳定,罗友枝认为它也"加剧了社会分化与社会关系紧张,该分化与紧张是由产生融合的相同社会经济条件所产生的"(姜士彬等编,1985:28、32、33)。

尽管姜士彬等人以及许多具有类似倾向的学者关注价值观的分布或交换,但我们也必须关注价值观的创造,否则我们所探讨的

第八章　民间意识形态：统治者与老百姓

价值观将会与其更广泛的含义割裂开来，也与经验的具体性和模糊性割裂开来，而经验的具体性和模糊性使民间意识形态成为权力斗争的武器，而不是被接受的教义。对价值观生产的关注也是有必要的，因为我们越来越难以接受这样一种幻觉：前几代人所创造的价值会自动流入我们自己的生活。（霍布斯鲍姆、兰格[Hobsbawm and Ranger]，1987）传统、价值观、意识形态不仅被每一个新时代的人重新创造着，而且几乎都被作为一种不断捕捉生活经验的手段，从而获取改变社会的力量。

　　中国民间意识形态的某些方面，诸如关于妇女、关于命运、普遍的阴阳二元论等，在民间宗教及其他更为坦率的话语表述中都被一并地制度化，其他的事项则须从日常生活轶事中被巧妙地发掘。在下文中，我所讲述的是我所聚精会神地倾听的一些事物，它们是有关中国人对"鬼神世界像什么"这一问题的讨论，也是他们坚持把超自然世界看作社会分类对应物的观念。这种方法可能会被作为"反映论"（reflectionism）来批评，如果分析者持有这样一种设想，即认为超自然镜像对普通民众（包括人类学家）所反映的仅仅是统治者的看法，那么他们受到批评是非常恰当的。宗教可能是普通民众生活经验神秘化的部分性表达，但永远不可能是其全部内容：生活经验对于思想的形成太必要了，尤其是在构成意识形态的那些共通的思想形式中。宗教并不是自上而下给予的、普通民众被动接受的事物；相反，它是一个创造和用来表达反向论述的装置，它是对是什么、应该是什么，以及如何实现理想目标的反向表达。我们可以，并且也应该把中国的民间意识形态解读为一种对社会现实具有矛盾性甚至批判性态度的描述。这一描述可以被大众经验塑造,也可以由统治阶级的霸权力量塑造。虽然它并未被其初始时所呈现的那种值得称许的等级制度认可,但它不仅可以被用来对行为进行限制,而且可以对行为加以实施。

就像大多数阶级社会一样,传统中国大量的民间宗教——仪式以及与它们相关的解释——都是关于权力的。权力具有不同的来源,一些参与者拥有较多的权力,另一些拥有较少的权力。分析者如果过早地将"权力"视为不可还原、自由浮动的给定物,甚至目的本身,会冒很大的风险。从物质世界分离的权力要么是迷信,要么是不恰当的自然主义,恶魔的统治欲暗示了我们人类的本性是对权力的崇尚。由于缺乏一个恰当的政治经济概念框架,寻求解释的人们几乎都陷入了自然主义或唯心主义的泥淖。

民间意识形态和物质社会

如果信仰和仪式是为其创造者服务的,而且它不仅通过反思现实来进行思考,还要教导人们如何操纵世界,那么它们必须是通俗易懂的。符号和符号的集合必须具有凝聚力,赋予思想以活力,并吸引那些没有时间或兴趣进行知识解构的大众。这并不是说中国人或其中的普罗大众的想法都是肤浅的;民间宗教的复杂代码也会让人立刻放弃这样的想法。然而,大多为精英和民间知识分子所熟知的民间意识形态都是颇为费解的,根本无法作为人们生活的导向,并形塑其思想。对于道教从业者或佛教僧尼这样的大众仪式专家来说,意识形态的阐释是其做小资本主义生意时要贩卖的主要物品。与学界一样,他们竞相基于历史权威或个人启示,

第八章 民间意识形态:统治者与老百姓

在思想上翻空出奇。同样,近几十年来,人类学对民间意识形态的分析不仅颇为繁琐,而且其成果可谓汗牛充栋。面对专家们在这些繁琐分析中具有唯我论色彩的论述,我们没必要做太多的关注。对民间意识形态的唯物主义理解取决于我们对那些相对直接的符号和它们之间的联系的把握,这些符号和联系对于过着平凡生活的普通人来说是很容易接触到的。即使是从这个角度来看,民间意识形态也是足够模糊的。如果分析者们一开始就对物质现实做出不正确的假设,而意识形态的产生又只是物质现实的一个组成部分,那么认识其原因和影响的困难就会被增大。

一旦构建了适当的中国政治经济分析模式,许多民间意识形态就会变得透明。不恰当的模式是理解这些意识形态的严重障碍。桑高仁(Steven Sangren)最近有关台湾民间宗教微妙且令人印象深刻的综合性研究,就处于这样一个困难的状态中。桑高仁对台湾北部区域性宗教网络历史发展充满洞察力的叙述,与施坚雅的中心地分析法中的政治经济设想之间的差异,使他的论点脱离了与具体物质生活的联系。因为"市场"和"行政"的层级无法解释所有数据,桑高仁指出,"这样,仪式组织就构成了区域系统的第三个层级,而且这个层级必须加入施坚雅所描述的经济的和行政的层级中"。部分的(也可能是全部的)宗教体系一旦被制度化,就可以相对于物质世界而"独立存在"。(桑高仁,1987:16、62)

人类学始于对这种极端他异性的拒绝,在这种极端的情况下,其他人的意识是无法解释的。把人们的信仰看作自给自足的、自我再生产的、不可化约的,与将其想象成怪诞的迷信或被神操控的行为①,这两者之间几乎没有知识上的差异。桑高仁把人类生产的东西,包括思想、价值观、对超自然的想象以及整个意识形态的"文化",当作动因的做法是一种拜物教,而非分析研究。桑高仁犯了一个奇怪的错误,因为他仔细观察的数据揭示了一些例子,说明被拉入行政轨道的仪式社团缺乏自主性。(例如桑高仁,1987:112)

桑高仁是一位极为优秀的民族志编撰者兼学者,他不会让我们疑惑他的数据中哪些问题一定与自主意识形态有关。当他着手解释大溪地区习俗的空间和历史分布时,他提醒我们:

> 施坚雅在对中国中心地层级的分析中坚持认为,经济和行政组织及职能是严格区分开来的。他始终认为,在农民和商人寻求利益最大化的决策中,经济的空间结构或多或少是"自然地"浮现出来的。相比之下,中国的行政管理是自上而下施行的,其动机是最大限度地实现截然不同的价值观。结果,尽管各种力量趋于融合,但是行政和经济等级制度却从未实现完美的协调一致。一些地区的首府建立在经济重要性较低的城市,而一些经济上占优势的城市不承担或仅承担少量

---

① 这一犀利的论述是马文·哈里斯对于美国人类学经典著作《文化模式》(Patterns of Culture)的唯心主义观念提出的批评。"为了解释夸扣特尔人、多布人及祖尼人之间惊人的文化差异,露丝·本尼迪克特(Ruth Benedict)回述了一个神话,她认为该神话是美国中部大平原地区掘根印第安(Digger Indians)部族的神话。这个神话说:上帝给了每个人一个杯子,一个陶土杯,并让他们从这个杯中饮入自己的生活……他们都浸在水里,但是杯子不同。这句话对于很多人来说都意味着,从那以后,只有上帝知道文化为什么不同。"(马文·哈里斯,1974:4)

行政职能……施坚雅认为,市场行为模式与社会组织是相互的,这一观点基本上是正确的,但是就实现这种相关性的历史进程来说,他可能对市场逻辑的优先性做了过多的考量。①(桑高仁,1987:15—16)

桑高仁承认施坚雅将市场经济与行政策略分离开来的这一做法能站得住脚。与此同时,他吸收家庭生产模式的思想,看到了发展和运用政治经济方法进行分析的必要性。他认识到,正如传统马克思主义者和新古典主义经济学家共同期望的那样,工业化和其他形式的变迁并没有改变中国人的生活,尤其是家庭生活。他观察到:

对传统价值观的坚持形成了对支配性生产方式的挑战……清楚地决定了家庭生产方式与更广泛的经济之间的"衔接"本质……事实上,中国农民和工人已经有效地抵制了那种试图阻碍他们追求传统家庭价值观的企图。这似乎表明,至少在某种程度上,它是一个更宽泛的经济组织,被中国的"家庭生产与再生产方式"的中国形态及相关价值观的要求约束。(桑高仁,1987:43)

---

① 华德英也提出了类似的观点:施坚雅的市场模式说服了我们,每个标准的市场领域都有着典型的不连续性。这种分离在庙会区域(temple festival areas)(香港地区)则不尽然,虽然当地的委员会组织,并且集中于特定的寺庙,但是,庙会还是经常能拉动"好事者"参与,并且总能吸引十里八乡的看戏观众。(1985:174)

桑高仁正确地意识到,生产方式分析所提供的生产、再生产、社会关系及意识形态之间的"黏合剂"对于研究的必要性。然而,当家庭模式被放入与零售贸易和官僚行政一样的知识框架中时,却显得格格不入。

家庭及其产品可以被更啬地看成贡赋制和小资本主义之间互动的结果。这种立场暗含在桑高仁的某些分析中。例如,在台湾北部大溪(Daxi)的田野点中纠结于市场/行政的二分法时,他向我们展示了贡赋制生产方式与小资本主义生产方式之间的互动机制,以及前者的优势:

> 施坚雅对中国基层市场社区(standard marketing community)的社会文化方面重要性的论述也在大溪地区得到了支持……然而,正如我反复指出的,经济因素的因果优先性还不是很清楚。在大溪的案例中,基层市场社区的参数似乎已经从"聚落"开发权和接踵而至的族群派系之间敌对性竞争的历史模式中浮现出来,就像从经济战略本身浮现出来一样。政府认可开发大片土地的授权,导致了岛上各族群聚居地的形成。
>
> 这些把族群、城镇及市场型社区紧密联系起来的历史环境,违背了明确的因果优先性让渡原则。仪式和经济模式互动的历史融合也同样如此,台湾北部聚落中族群的显著竞争再次扮演了重要的角色。许多多元村级地域的崇拜神,因在与敌对派别的斗争中提供帮助而广受欢迎……他们与外来神祇的象征性区别让这些神灵的神奇力量在社会建构中发挥了重要作用……因此,在大溪以及台湾北部的许多其他乡镇,标

第八章 民间意识形态:统治者与老百姓

准基层社区的市场圈与祭祀圈(ritual domain)的趋同,几乎直接源于定居者喜欢按照种族界限对内部人和外部人做非常明确区分的偏好。这种偏好当然在经济、文化上表现得同样突出。(桑高仁,1987:108)

零售市场与"经济"之间奇妙的等价关系再次把桑高仁的思想引入歧途。持有开发权使外来人口获得了在这片土地定居的权利,但是为了在那里定居,这些外来人口不得不与少数民族及其他竞争对手进行斗争。他们很快就把荒地开垦成了熟地,并养活了自己。这些活动以及由此获得的土地使用权真的有经济方面的影响因素吗?由于这些权利获得国家微弱的支持,以及"客家人"之间团结力量的直接支持,这些权利也含有政治上的支持因素。但是通过将不可分隔的因素进行分离,桑高仁将族群与信仰割裂开来,并使其转变为文化上的嗜好,而不是在特定历史背景下进行人口和资源再生产的政治经济过程的一部分。

族群和地域认同是桑高仁的研究中始终存在的问题,他总是在因果关系上对自治格外看重,从而在理论上陷入某种唯心主义。他在对台湾极为常见的"社团"(shetuan)或仪式社会进行分析时,提到了社区认同(有时是族群认同)。这些认同至少有一些是以职业为基础的,类似于行会。桑高仁得出的结论却是:"它们并没有发挥任何明显的经济力量。"他认为,它们的存在是由于"它们在促进地方身份再生产方面的象征性作用"。他还告诉我们,通过蹈火表演(fire walking)来展示勇敢和刀枪不入之躯的社团成员,"被当作神兵;他们的角色,就像当地的民兵一样……帮助神保护社区"。

243

(桑高仁,1987:85—86)

在我的经验里,这些团体是捍卫地方垄断、保卫地方土地权和水权、保护地方赌场的保镖,以及如今在选举中花钱买选票的地方掮客。这些团体的成员竭力在贡赋制掳掠过的麦浪中保住几颗"麦粒",在保护合法及非法的商品销售获利中,都扮演着非常重要的角色。虽然不是所有的社团成员都是不良之辈,但是在一个派系纷争的贪婪国度里,在一个人人为己的市场上,做小资本主义生意的成本之一,是要有几个经常亮相的壮汉。"局内人/局外人"的身份,与持有资源对抗官方或其他的小资本主义派系有关。

桑高仁在解释朝圣网络时声称:"(经济、行政和仪式汇集区)边界的趋同,不应被解读为仪式社区是经济原因的附带现象的证据。"(桑高仁,1987:120)对这种似是而非的唯物主义解释的采纳使人对桑高仁的说法产生怀疑。鉴于芮马丁(1981)对仪式所隐喻的这个世界与另一个世界之间密切关系的警示,我相信桑高仁犯错了。如果我们把仪式看作从其政治经济基础上衍生出的力量,那么我们就可以更准确、更朴素地感知民间意识形态。在中国,不管是在帝制晚期还是在 20 世纪,民间意识形态都建构了大众政治。通过它们,我们听到了中国老百姓聪慧的(有时是神秘的,但很少是蒙昧的)声音。

天界的等级体系

正如下面的讨论所强调的那样,像社会等级制度的组织名册那样去对一个超自然的存在进行界定的做法,要采纳许多中国宗教形象。① 在那个宇宙中,权力的社会政治形式,无论是正统的还是反霸权的,通常被想象成一个与人类世界相似的单一、统一的宇宙。中国的"彼岸世界"是包括死者灵魂在内的超自然所在,也就是阴间(yin world)。这个世界位于与之具有复杂联系的现实世界的下面,或者"外面"。中国和外国的大量文学作品,都抓住了强调这两个世界既平行又相互联系的大量细节。阴间的很多方面"都很像我们的世界",也许比我们的现实世界更传统一些:当代的中国台湾人相信阴间的官员穿明朝服饰,而且阴间的妇女仍然是缠足的。(武雅士,1974b:150)一个台北的灵媒——她声称自己经常在被神附体的状态下进入另一个世界——向我描述了一个有家畜的村落,以及有沿街商铺的城镇,就像在"普渡"或"普救"仪式中,虔诚的人为方便鬼魂的生活而制作的纸扎祭品一样。在另一个世界,坟地是死者的家,凭借联结阴阳两端的合法排场(legalistic trappings)而购得。四川以前有商店出售买地券,用于在葬礼上焚烧。这一习俗强调了坟墓是两个世界之间的连接,该文书被视为可能发生在现世或冥世的审判的证据。(葛维汉,1961:44)

通俗读物、故事和绘画呈现并传播了这一体验,然而存在于两个方向的灵魂旅行,可能比存在于鬼神永恒信仰当中的文字和图画更重要。人们所"了解"的另一个世界,通过两个世界之间的不

---

① 或许,这个天界的官僚主义仅仅是吸收了太多西方社会科学家的想象力。我希望中国的读者们原谅西方人在他们的民间传统特征中所喜欢的这一特点所表现出的别样的喜爱之情。因为大多数西方宗教是仿照不识字的欧洲贵族的封建制度,而不是仿照官僚学者的构想来想象的,所以他们的神谱是与此截然不同的。即使是对基督教一无所知的一个第二代无神论者,也会不由自主地被三位一体之神的新奇性吸引。

断穿梭得到确认。灵媒在迷狂的状态下进入幽灵般的阴间;鬼神在灵魂附体及梦游中造访世俗民间。好多能通灵的台湾人,不惜进行蹈火表演,脸颊穿刺,背部流血(*dangki*,台湾话),他们迅速愈合的伤口被看成彼岸存在的证明。

在阴间,最出名的是判官、监狱和衙门,这些地方对有罪的灵魂实施相应的惩罚,并对灵魂进行转世等相关程序的管理。(葛雷,1875:415,1878:415;戴玛丽,1917:173;爱诗客,1924;艾伯华,1967:24—59;禄是遒[Doré],1970:85;古德里奇夫人[Goodrich],1981)在过去几个世纪里,对照中文史料所描述的法庭、监狱,艾伯华对这些"地狱"的空间及等级组织进行了概述,此外他还提供了证实他们官僚主义作风的民族志趣闻:地狱开列了一个阴间人口清单。(艾伯华,1967:28n.16)官员的种类繁多。队克勋(Clarence Burton Day)列出了58个职位的头衔,这些都源自众神的通俗张贴画。这些名人被安置在365层楼高的卡夫卡式(Kafkaesque)建筑里,报到的灵魂如果生死簿登记的信息不完整,会被他们从一个衙门送到另一个衙门;如若来的是活人,或许会被他们用折几年阳寿的办法处理,同时,其财富也可以被鬼神一笔勾销。(队克勋,1969:214—216、40、116)鬼神官员想必也不是特别满足于他们在冥界的任职:他们会因为没有通过考核而被降职,或被无数的繁杂程序烦扰。他们的下属经常会溜到凡间,"并会对人间的工作造成伤害,比如对医生、妓女或政府官员的工作造成伤害"。(艾伯华,1967:44)中国人觉得这种类比既切题又有趣。

在大众宇宙观中,即使地狱不是直接的语境,神与人之间的官僚政治关系也是一个关键、持久的元素。为了女儿能在1992年的

第八章 民间意识形态:统治者与老百姓

台湾联合(大学)入学考试中取得好成绩,一位父亲一丝不苟地遵循着礼仪形式许愿。在对上天的祷告中,他说出了"女儿的名字,她所在考场、座位号及准考证号"。(《中国新闻》[China News],1992:8)大多向神明许愿的人,会详细告知希望神所保佑者的名字、家庭及详细的街道地址。

在凡尘之上,毗邻的是美好的仙界,那是阳间的神(yang gods)居住的地方,他们属于这一官僚阶层中的上层人士,阴间的神职人员也为他们服务。虽然天界的等级体系包括阴间的判官(judges)和狱卒(jailers),但是阴和阳是分开的:后者是洁净的,前者是污秽的(下面将对阳间的神进行详尽的讨论)。人类(在不按照性别分类时)是阳。因着将代理人拟人化的芸芸众生,天地万物被几个模糊而又重叠的方式分开,它被分为天界(Heaven)、人间(Earth)和地狱(Hell)。阳间大多数神和所有活着的人,都与地位最低的阴间神明和所有死去的鬼魂相对立;世俗的凡间与超世俗的阴间及天界是相对立的。一种观点认为,目前所有超脱肉体的鬼魂都会被审判,然后接受惩罚,或者投胎转世到其下一个化身中。相比之下,灵媒将另一个世界描述为一个固定的、永久的地方,亲朋好友的灵魂在这种地方不过是凡夫俗子,庸庸碌碌。

我们不必推断鬼神世界与我们自己的世界是否非常类似:中国人坚持认为它们是相似的,并提供了无数确凿的细节来支持这一主张。他们的意象表明人和神在某种程度上是相似的(都是阳);在另一种意义上,神和鬼也有几分相似(彼岸两个世界的居民和我们世界的都不同)。虽然将阳神和人混为一谈,是为了从根本上肯定这些群体的善性和建设性,而不是死人及其看守者的恶性

247

和破坏性,但将神和鬼混为一谈暗示了批判。我将在下文中对这种模糊性进行探讨。

武雅士在讨论神灵、鬼魂和祖先时认为,中国民间宗教"反映了其信徒眼中的社会面貌。其中能包含多少种不同视角,就会有多少种不同意义"(武雅士,1974b:131)。在厚实的民族志基础上,武雅士认为,中国村民在仪式性习俗中对这三类神灵进行了鲜明的区分,认为他们分别代表了官僚、陌生人和亲人;有关台湾的民族志有力地支持了这一立场(例如焦大卫,1972;郝瑞,1974;王崧兴,1974)。武雅士将中国的超自然现象解读为民间对社会中最重要角色的想象,其中包含着对权力的种类、质量和局限性的揭示,这些权力来自政治经济关系体系中的位置。

虽然神、鬼、祖先确实是民间仪式话语的核心范畴,但是这三者还有重要的区别,在武雅士信仰三位一体的概念中无法得到解释。在佛教及道教的外表下,中国民间宗教中持续存在的二元论暗示了某种重要的社会复杂性,以及中国人希望强调的某种双重力量。① 这两种"传统"在当代台湾人的民间宗教中是并行发展的,就像它们过去在中国许多地区的大众宗教中的表现一样。至少在台湾,与文史哲从业者划分的典籍文化和民间文化的界限相比,这种二元性在一个贡赋制生产方式/小资本主义生产方式的社会形态中,似乎与易于接近的两种权力都有着更多的联系。

---

① 外部观察人士也看到,中国宗教中常常存在二元性;弗里德曼(1974a)将中国宗教划分为精英和大众两类视野;武雅士(1974a:9)反驳了这一观点,呼吁对历史的解读应该尽可能地适应阶级和区域多变的中国社会环境。这样的争论最终倾向社会阶级分析呈现的结果。弗里德曼的分析太过简单且涉及的范围太广;武雅士认识到了社会环境的复杂性,但没有组织社会环境,揭示它的可预测性。

大众宗教区分了两种传统的神明：神（ sin ［ shen ］）和佛（ put ［ fo ］）[1]。他们既被视为复杂的天界等级制度的一部分，也被看作两种不同的、平行存在的神灵。在当代中国台湾，不同的民间传统将这种二元性表述为他们最普遍认同的共性之一。当代中国台湾的各种民间传统都体现出这种二元性，这也是这些传统最广泛的共同点之一。家庭祭坛、庙宇和新兴邪教都象征着某种精神力量，都以这种方式支撑起了在政治经济制度的连续性与道教和佛教神灵的模糊等级之间的联系。

神和佛，即道教和佛教的神灵，在寻常的交流中被归为一个更大的群体"神"，即他们都被统称为神。在台湾，神是一个没有标签的成员，它被以松散的表达方式用来指代两者；佛则从来没有以这种方式被使用过。在大陆的很多地方，有时神（gods）的通用术语是菩萨（bodhisattva），这一用法似乎有将所有高级神灵都归入佛教范畴的意味。下文将解释为什么台湾会出现这种语言差异。

神与佛的区别通常被解释为由两种截然不同的书写传统引起并维系，各种各样的民间信仰被认为是蒙昧的和异端的变体。著名的社会学家杨庆堃甚至认为，民间异端是对不同文学传统中的神进行无知"混合"的结果。（杨庆堃［Yang C. K.］, 1967 : 25）因此，将神及其相关仪式归入"佛教"或"道教"的范畴，显得随意而又

---

[1] 台湾人在讨论他们的民间宗教时通常会使用他们自己的语言；我会在恰当的时候使用神（ sin ）和佛（ put ）这种表达形式。然而，就像在本书的其他地方一样，我在这里使用普通话的表达形式神（ shen ）和佛（ fo ），这些概念在中国不同社会广泛流传，并且普遍以相同的人物角色在东亚呈现出来。（参见斯蒂芬·默里和洪基隆［Murray and Hong］, 1994）

毫无意义。然而,如果我们按照武雅士分析神、鬼和祖先的社会学方法来进行区分,就会发现神灵二元模式的存在及二元模式的象征意义传达了有关政治权威和社会阶层性质的重要含义。

台湾的家庭神龛甚为明显地呈现了某种反常的不对称性,尽管中国的仪式审美是强迫性地喜好双边对称。祭坛脱离对称标准的异常显然是普遍存在的,家庭神龛在对神的安置中,大半是显而易见的,甚至是令人不安的不对称。家庭神龛被分为不平衡的两部分:大的部分在左边,用来供奉神;小的部分在右边,用来供奉祖先。然而在武雅士的分析框架中,这种差异性是可以理解的,因为神的级别高于祖先,就如同官员的级别高于老百姓一样。

当我们只看神龛的祭神部分,或者看没有祖先牌位的神龛时,另一种不对称性就凸显出来了。它是在这个高度特殊的展示中一个为数不多的不变的元素,祭坛上可以包含许多画像,也可以没有画像,有多种装饰品可供选择,以及大量通常可见的混杂物。祭坛背后和上方悬挂的镶框或装裱好的图案艺术品中,表现出一种更引人注目的,也是无法解释的不对称。这些画像是由卖仪式用品或卖镜子及其他画像的商店的手工艺人制作并出售的。它们还不是神的肖像,因为还没有经过"开光"的仪式。在普通店主以及那些制造、销售供品的人那里,它们仅仅被描述为装饰品。为了满足特殊的审美趣味,向他们定做特制的画像是很容易的。但仅仅这样还不成,因为不对称样式的标准非常流行,这种画像还要遵循一定的制作标准。通常,要由两种文字作为边框环绕着两幅神的画像。位于左侧的较大的画像通常代表着佛教女神观音(Guanyin),位于右侧位置的较为窄小的画像通常代表着道教神明关公(Guan

Gong)。观音的神像通常被认为应当由一些较小的、大众认可的道教神像拱卫(例如土地公[Tudi Gong]和女神妈祖[Mazu])。偶尔,会看到有人把这种风格的单幅画像当作小神龛的背景,在这个神龛中,空间是一个问题。然而,关公身边从来没有佛教人物的侍卫。关公独自一人或由道教侍者相伴的画像似乎是商店祭坛上的装饰品,而不是家庭祭坛上的装饰品。左右摆放的位置和大小的不平等则表达了一种等级制度,即佛教神灵始终(并坚持)要高于道教神灵。①

当被问及其缘由时,报道人常常拒绝给予这种不变的象征意义以等级化解释。当被问及神和佛哪个更大或更有权力时,报道人往往会给出不同的答案。虽然对隶属于佛教或道教的特定组织(例如诵经姐妹会[a scripture-chanting sisterhood])及有坚定信仰的人来说,他们倾向支持他们最喜欢的神;但是,大多数人都不愿意做一个不公正的区分,或者也为隐含其中的矛盾所困惑。一个让人不舒服的共识倾向认为佛教神最终等级更高,但是这一反应留下了一个问题,即天公(Tian Gong)在道教等级结构的顶部,作为抽象的"天界",怎么可能被超越?我发现,一个人可以把所有的神灵(gods)都称为神,但不能将所有的神灵都称为佛,这是为什么?当我就这个问题继续追问时,报道人又退回他们在权力上或多或少都是平等的这一立场,但是在很多方面是不同的——对于这一

---

① 如我在 20 世纪 90 年代福建、四川和浙江民间宗教革新中看到的许多不同的图示所揭示的,它们都没有违背以下原则:如果佛教和道教神灵要一同展示,佛教神灵的地位会高于道教神灵。甚至在欧爱玲(1993:122)所拍摄的一个加尔各答华人家庭祭坛的照片上都能见到这种安排。

点我很快会具体论述。

那么为什么神龛画像可以是不对称格式的呢？

台湾的寺庙通常被认定为佛教或道教寺庙，尽管大多数寺庙都展示了这两种传统所特有的多种多样的可见符号，以及其他极富有想象力的因素。尽管大多数寺庙都被认定为佛教或道教寺庙，而且从历史角度来看，这似乎也是"正确的"，但有些寺庙的情况表明，佛教和道教的分类远非仅具历史的意义。一个被广泛崇拜的道教神灵——清水祖师公（Qingshui Zushi Gong）——头戴佛冠，穿着补丁袈裟，其形象十分奇特，这种装束让天真的崇拜者误以为他是佛教徒。虽然一些报道人告诉我，他在生活中是信佛的，但是其他人坚持说他是道士。这些事例表明，佛教/道教的二元论是可以彼此包容的。人们可以将民间信仰的寺庙归于佛教或道教，而且他们也只能这么做。即使是不断涌现的新教派也被认为是对这两种传统教派中的一种或另一种的改造，不存在中间案例。不过，在家庭祭坛上看到的二元性再次出现在寺庙的分类中，尽管寺庙只与一种传统或另一种传统相联系，人们无法观察到这二者之间的等级性安排。

一个刚搬到台北的虔诚信徒如何向清水祖师公倾诉并表达对他的敬意，是把他当成佛教的神灵还是道教的神灵？从其肖像上看是令人费解的。其所采用的有效符号与武雅士观察到的用以区分神、鬼、祖先的符号相同：神和佛要接受不同的食物供奉。更重要的是，人们对这些神灵的供奉最能决定他们的身份。了解什么祭品是合适的，就能提醒游客神灵在宗教二分法中的地位。在流动人口众多的台北，这样的线索对于四处游走的朝拜者来说是必

第八章　民间意识形态：统治者与老百姓

要的。有一个现代化的、四通八达的地下隧道,通往台北一个相对较新的著名寺庙:行天宫。通道两旁摆满了出售祭祀用品的摊位。新游客经常会询问摊贩哪些供品是佛可以接受的。在那里和其他寺庙里,新访客有时也会因为带来了不合适的供品而受到同行者和寺庙服务人员的责备。他们做这些辨别的目的是了解如何才能获得善果,而不是探讨教义。祭品的基本区别在于,佛教护生的素食主义与道教流行的血祭截然不同,肉类不应该在佛教寺庙里被作为祭品。不过传统寺庙极度宽容的风格可以容忍错误:甚至连佛的卫士和兵勇也需要吃肉类祭品。

其他一些习俗也对佛教和道教的神灵进行了区分。独身(Celibacy)与佛教相关联,而婚姻和房中术与道教相关。对于信众大多为女性的普通寺庙来说,一个更重要的标志是对经期妇女行为的要求。月经来潮的妇女应避免在道教神灵面前出现,因为她们的污秽会冒犯道教神灵,但她们在佛教神灵面前不需要回避。

一种"本土/外来"的二分法也将道教与佛教区分开来。当探讨神与佛的不同时,报道人经常会说,佛教是一个源自印度的宗教,而道教是本土的。虽然他们对这些事实的熟悉或许与学校的教育有关,但是通过戏剧表演和通俗文学,这些信息也深深融入民间历史中。佛教中仍然充斥着浓厚的外来文化,如冗长、无意义的音译佛名,以及僧尼的那句经常被笑话和通俗剧嘲讽的问候语:阿弥陀佛(Omitofo)——相当于中文的"胡言乱语"(mumbo-jumbo)。相比之下,在台湾,道教的仪式专家和神,通过灵媒对外说话时,这种译语就成了非常受人尊敬的文化宝典。许多道教专家都用这种古老的语言流利地阅读善书,那些购买善书的人,则对

253

这种让人几乎无法理解的真实性感到颇为自豪。

民间仪式中佛教与道教的区分呈现出高度的内在一致性和连贯性,表明神和佛代表两种"现实世界"的社会体验。按照武雅士的观点,神在广义上被等同于超越亲属关系层面的社会权威,但是,道教神很像台湾的普通大众。和普通人一样,神爱吃肉,佛却拒绝这种最受欢迎的食物,这就颠倒了通用的价值标准。道教神及他们的仪式专家可以结婚,而道教神祇希望在他们在场时人们能遵守文化上正常的污染禁忌。佛教神及其随从都是独身的,他们似乎也不关心月经禁忌。神是本地人;佛是外来者。

我认为,在帝制时期,普通民众会用他们所熟知的两种宗教经典传统,来象征现实生活中拥有权力的两种非亲属权威。第一种是当地的地主/商人。虽然他们与贫民之间存在着小资产阶级的差异,但二者在语言或方言、饮食习惯及其他习俗上有一些共同之处,他们与贫民之间存在着弱化的亲属关系;因此,作为老百姓的庇护人,他们相对较容易被亲近。第二种是大城市里的官员,根据官僚制度传统,他们对当地并不熟悉,被禁止在其任职的省份结婚,他在风俗习惯和语言上都与当地人格格不入。对平民而言,尽管官员的影响力或许不亚于地主/商人"士绅",然而官员作为与平民不同的阶级和地域文化的承载者,很难接触。虽然官员正式的社会地位要更高一些,但是现实生活中遇到问题的具体中国人可能会纠结于哪一类社会权威实际上更强大。

台湾在历史上偏安一隅,远离统治中心,在这里统治阶级的成员有限且相对薄弱,再加上相对不受控制的小资本主义在那里的突出地位,以及从中受益的商人/地主力量的增加,或许可以为其为什么在历史上将神灵统称为"神",而不像很多大陆人一样把众神统称为"佛"或"菩萨"做出解释。

民间对神(gods)的描述,要么将其看成佛教的,要么看成道教的。这虽然常常不符合历史事实,却以直接的方式引起了人们对两类强大的陌生人之间的相似之处的注意:他们与鬼魂不同,不能被轻视或忽略。在民间对佛教和道教的区分中,我们看到了一个同样复杂的阶级模型,它在学术上被贴上"中国士绅"的标签。从老百姓的视角看,佛教神明和道教神明是不同的,并且以相当透明的方式来看,他们的区别就像在任期中的官员与没有等级但仍然富有且有势力的小资本家的区别一样。然而,他们的权力共性是凌驾于那些无钱无势的人之上。

阴间的政治经济

武雅士的神、鬼、祖先与社会重要分类的同源关系,充满了对经济关系的借鉴。相比于他的论述,这些经济关系提供的证据可以演化出更富有政治经济色彩的解释,这与武雅士对它们受社会条件限制的"一词多义"的原初叙述是一致的。

中国人坚持让我们相信,超自然世界不仅就像我们自己的世界,两者还紧密融合:活人、神灵、鬼魂及物品都可以在这两者之间来回流动,而且在很大程度上相互影响。对中国人的这种执着进行关注相当重要,所以我们应该去寻找"阴间"政治经济结构的相关证据。

一旦我们这么做了,一些显而易见的事情就会自然暴露出来。

如鬼神世界是一个缺乏物质基础支撑的世界。鬼神需要衣食住行,他们还有偿还债务的需要(或者他们缺乏这些东西,并因此而心怀不满),但是在没有外界帮助的情况下他们不能自给自足。向阴间提供的食物、衣服和金钱等供养,都来自现世,来自活人的劳动所得。像鬼一样,神和祖先都被描绘成依赖者,而不是统治者和父母自称的创造者、供应者、维护者。对于什么才是强大的(和道德的)、谁才是强大的(和道德的)这些问题,答案都是非常模糊的。

与魂灵(spirits)相关的最简单的事务是家庭对祖先的定期祭祀。这些贡品通常是日常饮食的形式,是父母去世后对其赡养义务的延续。这是一项必不可少的义务,据说如果疏忽了就会受到来自祖先的惩罚。(武雅士,1974b:163—167;李亦园[Li Yih-yuan],1976:334)忽视祭祀祖先本身的罪名可以免去,但有时在现世,只有通过令人毛骨悚然的自我牺牲的行为,才可避免对疏忽的指责,如用孩子的肉来给生病的父母治病。(齐皎瀚[Chaves],1986:418—426)武雅士指出,祖先自然会试图帮助他们的后代,即使只为了他们自己的利益;但是实际上他们的力量并不是很强大。此外,"一个人的祖先是他的父母或祖父母,父母和祖父母并没有义务听从孩子或孙子的每一个请求",虽然武雅士承认在极少的情况下,可以放弃那些看似顽固敌对的祖先。(武雅士,1974b:167—168、161)

人们不会把市场交易的话语用到与祖先的交往中。在钱财问题上,人们通常不会请祖先帮忙("钱上的问题你可以去找财神,或者去找一些更强大的神。"报道人告诉我）。① 他们更倾向寻求祖先的干预，以获得家庭的长久稳定和无忧无虑。当寻求祖先的特别恩惠时，后代不必当场献上祭品，因为长辈一般有义务听取晚辈的请求，就像晚辈一般都有义务安慰和赡养他们的长辈一样。（武雅士，1974b：168）这是一种依附关系，纯粹而简单。

现实世界的官员宣称他们自己是"父母官"，即老百姓的父母，然而现实世界的人在仪式中不是像对待祖先一样去对待冥界的官员的。人类与神的交易尤为复杂，表现出了贡赋兼具小资产者的双重行为。村庄和城市社区，有时是整个城镇，每年都会为每个主要的社区神——土地公或者当地一些级别较高的保护神——举办节庆。生活在该神祭祀圈覆盖的行政单位内的百姓，都应该参与到该庆祝活动中。那些不求神灵保护的人，可能会拒绝这种义务。武雅士注意到，与祖先崇拜不同，对神的崇拜是自愿的："人们通常居住在他们所崇拜的神的管辖范围内，因为崇拜通常是一种社区活动，与如此强大的人物搞好关系是明智的。但是很明显，一般人并不会认为他们在道义上有义务去供奉任何神。"（武雅士，1974b：160）武雅士把研究重点集中于个体身上。在社区仪式中，对每个家庭成员征收非常有限的丁口钱，是一项近乎必要的社区义务，这

---

① 风水似乎与祖先不被要求给予财富的想法相矛盾，因为祖先坟墓的正确选址被认为是获得家族财富强有力的渠道，它能促成一个家族的崛起。但是，正如弗里德曼（1967：88）所说的，"通过风水……男人们把他们的祖先作为实现世俗欲望的中介。这样这些人就不再崇拜自己的祖先了，而是把他们当作工具来使用"。来自风水的好运并非来自祖先意志，而是来自挖掘宇宙自然力量的风水师的神秘工程。风水师将修他们的技能卖给任何付钱给他们的人。一般的设想是，就像雇佣一个水管工一样，你付钱，就可以获得你想要的。这些交易都不涉及祖先与后代的关系。

在台湾是非常明显的。捐款的金额被特意设得很低,这样真正贫困的人才不会被排除在外。同样,在山东地区,有一个拒绝支付丁口钱的人被村民带到了地方官那里,在衙门里他承认自己错了。(庄士敦,1910:157)家户从神佑暗含的保护中受益,邻里也在重申自己确实从中受益,对来访者来说它是一个团结一致的社区,他们会驻足仔细浏览张贴在寺庙墙上的捐款详细账目。

人们在面临自己的个人选择时,会到寺庙去寻求神的帮助。对于一些台湾人来说,去寺庙是一个永恒的话题;也有很多人从来不去寺庙。大多数人去寺庙是为寻求特殊的帮助。武雅士也曾写道:

> 他向神许愿,就像他从一个地方法官或者一个警察那里请求安全帮助一样。为此他呈上一份小小的祭品,并承诺如果神明答应其许愿,他会呈上更大的祭品来还愿。如果占卜显示神灵不愿意答应其请求,他就会许诺一份更重的礼物,如此反复,直到神灵最终同意。对于地位如此崇高的神灵,人们总是以礼相待,但更丰厚的礼物要等到取得预期结果后才会送出。曾有一个人承诺,如果孩子的病能够治愈或者猪肉的价格能够上涨,他就会向神明献上一个猪头;但直到孩子痊愈或他卖猪获利后他才真正献上猪头。(武雅士,1974b:162)

有一个崇拜者建议神明至少对外做点广告:"每天我都对神明说,'你是一个无所不能的神,为什么坐在那里一言不发呢?你应该对外展示你的本事,让这里的人知道你是何方神仙。正是因为你不显灵,人们才都到别处去祭拜了。如果你能做点什么让人们见识一下你的神通,人们都会来这儿对你顶礼膜拜'。"(武雅士,1974b:160)

给神的"祭品"代表两种不同的交易。在节庆时收取的小额社区费用很像一种税,这是居民欠衙门的,是没有商量余地的。捐款人可从这种支付中获得高度普遍化的"保护",但无论如何,一旦不愉快的事情发生了,没有人会对这种集体性保护实际之孱弱感到太过惊讶。严重的问题需要的是另一种不同类型的帮助。"崇拜者"在与神打交道时,会以精明的小资本主义模式就商品/福报的价格而讨价还价。中国人有时会给他们的神明上贡,但有时也会把他们视为稀有商品的官方特许经营权的持有者,向出价最高者出售。就像台湾最早修成的铁路上的一名乘客一样,发愿者会试图以尽可能少的钱去换得自己想要的东西,并以首付款达成交易,但只有当她得到承诺的东西时才会付清所有款项。武雅士的神/政治权威的平行观念还在研究中得到扩展,它强调与更高阶级的关系中固有的双重经济可能性。

那么鬼是什么情况呢?有时人们会向鬼施舍食品、衣物,并出于怜悯之心给他们几个零花钱。然而,鬼通常的形象是报复心重又贪得无厌的,而非可怜无助的。武雅士指出,"他们中的一些较强者就像很多土匪一样,在乡间游荡"。人们需要向他们提供祭品,"这样他们就会走开,不再纠缠你"。他们就像乞丐一样,"但是这种乞丐的乞讨并不是真的乞讨,而是一种威胁"。(武雅士,1974b:170、171)鬼经营着一种勒索保护费的生意。他们的要求没有商量的余地;你给予他们,却得不到任何回报,但是如果你不给

259

他们,你肯定会惹上麻烦。

武雅士令人信服地指出,作为陌生人,鬼与潜伏在亲属关系安全圈子之外的"他者"原型融合在了一起。但是狡猾的鬼还不止于此。人们虽然强调他们被轻视的地位,但是还是要参与到和他们的交易之中,这种交易看起来更像是贡赋关系,而非买卖关系。他们的身份很暧昧,因为一个人的祖先对另一个人来说可能就是鬼。而且,很奇怪的是,给他们烧的"纸钱"(spirit money)——福金(hok kim)与刈金(gua kim)①——竟然和供奉给土地公及玉帝(Tian Gong)的文书和士兵一模一样,而玉皇大帝是众神之首。(武雅士,1974b:173—174、180)

让我们从鬼的身份的(这些独特性当中的)最后一个独特性说起。如武雅士所说(我自己的经历也证实),在大众观念中,"现代的警察、传统的衙役,以及强盗、乞丐,和鬼都属于同一类别。'你必须得给他们点东西,只有这样他们才会走开,不再捣乱'"(武雅士,1974b:179)。在与诸鬼一样的福金和刈金的接受者中,只有土地公是善良的,是说他有德行吗?完全不是,武雅士说土地公"就像穿着制服的警察。他只能向城隍这样的低级神打报告"。土地公有两个功能,"维持[鬼]的治安"和"监视他所负责的人的事务,记录他们的活动,并定期向上级汇报"。(武雅士,1974b:139、134)

将土地公与那些人们普遍害怕并鄙视的鬼神混在一起是违反直觉的。从画像上看,他是一个和蔼可亲、慈眉善目的"父母官"典范,而且土地庙里经常刻着这样的字:福德正神(Fortunate,

---

① 译者注:纸钱在台湾话里统称为 kim zuo,疑为"金柞"。潮汕话发音为 zuo kim,从中可以看到与闽南语的亲缘关系。

Virtuous, Upright God)——即使按照中国大众的标准,这也是一个过度恭维的玩笑。我从来没有听过一句对土地公不敬的话;然而武雅士说得很对,这个在天上的等级制度中级别最低的人是一个警察,是一个不好惹却偏爱管闲事的官员,或者说,他是一个特务。灶神(Cao Shen)也是如此,作为炉灶神,他是藏身于每家每户的神界密探:他会在农历新年结束时报告家庭的不轨行为,因此在他走之前必须用美食封住他的嘴巴。灶神生前穷途潦倒,倒霉透顶,甚至不得不卖掉自己的妻子。他是在自杀结束自己的贫困生活之后,才谋到了这份让人不愉快的小差事。(艾伯华,1965a:194—195)众所周知,自杀的人会变成可怕的鬼。

然而,人们永远不会称土地公为鬼。将和蔼可亲、畏畏缩缩的土地公老爷爷(或者玉帝本人)想象成土匪是危险的,不可能的,也许是不可想象的。是什么带给他来自社区的支持,以及超凡的能力来摆脱污秽?有两种可能,这两种可能暗示了他们的自我取向,而且并不互相排斥。向危险的鬼魂致敬的最佳方式之一是住房。建造一个神龛来庇护鬼神,可以将其定位在特定的空间中,从而将其固定下来,就像祖先被固定在作为其"席位"的祖先牌位上一样。当超自然生物离开他们的庇护所时,就像在年节游行时一样,必须采取严肃的、仪式性的预防措施,以保护人们免受他们潜在的愤怒的袭扰。台北人指出,警察也一样:如果他们待在办公室,你可以时不时地去报告事情,或者邀请他们参加宴会。① 只要他们待在办公室里,这种关系就仍然可以维持,人们就有一定的方法控制他

---

① 有趣的是,清朝的官僚监管制度迫使很多官员在任职期间就住在衙门里。(波乃耶,1982:310)

们。至于鬼神,一个老庙的修建者告诉我:"我们要把寺庙建造得很漂亮,这样神灵才会很乐意待在这里。"

土地公,类似一个衙役,可以说是闻名遐迩。实际上,当人们为他建造衙门的时候,他就从一个到处游走、招人讨厌的恶霸,变成了一个受人尊敬的官员。毕竟,他是典型的地方神。在被精心安排的礼仪规范及隐蔽的建筑捆绑住之后,他被自己的下属推到了骑虎难下的处境。正如在中国人的生活中经常发生的那样,这种尊重与控制的形式被如此巧妙地操纵,使那些理论上需要被控制的人获得了某些控制权。(葛希芝[Hill Gates Rohsenow],1973:167—169;芮马丁,1981)

虽然仪式细节赋予了土地公类似警察那样的具有威胁性的职位,但为什么他没有被明显地描述成一个鬼?在此我将提供第二个更具普遍性的解释。人们受到了如同祖先一样的限制,同样的限制会使一个人很难承认她的母亲可能是别人的"鬼魂"。在此可比对武雅士的报道人之一所说的有关祖先的话:"土地公怎么可能是一个鬼?他是神的护卫,他可以帮助你。而鬼会让你生病,给你带来麻烦。"①土地公为官府效劳。显然,他做的是好事,读一下为他题写的碑文你便可知晓。

即使是鬼也不愿被称为鬼,武雅士的报道人说:"如果你称他们为鬼,他们会生气。称呼一个鬼为'鬼'就如同称呼一个乞丐为

---

① 武雅士(1974b:173)的报道人的原话是"你的祖先怎么会是鬼呢?祖先是你的自己人,会帮助你。而鬼会让你生病,并给你带来麻烦"。

第八章　民间意识形态:统治者与老百姓

'乞丐'一样,会惹人生气。"①(武雅士,1974b:171)然而这并不意味着他们不是鬼,因为鬼(gui)是一个难以界定的类别。一些鬼同时也是其他人的祖先——神(shen)。神(shen)既意味着"神"(god)也意味着"祖先"。鬼有时候也可以是神。武雅士指出,有时,鬼与神一样被用"三种"全肉祭品供奉着。它们都要求像贡品一样的祭品,并以惩罚或收回"庇护"相威胁,没有商量余地。然而,这样说将会很危险,因为即使是与层级关系无关的小过失,也会被很郑重地载入民间传说中。(武雅士,1974b:178,145)

神是(像)祖先,官吏就是(像)贪婪的匪盗。天界及凡间的权贵,会扣押物品作为对其保护承诺的回报,尽管真正的保护必须在另一种交易中单独购买。鬼不仅代表流氓无产阶级,还代表玉皇(the Lord of Heaven),或者至少是玉皇的忠实跟班。1924年,爱诗客写道,城隍是和衙门里的地方官相似的城市神,在民众为纪念他而举行的游行活动中被塑造为一个怪诞的鬼魅形象。安徽安庆的城隍也是如此。(施赖奥克[Shryock],1931)对于这位神,人们所强调的既有其担任冥界地方官的正直为人的一面,也有与其职守相关的低级趣味的一面。即使是作为慈悲化身的观世音菩萨,在普救仪式上也是以凶猛、青面獠牙的大士(Ta Shih Yeh)形象出现的。观世音(见桑高仁,1987:139—140、154—156)有时还与阴间地狱的主神阎王(Yama)合二为一。最仁慈的神也有威胁性的

---

① 曲语是中国修辞学中最常用的一种表达方式。他们即使在自己人当中,也要对事情进行暧昧的表达,这种因谨慎而产生的不明确性有时也会受到质疑。1930年,毛泽东在寻乌县进行社会调查,想对各种职业进行一个清晰的描述。他顺便提及,"寻乌人说裁缝偷布,不说他偷布,而说他剪刀很利"(毛泽东,1990:93)。

263

一面。

　　普通大众的宗教仪式性习俗告诉我们(及他们自己)有关神、鬼、祖先的哪些讯息？这些讯息能否被清晰地表达？无论是否清楚地表达出来(我认为台湾人表达的信仰确实表述了这一点)，民间视角中的"阴间"，"就像是"我们生活于其中的现实世界,它明确地界定了"阴阳"之间类似经济交易的性质以及参与其中的社会人的分类。我认为,这些都揭示了中国平民对其社会世界的看法,它远没有欧大年(Daniel Overmyer)及其他许多人想象的那么积极。他认为,义学、乡约和大众宗教小册子"使原本精英的价值观渗入到大众意识中。所有这些因素都导致了人们的文化统一感的增强,尽管社会差异被认为是自然规律的一部分"。(欧大年,1984:2—3)我对民间习俗的解读,与此大相径庭。

　　与这些民间习俗不同,由衙门执行的官方仪式让人与神进行纯粹的贡赋交换,交换的原始形式是可用物品。神在国家庆典上受到崇拜,其所接收的"牺牲"通常以完整的形式呈现,比如,整头牛或整只羊,或者整匹的丝绸。在这些精心筹备的仪式中,没有讨价还价的迹象,而只是不断强调人类参与者顺从于神灵的期望,不断强调参与者的"纯洁"和"谦卑";(齐托[Zito],1987:351)在此,互惠的需求是不存在的。老百姓与鬼神之间的大多数互动乃是小资本主义者的讨价还价。人们不觉得这是腐败现象。我认为,这可能是因为面对神/鬼的统治者/强盗般的要求贡品的能力,当人们的供奉得到回报时,他们会觉得这种交换似乎是道德的。

第八章　民间意识形态：统治者与老百姓

献给神明的钱

小资本主义价值观极为广泛地渗透到仪式领域中，正是在小资产阶级—老百姓颇似资本家的对赚钱和用钱的非常积极的看法中，小资本主义价值观得到直白的表达。① 钱的意象渗入中国人生活的方方面面。在 19、20 世纪之交，一个四川的报务员发现，他"花了(12 磅)学习了英语，买了五千个单词"。(立德夫人，1898：184)钱以各种方式出现在大众仪式上：抽象地说，它表现在张贴于寺庙显要位置的捐款列表上，该列表记录着为演戏及寺庙建设基金做出贡献的人员情况；具体地说，它也表现在寺庙的香火钱及仪式服务的具体花费，还有以实际货币的形式用于仪式项目的收费上。一个人很有可能向道教神明或神祈求赚钱发财，佛教的佛（像祖先一样）则主要负责家庭的幸福及平安。一些年长的台湾报道人说，在过去，一个人往往会捐田给(佛教的)庵或寺，而捐钱给(道教的)庙。

毫不奇怪，长期以来，花钱的仪式一直与婚姻和生育联系在一起。汉代的"春宫币"(springcoins)是一种矩形的硬币，钱币的一面刻着吉祥的文字，另一面刻着男神和女神交配的图案，人们认为在新婚之夜将其送给新郎新娘可以驱散家中的邪恶。宋代的"床幔币"(bedcurtain spreading coins)的周边刻着各种性交姿势，这种特殊的货币被用来装饰新娘的床，是嫁妆中不可或缺的一部分。(埃

---

① 其中的一些论点包含在葛希芝(1987a)的研究中。

265

里克·周[Chou],1971:181)钱币在19世纪的厦门被用作"撒帐"撒在新娘的床上(卢公明[Doolittle],1966,1:76—77);在广州,葛雷看到,民众在节庆时会将钱币扔在城隍和他妻子的床上(葛雷,1875:433),在迎亲的时候还会将现金挂在橘子树上(葛雷,1878,1:202)。

钱是块魔法石,通过购买的行为将一种商品转化成另一种商品。它以直白的风格代表市场上的资产交换。在资本主义的背景下,钱,正如马克思所看到的,就像一个生命有机体,可"再生产自身",如同用于投资的资本产生利润一样。它因此很容易陷入拜物教,就像哥伦比亚的农民(陶西格,1975)和《华尔街日报》的读者所认定的,它被看作一个充满活力的东西。在中国的一些地区,人们认为,在硬币上洒上蝙蝠血可以让钱币回到花钱的人身上。(阿列克谢耶夫[Alexeiev],1928:31)

在老百姓看来,钱并不是污秽、肮脏或邪恶的。事实上,钱可以用于净化。在当代中国台湾,一袋袋的灵钱是用来隔绝有灵性的物品(如圣像)和它们所在的桌子或地板的,也可以作为祭祀用的猪的装饰品。70年前,如果有人用纸钱擦拭孩子的嘴,那么小孩子说的不吉利的话可能引发的不良后果就会相应地得以避免。(裴丽珠、米托法诺[Bredon and Mitrophanow],1972:115)19世纪晚期以来,在四川,钱具有的这种涤罪效果被戏剧化地运用在一种小型政治仪式中。有一个被指控诱拐孩子的男人,被押着从一个祭坛到另一个祭坛游街,"有一张白棉布布告贴在他的外套后背,为了证明他的清白,他的辫子披散着,头戴一顶粗糙的纸钱做的帽子,帽子上还悬挂着长串的纸钱……一个人敲着锣走在他的前面,

大声喧嚷着整个故事的缘由"。(立德夫人,1898:184—185)

在中国,金钱也与死后的转世密切相关(韩书瑞,1988;华琛,1988:114—115);就像符咒或护身符一样,钱被用来对抗恶鬼或者与死者沟通(卢公明,1966,2:145;1:174、177—178)。在将一具尸体下葬前,需要等到事先放在死者袖子里的钱币落下作为回应,才算尸体"同意"下葬。净尸的水是从广州附近的河里"购买"的(道格拉斯[Douglas],1887:320、319),这一习俗今天在福建的许多地方都还保留着。当代中国台湾的风水师会把钱币撒在坟墓上,以增进家族的人丁兴旺。从福州迁徙到台北的移民,每年都会为孤魂野鬼举行仪式表演,仪式中的祭坛,其功能就像银行一样,将包括钱在内的财富传递到另一个世界。在中国文化中,钱是一种非常实用的象征性联结物,象征着死亡与生育之间稳固的联系。(华琛、罗友枝[J. Watson and Rawski],1988)

基于神人之间超自然的相互作用,与葬礼及死亡相关的仪式是最为铺张的,它被认为与每个人的转世及命运等重要事项相关。这一相互作用不仅呈现,而且揭示了一种人类行为的模式,即一种有赖于资本主义式原则的人类生活模式。

根据我的报道人及侯锦郎(1975:35)所述,鬼魂在冥界寻求托生。然而,首先,它必须获得一个肉身和一个命数,通过这些,它才能够追求它自身业力的历程(karmic course)。要做到这一点,它必须签订一个神秘的债务合同,该债务会影响它的转世,影响其转世后的生活。十几个天体金库中的一个(每个金库都有自己的管理官员)向灵魂提供借款。一部分钱用于购买一个用于转世投胎的肉身,其余部分用于支付个人的来世生活。丰厚的借款可以换来

267

幸福安逸的命运，而只有小额借款的人必须过着相对节衣缩食的生活。在生活中，一个人应该通过做善事、祈祷（侯锦郎引用的一部佛经，给出了诵经和现金价值之间的等价关系[侯锦郎，1975：48]），以及向神灵捐款来减少债务。向神灵捐款既可以用烧纸钱的方式，也可以给寺庙捐献真正有价值的礼物。

人们永远不可能还清债务。在葬礼上，亲戚们必须通过烧纸钱来帮死者还债，这样其灵魂或许才能毫无负担地转世为一个更有福报的新化身。这个"债务偿还仪式"需要烧特定数额的纸钱，还要制作并（通过烧掉）寄送履行义务合同的副本，一个寄给管钱的地府相关官员，另一个寄给死者自己，大概是为了方便死者作备份。① "寄送"前需要将其密封，并在每个副本上都加盖骑缝章，以保证可验证性。燃烧的纸钱在另一个世界会自动增加数量，因为要偿还的债务比之前借的要多。为了亡者在另一个世界能有钱花，为了让他能打发各种附属官员的勒索，为了给其未来铺路，有时甚至还为了帮可能需要这种帮助的其他祖先去偿还尚未还清的债务，葬礼上需要烧掉比债务更多的纸钱。一个报道人说，"多寄送一些纸钱是一个好主意，因为神希望得到更多钱"。

虽然毕生给神灵送纸钱，以及在民间葬礼上焚烧大量纸钱的

---

① 信息——"纪念"——和现金一样，也可以通过烧掉的方式，从现世传达到彼岸，因此一些中国人将纸钱理解为纪念，而不是不义之财。（武雅士，1974b：181）我相信，这种观点代表了一种尝试：让民间习俗符合贡赋仪式更高的道德水准。后者强调了使用价值且贬低了商品。大众仪式专家通过仪式改变纸钱的性质，将其从真实的、能花的、有息的现金变成"祈祷文"，以此实现地位的攀升。这些专家竭力宣称，与精神世界的权威关系密切的"内行"，会接受这一观点，而外行会坚持认为这些东西就像钱一样。这非常符合我所提出的两种政治经济交易模式并存的观点。

第八章　民间意识形态：统治者与老百姓

基本动力是偿还债务，但使用灵钱的其他复杂仪式也是可能的。一个运气格外差的人，可能会邀请一个仪式专家给他做一场可以改变命运的法事，在仪式上，人们会烧一些怪异的、有占星意义的小纸人，以及纸钱。侯锦郎将这一仪式称为"改运"（Restoration of Destiny），该仪式通常要在有过一段特别好的运气之后进行，因为人们认为这是对神灵债务账户的过度透支。长此以往，钱袋子可能会被过早地耗尽，而它的持有者可能会过早身亡。在另一场仪式中，发愿者恳请增加其"借款"。（侯锦郎，1975:78、99）

19世纪的厦门，与如今的台湾相比，资本主义对民间生活的渗透相对不彻底。高延（J. J. M. de Groot）在此观察到一个颇为不同的偿还仪式。在葬礼上，亲属会将一种特殊的小面额"库钱"（kho ci，台湾话）①委托给相应的管钱的官员，该官员和其他11个人一起组成了一组神灵，他们专门从事这种工作，不仅仅为了死者的利益，也为了他们自己的钱包，因为在中国，不管在阳间还是在阴间，管理他人的钱都是一份报酬丰厚的美差。（高延，1969，1:78—79）12名管钱的官员分别代表12个属相，这就能很明确地知道哪位官员在何时应被调用。一个道士把这种信仰称作一种"纸功"（paper representation），道士将魂魄召唤到纸上，确定接受者，然后烧掉灵钱、纸锭和相应的库钱。

在将珍贵的金属及现金寄到另一个世界的汇款中，库钱扮演着非常瞩目的角色……它旨在使灵魂能够清偿其在那里

---

① 译者注：潮汕话发音为kho ji，与作者提供的台湾话发音略有不同。译者去信询问，作者肯定了报道人所用的这一台湾话发音。

269

的旧债,没有大量的小额硬币,它就无法正常清偿。

……流行于民间的观念,将地球上每个出生的个体都归因于阴间(Hades)对灵魂(soul)的释放,然而,灵魂不可能毫无缘故地被释放,除非大笔的赎金由其自身支付给阎罗王及其属下……如果他们想重新投胎到人间,就必须向他们的[灵魂(spirits)]同伴借钱……但回到阴间的鬼魂,将会立刻受到一群债主的攻击,他们都急于为自己的脱身去筹集必要的资金……小硬币[库钱匣子]所包含的钱财将会帮助灵魂们更快地结清账目,从而使它能够在最短的时间内摆脱讨债者;此外,这也省去了它兑换金银的麻烦,并让它摆脱货币兑换商的魔爪,在中国的阴曹地府,这些货币兑换商不亚于帝制晚期的钱商,他们从来不会感到良心不安……一个死人所需要的库钱总量……与他的出生年份直接相关。(高延,1969,1:80)

虽然每个星宿年份所需要的金额都被张贴在"火纸店"里,但是"极为孝顺的哀悼者"会给死者烧更多的纸钱,所烧的总量一般是这个最低金额的奇数倍。

基于19世纪稍后的在华中地区的考察,禄是遒对这一复杂仪式的两个版本进行了描述。在不太常见的表现形态里——也许是更为古老的做法,纸钱的货币化程度较低,哀悼者会购买印有义仓和库钱图像的纸张,在焚烧这些纸张时他们还会祈求灵魂监护人对死者的灵魂慷慨照顾。在更加流行的表现形态里,哀悼者在箱子里装满纸钱和纸银锭,在箱子上封上收信人的生辰八字和名字,然后把箱子带到城隍庙。它们"像资本一样被存入天国银行",并

为账户持有人带来利息。(禄是遒,1970:58—59)

纸钱不仅代表世俗货币,无论在过去还是现在,它的生产都是中国许多地区(如主要产纸区闽西)的重要收入来源。纸钱既具有象征的意义,也具有现实的意义。虽然纸钱纯粹是想象出来的,但"生产"它为许多妇女提供了收入来源。1917年的一个观察者,描述了潮州素食者"斋戒娘娘"(fasting grandmothers)如何通过背诵佛经来赚取冥界的冥钱,以超度自己或他人免受地狱之苦。要吟诵很多佛经才能挣100个铜钱,而制作如此多的念珠串可以挣1000个铜钱。"钟馗负责管理这些妇女事务……她们向他提供功德钱(merit-money)[挣给人念经的钱]……钟馗从她们那里接收到功德钱,会再转交给无常,当她们死后来到阴间时,无常会再将这些功德钱返还到她们各自手中,但是必须在她们死后到达阴间时才会返还,在此之前他会将所有的功德钱存放在赵公明(Spirit Chong)开的'钱庄'里,该钱庄被置于李诡祖(Spirit Li)的娴熟管理下,功德钱在那里还积累着功德利息。"别人也会请这些女人为自己念经,她们可以从中赚钱,"所以即使是她们中的穷人也几乎是自立的,而不是无助地依靠子孙勉强度日"。(戴玛丽,1917:161、159)在20世纪30年代的浙江,队克勋在财神庙也看到了类似的场景。

然而许多妇女还是被雇佣来生产纸钱。1940年,妇女一天生产900张纸钱(大概2.6英寸高,约合6.6厘米)可赚取相当于7美分的报酬。有时,从实用角度讲,一个死者的女性亲属会自己做纸钱,可不必花钱买纸钱。"这样一来,她们就觉得可以省下更多的钱,烧送给亡母冥府钱庄的户头,并通过这一善举为自己积攒未来

的阴德。"(队克勋,1969:24、30)

在中国,纸钱制造业集中于若干地区:台湾的造纸原料——甘蔗渣——又好又便宜,小资本主义手工生产通过淡水街市的外包制生产的纸钱,延续到20世纪70年代;福建西部的竹子质量比较好,在20世纪50年代之前,乡民会携带80到200磅(36—90千克)由山里生产的以竹子为原料的纸包,来城里讨生活,他们将纸包带到九龙江,在港口城市印刷,最终将印刷好的纸钱出口到东南亚,如今再次由东南亚进口到中国台湾;四川盛产竹子,在20世纪80年代,使用当地纸张手工制作的纸钱,也在香火旺盛的寺庙外出售。

金钱的道德性

在历史变迁时刻,"纸钱"的供奉常常被观察者提及。根据侯锦郎的描述,1949年以后,拜更老练的上海商人所赐,一种"西洋"风格的纸钱传播到台湾地区。(侯锦郎,1975:16—17)我在台湾发现,来自小资本主义始终薄弱的华北地区的大陆人仍然喜欢烧银锭,而不是传统的或"西洋式"的纸钱。

高延对灵魂债务的表述与近期出现的表述的不同之处在于其金融安排的相对简单性、其对债务人的灵魂监狱表述和原始债务的高度个人化基础,然而禄是遒的描述解释了灵魂债务从使用货币以安抚政治权力到以资本主义方式使用货币获取利息的转变过程。侯锦郎对此的表述,也是我在台北的报道人所认可的,构想了一个高度制度化的金融系统,一个天界的中央银行。在此,我们看到了人类的身体、寿命以及生活的幸福与否都被明码标价,这是货币经济渗透到人类生存中的一个极端例子,也是隐喻所能表达的。

这些交易显示了台湾人的哪些关于自身极其经济的讯息呢?我很难批驳韦伯有关"道教和中国资本主义精神"的研究,其观点涉及原始债务的民间信仰、正义行为的大众典范与小资本主义经济实践之间的联系。不要说发展壮大,就连继续从事个体经营,都要依靠信誉与期望他人履行义务的信任。苏海涵(1982:185—186)将儒家的"义"美德与朋友和商业伙伴之间的互惠关系相联系,他认为对神灵的崇拜表达了这些重要关系的社会价值。神灵关注人类交易中的诚信和正直,并以家业兴旺作为回报,这在小商人和手工业者中司空见惯。偿还债务是人世间的一项基本义务,通过祭祀仪式,它被提升为天界中的一种圣礼,一种个人救赎行为。

然而,我感兴趣的不仅仅是货币本身,还包括像资本一样使用的货币,以及这些仪式性的使用在多大程度上反映和鼓励了与资本主义相似的关系。马克思对单纯作为流通手段或价值尺度的金钱,以及作为资本的货币做了明确的区分,前者是"财富的普遍物质代表",后者则代表着资本。(马克思,1973:216)在前资本主义阶级社会里,金钱作为交换手段和价值尺度被使用,用马克思的话说就是"货币又是与构成财富的所有特殊实体相对立的财富的物体化形式","货币从表现为单纯流通手段这样一种奴仆形象,一跃而成为商品世界中的统治者和上帝"。当复杂的前资本主义社会将它们的经济货币化后,钱就成了"商品中的上帝"。(马克思,1973:221)中国谚语"十两银子通神,百两银子通天"(载普劳朴

[Plopper]，1969：168）和"土地爷开银行——钱通神路"（载罗圣豪，1991：234）都表达了类似的意象。

也许从历史上看，祭祀中的消耗品、食品和丝绸逐渐让位于黄金及其象征物，然后又让位于现在仍在使用的纸质象征物。国家祭祀用的献祭则采用不同于资本主义模式的贡赋制生产方式，它们只采用消费品，从不采用金钱：在他们眼里，祭祀就应该如同一场宴会。（艾迪瑾[Edkins]，1878：18—38）然而高延所引用的资料显示，早在3、4世纪的时候，中国的祭祀活动中就开始采用纸做的冥币了；在7世纪的时候，祭祀用的货币已接近现在的形式。（高延，1969，1：713—714）侯锦郎则貌似有理地认为，这一转变是与12世纪宋代大规模的城市化（宋代城市化扩大了货币在中国的使用）以及传统钱庄和纸币的发展同时发生的。他论及，这一时期在神灵面前诵读的文本（text）目前仍在使用，其中包含了"一种完全建立在财富基础上的来历不明的宗教"的元素，这与之前的道教传统不同。（侯锦郎，1975：35—36）我严重怀疑台湾目前的债务仪式模式是否源于宋朝；19世纪厦门存在的一种不那么完全的资本主义形式，以及对民间意识形态在文化变革中的可塑性的认识，都否认了两者间的这种亲缘关系。然而，从商品式祭品到货币式祭品，再到货币仿制品式祭品的转变，呈现出历史的合理性。

但这种货币是资本，还是小资本主义式的类似物？它可以被看成用来生产更多钱的一种工具吗？资本的能力就在于"通过将工资劳动纳入到生产中，以此用资本本身来交换劳动力"（马克思、恩格斯，1962：92）。在当代中国台湾有关鬼魂超自然债务的仪式中，我们可以看到马克思"作为资本的货币的流通和单纯作为货币的货币的流通之间"(马克思,1977:250)的经典区分。

马克思用两个简单的公式来概括这个区分。第一个公式是纯粹的货币或作为交换手段的货币流通模式:C—M—C。它表示出售商品(C),换取货币(M),然后又用货币(M)购买另一种商品(C)。在这里,货币只是促进了两种等值商品的转移。与此相反,第二个公式 M—C—M,表示用货币(M)购买商品(C),然后再转手将其卖出换取货币(M)。货币流通后又回到原来的所有者手中,也许是以更大的数额重新流通。"在生息资本的场合,M—C—M'的流通简化地表现为没有中介的结果,表现为……M—M',表现为等于更多货币的货币,比本身价值更大的价值。"(马克思,1977:257)"它所以获得创造价值的奇能,是因为它是价值。它会产仔,或者说,它至少会生金蛋。"(马克思,1977:255)[①]

这些不就是中国的人与神之间以还款为终结的某种交易吗?对于芸芸众生来说,钱是一种交换媒介,通过钱,他们将其一生劳动中的部分成果用来交换最基本的"商品"——人身和命数,当这两者都消耗殆尽时,人便不复存在。与此相反,诸神把金钱作为生息资本,通过人的自然劳动不断增值。神灵期望得到比他们最初借出的更多的钱:在正常的宗教活动中,人在一生中会有一系列献给神明的祭品,最后的偿还通常包括额外附加的利息。这笔钱将会又回到天界的金库里,通过与人类灵魂更进一步的资本主义交易来进行重新流通和自我增值。人世轮回,就是在生与死、债务与偿还的循环中无休止运转。消费把我们牢牢困在了滚滚红尘中。

[①] 译者注:经核实,原著出现印刷错误,该文引自 1977 年的英文版《资本论》,而非 1973 年的英文版《政治经济学批判(1857—1858 年手稿)》。

生命中的最后一场仪式不仅教会了人们偿还债务的美德,还使钱的两种用途及其结果明晰化。在宗教的隐喻里,把钱投放在有利息的地方是荣幸的,这一观点强调的是最终用于消费的非生产性的用途。富有而强大的神灵进行的是一种交易,贫穷而又无助的人进行的则是另一种交易。当人们被告诫要以神的行为为榜样时,他们就被赋予了一个与道德不可分割的经济计划。这一交易反映了贡赋统治者的本来面目:显而易见,他们只知勒索,从不回馈。从小老百姓的观点看,有德行的行为应该是买卖、以物易物、交换,而不是掠他人之物或者欠债不还。他们应该非常谨慎地指出这些策略。

通过将重点放在神灵的等级体系以及"阳间"与"阴间"的交易上,我们可以清楚地看到中国老百姓做出的关键假设,这一假设与他们社区的权力和阶级,以及他们的两种生产方式有关。人类学家在神、鬼、祖先之间,连同将货币作为资本的大众意识形态一起,建构的民间的区分体系,明确地界定了社会世界中存在于统治者与平民之间,以及有产者与无产者之间的差异。他们还颠覆了神/鬼/祖先三分法最初所蕴含的价值观。灵魂是非生产性的依赖者,而非供应者;投资/生产是善行,支出/消费仅是不得已而为之的事情。在两种模式的政治经济中,官方和非官方的财富和权力来源不断强化着佛教和道教的区别。在和神灵以及与他们有着复杂联系的鬼及祖先打交道时,人们接受了一个贡赋制宇宙观的等级秩序。然而,他们推崇小资本主义,并不是因为创造市场是人们的天性,而是因为与不平等的或者虚构的、延迟的交换相比,对等的协议之间直接的、具体的交换更符合人类的自主性。他们承认小资

第八章　民间意识形态:统治者与老百姓

本主义的经验,甚至将其神圣化,因为这种体验为他们实现自己的近期目标提供了机会之窗。金钱颠覆了贡赋制不平等的僵化统治,提供了更大的分配公正性,因此焕发出比美德更耀眼的光芒。

政治经济生活的民间意识形态,反复引导我们关注现实世界的双重政治经济模式;在这种双重模式中,贡赋交换及小资本主义的交换,界定了老百姓的地位与权力,且塑造了社区及族群认同。然而,贡品的给予虽然近乎义务,却也揭示了"下层民众"的价值与人性,他们为"上等人"提供所需。对这一点的系统性象征性始终表明,不论是阶级间的还是亲属中的下属都对官方意识形态提出质疑,该意识形态认为资源、仁慈和生活本身都是从强者流向弱者的。统治者和长辈们不断灌输给民众的善良形象,可能主要是为了维持当局者的某种自我意识。每个人如果稍微阅读一下民间宗教中对大众世界观的证据的那些简洁而明确的阐述,都会明白整个社会的福祉取决于家庭生产者的劳动,也会知晓当统治阶级拿走具体的东西而只归还抽象的事物时,他们是既不慷慨,也不道德的。

神、鬼和祖先作为官僚、陌生人和亲戚的形象不断变化,当然是社会建构的结果,但也是批判性理论的一种形式。这一深刻见解不仅是学术性话语编织,也源自中国大众文化的酝酿。没有人会像柏拉图式的思想家所做的那样,把中国的物质世界看作另一个真实世界的阴影,它本身就如同我们的社会。

第九章 民间意识形态：女人与男人

唐朱氏，明季山东宁海（今蓬莱市——译者注）之寡妇也，因守节从一、拒不再醮而名播乡野。为弘扬教化，嘉行妇道，县府文案将其身世载于文册，文曰其德"贞如冰雪"。

——摘自1910年的一本地方志

有传说记载，[朱熹]的八斗之才源自一颗无价的珍珠，这是一位闭月羞花的狐仙赠给他的礼物，在她的点拨下，朱熹吞下了这颗珍宝，就变得智慧超群了。

——狐狸精传说

如果仔细观察，我们就会发现：面对统治者，普通百姓通常会发展出一套更为有效的思想观念，它与统治者为教化"顺民"而竭力推行的那种意识形态往往大相径庭。与此同理，虽然男性也期望妇女对男权社会的各种约束不假思索地全盘笑纳，但只要留心对民众心态做一番考察，就可以发现女性往往比男子更加渴望自由独立。或许,这种现象也可表现在对民间信仰之隐秘因素的考察中。在对其进行考察时,我们也时常会在无意间触碰到与性别区隔相关的智识性困惑。纵观与神、鬼、祖先之天人体系相关的社会性建构,以及衣食住行等世俗的生活繁衍模式,都可以发现中国人执着地关注这样一些事态:它外在于生活改善技艺、绝对性事物和未被建构的自然本性,而其核心内容是与性别相关的。

自然主义的做法总是不免令人生疑。它不仅遮蔽了我们尚未明了的事物,而且还掩盖着许多我们自认为非常清楚、无需考虑,甚或不敢讨论的事物。与此同时,我们也清楚自己是自然界的一部分,因而对于自身与自然关系的阐释,也从来就应该是所有文化的一个重要环节。对中国进行自然主义式的考察,我们发现其核心是一种宇宙观的幻象,它与那种围绕政治经济双重模式组建的构想,虽说不尽相同,但也并不相悖。性别模式(sex forms)则是这种自然主义幻象的一个缩影。

桑高仁有关仪式功效、合法性及价值结构的冗长论述,体现了涂尔干观念对他的持久性影响,即"为了使社会机制合法化……与魔法力量相关的事物必须被设想为这些机制渊源之外的事物"(桑高仁,1987:4)。性别角色对于中国的政治经济机制来说是必不可少的,它体现在男女财产权的不平等上。借由将性别(gender)仅仅看作性(sex)这种极端自然化的做法,中国人对性别源自人为这一事实进行了自我掩饰。如果说天界官僚机构的象征体系会让民众立即意识到政治、经济地位与权力的建构性本质,那么性的象征体系则未能使民众直接体认到不可或缺的性别的社会建构,其社会层面的隐蔽性和生物层面的夸张度都使性别的自然化充满了高度的矛盾性。

在中国文化中,要对性别差异做泾渭分明的区分,会面临一个相当大的思想挑战。尽管男女截然不同这一观念,被认为在思想领域具有重要影响力,但中国人自然也不会认为其差异可以通过孩提时代的行为来展示;孩子日后的发展必然是由教育——而且是严格的教育——决定的。我在对几百个缠足妇女的访谈中发现了一个女孩要变成待字闺中的准新娘,必须历经怎样的身体创伤。这正如一个男孩要在棍棒之下才能识文断字一样。除了诸如刺绣或腌制业等低人一等的行业,对于强制性教育的效力和必要性,大多数中国人都是深信不疑的。宋朝以来,政府对官员的征聘就有赖于国人对这一教育机制的信奉。通过礼教、礼仪和其他形式的教育手段来造就贤良之士,已成为中国人的一种绝无仅有的生活执念。然而,即便经常会听到对不同性别的儿童要因材施教的议论,具体教育途径也呈现出明显的差异性措施,男孩和女孩之间的不同却还是被视作一种自然天性。

在此前有关妇女在亲属关系中的存在,以及妇女在经济生产中所扮角色的章节,已经暗含了这样一个问题:为什么中国人在性别文化方面的建构性工作被完全忽视了?女性不被看作真正的亲属、不被看作完整意义上的人,却可以摆脱男性所负担的道德义务的束缚。如果不是对此深信不疑,谁会甘愿承担那种歧视性行为的道德责任呢?然而如果没有对妇女直接的经济剥削,小资本主义和它注入贡赋制循环中的能量几乎难以发展。

就深陷于强大男权意识形态泥淖中的中国传统妇女而言,其宇宙观又会是怎样的呢?与普通男人相比,女性的生活经历被双重性地遮掩了,要想对此获得清楚的表达也面临着双重危机,即:她们给我们留下的书面记录不仅非常有限,而且在那些想为其言说的中西方人士看来,似乎也没有太大意义。当然,例外总是存在的——我们所获得的信息都必须依赖于这些例外情况。(不论是中国的还是外国的、历史学的还是民族志式的)外来者的记载虽叙述清晰,却常是些梗概性的文字;相对而言,地方文献中往往包含了大量颇有民俗研究意义的描述,它们常极具诱惑力,但我无意在接下来的论述中对其区域模式进行阐释。就像在上文中所做的那样,我宁愿使用人类学者最近在中国台湾的种种考察中真实、质量上乘的相关记录,以及有关普通百姓的田野经验来对我的观点进行审视。我试着通过指出什么可能是妇女的大众视角所包含的一般性要素,对此前的研究做出拓展。它们所包含的一些观点无论就时间性还是空间性而言,都得到了较为缜密的印证,这些研究包括桑高仁(1983,1987)、华琛(1985)、郝瑞(1986)和魏乐博(1987)的著作。

即使拥有较为上乘的记录,我们也永远别指望在中国妇女中挖掘出一个充分发展的反文化的存在。她们对自我和周围环境没有一个连贯的、充满荣耀感的、公正的看法,而这也是压迫者对其施加破坏性打压的一个后果。尽管对于抵抗、破坏行为及所有"弱者的武器"(斯科特[Scott],1985)的记录和研究都是至关重要的,但统治者似乎仍然会保有更为可观的权力和权威,除非特定统治力量出现了不常发生的革命性变化。然而,有关中国妇女的那些记载不仅会启示我们她们曾对普通人看法(有时甚至也是统治阶级的认识)产生的影响,实际上也会让我们关注她们在自由行事时

281

所具有的意识形态立场。(参见邓津华[Teng],1990)

仪式中的妇女

有时,民间故事记录了个别妇女对当地信仰的影响。20世纪早期,山东荣城的一个妇女,将自己女儿的死因归于城隍想娶她为妻。地方官接受了这一说辞,重新安排了这名女子的葬礼,并将其画像安置在城隍身边。从此,这位新女神被当地的妇女奉为祛病禳灾之神,并收到许多小祭品。(庄士敦,1910:369—371)我们可以设想,这位母亲会为未婚女儿死后有如此好的归宿而感到开心,并且会感叹,她为女儿死后获得女神的荣耀发挥了多么大的作用![1] 然而,通常来讲,我们必须注意习俗中的非人格化特征,并以此来认识妇女对于地方社会的影响力。

尽管在有些地区,许多成年妇女常常足不出户或足不出村,但她们仍是群众性公共仪式的热情参与者。一位19世纪的外来观察者曾提到,在山东的节庆活动中,"妇女和女孩拥有了一些不同于往日的特权,她们可以乘着独轮手推车或坐着敞篷轿子抛头露面、招摇过市";并且,每隔三年她们就有一次去夫家扫墓的机会,对她们来说,这简直就是一次令人愉快的短途旅行。(满乐道,1891:60、109)一些与节庆有关的女性神祇只对女性具有吸引力

---

[1] 庄士敦将此事描述为一个"故事",荣城百姓对该故事深信不疑,并且该故事对荣城人的生活产生了一定影响。这个故事是艾伯华构想的"处女加神灵"(maiden-marries-a-deity)的民间故事类型的一个范例。这类民间故事汉代以来就在中国广为流传。(艾伯华,1965a:61—62、212—213)这类故事的主旨是一个家庭(通常是通过母亲)借由自己女儿的过世/婚配,与某种强大权势建立联系。

(葛雷,1878:382),因此她们出席这些活动不会有男女混杂的不适感。不管怎样,民间仪式为妇女离家、出游提供了最好的借口。然而,一些婚约也具体规定了一年当中妇女被允许求香拜神的次数。(立德夫人,1898:122)外国观察员经常注意到有相当数量的妇女会参与社群节庆或其他公共仪式,那些将民间宗教贬斥为迷信的中国人,通常把它的顽固性归咎于对妇女的那种吸引力。就此而言,福建角美农民的看法或许是更为公允的,他们说:"男人们有男人的祠堂,女人们有女人的庙宇。"(武雅士,1980)

就观念上而言,贡赋等级体系中的仪式层级(国家、祖先崇拜、百姓社群,甚至是家庭祭灶)应该是由男人把持的。但毫无疑问,区域性差异还是存在的:一个外国观察者曾对华北某祭日仪式上的家庭祭品进行考察,他提到女人在这些仪式上的角色与一般人不同,"要知道,妇女一般被禁止参与贡品筹备活动";(裴丽珠、米托法诺,1972:76、160)台湾妇女则虽然可以参与日常的家庭祭祖仪式,但是在宗祠和重大场合,就要屈从于男人。

然而,某些神灵的祭品只能由女性来筹备。她们可主持农历八月十五的家庭祭月仪式,或农历七月初七的织女(或织女星)的祭拜仪式。这些虽然是充满轻松、愉悦气息的祭拜活动,但也并非可有可无的仪式。无论在过去还是现在,鉴于中秋节与儒家道德传说的联系,它成为中国最重要的民间节日,并得到官方的推崇。桑噶尔根据20世纪初参加此类活动的妇女的回忆,认为它具有促进姐妹关系圣洁化的功效。(桑噶尔,1978:23—25)在19世纪,人们常将女红或其他物品用于七夕的庆典,在此期间常常安排诸如刺绣品展览、月下穿针乞巧的竞赛等活动和色香味俱全的贡品。

(葛雷,1878:261—263)刺绣不是百无聊赖的女性消遣,而是可供使用、恭送、馈赠或出售的工艺品。在今天,有关女人或女红的其他保护神(patronesses)①还是很常见的——例如北方人信仰的毛咕咕(Mao Gugu)(裴丽珠、米托法诺,1972:95);例如在香港屯门,绣花针线仍然被作为给女性神祇的祭品。

这些女性的节庆活动都是与家庭相关的,但在台湾和福建,女性在社群性仪式中扮演着重要角色。在福建角美,出嫁了的女儿对娘家村落寺庙的修葺负有全部(在女性看来)或者部分(在男性看来)责任。就如武雅士所记录的:

> 当村庙需要修缮时,所有出嫁的女儿都会被召集开会,她们当中最有钱的被要求做负责人。其他妇女会尽她们所能来捐款,最后由负责人弥补不足……富裕家庭会争取让自家儿媳担当负责人的荣耀,因为她们贡献的多少,总是会被张贴通告……相比之下,居住在村落里的妇女,却不会为修缮本村寺庙负责;她们的职责是修缮她们娘家村庄的寺庙。(武雅士,1980)

在中国台湾和华人生活的其他地方,妇女仍然负责为神灵和客人准备食物;在许多社群里,妇女也同样要为神祇和祖先准备祭

---

① 出于完整的义务,我把厕神补充进去。
译者注:厕神,中国民间传说中的司厕之神,主要包括紫姑、戚姑、后帝和三霄娘娘等。紫姑神即坑三姑,相传为李景之妾,于正月十五之夜,为大妇阴杀于茅坑,后为厕神。世人每年以其死日迎祝于厕间,故俗呼为"坑三姑"。从各地迎紫姑的活动来看,紫姑的职责主要不是司人家之厕,而是代卜人事的吉凶和与人一起游乐。

品。在节庆中的这类高度重要的仪式里,少了她们的热情配合,庆典工作的愉悦程度及仪式的完整性都会大打折扣。

妇女较好地把握了民间宗教为她们提供的自主性、消费机会,以及直接接触超自然权力的契机。由于她们普遍而长期介入,大众思想形态的形式和内容有时会发生一些改变。就此而言,其中一类突出的事例就是女性神祇也曾被不合时宜地列入天界的官僚体系中。(桑高仁,1983;华琛,1985)例如,观音和妈祖都被描述为具有自我牺牲精神的处女,对她们的信仰在帝制晚期变得极为流行,在中国许多地区都有她们的信众。在广州,虽然妈祖曾经(而且仍然)是拥有土地的强宗大族的保护神(华琛,1985),但传播其信仰还要靠那些福建的远洋商人,她也因与这些远洋商人的相关性而更为闻名遐迩。然而,对于广大妇女来说,她像观音一样,也被看作一个慈祥的母亲(母亲平等地照料她们所有的孩子,不像被儒家思想约束的父亲那样,会在子女中制造"有等差的爱")。对妇女来说,这些女神是平等的象征,而与等级制度无关;是仁慈的象征,而与"司法"约束无涉,她们对妇女的关照至少无差于男性。在许多寺庙被列为"淫祠"后,官方将这些麻烦的女神提升到天界的官僚体系中:妈祖首先被打扮成天妃的形象,然后又变为女皇的形象;观音有时被看作一位女王。如此一来,和她们有关的寺庙和仪式,以及追随她们的无数崇拜者至少都在某种程度上被纳入官方的管理体系之中,但这一官方化的大众信仰较其最初形态来看已经大相径庭了。

华琛对妈祖的官方形象与大众形象、有产形象与无产形象、男性形象与女性形象进行了颇有研究价值的区分,其研究表明对于不同阶层、不同类型的信众来说,妈祖几乎不像是同一个神祇。值得注意的是,"女性对女神的观念似乎并没有反映她们自己(或她们丈夫)在社会等级中的地位"。(华琛,1985:320)尽管对于男性和官员来说,观音和妈祖已借由等级制度成为社会稳定的象征,但就女性而言,她们所呈现的是一种普惠性的内涵,等级化的观念在女性中是没有地位的。

妈祖和观音所体现的母性、慈悲和普惠性意义,在其与祈愿者的沟通中表现得最为明确。就像所有的神祇一样,人们认为她们也喜欢接受供奉,甚至我们可以看到她们的供品往往颇为丰富;但如台湾的妇女所言,来到她们的神殿,就像是"求助于你的母亲一样,妈妈爱你,就给你她之所有,而非要你时时刻刻都向她们供奉财物"。人们对女性神祇的这种宽容大方有一种普遍共识,他们往往是出于各种自身的需要来到她们的神殿,而并非将她们作为某位神灵或神灵的妻子。那些与人类母性真正相关的女性神祇则往往是更为和蔼可亲的。在台湾,跟求子相关的女神——送子娘娘(Song Zi Niang Niang)(有时也被称为助生娘娘)——是人们经常要求助的神祇,却未被给予一个显赫的位置,也没有得到隆重的款待。我从未见过贵重供品被摆满在她神像的案前,也从未听说过在台湾有哪个可向信徒"摊派"庆典款项的社群节日是与她相关的。正如妇女们所说,她们认为观音和妈祖所期望的也仅仅是真诚的奉献。在从山东崂山到四川成都的广大地区,求子的妇女往往会在生下孩子后做一个泥娃娃作为给娘娘的还愿供品。(葛维汉,1961:129;葛希芝,1987b:121)在20世纪20年代的北京近郊,产后的母亲会把红鸡蛋和鞋子供给送子娘娘,作为对保佑其平安生产的答谢。在那时,尽管在西王母庙(Xi Wang Mu's temple)的年度庆典上,也会挤满妇女和儿童,但其规模和影响力并不大,这显然是因为朝拜者没有动机,也不需要为他们所祈求的恩惠做出物质回报。在20世纪20年代,山东泰山是一个重要的宗教朝圣地,其最主要的神祇是碧霞元君,她从朝圣者那里接受鞋子、泥娃娃、蛋糕和现金。(裴丽珠、米托法诺,1972:281、481、231—234)20世纪40年代,在陕西华山有游客拍摄到一个由刺绣品装饰的神龛,该刺绣品上附有捐赠者的姓名。(莫里森、艾伯华,1973:pl.70)所有这些供品几乎都不需要什么花费:鞋子是妇女们自己用碎布做成的;妇女分娩后通常会收到的礼物是几十个红鸡蛋,让她用来恢复身体。就像泥娃娃一样,鞋子和鸡蛋的费用也在大多数女性财力所及的范围之内。与之形成鲜明对比的是那种整猪献祭、打造金匾、重塑金身及供奉其他实质性物品的献祭方式。它们往往出现在男性信众为那些更能带来商业利益的神祇举办的民间祭拜仪式上。

女性神祇尽管受到广泛敬拜,却很少收到财物,在众神中也身份低微,但民众们还是煞费苦心地对其形象进行了构想。在19世纪,广东妇女心目中的送子娘娘配有20个具有不同职能的婢女,其中一个婢女具有让孩子发笑的滑稽职能。信众们对这位娘娘的敬献是一根红绳,这是既便宜又易获得的供品,用以系在神像怀抱中的婴儿之颈部。(葛雷,1878,1:163—164)在北京,有记载显示该地流传着对妇孺有不同司职的九个娘娘的传说。(裴丽珠、米托法诺,1972:281)

一些仪式表达的是实际生活中妇女之间相互怜悯和帮助的期

望。当代中国台湾的妓女会把小布鞋作为向其集体保护神奉献的供品,而所谓集体保护神乃是一群未婚而亡的女孩的灵魂,她们的家人将那些有违常规的灵牌和亡魂仪式性地安置在佛堂之内。或许恰恰是这些不受欢迎的女子的亡灵,让那些妓女们有一种同病相怜的感受。作为女人,她们都是被家庭遗弃的具有代表性的群体。这些妇女解释道,她们之所以将童鞋作为供品,是要用其来代替"锦鞋",因为妇女在阴间仍然是要缠足的。(武雅士,1974b:150)但是,就这些慈悲为怀的女性神祇来说,妇女供品的价格之低廉使人印象深刻。20世纪20年代,一个妇女难产而亡。在现实生活中这已是一件相当可怕的事,在中国人的观念中,她还被认为要在阴间遭受血淋淋的惩罚。在浙江许多寺庙的钟楼下,妇女们会摆放一些刻有名字的纸牌位,以祈求神明宽恕那些在难产中死去的妇人。(队克勋,1969:130)辛亥革命之前,在山东和四川,求子的妇女会带走那些刚做母亲的女人在送子娘娘庙里留下的泥娃娃——这是一种仪式性的交换,表达了一个共同的妇女社群内的平等诉求和作为共同体成员的资格。(桑高仁,1987:70—71)

虽然这种最少的礼物给予,强化并重新印证了女性神祇并不贪婪的观点,但这并不是说那些为人熟知的主要女神都视金钱如粪土。至少在广州某寺庙里,观音就以较为友善的方式涉足借贷行业,其放贷的对象通常是"流动商贩、小店主、剃头匠,以及类似

第九章　民间意识形态：女人与男人

行业的人"。①（葛雷，1875：387）观音庙还有一个颇为流行的别称："救济钱庄"。（裴丽珠、米托法诺，1972：182）在当今台湾，妈祖的塑像通常被装上金色还愿匾额。就如葛雷在19世纪所看到的，向寺庙和仪式庆典捐赠的妇女，其姓名会被刻在寺庙的柱子上，或者被铸在仪式器具上，这种现象在中国到处可见。（葛雷，1875：435、538、554）在台湾的一些社群看来，天界捕快土地公因其贪得无厌而招来恶名，土地婆（Tudi Mu）因是他的老婆也跟着"背黑锅"。（葛希芝，1987b：145）作为官员的妻子，她自然也被认为是贪婪的，但她至少是在结婚后才变得贪婪的。女性神祇与信众的物质联系被这样一个经济现实形塑：妇女所供之物是非常微薄的。女性已经将一个合法化的权威形象强加给了众神体系，这种形象是非谋利观念、非等级化的，同时也是非男性化的。

中国妇女如何利用鬼神来自我表征，又是怎样使这种表征既彰显自身需要又便于立身行事的呢？这些超自然表征中的两个主题——性欲和母性——至少提供了部分答案。（参见卡希尔[Cahill]，1984，1986，1988）

阴与阳

在中国俗世的（和玄学的）思想世界中，自然界被看作一个阴

---

① 葛雷所记录的这些象征性借贷行为要有小额利息作为保障。"在来年的相应日期，他到同一个庙宇（shrine）归还他上年所借下的钱，并额外添加一些现金利息。混迹底层的广州各行业居民认为，若能使用一小部分以这种方式从女神观音那里借来的资本，他们肯定会走财运。"（葛雷，1875：387）

289

阳二元对立的存在。就此而言,非凡的世界及其所有事物,都被区分为阴阳两性;阴阳乃是万事万物的绝对、永恒的本性。这两类事物及其逻辑的二重/三重推演都是非常简单的。虽然事物的运行与消长可以导致阴阳易位,但没有人会试图去转阴为阳。阴和阳从来没有被设想为有能动性的、拟人态的并且可与之协商的神祇。五千多年来,中国哲学家都在为阴阳之辩证内涵而争执。① 就普通人而言,有关阴、阳的最明显事例就是男女之间的同中之异。他们同样是人,却本性殊异。男女关系的核心在于生物性的再生产关系。

人类学,尤其是 20 世纪 80 年代的人类学,在主题事件和相关的阐释中,学者们的兴趣太容易被导向异国情调。也就是说,我们通常对"那种旨在搅乱世界的思想体系给予更多的关注……对那些能让人民**通晓人情世故**的思想体系却关注较少"(布朗[Brown],1991:155)。通过对男女/阴阳对立统一的关注,我试图将自己的论述集中于具体化的、富有经验性的和最具普通性的事物上,而不是如同桑高仁(1987)那样,侧重对有序/无序进行论证,以便思考那些更为抽象的、包罗万象的有关意义的玄思。就有序/无序而言,其与生活的鲜活性已经拉开了一段距离。更重要的是,它所表征的是霸权的非对称性统治,而不是更为平衡化的权力关系。这种权力关系在大众心态中通常是与阴/阳隐喻相关的。因而,就这类讨论而言,尽管我们往往是首先从最为理想化和意识形态化的阴/阳面向开始,但很快就屈服于主导性的话语体系了。

---

① 对阴、阳所蕴含意义的探索,促进了浩如烟海的文学作品的出现。布莱克(Black) 1986 年的研究,是近来极有影响力的学术贡献。

第九章　民间意识形态：女人与男人

在对抽象的阴/阳概念进行阐释时，普通中国人总是从女/男的统一/对立开始。虽然大多数人都因太过敏感而无法言表，但两性交媾中的相互渗透乃是可用于阴阳合一的最佳隐喻之一；与之相比，月亮/太阳、黑暗/光明，甚至鬼/人（或者人/神）的相关隐喻都显得微不足道了。有关性的论述虽然已经在日常言说和书面文本中销声匿迹，却并没有在广为流传的宗教仪式中隐形遁足。大多数台湾寺庙前都有一对性别鲜明的守护狮，雄狮的生殖器突出，且通常被粉刷成亮红色；与之形成对比，雌狮的生殖器明显被隐藏了起来。这种对性的公开展示——借由性与动物的关联，以及对中国图像创造中原生态性的、恒定的主题之表现——不仅使自己免遭粗暴的批评，还赋予其更丰厚的含义。

在性被视为洪水猛兽而遭遮掩和批评的同时，它以至少一种直接的形式被具体呈现。在大陆的广大地区（台湾地区的相关情况我不太了解），五猖神（Wu Sheng）信仰已经非常普遍。在北京周边的村落，供奉它们的小神龛极为普遍，而这些神灵有时会以狐狸、獾、黄鼠狼及其他恶兽的形式出现。作为女性世界的穴居者，它们似乎是好色之徒，用 V. R. 布克哈特（V. R. Burkhardt）的话说，"它们是在寂静之夜，窥探大地母亲私密的人"（布克哈特，1982，3：64；另参见沃特斯[Watters]，1874）。

葛雷在北京附近的黑龙潭庙（Heilung Tan temple）也发现了与性相关事物的类似表述。皇帝有时会在这个寺庙主持向龙王（Dragon King）祈雨的宗教仪式。（葛雷，1878，1：148）在与性相关的思维模式中，雨水、龙和皇帝都可被通俗地想象为生阳之物：在下雨时，华北的农民会待在屋里，以免目睹天界交合的"非礼"行

291

径。(裴丽珠、米托法诺,1972:350)在华北,类似黑龙潭那样的想象是很常见的,它代表着葛雷所描述的"对宇宙雌雄相生原则的虔敬"(葛雷,1878,1:125—126n.1)。在广东和其他地区,五猖神以类似的方式①变得妇孺皆知:"尽管有关它们的抗议从没有停止过,但即使是王权也无力根除这些古老而又有普遍群众基础的神祇。就在不久前,一位浙江省的高级官吏,还谴责这五位具有预言能力的神灵是邪恶的制造者和可怕瘟疫的始作俑者。"(葛雷,1878,1:160)五猖神,虽然曾被满族人视为恶神,却曾是明代皇帝性启蒙的相关内容。(三田村泰助[Mitamura],1970:114—115)20世纪早期的观察者曾断言,"有关他们的崇拜是在中国所发现的与性欲神化最接近的一次尝试"(裴丽珠、米托法诺,1972:16)。它们与贡赋制官僚体系的联系,也可揭示其部分本质。这一本质又因昼伏夜行的狐狸这一相似的奇特事物而得到凸显。这种狐狸出没红尘、乔装人形、混迹世间,其形象让人感到含糊不清,颠覆世人的固有认知界限。它们居然与官府有着密切的联系,还会在衙门里保护官印并接受高级官吏的定期敬拜。(卢公明,1966,1:357,288)

女性的性欲被描述为危险的事物,不仅对妇女本身,对其他人

---

① 贝尔(John Bell)在1719年至1722年间游历北京,并在离北京不远的寺庙,看到了有关男人和女人以及鸟类和兽类的黄铜器塑像,这些东西或许也代表着五猖神。贝尔博士也认为没有必要对细节那么谨慎。(贝尔,1965:123)

来说也是如此。① 对于女孩和妇女来说,五猖神似乎会"通过奇异的变形来激起她们的邪恶幻想。他们把那些有夫之妇也作为自己的新娘"(裴丽珠、米托法诺,1972:168—169)。传奇故事中多情的女子到头来常常会被证明是狐仙之类危险的半兽似的精灵幻化而成的。在普通大众的构想中,与狐狸精的媾和会导致一种可传染的"麻风病的孽债",它会阻止灵魂的转世。(沃特斯,1874:63)本章的题词部分提到的"侍奉"朱熹的狐狸精,不得不和一只蛙精争夺朱熹(显然是有限)的宠爱,这使他备感痛苦。这些性欲强烈的阴灵们最终死在朱熹神秘的后花园里。② (裴丽珠、米托法诺,1972:438)在众所周知的牛郎织女的故事里,即使是夫妻间的性爱也会受到惩罚,并且被限制在一年一度的鹊桥相会中,因为一个年轻的妻子太过依恋丈夫时,就会忽略她的纺织劳动。我们早在这个传奇故事的开头就被警告过,夫妻间太过亲昵的关系是不被容许的。在这个故事的某些版本中还提到,牛郎是在一只神奇动物的帮助下,才娶到作为天仙的妻子:他偷走正在沐浴的织女的衣

---

① 现实生活中,一个有关女性性欲的稀有奇闻,来自一个长期居住在华北的西方医生的记录。一个中国的男性朋友,在目睹该医生亲吻自己五岁的女儿后,谴责他说:"在女儿这么大的时候,我们从来不亲吻她们;我们可能会在她们非常小的时候这么做,但是在她们三岁之后就不再这么做了,因为这样容易于激起她们不好的情愫,这些不好的情愫还不应该被小女孩知道。小女孩在婚前不应该被男人亲吻,在婚后当然也只能被她的丈夫亲吻。"(满乐道,1891:99)

② 关于朱熹的话题,不只这一个虚构的故事。他被取笑与指控,不仅是因为他的阳痿和谋杀,更是因为他的傲慢和迷信:"这个伟大的理学家死后,他的儿子走进内室,发现父亲的棺材在没有任何可见物的支撑下,悬浮在离地面好几尺高的空中。他儿子被吓得立马跪倒在地,恳告已逝的父亲,自己会谨记他毕生所倡导的理学思想,然后就看到棺材又静悄悄地落回地面。"(施赖奥克,1931:46)这些故事一定逗乐了好几代中国妇女。

服,迫使她不得不嫁给自己。(裴丽珠、米托法诺,1972:372)兽欲和裸露与正当的婚姻关系及妇女本分是不相容的,它们会导致厄运的发生。

据说蚕的保护神是由于其非凡而耐人寻味的爱情经历而被神化的。她曾承诺,谁能帮她找回失散的父亲,她就嫁给谁;她最后发现自己要婚配的对象竟然是父亲的一匹忠实的老马。她和母亲都决定信守这个承诺,但父亲不仅极力反对,还杀死了这匹不肯让步的牲畜。这个年轻的姑娘裹着马皮,飞向天空。在天庭中,玉帝(the Pearly Emperor)宣告她和马的结合在道德上是无懈可击的,并让她成为蚕花娘娘。尽管她以不寻常的性选择得到认可,并受到养蚕的妇女的公开崇拜,但她不被允许保持人类的身份。(葛雷,1875:615—617)

民间传说把许多负面力量归因于妇女,这源自月经和分娩的污染。(芮马丁,1975;西曼[Seaman],1981)至少在民间的历史叙述中,女性污染的危害是见诸文字的。据民间传说,在1774年的临清围城战中,守城者曾将一些一丝不挂的妓女拉上城楼,并将假"经血"①泼洒在城墙上,以战胜白莲教男女教众。(秦家骢,1988:309—310)。在随后的战斗中,白莲教贞女吴三娘(Wu San-niang)似乎勇不可当:与她的缠斗已经持续了数小时,清军担心她会在天黑时突围。这时,一名老兵从一个已死的[男性]教徒身上切下了生殖器并将其置入炮管,用炮力破了她的阴力。最后三娘倒在血泊中,清军大获全胜。(秦家骢,1988:309—310、315—316)

---

① 译者注:一般用猪血冒充。

第九章 民间意识形态:女人与男人

女性的积极力量始终被表述为无性的、拒性的或母性的。古时候有一个贤良女子——漂亮、善良、富有,显然也很硬朗——因在蒙古边界附近的一座山上修建尼姑庵和寺庙而在民间饱受赞誉。她声称可在一整夜之内亲手用石头完成工作,并向可能的求婚者发起挑战,谁能在一夜之间建造一座石头桥,她就与谁婚配。仅有一个男人去尝试,但也失败了,她就将他打发走,并独自在自己的尼姑庵里安享余生。(贝尔,1965:122)

与繁衍之可能性相关的另一个变化,是临水夫人(Lady Linshui)崇拜的兴盛,这在中国是家喻户晓的。她出生于福建闽江流域,最近贝桂菊(Brigitte Berthier, 1988)以编年史的形式记载了她的故事,即"一个妇人是如何成神的"(La dâme-au-bord-del'eau)。在少女时代,她就能通过修炼做法来创造"奇迹"。然而在其怀孕时,家乡大旱,她只好脱胎并寄存胎儿,才能施法祈雨,使家乡摆脱旱灾。她本打算等旱灾结束后再继续妊娠,但这一企图被另一个妇女破坏——有人说是她的母亲,有人说是她的婆婆。她最终死于生产时的大出血。她虽然没有成为一个健康的母亲,却成了一位"救产保胎"的新女神。

在一些故事中,妇女的超自然特性,通常经由她们儿子的超凡能力所凸显。人们普遍认为,福建的一座巨石长桥就是这样一个男子建成的。他还在一个新娘的子宫里时,就神奇地被上天选中去承担这项工作;在建桥时他还得到了神明的鼎力协助。不论是在怀孕时表现出的非凡特质,还是在教育儿子承担特殊使命时的决心,都显示出他的母亲在这个故事里是一个关键性角色。(杜克[Dukes],[1878?]:144—150)白德(Bide),一位非常受大众欢迎的民间神明,是一位"通灵"母亲的孩子,他的母亲因被太阳"遮蔽"而怀孕。在生产时,她剖开肋骨生出儿子,据说这样做可以避免阴道分娩的象征性并发症。(葛雷,1878,1:158)。

不过,最有影响力和最为大众普遍信仰的女神都是要保持处女之身的。① 泰山娘娘(Taishan Niang Niang)在三岁的时候就开始吃斋。她拒绝陪君伴驾,并可以施展法力,创造奇迹。(欧大年,1984)就像妈祖一样,有关观音的传说也将她的神力归因于其处子之身。根据桑噶尔的记载,在许多中国妇女眼中,观音能做各种各样的工作,并拥有一双劳动女性的天足;她因为"坚强、独立且有善功"而成为独身的典范。(桑噶尔,1978:310)中国女神即使是母亲,也是童贞的母亲。最有影响力的女神,如观音和妈祖,即被描述为未曾交媾或未曾生育的母亲的代表。尽管童贞母亲的身份包含许多难以理解的含义,但是至少对于我在台湾所访问的中国妇女来说,有一种含义不仅相对来说非常清晰,而且具有无可辩驳的重要性。那就是,毫无疑问,观音和妈祖是实现了理想生活的女人:她们在免于成为儿媳、妻子及有性欲的俗人的前提下,成了一个子女众多且备受敬仰的母亲。

独身的典范

如前文所述,我们看到,伴随着救难甚至也被商品化,以及社会权力来源层面所显示的生产者之责任,老百姓把天界的官僚等

---

① 田海(B. J. Ter Haar,1990)对福建流行的好几个超自然存在(女性和男性都包括)的未婚状态,提供了一个有用的解析。

级制度,描绘成现实生活中他们所喜欢的模样。那么,在女性的超自然视野中,通过独身来实现对自主权的强调,仅仅是一种用于满足个人愿望的幻想吗？还是说,**在现世**就存在着让妇女不受压迫而能获得某种家庭安全感的可能性呢？

中国的妇女对于婚姻的态度是非常矛盾的。在大多数时期和大多数地方,它是唯一向妇女开放的"职业",大多数妇女也确实想结婚。就连妓女也歌颂并渴望着安全而又体面的婚姻生活。(爱诗客,1938:94、95—97)然而婚姻也是一件可怕的事:新媳妇低下的身份地位、繁重的劳动负荷,她们对于分娩的焦虑,以及那些广泛流传的对女性性行为的隐喻性歧视,还有极为普遍的对女性外阴及体液的极度厌恶。在一些地方,妇女会唱相沿成俗的哭嫁歌。一份关于香港船娘所唱哭嫁歌的记载显示,对她来说,婚姻等同于死亡。那些随着音节而变化的话语微妙地捕捉到她在这一身份转换过程中的焦虑情绪:

> 新娘的每一句话都在哀叹她悲惨的命运,她的伴娘们轮流对她的话一一应答,然而这回答也仅仅是一些宽心话。整个交流都是即兴化的,其中饱含新娘的痛苦和同伴的快乐。她说她快要死了,首先最好去为她定制一副好棺材。伴娘用来堵其嘴的话则是,自己刚刚给她准备了一个热水瓶,她们要一起去山上野炊。新娘发出第二个请求,求她们帮她去买寿衣。后者打岔说,她会熨好小姐的礼服。(布克哈特,1982,3:85)

下文是夏思义(Patrick Hase,1990:21)所记录的哭嫁歌,其来源地也是香港:①

> 我娘呀,我母。
> 你十指掩心、你自今细想。
> 我娘呀,我母。
> 你屈女年更、我有几长呀。
> 我娘呀,我母。
> 你呢轮膝下太平静。
> 我娘呀,我母。
> 你从今无女挂你心神呀。
> 出阁羁奴真受困,
> 我娘呀,我母。
> 斩诛封割灭奸臣呀,
> 联谋结党同谋害啰。
> 我娘呀,我母。
> 害女今日奸姘,你亏我,女愁呀。
> 我娘呀,我母。
> 怎想目前你阉占我啰,我娘呀,我母。
> 有日憔悴呀,我母,想有日忆我钗裙呀。

---

① 其他有关哭嫁歌的例子可在安德森(E. Anderson)1975年的研究、布莱克1978年的研究、约翰逊(E. Johnson)1984和1988年的研究,以及谢志民1991年的研究中发现。哭嫁歌在广东一带记录最多,在四川、福建一带也很常见。然而,至今我仍然没能抄录下一些,因为如今它们被认为是太具颠覆性并且/或者太不得体的东西。

你天逢腊月就唔爱我啰,
我娘呀,我母。

在探讨一夫多妻家庭的问题时,葛雷(1878,1:185)观察到"许多中国女士拒婚的问题"。他列举了19世纪中叶许多广州妇女拒婚的实例(葛雷,1878,1:185—186),这主要是为了避免在一夫多妻家庭中的敌对行为,在这些家庭里,性嫉妒和强制性的等级制度往往会使女人彼此成为敌人。各地拒绝再醮(有些甚至还以死相拒)的年轻寡妇,可以不假思索地声称自己是出于对亡夫的坚贞。然而,这里似乎也存在解释的可能性:自杀和贞节可使一个妇女免于另一场强制性婚姻的苦难。以自杀相威胁的手段,赋予年轻妇女一个有力的武器,使她能够以此来对抗迫不及待想要摆脱她的公婆。在16世纪及17世纪,很长一段时间内,福建的寡妇自杀现象都处于高潮。(卢公明,1966,1:108—112;曼素恩,1987b)当时商业的扩张可能已经影响到亲属关系和性别角色效能,在这种情况下,本已很逼仄的妇女的选择空间会受到进一步限制。

抗婚(marriage resistance)作为妇女的另一种选择,在华北被赋予仪式的形式。在传说中,有一个身份低微但时常显现的女神,她热衷于抗婚,无论是阻拦他人的婚姻还是抗拒她自己的婚嫁。有趣的是,她的哥哥密谋让她结婚,尽管也失败了。为了破坏婚姻,她甚至雇佣了颇为缺德的扈从,"让他故意丑化和'骄纵'新娘",大概也因此夺去了这些新娘的贞操。(裴丽珠、米托法诺,1972:419)

我们所熟识的程式化抗婚,大多来自19世纪的广东顺德县(Shunde),那时纺工的报酬优厚,这让父母乐意在女儿婚后的最初

299

几年里，仍然将她们留在家里，或者允许她们与其他有相似观念的妇女独立生活在一起。顺德男人长期旅居海外的经历，使得一种替婚（proxy marriages）的传统得以发展起来。在这种婚姻里，妻子和丈夫从来不见面。（布克哈特，1982，3：106）对儿子和女儿劳动力使用的严格控制使得女性的非婚生活成为可能。一些妇女组成社团，其成员立誓永不结婚，其中有些妇女宁可自杀也不违背誓言。为了铲除这个组织，官府耗费了巨大精力。（库寿龄［Couling］,1917：501）19世纪的局外观察者将这种抗婚传统与流言中的其他一些抗婚形式（opposition to marriage）联系在了一起，这些抗婚形式也是这些妇女可能采取的：

> 其中对某些拒斥婚姻的方法给予了模糊性暗示。未婚夫的突然死亡，或者新婚丈夫职业生涯出其不意的终结，都暗含了某些解除婚姻的非正常手段。当女人们屈从于婚姻时，她们仍然保有维护自己意志的能力。她们的其中一个要求是，丈夫必须到岳父岳母家生活，否则他就会失去新娘的陪伴……
>
> 据说，加入这种社团的妇女，都会有尼姑来教导她们怎样谋害亲夫。其方式可以是念某种符咒或者咒语；为了一些不可告人的企图，从丈夫的辫子上取下一些头发；或是取一些死婴或者小孩的骨头……将这两样东西埋在床下、壁炉下及家里的米坛下。这些妇女所属的社团被称为"卖夫姑"（mai fu chiao）……以前这些女孩会随身携带由尼姑提供的一小包砒霜，据说尼姑不但因此向她们索要了十两银子，还经常欺骗她

们;……如今[1892]她们又把鸦片带在身上,而且还威胁道,如果谁逼迫她们结婚,她们就吞烟膏子自杀。(波乃耶,1982:375—376)

玛乔丽·托普莱(1975)曾将这种情结描述为一种抗婚运动,直到20世纪20年代,广东纺织业开始瓦解的时候,它仍然以各种形式继续存在着。她观察到,家庭养蚕业、蒸汽缫丝业的引入,带来了丝织品出口的繁荣,这在很大程度上提高了妇女的收入,因此,她们在父母的支持下创造了桑噶尔(1978)所说的"中断式居住"(interrupted residence),以及斯托卡德(1989)所说的"缓落夫家"式婚姻,并使这两种婚姻形式变成了地方性常态。她提醒道(就如桑噶尔和斯托卡德所做的):"我们必须考虑到,整个广州的妇女都在外工作,在20世纪,其他省份的妇女也开始做着赚取工资的职业。然而就一个小地域来说,抗婚仍然保持着其独特性。"(玛乔丽·托普莱,1975:68)为什么会这样?托普莱文章的其余部分、桑噶尔论文的第一部分、斯托卡德的相关著作以及吴凤仪(Wu Fongyi,1990)的硕士论文都做出了相应的回答。经济语境是至关重要的,但妇女赚取工资和未婚少女隔离式居住等久已存在的传统,以及许多神话和庆典活动,都为抗婚行为提供了宇宙论层面的宪章。①

这些独立女性的童贞、贞操,以及姐妹般的集体生活,显然与婚姻的理想截然不同。虽然缓落夫家式婚姻仍然是目前的婚俗,然而,同时存在的"自梳女"(sisters)却给年轻的已婚妇女拒绝与丈夫同房造成了相当大的群体压力,就如桑噶尔所指出的:"打破独身誓言,并想要在其他成员同意解散之前离开姑婆屋的姐妹,会遭致群体里其他成员的骚扰。违反规矩的妇女会被其他姐妹断绝友谊。"许多妇女为永久地保持与丈夫的分离,用她们的工钱为自己买了一个替身;或许有大约十分之一的妇女会恪守誓言,永不结婚,并宣布放弃从自己的父母家获取任何经济支持的权利。基于其报道人的叙述,桑噶尔得出结论,在珠江三角洲的部分地区,存在着"一种亚文化,在这种文化中,妇女不仅将婚姻看作奴役,而且把它看作一种耻辱"。(桑噶尔,1978:52、20、83、117、127、141、10)

叶玛丽最近发现,有关这种传统的记忆依然鲜活:

> 我在香港所访问的许多老一辈妇女,不需要我在一旁提

---

① 桑噶尔和斯托卡德都反对使用"抗婚"(marriage resistance)的术语。桑噶尔(1978:16)强调该复合体"代表着历史性、经济性及社会性因素结合的结果,但是它也是单一地方社会文化的自然性与社会性可接受的延伸"。斯托卡德(1989:4)同意这种说法,并补充道,如此发生的抗婚是"对当地缓落夫家式婚姻制度的直接反对"。正是这一婚姻制度,承诺新娘不但可以推迟婚姻,而且可以通过购买一个替身而让自己免于全部婚姻义务。玛乔丽在使用"抗婚"术语时,似乎没有恰当地提供"拒绝婚姻"(marriage refusal)或者"废除婚姻"(marriage abolition)的内容,她似乎认为"抗婚"完全适用。珠江三角洲风俗的结果虽然不是对婚姻的彻底抛弃,但也是对婚姻的抵抗。

示,就回忆并描述起顺德自梳女:女性独立的历史尝试,被华南地区的妇女积极地实践着……与对解放前广东和福建经常发生的"溺女婴"现象的认识一样,顺德的这一社会现象也构成了妇女意识一个非常重要的组成部分。"顺德自梳女"和"溺女婴",构成中国传统社会的女性完整生活中两个截然不同的层面。虽然这不属于某一特定女性的经验范畴,但是它们在影响女性对自身特征的主观认同方面是同样有效的。(叶玛丽,1988:65)

抗婚还暗含着另一个更为普遍的可能性:尽管一个妇女可能不会合法地自己选择配偶,或者拒绝嫁给父母为她选定的男人;但她完全能通过发誓独身来拒婚。(葛雷,1878,1:131)那些关爱女儿并可以负担起嫁妆的父母,也会接受女儿拒绝结婚的意愿。然而,问题是父母还得继续抚养她。这样就很少有妇女能够钻这个习惯的空子。

那些立誓独身的妇女,要么经常进出合法设立的尼姑庵,要么经常进出斋堂(vegetarian hall)。根据更早的一些文献记载,这两者很少被人区分开。桑噶尔(1978)曾对20世纪香港的许多斋堂,以及它们与佛教、与前天道宗(the Great Way of Former Heaven Sect)的关系进行了描述。这些女人所引领的自由生活与普通妇女足不出户的生活形成鲜明的对比。为了筹集善款,或是在妇女葬礼上做法事,尼姑经常要抛头露面。她们是以"天足"或放足的装束出入其间的,这使其非常引人注目。某些尼姑常因其对宗教的虔诚以及因此而获得的自由,而在当地广为人知。山东威海卫有一位

中国"马达":"小资本主义"一千年(960—1949)

陈姓尼姑,曾在 1628 年至 1643 年间,离开尼姑庵,为了在其家乡建造佛像而四处化缘筹资,她甚至还远抵北京,只为募集资金为家乡建造佛像。(庄士敦,1910:405)沿途,她从一个尼姑庵走到另一个尼姑庵,依靠其他尼姑的款待来维持生计,并凭着自己公开宣称的贞操来保护她免受女性通常会在街上遇到的性骚扰。① 这一涉及少量筹资的事件在那时颇令闻者震惊,但如果考虑到她身份的独特,这一惊人的事件或许就不是那么不可思议了。

葛雷以其一贯的慈祥口吻,对尼姑显而易见的幸福生活进行了评论:"时值公元 1860 年的中国新年庆典,在一座位于广州的著名寺庙里,我看到一群尼姑在休闲空地上野餐,她们对这小小的娱乐活动的热情,是那些在英国绿色田野里度假的女学生无法想象的。"(葛雷,1878,1:132—133)桑噶尔所强调的是,生活在独身姐妹会的当代妇女,其生活在社交性、趣味性和满意度等方面都具有同质性,不论这种生活是非正式的、为斋堂所组织的还是尼姑庵式的:

  姐妹会已经能够为自己创造一种在中国历史上作为黄金时代的理想生活。她们身处社会的边缘,这显然赢得了许多香港人的同情。这种异常的身份也给予这些保守童贞者以经济和社会生活上的自由,这直到现在也是许多中国妇女无法拥有的。甩掉家庭责任的羁绊,摆脱代际纠葛的困扰,她们为自己构建了一个祥和、安逸,有时甚至可以说有些奢华的晚年

---

① 闽西村落的妇女告诉我,在前革命时期,冒险进入公共市场的妇女,会遭到男人的极力辱骂。不仅如此,"他们还向我们抛粪"。

生活。我所访谈的斋堂(Chai t'angs)未婚妇女的生活大多是充满友善、怜悯和关爱的。

并不是所有立下独身誓言的女性都会保持独身。她们之中自然有一些女同性恋者(桑噶尔,1978:52;吴凤仪,1990);除此之外,她们卷入异性媾和关系的可能性,也着实令官吏们忧心。尽管对尼姑与人私通的指控在很大程度上是捏造的,但有迹象表明,一些寺庙确实让常居妇女为香客和当地居民提供了性服务。20世纪初,香港的英国官员也认为,某些男女混杂的斋堂是这样的,它们不过是妓院而已。(桑噶尔,1978:251)

1900年前后,热衷革新的刘鹗(Liu E)写了一部中篇小说,在书中他用一个道姑来展现作者"大彻大悟的理想人格"(林语堂[Lin Yutang],1936:v),并用非评判性的语言对她隐修的生活环境进行了描述。一些妇女在孩提时期就被卖进尼姑庵,只有还清了债务后,才能自由地离开,而她们用来还债的钱来自寺院因她们而获得的收益。她们天足未裹,秀发不剪,衣着优雅,浓妆淡抹,姿态婀娜地迎接、取悦香客。只要这些年轻女子还是处子之身,她们就能保留客人的私人馈赠。她们的角色类似艺妓,相关的衣着、装饰等一应开销,都有赖于寺庙的供给。一个姑娘如果决定放弃处子之身,为她破处者就需要为寺庙捐一笔功德钱;①如果有人想结婚,那么她必须把聘礼交给寺庙;如果某位女子只是想经历一番红尘浮沉,就像刘鹗小说中的女主角所做的那样,那么她首先需要为自己赎身;如果尼姑在失去处子之身后仍然留在寺庙,那她将不再拥有拒绝香客要她陪伴并与她发生性关系的权利。那些在三十岁之后仍然留下来的,很可能已经打算毕生致力于一种贞洁而虔诚的生活了。② 在这里,我们再一次看到,女性一旦放弃了贞操,即使是在尼姑庵,也等于放弃了对自己性命运(生活)的控制权。小说中的女主角在反复挣扎并审慎地盘算后——怎样守身如玉,又能在经济上不吃亏——最终选择了自由和独身,这让那些女性读者们

---

① 一个看似真实的记录,《一个尼姑的日记》描述了20世纪早期进入同一个尼姑庵的妯娌二人的嫁妆。第二个女人是第一个女人的嫂嫂,在自己的丈夫死后,守寡的她让婆婆卖掉她原有的嫁妆,以支付她进入尼姑庵的费用。她的婆婆想留着这些东西,给了她大约1500文钱(以一个未被详述的货币形式)。这个家庭的女儿则违背父母的意愿做了尼姑,只得到了1000文钱,大概缺乏家庭财力支持。这个材料首次出现在中国的佛教期刊《海潮音》上,第2卷,第11—12页,1923年2月;之后被徐永元(音译,Y. Y. Tsu)翻译在《宗教杂志》7第5—6期(1927年10月):第612—661页,并被谭维理(Laurence G. Thompson)再版到《中国的宗教之路》(The Chinese Way in Religion)(1973;120—124)。
② 译者注:这里记述的故事出自刘鹗《老残游记》的续集第2回到第6回,讲述泰山斗姥宫的尼姑逸云的曲折修行经历。逸云从小在斗姥宫长大,识字念书,到了二十岁光景,在接待上山烧香的官绅客人的过程中倾心于任三爷,但由于任三爷母亲的阻碍,也由于逸云自身对尼姑身份处境的考虑,她最终打消了给任三爷做妾的念头,也打消了"破身"服侍其他中意她的客人的想法,佛性开悟,在庙里专心修行,但不剪辫子,第二年离开斗姥宫,到其他地方云游。1936年,林语堂将其译成英文,由商务印书馆发行。

第九章　民间意识形态：女人与男人

为她的智慧而惊叹不已。①

尼姑庵和其他形式的理想化的独身姐妹会，都处于社会边缘地位，在中国妇女的生活中，是规模不大却颇有影响力的存在。在四川岷山，尼姑曾靠采摘寺院种的颇有名气的茶叶来维持生活。19世纪一个在潮州（汕头）的观察者曾描述了许多尼姑是如何通过制作城里流行的刺绣、缝纫、纺纱和编织品，或主持妇女的葬礼、表演驱魔仪式、念咒请愿来维持生计的。尼姑都有很好的手艺，而且在当时"几乎是唯一能识文断字的女性群体"。在一些颇为繁盛的女童买卖市场，尼姑会买回一些体格健康的女孩（大约以每人1英镑的价钱），并教她们识字、编织和刺绣。在潮州，一些尼姑的学徒甚至多达20个，她们一般会在15岁时就立誓独身，而不是离开舒适且颇有发展前途的尼姑庵。尼姑会经常外出，每次都以船满载水果和蔬菜而归。她们"衣食无忧"，"收入不菲，生活优裕，总的来说，她们比其他中国女性显得更强壮、富态和舒适"。（斐姑娘，1887：72—74）一些尼姑和虔诚的女信徒靠寺庙的赠予、替人做家

---

① 我不认为这个故事是想要批评妓院似的尼姑庵。这个故事被林语堂翻译成英文，题目为《泰山的尼姑》（A Nun of Taishan），它是刘鹗《老残游记》早期版本的一部分。虽然刘鹗的小说具有讽刺性，尼姑庵与妓院的相似性在其中被完全随便地呈现，但是，该小说仍可作为追求更好生活的一系列道德决策的背景。对于做出了与不破庙规而又头脑精明的女英雄不同决定的妇女而言，小说并不是对她们的攻评。林语堂的前言没有暗含批评该故事的潜台词，而仅仅是赞美了刘鹗描写的女英雄被解放的幸福。哈罗德·谢迪克（Harold Shadick）称她是一个具有"不寻常的复杂性格的、富有魅力的年轻道姑"，她阐释了刘鹗性、智识及精神三合一的伴侣理想。这可以"与西方的浪漫爱情相媲美，尽管有所不同"。（谢迪克，1952：xvii））尽管这个故事保留着虚构的成分，但是它的细节符合尼姑的真实生活，这些细节可能会在刊载的时候被严苛审查。

务,也许还有缫丝的收入维持生计。

尼姑庵和女信徒的斋堂在广州是很常见的,小的有10到20个同住者,大的有80多个同住者。(葛雷,1878,1:131)佛教和道教都想要在整个中国建立这种社区的观念。这种模式适应力强,非常有效地满足了在工业化的条件下成为工厂工人或者家庭佣工的单身女性的需求。(桑噶尔,1978)当繁荣的商品市场足以让妇女自食其力时,尼姑庵和斋堂似乎是最兴盛的。

然而,妇女团体极易受到官方的干涉。《大清律例》禁止设立新的"寺观",规定设立者将会被贬为官奴并没收全部财产。(斯汤顿,1810:83)斋堂一般都规模小且具有独立性,这在一定程度上或许要归因于这一法令,因为建造历史悠久、规模通常较大、需要外界资助的尼姑庵大都依附于寺院,妇女在这些尼姑庵中将会感到更加有保障(如果隶属关系特别明确的话)。而所有妇女宗教团体几乎谈不上对入教妇女的人身安全的保护,这种给妇女的不安全感让尼姑庵或道观等宗教场所臭名远扬。1688年,福建巡抚"要求"三十岁以下的尼姑全部还俗;(维梅尔,1990b:129)18世纪早期,福建巡抚则强令尼姑婚配。(史景迁,1992b:127)葛雷曾对广州最大的尼姑庵的情况进行描述,那里有一百多个妇女和女孩,在道光年间(1821—1850),它差点被地方官员以"淫邪"的理由关闭。(葛雷,1875:586)在1871年的广州,一个规模不大的道教姐妹会拒绝捐助当地工匠共度五月节庆,工匠因此控告这些妇女"不伦",呼吁地方士绅拆除她们的住所,并用棍棒石头把她们赶走。几天后,她们将全部款项付清,才被允许返回。(葛雷,1878,1:104—105)葛雷还描述了一个发生在武昌的案例,当地官员因出家女子的"堕落"——当然这指的是发生性行为——关闭了收留她们的所有庵观,一些道姑因为留着头发可以伪装成俗女而得以逃脱。尼姑却没有那么幸运,由于光头且无钱行贿,她们之中的绝大多数都被官府捕获。官员命令这些妇女的家人将她们领回家,否则她们将被转让给"任何想要娶妻且有资格的相关人士"。(葛雷,1878,1:133)这种情况并不特别罕见。在20世纪早期,一位闽北县长关闭了一个"伤风败俗"的尼姑庵,并将尼姑套上麻袋,以每斤18文钱的价格称重出售。(戴玛丽,1917:164)

  大众观念不仅使女性将自己软弱无力的社会、亲属地位,归因于在经济压力和性压力下踏入的婚姻,也使得其在父权亲属系统中面临窘境时更为孤立:妻子往往被描述为依附性的、地位不稳定的和不洁的存在,而独身女性被赋予独立的、具有仪式力量的和纯洁的特征。具有舐犊之爱、任劳任怨及为儿女无私奉献品质的母亲则被认为是荫家旺夫和具有影响力的妇女。虽然怀孕和分娩会带来肉体上和精神上的危险,但怎样才能做到为自己去生育,而非仅仅为他人传宗接代,才是中国女性面临的核心困境。

  大众观念为这个困境提供了两种"解决方案",一种是神秘主义的,另一种是世俗的,这是两种可以不结婚而拥有孩子的方案:成为处女神祇和尼姑。还有些妇女能够养活自己(和孩子),并因此拒绝结婚,而所有的妇女似乎也都可以做到这点。对于每一个生活在顺德、潮州,以及尼姑庵邻近地区的中国女性来说,这些都是非常明白的道理。像女神一样的独身女性,可以通过收养或者购买孩子的方式成为母亲。然而对于没有生育的母亲来说,作为一种社会规范,这种做法在生物学意义上是站不住脚的:一些妇女即使不结婚,也必须承受分娩之痛。如果不就个人而言,对社会来说,生物因素为文化建构设置了一些物质性限制。这和中国民间对女性的考察所依循的路径是一致的。实际上,在父权制控制以外的资本很少,这也意味着婚姻和母亲的身份仍然是女性根本的生活方式。妇女可以通过对母权社会、抗婚以及在同性之间建立反父权统治之亲密关系的想象来思考她们的出路,但是在生孩子的问题上,她们却无法摆脱那唯一的生物性机制。考虑到她们的政治经济状况,生物性因素不但把妇女困在了亲属关系网络中,也把她们困在了有关性别的自然主义假设中。

生育与妇女权力

如人所料,对生育问题的关注,也渗入对中国妇女民间形象的构建中。有些人把妇女与小资本主义及金钱的再生产能力直接联系起来。关于这一观念的一个最令人咂舌的例子,就是可用于寻钱的三足金蟾形象蔚然成风,在20世纪80年代遍及整个台湾。到1988年,福建的旅游纪念品制造商开始迎合台湾顾客对这一传奇动物的喜爱。在台北的街头市场上,可供选购的这类蟾蜍可谓种类繁多:我迎合这种风潮购买的纪念品,是一只镶嵌着人造钻石的朱红色蟾蜍,它嘴含一枚古钱,蹲坐在一堆金钱上。近年来,蟾蜍的形象在台北各处可谓比比皆是,它被看作一种心态的图现,这种图现不仅基于新型赌博和数字游戏的内心冲动(例如"大家乐")(胡台丽[Hu Tai-li],1989),也是基于那些声名狼藉的股票市场的过度膨胀。

第九章　民间意识形态:女人与男人

长期以来,蟾蜍的象征意义主要与财富和阴——女性——相关。人们在月亮表面的阴影中所依稀辨别出的三足蟾蜍的形象就像是一个女人,她因对丈夫不忠而受到惩罚,被化作了一只蟾蜍。她被认为是"极阴"(extravagantly yin)之物,也象征着贪婪。(裴丽珠、米托法诺,1972:412)传说中的三足金蟾能够帮助她的主人——一个可吐丝化钱的仙人——寻找并保存财富。20世纪40年代,在陕西华山的庙宇里有一幅图画,在画中金蟾将"荡漾在海面上的银色月光变成一串串金钱"。(莫里森、艾伯华,1973:82、67)这一神与蛙的结合体被认为可以给商业企业"带来好运"。特别是在浙江,蛙精还有自己的庙宇,人们可以在那里祈福求财,甚至当地官员在就职之前也会去那里祭拜。(裴丽珠、米托法诺,1972:166—167)

蟾蜍和青蛙之所以能够在大众的想象中占有一席之地,或许是因为它们均是由蝌蚪变形而来的。这个过程强化了妇女与金钱之间的联系。这种联系在于女人可以生产,而在适当的政治经济背景下,金钱也是如此。作为资本的钱将自己转变为商品,然后又变成钱,或者说仅仅通过利息的奇迹,像变魔术般地变成"比之前更多"的钱。女人之于小资本主义生产方式的相似性,就如同男人之于贡赋制生产方式一样。不过,这只是二重性构建的某种结构性特例而已。"妇女"与"资本"的这种同质性是非常脆弱的,几乎不被认为有什么争论的必要。然而,1988年我在对台北、成都做小生意的妇女的访谈中发现,即使是与丈夫合伙做生意的妇女也极力声称,通常情况下,女人比男人更擅长做生意,或者至少做得和男性一样好。女人在传统上倾心于家庭事务,并由此形成某种"小

311

心眼",这使她们更倾向对隐含层面的家庭契约做严格的定义。这包括要求与男系亲属分开生活,坚持她们和她们的子女要充分分享家庭资源;以及与丈夫或姻亲之间遵循一种平衡准则,甚至是遵循一种消极的互惠关系。在19世纪,当一个家境富裕的山东妇女被问到她的丈夫是否应该纳妾时,在家庭交换中最困难的讨价还价,就从她的回答中体现出来了:"我倒是希望我家'老爷'能再娶一房,这样我就能给他俩穿小鞋了。不过他不敢这么做,我难道没有给他生五个全城最棒的儿子吗?"(满乐道,1891:99)

　　一旦妇女有机会凭借自己的能力成为小资产者,这种关于自我利益的训练就会得到回报。台北与成都妇女的后工业化转型,使她们摆脱了那种足不出户、经济过于依赖他人的极端状态。这一变化令人瞠目结舌,也给"小心眼"女人这一旧有的刻板印象增加了新的维度。然而,关于女人会把钱"攥得很紧"的看法,与以慈悲为怀的女神形象并不矛盾:观音和妈祖都是母亲。卢蕙馨关于"子宫家庭"的概念——孩子通过爱和债务与母亲联系在一起——仍是一个最基本的隐喻。凭借在"家"之间的财产转让,小资产者在一个贪婪的女人身上也会呈现为一个慈爱母亲的形象,对自己孩子慷慨奉献的母亲。即便她做得并不正确,对于自己的子女来说她也是无私的。"子宫家庭"给了妇女巨大的力量,但也使其深陷于亲属关系(以及由此导致的感伤)之网里,即便这一网络并非她们自己所编织的。在这个网络中,最大的危险是父母权威与商品化的结合,其结果就是妇女自己被用于买卖,就像在所有的中国社会机制中都仍在发生的那样。

　　虽然妇女的角色有助于强化亲属关系,但是这一制度隐含着对其性别压迫的再构。不过,对于较为直接的控制模式,她们还是在不断进行抵抗的。但有时官方与男性的权控企图,也会遭到女性出于遵从父母、公婆、丈夫的缘故,以及考虑到儿子而做出的断然回绝。关于拒绝服从命令的妇女,甚至是小女孩的描述虽属罕见,却令人印象深刻。一个年轻女孩想要违背父母的意愿去教堂,就会采用"自我戕害和挨饿的方法,这是真正的中国方式,这种方式往往会导致被冒犯者和冒犯者彼此位置的互换"。她拒绝进食,除非父母同意她的要求。(戴玛丽,1917:34—35)最近,两个四川妇女向我讲述了她们小时候是如何拒绝缠足的。"每天一下地,我们就会解开裹脚布。但我们回到家时,就会挨一顿打,然后被再缠上裹脚布。但是我们要干活呀,缠着裹脚布多不舒服。结果,父母只好任由我们放脚了。"就此而言,山东妇女曾被较为详尽地考察过:庄士敦和满乐道都提到了妇女在家中的权力,他们认为在女性生气或吃醋的时候,其权力就会表现得非常明显。"骂街的"(*ma-jie-de*)——撒泼骂街的女人——指的是"这样一种妇女,即殴打或辱骂丈夫,并将其赶出家门,甚至还追着他骂到大街上,即便其丈夫能侥幸逃走,也会将其恶毒的话语泼洒向其男女邻居和各类路人身上"(庄士敦,1910:201—202)。出身劳动阶层的妇女经常会卷入街头厮打,"你可以在几个街区外听到她们的声音,她们的语言是你能想象到的最肮脏、最恶心的"(满乐道,1891:93)。山东妇女很少会因为她们的桀骜不驯而被男性亲属告上法庭。一个当事人曾在法庭上声称"十个男人中,八个怕老婆"。如果未婚夫死了,女性会拒绝遵守婚约,以摆脱那种使她们陷于被出卖身份的婚姻。(庄士敦,1910:196—197、204、213、214)山东妇女的生活史显示出其强悍与直率的性格,也使得该地区的这一"传统"声名远扬。(浦爱达[Pruitt],1967;葛希芝,1987b:118—130)四川男人也说,大多数男人都怕老婆。四川妇女的名声不仅出于其严格的管家婆、强内助的特征,还因为她们也常是家庭纠纷中的强势一方。在这里及其他一些地区,都是官员夫人守着官印,商人妻子则管着钱匣子的钥匙。商人在媾约前也常要与妻子商量一番。(立德夫人,1898:121)许多中国城市的市井文学,特别是香港和广州地区的,都印证了妇女在家庭中的强势地位(也见富世德[Mrs. Foster],1899:42—43,关于汉口的描述)。在两性冲突中,女性的强势地位是被普遍认可的,这可以体现在一幅画中。画中的"巨龙试图吞下月宫蟾蜍,却难以下咽,而蟾蜍也没有强大到可以打败巨龙",因而两者的冲突是永恒的。(爱诗客,1925:234)"惧内"的男人时常会"担心他的耳朵","耙耳朵"(*pa erduo*)①是许多人对此的刻板印象,这普遍表现在中国的许多低俗笑话中。②

女性抵抗男权的事例,不仅普遍存在于对日常生活的描述中,也隐含在大众的思想观念里。在特殊的经济条件下,当女性能为父母家庭做出异常巨大的贡献,甚至可以养活自己时,许多人就会拒绝结婚。即使在通常情况下,也有足够多的女性像尼姑一样生

---

① 译者注:"耙(发音为pá)耳朵"为西南地区(四川、重庆、贵州、云南等地)独有的词语,因男子结婚后常被老婆揪耳朵而形象地流传开来。
② 明恩溥记录了中国文学史上一个文字游戏的例子,其中暗示了男性对于被女性控制的普遍性焦虑:一篇以惧内丈夫为主题的程式化应试文,其措辞是对儒家四书经典极端断章取义的表达。这篇文章的结论是:"如果不能控制她,又不想对她唯命是从,那就暂时不与她同房,顶撞但不要抵抗,也不要报复她的无理取闹,免得我绝户。"(明恩溥,1965:169)

活来摆脱婚姻(如果不总是放弃性生活的话),实现自主权利。女性神祇的受欢迎程度也为官方所瞩目。其接受度在很大程度上来自女性对其宗教仪式的热情,因为她们将此作为自己权力的印证。这种以极富同情心和平等主义方式运作的权力想象模式,对地位低下的男人也很有吸引力。中国民间意识形态中的反官僚主义倾向为中国政治发展带来了充满期许的可能性,它是女性和穷人发出的声音。

作为抵抗的民间意识形态

中国百姓对自己道德上模棱两可的宇宙观进行了一些描述和演绎,用以推动当地居民彼此之间的相互信赖,这使他们不仅能够抵制官员、敌对村民和匪徒的威胁,还能抱起团来掠夺他人。基于对从女性和年轻男子身上榨取类似剩余价值的方式的认可,中国人得以维系家(*jia*)内部的成员关系。此外,他们还通过制造精良产品和维持信誉来使某个集镇或社区变得闻名遐迩,与此同时,他们也扩大了社会关系的纽带。平民不仅获得了娱乐消遣,甚至还以真正涂尔干的方式创造了对团结的期望。① 他们制造意义,而意义在不同的社会主体之间往往是多元的。如华琛在对妈祖的研究中所展示的那样,一个令人满意的多义性符号可以在共同行动中团结许多不同社会类别和阶级的参与者。(华琛,1985:323)

用于意义之创造和组织的工具,其所具有的功能并非民间宗教的最大成就。与之相比,其更多的物质性任务是凭借宗教实践来完成的,而这也正是最让我感兴趣的地方。当然,人们的体验是被他们感知和探讨周围的世界的方法,以及由此产生的争论形塑的,但这个世界在很大程度上,是不受个人甚至社会控制的。许多人类行动往往是由无意识造成的,即使是用大竹板敲打四十下的惩罚,也不会危及相对主义者的真正根基。在平等主义盛行的前阶级社会,劳动的负担并不繁重,也不存在或只有很少剥削。人们的意识形态生活可能在很大程度上是一种意义生产模式,它相较于电视或解释学来说是一种低技术的替代品。但在中国不是这

---

① 译者注:"社会团结理论"是涂尔干"道德科学"最核心、最重要的理论之一,旨在为个人与社会提供一条相互维系的纽带。涂尔干认为社会团结是一个道德现象,是集体意识的表征,只能从社会整合和社会制度两个维度定义社会团结。除了整合和制度这两个横向分析的维度,社会团结理论还提供了机械团结与有机团结的纵向维度。葛希芝在这里用"涂尔干的方式"来形容中国人在世俗与神圣世界之间创造出来的一系列具有多义性的公共象征符号。她的这种研究尤其在对性的研究中得到了充分展示,并在此基础上,将之与实践范畴的灵活运用结合在一起。象征的多义性提供了话语的竞争场所,同时又不失象征的一体性,这样,作为秩序性规范力量的法律(如《大清律例》)和作为情感整合力量的宗教、风俗、集体意识等结合在一起,"家"也由此而成为跨越私人领域和公共领域的重要纽带。因而,中国人的宇宙观与道德想象维系的社会团结也就呈现出来异质性因素与整体性因素的对立统一关系,这种对立统一关系自然也包含了中国人对社会团结的期待与理想。

样,人民要为了生存而斗争,而且主要是和其他人斗争。

当替代意义促发替代行动成为可能时,当下盛行的对意义之社会生产的坚持就不再是一种一知半解的梗概。在中国人的生活中,有什么会因为百姓或妇女看待宇宙的方式不同而发生改变吗？普通中国人是像武雅士所说的那样,仅仅出于对他们有利的态度——一个社会权力的世界既包括积极的也包括消极的能力——而对神、鬼、祖先的社会世界进行简单描述呢,还是在试图改变它？平民会对统治阶级提出批判吗？女性会对男性提出批判吗？如果批评提出了,他们会付诸行动吗？他们是仅仅通过对物质世界的观念性反映来对待它,还是采用第二种对待方式,即用一种政治行为方式来对待它呢？

上述论据表明是后者。显然,民众对压迫的反应,并没有在中国历史上造成不可逾越的政治裂口。大众对压迫的反应是坚决抵抗霸权主义的主张,以及这些主张的微妙体现。例如官方在极为无奈的情况下把女性神祇纳入官方祭祀体系,以及各种抗婚形式的持续存在。在对极具差异的等级冲突进行分析时,彼得·沃斯利(Peter Worseley,1968)明确地表示,当受压迫的人民维护自己的利益和意识形态的尝试一再受挫时,直接的、对撞性的反抗就会蜕变为神秘的、仪式上的间接抵抗。对中国民众观念的权力构成做巴洛克式(baroque)的探索①,导致了大量实践活动的产生,称它们为迷信也是颇为恰当的。平民和女性的自信也产生了普遍的、积极的影响。然而,这里只能用最为宽泛的术语来对其进行描述。其中一个影响是许多外国旅客所描述的在普通中国人中颇为引人注目的自尊,它在中国老百姓中几乎是普遍存在的;另一种则是中国女性的真正力量,它看似充满矛盾,却是真实存在的。

对上述两者,我们都无法预期。官方意识形态与大量民众观念的结合,或许会是对上级的卑躬屈膝,或许会是无可奈何的自怨自艾。这些行为是可以预期的,但它们很少能代表中国人内在的自卑感。相反,恭顺却不仅可以符合权威的需要,还可凭借其表现逃避惩罚。一个16世纪的传教士曾指出,到马尼拉旅游的明朝华人"嘲笑西班牙人……说如果有人向我鞠躬……或是他单膝跪在一个官吏面前,一定会被狠狠地鞭打一顿"(引自博克塞,1953:286—287)。或许这些行为是作为一种屈辱的牺牲而付出的,就像在寺庙里看到的那样,在一个正常的、有尊严的位置上的自我贬低。一个曾经沦为乞丐的山东妇女的自传(浦爱达,1967)就是坚

---

① 译者注:"巴洛克"一词的原意是扭曲的珍珠,古典主义者用它来称呼这种被认为是离经叛道的建筑风格。这种风格在反对僵化的古典形式、追求自由奔放的格调和表达世俗情趣等方面起了重要作用,对城市广场、园林艺术以至文学艺术都产生了影响,一度在欧洲广泛流行。巴洛克建筑是17—18世纪在意大利文艺复兴建筑基础上发展起来的一种建筑和装饰风格。其特点是外形自由,追求动态,喜好富丽的装饰和雕刻、强烈的色彩,常用穿插的曲面和椭圆形空间。巴洛克不仅仅是一种宽泛的艺术风格,也是一种对矛盾和悖论的哲学思考、处事态度。现实和历史存在种种不幸,为了委曲求全,才有了自相矛盾的做事方式、暧昧不明的买卖和虚无缥缈的艺术。葛希芝在本章多次用"巴洛克"形容中国民间宗教,不乏这种含义。

韧的自尊的缩影;其他具有不同命运的中国男女百姓的生活史也揭示了同样的品质。(葛希芝,1987b;何立宜[音译,He Liyi],1993)尽管中国人在这方面并不是独一无二的,但令人惊讶的是,中国劳动人民对统治者的等级价值竟如此轻视。要想对精英主义理想的接受度做真实的考察,我们就要了解那些真正借此获益的人群,尤其是存在于所有那些近代政体中的知识官僚。

我相信,统治者与男性彼此合作,会更有效地让女性相信,女性特征使她们不足以胜任统治者的职位,而这也给平民的尊严带来了侵害。鉴于性别不平等在维护家的经济安全及小资本的积累方面发挥了关键作用,相对于贡赋关系来说,对大众意识形态中性别差异的质疑效应要小得多。女性基于性别差异上的明显"自然"特性而采用的资本运作策略,限制了她们在政治经济领域改变亲属角色的施力范围,在这种政治经济条件中,亲属关系已经是阶级利益的产物了。

关于等级制度的矛盾心理的民间信仰之描述,以及民间信仰对社会权力多种来源的清楚揭示,我们在这两章里进行了着重讨论。这些都让我们认识到在有关宇宙的通俗描述中还有另一层含义。我们无须踏入形而上学的领域来对之进行揭示,因为无论是丈夫和父母的惩罚、国家层面的残酷镇压,还是来自邻近村落的人身威胁,都是真实的物质性经验,她们基于这些手段获取资源的行为也同样如此。尽管邻近陌生人会被诅咒为妖魔鬼怪或异族另类,而女性也可以设法从强加给她们的亲属地位中获取权力,但对男性、父母和官僚的攻击,即便只是口头攻击,都是极冒风险的。对民间信仰而言,从"好"到"坏"、从神到鬼,以及从处女到母亲的转变的意义,其仪式的模糊性含义,都无须在极其复杂且极不稳定的分析性结构中去寻找。如果一个中国人对宇宙观进行过于清晰的批评,他就会面临真正的危险。作为普通人所经历的世界,高高在上的统治权威既是善的来源,也是恶的渊薮。因此,统治"秩序"的构想往往会使平民和妇女心生敬畏,时而也会令他们感恩戴德。

自然性别

相较于把阶级差异自然转化为父母与孩子之间不平等关系的做法,将性别自然转化为性更易于逃脱人们的批评。从唯物主义者的观点来看,这是较为恰当的。幼儿与成年父母所要求的暂时服从/监督,以及庶民和霸权阶级所要求的永久性服从/支配之间的平衡关系,并没有生物学的依据。相比之下,性别在某种程度上(虽然不是全部)是基于性生物学(sexual biology)差异而建构的。

随着大多数女性主义者试图将社会建构的性别从其对生物性别的依赖中完全摆脱出来,女性主义者对性别的分析渐渐陷入了作茧自缚的状态。西尔维娅·亚娜基萨科(Sylvia Junko Yanagisako)和简·科利尔(Jane Fishburne Collier)哀叹道:"当然,如果它们要与性和生物繁殖完全脱节,就不可能知道性别或亲属关系意味着什么。"她们承认,尽管"异性交媾、怀孕、分娩都与人类繁衍相关,但很明显,人类的繁衍还要包括更多的环节"。(亚娜基萨科、科利尔,1987:34、31)而她们得出的结论是:性差异与如何理解性别是怎么被建构的完全不沾边。这种立场似乎与历史唯物主义者所理解的不一致。物质世界当然是要包含人类肉体的,心灵和意义只不过是其部分内容。我们虽然不能把生物学意义上的繁衍看作人类生产的全部内容,但它也并非无关紧要的。

在有关中国的具体实例中,我认为女性特征(femaleness)的"意义",是那些不变的,与行经、受孕、分娩及哺乳等生物学因素,以及历史性建构所包含的政治经济因素的交集。中国妇女在经济、社会、意识形态上的定位让她们无法拒绝生育及其代价,除非永久性地拒绝性交,甚至这种令人质疑的特权也常常被剥夺。在那些情况下,生物学因素就是命运,性别也主要是与性相关的。在我看来,普通百姓把性别看作绝对自然的事物,完全是顺其自然而又可以理解的,而且这种认识大体来说也没错。中国人基于自然属性对性别的认识,不仅仅是众多性别建构可能性方案中的一种;像所有其他民族一样,他们也想象了许多不可能的事情,并持续对它们保持迷恋。然而,与那些极端文化建构主义者的推论相反,中国人没有把性作为自己发明的事物。

关于性别的自然主义假设既有其矛盾性又有其清晰性。头绪纷繁的自然化性别并不只是一层薄薄的心态面纱,可以任由结构主义者撕碎,就像他们把皇帝揭示得如同暴徒那样。怀孕不是能被作为想象的一种存在,分娩、哺乳和月经同样如此。尽管真实世界的发展过程在不同的文化中以不同的方式被概念化着,但它并非纯粹由社会建构的实体。神祇、道德与阶级都不只是想象的产物,它是社会现象的抽象投影,也由不同寻常的念头或文化孕育和发明。怀孕、分娩、哺乳与月经都是自然世界、物质世界的组成部分,它们同样参与了建构我们的过程。正如芮马丁所指出的,"由于男女对自己身体的关注不同,对于生老病死等生物学事件的参

321

与状况不同,彼此从事的工作不同,每种性别都对生死之意义及其相互关系发展出一种独特的观念"(芮马丁[Emily Martin],1988:168)。

中国台湾和大陆的女性之所以会对避孕和堕胎表达出强烈的感激之情,是因为这样做可以降低出生率。起初,她们在有关生育控制问题的思想模式上所展现的灵活性,让人感到几乎是对直觉的违背。正如流行的话语所暗示的那样,女性不是生育的工具。她们本是为了自身安全和履行潜在家庭义务而承受生育负担的。当她们能够以不那么苛刻的方式来满足这些需求时,无须某种文化层面的强迫,生育率也会直线下降。

然而,在民间意识形态中,甚至在中国女性主义者(feminists)那里,我并没有看到对性别社会建构观念的采用。尽管现在可以通过控制生育来适应低劳动力需求/高养育成本的经济发展体制,女人仍然主要是为了建立"子宫家庭"而步入婚姻殿堂的,即便其要建立的家庭规模并不太大。在贡赋制/小资本主义生产方式的体系中,生物性再生产是妇女唯一具有绝对物质垄断地位的领域。就此而言,她们可以获得男性仍然更能有效利用的那些资源,并对其进行较好的运用。性别自然化的观念仍是在所难免的。与民间思想观念中的其他元素相比,阴阳观念不仅是一个更持久的存在,还更为普遍地存在于广泛的社会阶层中。因为它根植于生育中的两性不对等地位,即使是现代医学也只能对之做微小的改变。

第十章　结论

在我童年的时候,我的保姆说……
那里的保姆工作非常轻松
一顿大餐之后,从来没有洗不完的堆积如山的盘子
黎明来临之际,她们只需要轻轻地系上一条黑色的魔法围裙
然后一切都回归原位
保姆!我可以去看看这是不是真的吗?

——张尚华《酒鬼》,1986

　　正如本书力图概括的,中国的社会形态,即广义上的"中国文化",主要结构和动力来自贡赋制生产方式和小资本主义生产方式的互动。我对帝制中国中晚期的政治经济、区域化、亲属关系和性别,以及民间意识形态进行了解读,并简要分析了这些因素在历史上如何影响了中国社会。

　　在本书借由历史唯物主义所做的考察中,我们可以看到帝制

中国中晚期两种生产方式间的关系,都显现出对一种重要的结构连续性的维持。人们有时是具有相当自觉意识的阶级成员,有时仅仅是在家庭选择中做出自己选择的普通人。他们根据两套虽然不同,却又具有紧密联系的物质和意识形态可能性行事。有时候与贡赋制兼容的行为,几乎充斥于小资本主义的行为中,反之亦然。在本书中,我不打算解释为什么这些转变会发生,尽管这可能是对中国历史提出的最重要的问题。几乎可以肯定的是,这种探索不会有唯一的答案;我们必须研究历史的具体情况,同时不放弃对结构规律性的探索。然而,在小资本主义抉择与贡赋制抉择之间的相对权衡变化,部分地可以解释为两种模式之间缺乏契合,以及看到两种截然不同的美好生活愿景的人们所产生的相互矛盾的行为冲动。在这里,我只想概述一下我认为发生了什么,以及在一定程度上是如何发生的。

这一论点的关键在于两种生产方式之间的竞争观念:这种竞争当然不是不能行动的、被重新整合的抽象概念的竞争,而是官员与业主、妇女与男子之间的竞争;是思想内部的竞争,是行动之间的竞争。宋代以来,这一竞争(确切地说,这一斗争)催生了中国文化中的大量因素,从而形塑了中国文化。资本主义生产方式输入中国时所面临的正是这种形态的中国文化。我相信,这一斗争得到了中国人的文化认可,而这份文化认可来自传统中国人对压制异端思想、政治异议和家族纷争的深切关注。在解决冲突的过程中,和谐——这一伟大的文化信条——很少能够实现,压抑或自我牺牲是人们更熟悉的结果。这一难解的斗争图景能够在每一代人的手中重建,之所以如此,并非因为中国人的行为是冲突观念的外化,而是因为人们经常不得不把有限的资源分配给各种往往互不相容但合法的目的:贡赋与投资,赡老吊亡与抚幼育人,嫁妆对应聘礼,诸如此类。

自宋初以来,这两种模式就显现在中国人生活的世俗化趋势中,并获得日臻微妙与复杂的发展。同时,它们也为彼此的互动演化出越来越复杂的制度机制,这就迫使每一个中国人不得不提高生存的技能,以适应其发展。我们也许可以在中国的行政机制和商业实践的某些方面看到这一点,也可以从将这两种模式连接成单一社会组成的高度神秘化的体系中看到这一点,因此这些制度具有典型的中国特质。亲属关系和性别在其中起到了关键性作用,民间宗教也同样如此。

尤其是宋代以来,统治者发展出了涉及范围极广的一整套思想和行动的工具,既努力维系了贡赋制经济,又限制了小资本主义思想和行为的竞争。这套工具包括:对用以笼络富家人才的科举考试的采用,对基本市场机制的利用;对各种有效的行政手段和军事技术的广泛施用;对监视异己的密探和告密者的安插与鼓励;通过把父系亲族纳入密不可分的宗族团体,以及使男性对女性亲属负责,而使这种关系渗透入家庭生活;对民间神灵和庆典活动的挪用和再语境化。凭借朝廷的能力和一个由官绅构成的统治阶级,中国政府政绩斐然;1.对他们所管辖的辽阔疆域进行规训并收取赋税;2.朝着王朝的长治久安前行;3.让大众生活中弥漫着对贡赋制私人关系的憧憬;4.让大众生活融入一个等级化、官僚化的宇宙观想象中。以上这些都是彰显贡赋制模式影响力的令人信服的证据。

小资本主义同样发展出了一整套的思想和行动工具,并随着时间的推移而显得愈发精妙和更具作用力。我们看到了一个类似资本主义生产关系的长期转变,同时,这种生产关系也被包含在贡赋制所要求的家庭式生产关系中。男人们利用正统"孝道"中与生俱来的父系制内核,构建了宗族组织,它发挥了类似具有积累与投资功能的经济团体的作用。与此同时,遵循小资本主义逻辑的人们,却试图忽略或者重新解释他们在贡赋制利益薄弱的社会事务中应尽的亲属义务,例如对待女眷的方式。由小资产阶级发展出来的一系列商业行为,在实现财富扩张的目标和防范掠夺性统治阶级方面起到了无出其右的作用。

在这些涌现出来的力量之间的斗争中呈现出的长期趋势问题,可以通过思考"谁掌控霸权"来得到最为清晰的聚焦。这一历史趋势似乎相对比较明晰。在宋朝,拥有商业利益的权贵家族与强大的军队结盟,建立了一个鼓励社会流动、促进私人生产和自由劳动的政府。这些趋势并未为统治者的更替所严重阻遏;在元朝统治期间,贡赋制生产方式并没有展现出既有的复杂特质,但在相对短暂的统治期间,面对反霸权商业贸易的蓬勃发展,蒙古统治者也没有过多地加以阻碍。但是,重新确立贡赋制模式的力量正在形成,在这种模式下,财富将流向统治者而非臣民。明朝对税收的重组、对官僚机构的改进以及对实现观念层面的霸权的日益重视,对清朝统治者产生了直接的影响。根据韩书瑞和罗友枝的论述,"中国历史走向中央集权的漫长趋势,在清代早期统治者的强大干预下延续并强化了"(韩书瑞、罗友枝,1987:10)。

统治阶级采取的许多行动(通常在王朝建立之初最为明显)目

第十章 结论

的无外乎恢复对经济的控制,他们将资源引入军事、水利、行政和思想控制机制,都是为了能够成功地控制经济命脉。这些做法产生了两个结果。最初,私人手中能够转化为资本的财富减少了。我想,这既是统治者想要的结果,又是他们刻意为之的结果。帝制中国的统治者,即使是那些扶持商业的统治者,也不希望国家由富商来管理,因为富商的力量将会威胁到他们的统治,同时在意识形态上也是人们所不能接受的。然而正如韩书瑞和罗友枝所明智地指出的那样,其第二个结果,统治阶级建设有利于创造生产性农业和从农业中提取贡赋的顺畅机制,也有利于商品生产的发展。(韩书瑞、罗友枝,1987:21—27)之所以如此,一方面是因为商人也需要道路和运河;另一方面,也许更重要的是,因为对贡赋的强烈要求及执行这些要求的权力,引爆了生产的集约化、人口的增长、季节性劳动力过剩、赚取副业收入,以及将私有化美化为民众反抗的大众观念。

一个强大的贡赋制的成功重建可能会带来比其所预期的更多的经济成功。强大的贡赋榨取不断地再现着人们为压力所迫而为市场生产的社会条件。普通百姓发明了各种物质上和意识形态上的手段来阻止剩余财富流向统治者。聪明的小资产阶级则寻求各种途径来保存和增长财富。贡赋制的偶尔衰弱则会导致新权力中心出现。由于市场在使用集体资源(水、土壤、森林储备等)时的不合理经济配置,小资本主义生产出现了严重问题。许多人对小资本主义所导致的政治经济过度自由感到无奈。整饬一新的贡赋制又开始建设基础设施,为更大程度的繁荣发展做准备。当繁荣时代到来时,小资本主义的道德要求也会找到愿意倾听的听众,这种要求不仅仅是维持家庭,而且是扩大家庭。

每种生产方式的组织性结构都随着螺丝的旋紧而变得更为强大。小资本主义的行动不仅迫使贡赋制加强控制机制以维护运转,还迫使贡赋国家内部更加适应市场机制。这些市场举措包括:在招聘士大夫方面激发竞争,日益采用货币而非劳动力和单一物品来贷偿税款,官营生产点的工作不再世袭,选用官商生产和分销食盐等有利可图的商品。小资产者在亲属关系的保护伞下,通过跨国资本商团的跨境机制,来逃避官方控制。最成功的商人会像福建人一样,将部分业务完全转移到国外,以逃避税收和政府的干预。如果做不到这一点,他们就会利用长途贸易和其他商业形式的便利,在远离家乡的地方寄居。就像当地普通的小资产农民或纺织工人一样,他们把家族当作自己的堡垒。

对统治者来说,小资本主义是一个不断扩张的刺激因素,也是引起他们集中回应的原因,因而它是帝制晚期中国发展的"马达"。然而我并不认为小资本主义在中国已经居于霸权地位。小资本主义的行动是躲躲闪闪的,它被牢牢地固定在与贡赋目标相适应的亲属关系模式上。也许最为重要的是,它已经发展出来一种极为粗略的政治构想。就帝制晚期中国历史的长期发展趋势来看,对强大统治者而言,这一趋势是非常富有成效的,但对于普通百姓而言,它是一种无奈和徒劳。

我特别使用的"小资本主义"概念是否增进了我们对中国社会的理解?当我们将生产方式看作经济和社会再生产的一个体制时,我认为正是该体制既塑造了物质生活,也塑造了文化生活。小资本主义生产方式的发展印证并构成了中国政治经济和文化经验

第十章 结论

的一个重要方面,将这一根本面向与更显著、更加强调观念色彩的"中国性"的方面联系起来,就可以概括出一个贡赋制模式。"小资本主义"的概念作为既彼此联系又相互对抗的一系列行为和心态,阐明了普通中国人的许多日常选择。有了这样一种分析工具,对中国文化中最重要的事物的概括和描述就会变得更为清晰。

这一概念也有助于推进我们对整个社会的理论理解。在这些阶段中,业主经理(owner-managers)发展出了规模庞大但仍可辨识的"家族"企业,在这些企业中,亲属关系的绳索会对资本的流动施加一些限制。在东亚和西方资本主义之间,存在着大量的重叠领域,对许多分析人士来说,这些重叠证明了当代中国大型民营企业在某种程度上具有资本主义性质。对于持这种观点的人,我要求他们对国家作为所有者和雇主的角色,以及最具特色的小资本家阶级与小业主"家族企业"的亲属/性别和阶级关系进行更丰富的解释。

中国规模庞大、发挥着重要作用的国内市场与西方有着差异显著的政治语境,在中国语境中,国家和亲属关系尤其突出。因此,它们在未来很可能像过去一样,沿着不同的轨迹行进。这并不是因为某种理想主义或精英主义意义上的"文化"永久地操纵着他们的行动,而是因为它们各自有着不同的内在运动。小资本主义生产方式的运动取决于其他环境,而东亚人仍在继续复制这些环境。特别是在中国社会,存在着庞大而强大的国有部门,多才之士被吸引进来,找到适合自己的位置并长期致力于此。借由此,小资产阶级可以被持续约束和引导,他们反过来,凭借提高效能、逃避税收、限制发展、畏惧权势、远离政治等策略,在他自己与当权者之

329

间维持了一条鸿沟。这不仅有助于自身的再生产,还有助于其对立面——贡赋制的再生产。

我的解释具有"奥卡姆剃刀"的优势。虽然它对中国的历史和现在的特殊性都保持关注,但它是基于20世纪的历史唯物主义所构建的,并与之相一致。它既旨在对中国文化进行阐释,从而使其更容易与其他文化相比较,又旨在通过具体实例扩大"生产方式"这一概念的影响范围,使其像马克思和恩格斯明确预期的那样,涵盖亲属关系、性别关系和大众观念。

本书只是一个研究草案,提出了一些研究方向,这些方向可能会将中国文化与其他同类文化联系起来,也许会更清晰地勾勒出资本主义自身的轮廓。虽然资本主义还没有渗透到世界的所有文化之中,然而就其发展在全球所涉及人口的占比而言,它对生态、人口变动、经济、政治、性别和亲属关系,以及世界构想方式,都产生了深远的影响。苏联的社会主义实验曾试图通过创造普遍的平等与富足来抵御资本主义压力,但这种新的实验并没有探索成功。我们仍然必须对资本主义的发展模式和历史进程保持一种审慎的认识,以免我们开始想当然地认为它们是天然的、不可避免的和永恒的事物。马克思对其模式和过程的祛魅仍然是马克思主义最宝贵的遗产。

在资本主义的扩张时期,日本、韩国、新加坡等东亚国家的政府都拥有强大的国家生产方式,它们使用相当大的力量来策划与资本主义的合作,并使其进展符合的国家的发展目标。在所有这些国家中,除极少数相对短期的例外情况外,本土小资本主义企业(其中不乏大型企业)在生产和从本国工人阶级榨取剩余价值方面都已超越了外国资本主义公司。资本主义本身在这些社会中所起的作用与它在其他地方所起的作用完全不同，它其实是影响有限的。

有人可能认为，这是全球资本主义发展的一个阶段，随着资本的累积力量的增强，东亚将会超越小资本主义支撑的国家主导的经济模式，并使得其发展形态看起来更趋"正常"。直到20世纪70年代，此种言论都被看作与其他未来预言一样好的愿景，而且比大多数预言都要好。然而自从东亚成为世界经济的主要推动力之后，我们必须对此重新思考了。东亚正在成为世界经济中首屈一指的强劲经济体，不是因为它的社会形态正在变得更加资本主义，而是因为曾俘获了小资本主义的贡赋模式的动力被资本主义的压力进一步激发。在资本主义的追捕下，它反而跑得更快了。东亚领导人的目标明确，拥有重要贡赋资源的国家必将在国民经济中占支配作用。

东亚小资产者的存在在很大程度上要归功于亲属关系形式，这种形式使得长辈对晚辈、男性对女性的剥削非常严重。面对一个生机蓬勃的劳动力市场，除非求诸国家，宗法制很容易被腐蚀。然而，在中国宋代以来的社会契约中，合法组建家庭的户主接受对积累的限制，以换取保持家庭劳动力稳定供应的权力支持；士大夫也允许大众为了利润投入以物易物、讨价还价和交换等市场行为，以换取大众对父系亲属关系和封建哲学的接受。国家与宗族的结合是如此紧密，无论是对革命后的中国妇女而言，还是对公开质疑贡赋制生产方式的青年人而言，情况都是如此。

我预测日本在巩固其在世界经济中更错综的地位时，除了时髦的表面现象,不会变得更像西方;东亚国家仍会不遗余力地限制一切对贡赋制生产方式地位构成威胁的实质性挑战。小资产者则常会鱼目混珠,按照特定的经济目的,来调整自己的生产。如果我是对的,那么一些学者很可能要修正他们关于"资本主义过去是什么"以及"它将来会成为什么"的阐释。我尝试开始承担这一任务,并竭力使之成为一个强有力的分析工具,拙著因此不会是一个水晶球般的供人观赏的玩物。

对中国文化的这一阐释,提出了另外一些更具有学术意味的问题,并指出了它们的解决方案。正如我在第2章中言简意赅地指出的那样,小资本主义生产方式也许是一个透镜,透过这个镜头,可以看到其他三个历史悠久的古老文明:南亚次大陆的印度文明、亚非大陆的伊斯兰文明、非伊斯兰的地中海文明。在资本主义作为一种世界体系扩张之前,撒哈拉以南的非洲地区、北美/南美的大部分地区及大洋洲地区,似乎拥有将自己从商品经济和极端不平等的厄运中拯救出来的智慧与好运;墨西哥和秘鲁复杂的本土文明,在一个想要对其开展研究的学者看来,已经被殖民主义完全毁掉了,虽然我认为他们也走着一条与众不同的道路,但是他们并未发展出我在这里所定义的"小资本主义"。

然而在印度、伊斯兰世界的核心地带,以及欧洲地中海地区等文明中,市场经济与其他生产方式共存,这一局限性使其无法被称为资本主义。在这些生产方式中,货币资本、消费品与个人被商品化了,但关键的生产要素——土地和劳动力——通常都没有商品化。在这些世界中,我们发现在性别和亲属关系,以及对市场的态度上,强大的国家传统得到了宗教机构的支持。我们发现(和中国一样)世界在对女性的压制方面是极端的。相比缠足以及类似"饿死是小,失节为大"的儒家价值观,禁足(purdah)与殉夫、面纱与贞洁母性可谓不相上下。

这一三位一体——性别歧视、强化的行政权力、广泛存在却未占据支配地位的资本主义市场——所维系的行为总是与中国小资本主义表现出来的那些行为惊人地相似。我认为,这种模式之所以能在东亚形成、延续并产生更为独特的历史影响,是因为在中国,统治者通过建构中国式的亲属关系,最为谨慎地将自己的利益与平民的利益结合起来。然后他们持续采用一组简单的、利于管理的概念和法律来处理人民及其财产,并就此建构了我已描述过的性别、阶级和国家。生物性纽带和所有文化关系的最根本的关系——生产资料所有制——之间的联系是人类共同的,然而在很多社会里,人们拥有改写亲属规则的某种自由。在中国,国家推广他们的"孝道"(patrilineal core)。因此,进入20世纪时,中国比其他任何古老的文明国度都要更加自主地坚持传统的文化、政策和宏观经济模式。以这种视角来看待世界诸古老文明,使得基于各种智识目的,对它们进行一致的,但仍然是全面的比较成为可能。

根植在小资本主义生产方式理念中并由此演绎出的另一个方向,是将它应用到有关小商品生产过去和现在的争论中。正如朱爱岚(1994:114—118)极具启发性的概述所说,"小商品生产"这一术语一般用于区分家庭劳动的交换生产与雇佣劳动的小资本主义。由于女性的商业化,这种区分在中国很难保持。在关于小商品生产的争论中有三种趋向:其一是小商品生产在当今许多社会中的扩散,其二是这种模式在资本主义起源中的作用,其三是家庭生产与亲属关系和性别关系之间的联系。

第一种趋向聚焦于小商品生产在多大程度上是某种孤立的实体,在何种程度上仅仅是无产阶级化的一个虚假形式?我认为,中国的情况表明,东亚小资产阶级,或许还有其他形式的小商品生产,可以独立于资本主义(尽管必然依赖于其他一些生产方式)。在资本主义占主导地位的第三世界,由于贫民窟和为资本主义所主导的市场的存在,小商品生产常常被描述为无法扩大再生产的小生产模式,这种模式与中国的小资本主义只有表面上的相似之处,最好将其视为无产阶级化。

第二个论辩,探究小商品生产是否是资本主义必不可少的历史先兆,以及它是否使经济行动者偏离了"迈向"资本主义轨道的目标;或者是否这两者实质上是独立的,同时出现在历史中仅仅是某种巧合。我较为认同后者。几乎所有前资本主义阶级社会中都存在一些私人商品生产,如果小商品生产在任何情况下都趋向于资本主义的发展模式,那么中国肯定会完成这种嬗变。但小资本主义(资本主义也是)仅仅存在于历史语境中。欧洲的独特之处不在于小商品生产的存在与否,而在于没有强大到足以将财产所有权牢牢地束缚在亲属群体中的国家。

在第三个论辩趋向中,对小商品生产有研究兴趣的学者,正在越来越多地对从文化意义上表现为亲属关系的生产关系进行探索。大多数汉学著作将亲属关系看作一个给定的存在,并认为平等主义原则会对亲戚间的情感纽带发挥影响力。这种设想显然是站不住脚的。作为人类,我们当然毫无疑问地从生物学上偏好这种平等纽带的建立,然而,父母与子女、兄弟与姐妹、丈夫与妻子之

第十章 结论

间的血缘或姻亲纽带,总是被文化实践毁损或割裂。亲缘关系不是给定的存在,而是必须建构完成的。中国的亲属制度最好被视为一套由有限的生物给定因素、国家提高行政效率的尝试及商品形式的无限可能性相互作用的意识形态产物。当市场将商品化的社会关系如同剩余的鸡蛋和手工艺品一样出售,而妇女和儿童处于弱势地位,无法抵御这种商品化时,亲属关系很容易被操纵。只有在国家及其贡赋体系对私人资本的控制力薄弱的地方,也许是因为它们对家庭的亲密生活关注不够,亲属关系才不再是商品生产的主要纽带。

在对小商品生产的研究当中,所谓家庭生产方式受到了相当大的关注。这一传统得益于恰亚诺夫颇具影响力和建设性的著作。然而,它也有很大的局限性,因为它鼓励分析家研究家庭生产,却不去质疑家庭被纳入贡赋体系的影响,也忽视了家庭基于亲属关系和性别的生产关系所固有的严重不平等。

本书主张对特定社会形态中的多种生产模式进行仔细研究。20世纪50年代以来,人类学取得的进步,在很大程度上是因为我们越来越了解自15世纪以来扩张性资本主义对我们传统上所研究的民族的意义。在几乎所有这些社会,包括发达资本主义社会和本世纪中叶的社会主义社会中,要明晰和探寻"依附论"模式、反霸权经济逻辑的辩证影响,还有许多工作要做。霍布斯鲍姆在论及英国时提醒我们,"战后社会主义的主要发现恰恰是,除了完全公有制下的中央集权计划,经济的社会管理还可以采取其他形式。社会主义在于找到(公共和私人力量)的正确组合,以在获得经济和技术活力的同时,保持平等和社会公正"(霍布斯鲍姆,1989:

13)。

也许很多中国人会认同这样一种看法。中国人诞生于贡赋制生产方式与小资本主义生产方式的结合,不太可能很快就抛弃他们的政治经济传统。小资本主义政治强于反抗,耽于积极筹划。这一处境如何被强化?中国文化中唯一可资利用的本土资源,就是小资本主义生产的组织结构。这些结构不仅包括家庭农场或者家庭工厂,也包括社区庙宇和大众意识形态及金钱道德。反官僚主义的民粹主义、原生态的女性主义(protofeminism)和市场平等主义,可以为今天的男女百姓提供很多助益。

中国小资本主义生产方式并没有产生所有必要的组织和观念,使中国人摆脱其长期存在的问题。然而无论如何,它所包含的组织和观念中有某些中国未来发展所必需的文化原材料。中国实现社会正义和探寻人类社会形态的努力要想获得成功,就必须认真对待自己的大众传统和那些努力创造这些传统的人民。

附录：嫁妆占婚礼开销的比例

卜凯(1937)曾根据七个生态区域所特有的主要产品(主要是粮食)将其数据分为若干类别。我在所列的表格中,对他的部分数据重新进行了分解和汇总。我首先选择了六个重要的地理区域。我预期在这些区域中,贡赋制和小资本主义生产方式的影响强弱可以得到清晰展示。接着,我在卜凯所绘的地图3("各种研究开展的地点"[1937:3])上划出了这些区域的边界,并将边界内的所有个案都纳入了我的计算中。① 卜凯在对某些地点的调查统计中没

---

① 我将这些区域标注出来:中国华北平原(实际上是平原最东端),卜凯的地点编号是 70、71、79—91、95、96、100、101、104、106、107、108—111、113、114、116、117、119；长江流域(长江下游,特别是河流南部),卜凯的地点编号是 120、122、126、131—137、151—153、158—162、164、166—169、171—176、178—195、219、220、224—226；福建(福建沿海和商贸地区),卜凯的地点编号是 197—199、259—261；四川(成都平原),卜凯的地点编号是 230、234—238、240—255；广东(珠江三角洲),卜凯的地点编号是 268、269、275—277、282、283；中国西北(甘肃和青海附近的贸易长廊),卜凯的地点编号是 1—6、16—19。

337

有给出婚礼和嫁妆数据,我在表格 A1 中,以 N 表示计算所依据的实际案例数。可惜的是,福建省的案例数量太少,广东省的案例实际上也不能很好地代表珠江三角洲的情况。

卜凯将每个区域的农场按规模分成了八类。我在表格中,将类别数量减少到四个:将"极小"(very small)和"小"(small)合并为"小"(S),将"中等"(medium)简化为 M,将"中等大"(medium large)简化为"中大"(ML),将"大"(large)、"非常大"(very large)、"非常非常大"(very,very,large)和"非常非常非常大"(very,very,very,very large)合并为 L。华北平原和长江流域例外,这两个地带内,最大规模农场的占地比例要高得多,因此"大"(large)即是"大"(L),各类"非常的"则被糅合为一个单一的"非常大"(VL)类别。

卜凯的表格 17,"有花销的农场的额外支出"(卜凯,1937:412—416),包含了目前以人民币"元"为支付单位的五种庆典开销,其中包括"婚礼"和"嫁妆"。"婚礼"指的是儿子结婚的费用,"嫁妆"指的是为女儿提供嫁妆的开销。"婚礼"的费用包括各种各样的支出。这笔钱也许仅花在庆典上(例如宴请新郎的亲戚),也许用于庆典和附加的间接嫁妆,以及/或者新娘父母保留的聘礼,也许仅仅用于采购。因为这种合并,就武雅士的调查分类数据来说,不可能在任何分类中决定"重嫁妆"婚礼对"重聘礼"婚礼的相对比例。这里的底线是必须维持婚礼成本与嫁妆成本的简单比例。

卜凯的婚礼和嫁妆数据在某种程度上是令人困惑的,也就是说,它们基本上夸大了中国婚礼交换中所支付的嫁妆数额。正如我在基于武雅士的调查数据制作的表格1(参见第7章)中所展示的,新娘娘家不支付任何婚礼开支,这在婚姻交易中是非常常见的,很多女孩从她们的父母那里只能收到很少的嫁妆,或者几乎没有(虽然她们也许可以从公婆那里收到间接聘礼)。卜凯的"嫁妆"一栏不包含"零"的数额,只留有一个空白,表示该家庭没有此类支出。可这些表明没有支付嫁妆的家户的空白究竟是怎么回事,是因为家户中没有可出嫁的女儿,还是他们嫁女儿时不给嫁妆?我们无法判断,只能从其他资料中确定有些女孩结婚了,但是娘家没有给嫁妆。这样一来,表格A1提供的数据就夸大了新娘平均得到的聘礼总和。

表格 A1 不同政治经济区域与不同农场规模条件下的嫁妆/婚礼开销比例

地点/规模	婚礼 合计开销	婚礼数量	平均开销	嫁妆 合计开销	婚礼数量	平均开销	嫁妆：婚礼
华北平原/小	￥1258	22	￥57	￥1222	24	￥51	0.89
华北平原/中	￥1776	21	￥85	￥1461	21	￥70	0.82
华北平原/中大	￥1632	19	￥86	￥1724	18	￥96	1.12
华北平原/大	￥3737	21	￥178	￥2212	22	￥101	0.57
华北平原/非常大	￥2911	21	￥139	￥3713	20	￥186	1.34
						平均	=0.95
长江流域/小	￥4345	29	￥150	￥2001	19	￥105	0.70
长江流域/中	￥4496	25	￥180	￥2672	23	￥116	0.64

续表

地点/规模	婚礼 合计开销	婚礼数量	平均开销	嫁妆 合计开销	婚礼数量	平均开销	嫁妆：婚礼
长江流域/中大	¥4464	25	¥179	¥3164	21	¥151	0.84
长江流域/大	¥4509	24	¥188	¥2658	22	¥121	0.64
长江流域/非常大	¥4646	14	¥332	¥2468	10	¥247	0.74
						平均	=0.71
福建/小	¥976	2	¥488	¥640	2	¥320	0.66
福建/中	¥1937	4	¥484	¥472	3	¥157	0.32
福建/中大	¥2315	5	¥463	¥711	3	¥237	0.51
福建/大	¥2299	6	¥383	¥1203	5	¥241	0.63
						平均	=0.53

数据来源：卜凯：《中国的土地利用（图集与统计）》，1937年

新郎家庭无须花费任何费用的婚姻相对来说比较少见。卜凯的"婚礼"开销费用一栏中很少有模糊的空白，他对婚礼的平均费用的计算结果肯定比我的略低，但不会比嫁妆费用低得太多。基于这一状况，当我们再面对表 A1 时，我重新汇总了三个区域的数据，这些数据应该能够清楚地揭示出两种模式的强弱变体的差异性影响。

虽然有很多理由表明，对这些发现需要谨慎看待，但表中的数据仍是令人欣慰地达成了可预测的结果，即在不同地域和不同农场规模条件下变动的婚礼和嫁妆开销数量，以及由此产生的嫁妆/婚礼平均比例。在不同地区和不同规模农场的婚礼和嫁妆费用的

变化数量,以及由此产生的嫁妆与婚礼比例的平均值方面,都是可以让人大胆进行推测的。这些比例在华北平原维持在很高的水平——0.95,在长江流域维持在中间水平——0.71,在福建省内很低——0.53。

毫无疑问,随着农场规模的扩大所带来的繁荣,仪式成本也会随之上升。令人惊讶的是,在许多情况下,它们的涨幅是如此之低。只有在华北平原,嫁妆从最小的农场到最大的农场几乎翻了四倍,婚礼费用的变化通常比较有限。

华北平原与福建的数据代表了支出规模光谱的两端,而长江流域恰好位于中间位置,这也是不足为奇的。在各种现象中,存在一个从北到南的连续体不过是中国研究的思维惯性。这一变化梯度既体现了不同的区域成本,也揭示了消费模式的区域差异,以及自给自足的北方经济和商品化程度较高的南方经济。因此,我们不妨来考察一下其他一些地区的情况,在这些地区,南北方之间的差异很难说有很大的相关性,它们常常被解释为气候与生态的差异、移民与本地人的混合状况,或接触儒家经典的程度差异(来自杰克·古迪[①],1990:109—110)。

让我们先看一个贡赋制生产方式强大、小资本主义生产方式薄弱,却通常不会被划为北方类别的区域——四川(参见表格A2)。在经历17世纪的一系列灾难之后,进入四川的移民大多数

[①] 译者注:杰克·古迪(1990)在他的著作中指出了生态、迁徙和儒家精英统治对于中国北方和南方差异的影响。这里指的是古迪对于儒家精英统治的论述。他从儒家著作中发现,北方是儒家典范的中心,南方精英竭力效仿北方,和下层民众的风俗、惯习产生了差别。南方孕育了许多儒家学派。参见第7章之"嫁妆和聘礼"小节脚注,葛希芝对古迪的观点有详尽的展开,并表达了对他的观点的批评。

来自邻近的中南部省份,然而四川人的嫁妆—婚礼花费模式却与华北平原的最为接近。四川的嫁妆/婚礼的平均比例是六个区域里最高的——1.55,甚至比华北平原还要高。再一次证明,正如武雅士和我的发现所揭示的,四川人是嫁妆的极端支持者。

表格 A2　四川平原地区因农场规模而异的嫁妆/婚礼开销比例

地点/规模	婚礼 合计开销	婚礼数量	平均开销	嫁妆 合计开销	嫁妆数量	平均开销	嫁妆：婚礼
四川平原/小	￥173	4	￥43	￥126	2	￥63	1.47
四川平原/中	￥214	4	￥54	￥402	5	￥80	1.48
四川平原/中大	￥276	5	￥55	￥442	4	￥111	2.02
四川平原/大	￥954	10	￥95	￥1435	9	￥159	1.67

平均＝1.66

数据来源:卜凯:《中国的土地利用(图集与统计)》,1937 年

第二个区域位于北部,即甘肃/青海贸易路线走廊。然而,其嫁妆/婚礼比例不但不同于华北平原,而且与福建相似(参考表格 A3)。没有任何可以想象的认可迁徙或文化扩散等因果联系的因素可为这种相似性提供解释。如同位于广泛贸易的集散地的福建一样,该地区也地处内陆腹地,同样是中央政府控制较为薄弱的地区。可以预见这里的贡赋交易相较于商业交易不可能占主导地位;其小资本主义观念很可能会影响到婚姻交易,从而导致嫁妆的平均水平较低。

表格 A3　甘肃/青海走廊地区因农场规模而异的嫁妆/婚礼开销比例（简称甘青）

地点/规模	婚礼 合计开销	婚礼数量	平均开销	嫁妆 合计开销	婚礼数量	平均开销	嫁妆：婚礼
甘青/小	¥411	6	¥69	¥183	6	¥31	0.45
甘青/中	¥344	5	¥69	¥155	5	¥31	0.45
甘青/中大	¥391	5	¥78	¥114	4	¥29	0.37
甘青/大	¥742	9	¥82	¥357	6	¥60	0.73

平均=0.50

数据来源：卜凯：《中国的土地利用（图集与统计）》，1937 年

第三个案例位于最南端的珠江三角洲，应该在一个地区文化中测试其嫁妆/聘礼比例，许多研究者（例如弗里德曼、韩书瑞、罗友枝及施坚雅）将其与福建的东南沿海地区混为一谈。但我的逻辑与他们不同：珠江三角洲应该和长江流域相似，其贡赋制生产方式和小资本主义生产方式之间的力量是平衡的。广州的海外贸易与福建和甘肃/青海走廊的海外贸易不同，它受到了为限制与欧洲人贸易而制定的制度的严格控制，而且几个世纪以来，广州一直是与首都有运河联系的南方重要城市。卜凯的数据对于这一可能性的检验非常不充分：因为提供的数据表明，只有一个地点（中山）刚好位于珠江三角洲。如果将其置于一个更大的区域基础上（该区域大到贡赋制的影响不太明显）进行计算，则只会产生下面这个相当乏味的结果。随着数据信息更加完整，我预计广州的嫁妆/婚礼

平均比例大约是 0.65。从这些数据来看,广东终究还是和福建相似(见表格 A4)。

表格 A4　广东地区因农场规模而异的嫁妆/婚礼开销比例

地点/规模	婚礼 合计开销	婚礼数量	平均开销	嫁妆 合计开销	婚礼数量	平均开销	嫁妆：婚礼
广东/小	￥1757	7	￥251	￥827	6	￥138	0.55
广东/中	￥1478	7	￥211	￥757	7	￥108	0.51
广东/中大	￥1759	7	￥251	￥482	4	￥121	0.48
广东/大	￥3330	11	￥303	￥1180	6	￥197	0.65

平均＝0.55

数据来源:卜凯:《中国的土地利用(图集与统计)》,1937 年

参考文献

傅衣凌:《明清时代商人及商业资本》,台北:谷风出版社,1986[1955]。

胡台丽:《神、鬼与赌徒——"大家乐"赌戏反映民间之民俗信仰》,载《第二届国际汉学会议论文集:民俗与文化组》,台北:"中研院",1989。

柯昌基:《宋代雇佣关系的初步探索》,载《中国资本主义萌芽问题讨论集续编》,台北:谷风出版社,1987[1959]。

柯志明:《台湾都市小型制造业的创业、经营与生产组织:以五分埔成衣制造业为案例的分析》,台北:"中研院"民族学研究所,1993。

李亦园:《宗教与迷信问题》,载杨国枢、叶启政主编:《当前台湾社会问题》,台北:巨流图书公司,1979。

台北市政府:《台北市寺庙要览》,台北,1974。

王方中:《宋代民营手工业的社会经济性质》,载《中国资本主义萌芽问题讨论集续集》,台北:谷风出版社,1987[1959]。

吴凤仪:《不落夫家的习惯:以广东省顺德县为例》,荣誉论文,台湾大学人类学系,1990。

谢继昌:《中国家族的定义:从一个台湾乡村说起》,载李亦园、乔健合编:《中国的民族、社会与文化》,台北:食货出版社,1981。

谢志民:《江永"女书"之谜》(上中下),郑州:河南人民出版社,1991。

余光弘:《没有祖产就没有祖宗牌位?》,台北:《"中研院"民族学研究所集刊》1986年第2期,第115—177页。

赵冈、陈钟毅:《中国经济制度史论》,台北:联经出版事业股份有限公司,1986。

中国人民大学中国历史教研室编:《中国资本主义萌芽问题讨论集》,北京:生活·读书·新知三联书店,1957。

庄英章、许书怡:《神、鬼与祖先的再思考——以新竹六家朱罗伯公的崇拜为例》,载庄英章、潘英海编《台湾与福建社会文化研究论文集》,台北:"中研院"民族学研究所,1994。

庄英章主编:《台湾平埔族研究书目汇编》,台北:"中研院"民族学研究所,1988。

Ahern, Emily Martin. 1973. *The Cult of the Dead in a Chinese Village*. Stanford: Stanford University Press.

Ahern, Emily Martin. 1975. "The Power and Pollution of Chinese Women." In Margery Wolf and Roxane Witke, eds., *Women in Chinese Society*. Stanford: Stanford University Press, pp. 193-214.

Ahern, Emily Martin. 1981. *Chinese Ritual and Politics*. Cambridge: Cambridge University Press.

Ahern, Emily Martin, and Hill Gates, eds. 1981. *The Anthropology of Taiwanese* (Taiwan residents) *Society*. Stanford: Stanford University Press.[See also Emily Martin]

Alexeiev, Basil M. 1928. *The Chinese Gods of Wealth*.

[London] : University of London.

Amin, Samir. 1972. *Modes of Production, Social Formations, Interconnections of the Various Levels of a Formation, Classes and Social Groups, Nation, and Ethnic Groups: Introduction to the Concepts.* Dakar: United Nations African Institute for Economic Development and Planning.

Amsden, Alice. 1979. "Taiwan's Economic History: A Case of Etatism and a Challenge to Dependency Theory." *Modern China*, 5, 3: 341-379.

Amsden, Alice. 1991. "Big Business and Urban Congestion in Taiwan: The Origins of Small Enterprise and Regionally Decentralized Industry (respectively)." *World Development,* 19, 9: 1121-1135.

Anderson, Eugene N. 1975. "Songs of the Hong Kong Boat People." *Chinoperl News,* 5: 13-14.

Arrigo, Linda Gale. 1986. "Landownership Concentration in China: The Buck Survey Revisited." *Modern China,* 12, 3: 259-360.

Ayscough, Florence. 1924. "Cult of the Ch'eng Huang Lao Yeh." *Journal of the North China Bulletin of the Royal Asiatic Society, North China Branch,* 55: 131-155.

Ayscough, Florence. 1925. *A Chinese Mirror.* London: Jonathan Cape.

Ayscough, Florence. 1938. *Chinese Women Yesterday & Today.* London: Jonathan Cape.

Bai Shouyi, ed. 1982. *An Outline of Chinese History.* Beijing:

Foreign Languages Press.

Baity, Philip Chesley. 1975. *Religion in a Chinese Town*. Taibei: Orient Cultural Service.

Baker, Hugh D. R. 1968. *A Chinese Lineage Village: Sheung Shui*. Stanford: Stanford University Press.

Ball, J. Dyer. 1982 [1892, fifth ed. 1925]. *Things Chinese*. Hong Kong: Oxford University Press.

Banaji, J. 1979. "Mode of Production in a Materialist Conception of History." *Capital and Class,* 7: 1-44.

Barclay, George W., Ansley J. Coale, Michael A. Stoto, and T. James Trussell. 1976. "A Reassessment of the Demography of Traditional Rural China." *Population Index,* 42: 606-635.

Barrett, Richard, with Martin King Whyte. 1982. "Dependency Theory and Taiwan: A Deviant Case Analysis." *American Journal of Sociology,* 87: 1064-1089.

Barth, Frederick. 1969. *Ethnic Groups and Boundaries*. Boston: Little, Brown.

Basu, Ellen Oxfeld. 1991a. "Profit, Loss, and Fate: The Entrepreneurial Ethic and the Practice of Gambling in an Overseas Chinese Community." *Modern China,* 17, 2: 227-259.

Basu, Ellen Oxfeld. 1991b. "The Sexual Division of Labor and the Organization of Family and Firm in an Overseas Chinese Community." *American Ethnologist,* 18, 4: 700-718. [See also Ellen Oxfeld]

Beattie, Hilary J. 1979. *Land and Lineage in China: A Study of*

T'ung-ch'eng County, Anhwei, in the Ming and Ch'ing Dynasties. Cambridge: Cambridge University Press.

Bell, John. 1965. *A Journey from St. Petersburg to Pekin, 1719-1722.* J. L. Stevenson, ed.. Edinburgh: The University Press.

Berthier, Brigitte. 1988. *La Dame-Du-Bord-De-L'Eau.* Nanterre: Société d'ethnologie.

Binford, Leigh and Scott Cook. 1991. "Petty Production in Third World Capitalism." In Littlefield and Gates, eds., *Marxist Approaches in Economic Anthropology,* pp. 65-90.

Bird, Isabella. 1983[1883]. *The Golden Chersonese and the Way Thither.* London: Century.

Black, Alison H. 1986. "Gender and Cosmology in Chinese Correlative Thinking." In Bynum et al., eds., *Gender and Religion: On the Complexity of Symbols,* pp. 166-195.

Blake, C. Fred. 1978. "Death and Abuse in Chinese Marriage Laments: The Curse of Chinese Brides." *Asian Folklore Studies,* 37, 1: 3-33.

Bloch, Maurice. 1977. "The Past and the Present in the Present." *Man,* 12: 278-292.

Bloch, Maurice. 1983. *Marxism and Anthropology: The History of a Relationship.* Oxford: Oxford University Press.

Bodde, Derk, and Clarence Morris. 1967. *Law in Imperial China.* Cambridge, Mass.: Harvard University Press.

Bosco, Joseph. 1989. *Rural Industrialization in a Taiwanese*

Township: Social and Economic Organization and Change. Ph.D. diss., Department of Anthropology, Columbia University.

Boserup, Ester. 1970. *Women's Role in Economic Development.* New York: St. Martin's Press.

Bottomore, Tom, ed. 1983. *A Dictionary of Marxist Terminology.* Cambridge, Mass.: Harvard University Press.

Boxer, C.R., ed. 1953. *South China in the Sixteenth Century: Being the Narratives of Geleote Pereira, Fr. Gaspar da Cruz, O.P, Fr. Martin de Rada, O.E.S.A.* London: The Hakluyt Society.

Bray, Francesca. 1986. *The Rice Economies: Technology and Development in Asian Societies.* London: Basil Blackwell.

Bredon, Juliet, and Igor Mitrophanow. 1972[1927]. *The Moon Year.* Taibei: Ch'eng-wen.

Brook, Timothy. 1989. *The Asiatic Mode of Production in China.* Armonk N.Y.: M. E. Sharpe.

Brown, Donald E. 1991. *Human Universals.* New York: McGraw-Hill.

Buck, David D. 1984. "Themes in the Socio-Economic History of China, 1840-1949. A Review Article." *Journal of Asian Studies*, 42, 3: 459-473.

Buck, J. Lossing. 1937. *Land Utilization in China [Atlas and Statistics].* Shanghai: Commercial Press.

Burgess, John Stewart. 1966[1928]. *The Guilds of Peking.* Taibei: Ch'eng-wen.

Burkhardt, V. R. 1982[1953]. *Chinese Creeds and Customs.* 3 vols. Taibei: Xingjia Tushu Youxian Gongsi.

Bynum, Caroline, Stevan Harrell, and Paula Richman, eds. 1986. *Gender and Religion: On the Complexity of Symbols.* Boston: Beacon Press.

Cahill, Suzanne. 1984. "Beside the Turquoise Pond: The Shrine of the Queen Mother of the West in Medieval Chinese Poetry and Religious Practice." *Journal of Chinese Religions,* 12: 18-32.

Cahill, Suzanne. 1986. "Reflections of a Metal Mother: Tu Kuang-t'ing's Biography of Hsi Wang Mu." *Journal of Chinese Religions,* 13 and 14: 127-142.

Cahill, Suzanne. 1988. "A White Clouds Appointment with the Queen Mother of the West." *Journal of Chinese Religions,* 16: 43-53.

Chang Chung-li. 1955. *The Chinese Gentry.* Seattle: University of Washington Press.

Chang Kwang-chih. 1980. *Shang Civilization.* New Haven: Yale University Press.

Chang Kwang-chih, Kuang-chou Li, Arthur P. Wolf, and Alexander Chien-chung Yin, eds. 1989. *Anthropological Studies of the Taiwan Area: Accomplishments and Prospects.* Taibei: Department of Anthropology, National Taiwan University.

Chang Pin-tsun. 1990. "Maritime Trade and Local Economy in Late Ming Fukien." In Vermeer, ed., *The Development and Decline of Fukien Province,* pp. 63-82.

351

Chang Shiang-hua. 1986. *Sleepless Green Green Grass and Sixty-eight Other Poems.* Trans. Stephen L. Smith. Hong Kong: Joint Publishing Co.

Chao Kang. 1987. *Man and Land in Chinese History. An Economic Analysis.* Stanford: Stanford University Press.

Chavannes, Edouard. 1910. *Le Tai Chan.* Paris: Plon.

Chaves, Jonathan. 1986. "Moral Action in the Poetry of Wu Chia-chi (1618-1684)." *Harvard Journal of Asiatic Studies,* 46, 2: 387-469.

Chayanov, A. V. 1986[1925]. *The Theory of Peasant Economy.* Madison: University of Wisconsin Press.

Chen K. C. 1986. "Culture, Morality, and Sexuality in Late Nineteenth Century China." *Bulletin of the Institute of Ethnology, Academia Sinica,* 62: 205-233.

Chen Chung-min. 1977. *Upper Camp. A Study of a Chinese Mixed Cropping Village in Taiwan.* Taibei: Institute of Ethnology, Academia Sinica.

Chen Chung-min. 1985. "Dowry and Inheritance." In Hsieh Jih-chang and Chuang Ying-chang, eds., *The Chinese Family and Its Ritual Behavior,* pp. 117-127.

Ch'i Ch'ao-ting. 1936. *Key Economic Areas in Chinese History.* London: Allen and Unwin.

China News. 1992. "Scholars Pray for Good Results." 26 June: 8.

China Post. 1986. "State Firms' Assets Pass Record NT $ 3000B.

Mark." 3 January: 4.

China Post. 1988. "Income Gap Expands." 6 June: 1.

China Post. 1992. "Couple Sentenced for Selling Daughter." 24 February: 12.

Ching, Frank. 1988. *Ancestors: Nine Hundred Years in the Life of a Chinese Family*. London: Harrap.

Chou, Eric. 1971. *The Dragon and the Phoenix*. London: Michael Joseph.

Chu, Cordia Ming-yeuk. 1977. *Menstrual Beliefs of Chinese Women*. Berkeley[mimeo].

Chu Hsi and Lu Tsu-ch'ien, comps. 1967. *Reflections on Things at Hand: The Neoconfucian Anthology*. Trans. Wing-tsit Chan. New York: Columbia University Press.(朱熹、吕祖谦编:《近思录》,陈荣捷译,纽约:哥伦比亚大学出版社,1967)

Ch'u T'ung-tsu. 1961. *Law and Society in Traditional China*. Paris: Mouton.

Chuang Ying-chang. 1987. "Ch'ing Dynasty Chinese Immigrants to Taiwan: An Anthropological Perspective." *Bulletin of the Institute of Ethnology, Academia Sinica*, 64: 179-203.

Chuang Ying-chang. 1989. "Lineage Organization on the Taiwan Frontier." In Chang Kwang-chih et al., eds., *Anthropological Studies of the Taiwan Area*, pp. 207-232.

Chuang Ying-chang. 1991. "Chinese T'ung-yang-hsi Marriage: The Ch'en Family of T'ou-fen, Taiwan." *Proceedings of the National*

Science Council, Republic of China, 1, 2: 174-185.

Clark, Cal. 1989. *Taiwan's Development. Implications for Contending Political Economic Paradigms*. Westport, Conn.: Greenwood Press.

Clark, Hugh R. 1990. "Settlement, Trade and Economy in Fukien to the Thirteenth Century." In Vermeer, ed., *The Development and Decline of Fukien Province*, pp. 35-62.

Coale, Ansley J. 1985. "Fertility in Rural China: A Reconfirmation of the Barclay Reassessment." In Susan B. Hanley and Arthur P. Wolf, eds., *Family and Population in East Asian History*, pp. 186-195. Stanford: Stanford University Press.

Coble, Parks M. 1979. "The Kuomintang Regime and the Shanghai Capitalists, 1927-1929." *China Quarterly*, 77: 1-24.

Cohen, Paul. 1984. *Discovering History in China. American Historical Writing on the Recent Chinese Past*. New York: Columbia University Press.

Collins, Jane L. 1991. "Housework and Craftwork within Capitalism: Marxist Analyses of Unwaged Labor." In Alice Littlefield and Gates, eds., *Marxist Approaches in Economic Anthropology*, pp. 91-99.

Coltman, Robert, Jr. 1891. *The Chinese: Their Present and Future, Medical, Political, and Social*. Philadelphia: Davis.

Commeaux, Charles. 1970. *La vie quotidienne en Chine sous les Mandchous*. [Paris] : Hachette.

Cook, Scott. 1982. *Zapotec Stoneworkers: The Dynamics of Rural Simple Commodity Production in Modern Mexican Capitalism.* Washington D. C.: University Press of America.

Cook, Scott. 1985. *Peasant Capitalist Industry.* Lanham, Md.: University Press of America.

Cooper, Eugene. 1980. *The Wood-carvers of Hong Kong: Craft Production in the World Captalist Periphery.* Cambridge: Cambridge University Press.

Couling, Samuel. 1917. *The Encyclopedia Sinica.* London: Oxford University Press.

Crissman, Lawrence W. 1973. *Town and Country.* Ph.D. diss., Department of Anthropology, Cornell University.

Crook, Isabel, and David Crook. 1959. *Revolution in A Chinese Village: Ten Mile Inn.* London: Routledge & Kegan Paul.

Currie, Kate. 1982. "The Development of Petty Commodity Production in Mughal India." *Bulletin of Concerned Asian Scholars,* 14, 1: 16-24.

Cutler, Antony, Barry Hindess, Paul Hirst, Athar Hussain. 1977. *Marx's "Capital" and Capitalism Today.* London: Routledge & Kegan Paul.

Darley, Mary. 1917. *Cameos of a Chinese City* (《建瓯城》). London: Church of England Zenana Mission Society.

Davidson, James W. 1967[1903]. *The Island of Formosa* (present day Taiwan, China). Taipei: Ch'eng-wen.

355

Davis, John Francis. 1972[1836]. *The Chinese: A General Description of the Empire China and Its Inhabitants.* 2 Vols. Wilmington, Del.: Scholarly Resources.

Davis, Richard L. 1986. "Political Success and the Growth of Descent Groups: The Shih of Ming-chou during the Sung." In Ebrey and Watson, eds., *Kinship Organization in Late Imperial China, 1000-1940,* pp. 62-94.

Day, Clarence Burton. 1927. "Paper Gods for Sale." *China Journal,* 7, 6: 277-284.

Day, Clarence Burton. 1928. "Shanghai Invites the God of Wealth." *China Journal,* 8, 6: 289-294.

Day, Clarence Burton. 1969[1940]. *Chinese Peasant Cults: Being a Study of Chinese Paper Gods.* Taibei: Ch'eng Wen.

deBary, Wm. Theodore, Wing-tsit Chan, and Burton Watson, comps. 1960. *Sources of Chinese Tradition.* New York: Columbia University Press.

De Glopper, Donald. 1972."Doing Business in Lukang." In W. E. Willmott, ed., *Economic Organization in Chinese Societies,* Stanford: Stanford University Press, pp. 297-326.

De Glopper, Donald. 1979."Artisan Work and Life in Taiwan." *Modern China* 5, 3: 283-316.

de Groot, J. J. M. 1969[1892-1910]. *The Religious System of China.* 6 vols. Taibei: Ch'eng-wen.

Dermigny, Louis. 1964. *Les mémoires de Charles de Constant sur* le Commerce à la chine. Paris: Ecole pratique des hautes études.

Diamond, Norma J. 1975. "Collectivization, Kinship, and the Status of Women in Rural China." *Bulletin of Concerned Asian Scholars*, 7, 1: 25-32.

Diamond, Norma J. 1979. "Women and Industry in Taiwan." *Modern China*, 5, 3: 317-340.

Diamond, Norma J. 1988. "The Miao and Poison: Interactions on China's Southwest Frontier." *Ethnology*, 27, 1: 1-23.

Dickemann, M. 1979. "Female Infanticide, Reproductive Strategies, and Social Stratification: A Preliminary Model." In N. Chagnon and W. Irons, eds., *Evolutionary Biology and Human Social Behavior: An Anthropological Perspective*, North Scituate, Mass.: Duxbury Press, pp. 321-367.

Dickemann, M. 1984. "Concepts and Classification in the Study of Human Infanticide." In Glenn Haufstater and Sarah Hrdy, eds., *Infanticide, Comparative and Evolutionary Perspectives*, New York: Aldine, pp. 427-437.

Dirlik, Arif. 1982. "Chinese Historians and the Marxist Concept of Capitalism. A Critical Examination." *Modern China*, 8, 1: 105-132.

Dobb, Maurice. 1946. *Studies in the Development of Capitalism*. New York: International Publishers.

Dodgen, Randall A. 1991. "Hydraulic Evolution and Dynastic Decline: The Yellow River Conservancy, 1796-1855." *Late Imperial China*, 12, 2: 36-63.

Doolittle, Justus. 1966[1865]. *Social Life of the Chinese*. 2 vols. New York: Harper.

Doré, Le P. H., S. J. 1970[1926]. *Manuel des supersititions chinoises*. Paris: Université de Paris.

Douglas, Robert K. 1887. *China*. London: Society for the Promotion of Christian Knowledge.

Dukes, Edwin Joshua. n.d. [1878?] *Everyday Life in China; or, Scenes along River and Road in Fuh-kien*. [London]: London Missionary Society.

Eagleton, Terry. 1991. *Ideology*. London: Verso.

Eberhard, Wolfram. 1965a. *Folktales of China*. Chicago: University of Chicago Press.

Eberhard, Wolfram. 1965b. "Chinese Regional Stereotypes." *Asian Survey,* 5, 12: 596-608.

Eberhard, Wolfram. 1967. *Guilt and Sin in Traditional China*. Berkeley: University of California Press.

Eberhard, Wolfram. 1968. "On Some Chinese Terms of Abuse." *Asian Folklore Studies,* 1: 25-40.

Ebrey, Patricia Buckley. 1984. *Family and Property in Sung China. Yuan Ts'ai's Precepts for Social Life*. Princeton: Princeton University Press.

Ebrey, Patricia Buckley. 1986. "Early Stages in the Development of Descent Group Organization." In Ebrey and Watson, eds., *Kinship Organization in Late Imperial China, 1000-1940*.

Ebrey, Patricia Buckley. 1993. *The Inner Quarters: Marriage and the Lives of Chinese Women in the Sung Period.* Berkeley: University of California Press.

Ebrey, Patricia Buckley, ed. 1981. "Exhortations on Ceremony and Deference." In Ebrey, *Chinese Civilization and Society: A Sourcebook,* New York: The Free Press, pp. 204-207.

Ebrey, Patricia Buckley, and James L. Watson, eds. 1986. *Kinship Organization in Late Imperial China, 1000-1940.* Berkeley: University of California Press.

Edkins, Joseph. 1878[1859]. *Religion in China.* Boston: J. R. Osgood.

Elvin, Mark. 1973. *The Pattern of the Chinese Past.* Stanford: Stanford University Press.

Erbaugh, Mary. 1990. "Chinese Women Face Increased Discrimination." *Off Our Backs,* 20, 3: 9, 33.

Evans-Pritchard, E. E. 1940. *The Nuer.* Oxford: Clarendon.

Faure, David. 1984. "The Tangs of Kam Tin—A Hypothesis on the Rise of a Gentry Family." In David Faure, James Hayes, and Alan Birch, eds., *From Village to City. Studies in the Traditional Roots of Hong Kong Society,* Hong Kong: Center for Asian Studies, University of Hong Kong, pp. 24-42.

Faure, David. 1986. *The Structure of Chinese Rural Society: Lineage and Village in the Eastern New Territories, Hong Kong.* Hong Kong: Oxford University Press.

Faure, David. 1989. "The Lineage as Cultural Invention: The Case of the Pearl River Delta." *Modern China*, 15: 4-36.

Fei Xiao Tung. 1953. *China's Gentry*. Chicago: University of Chicago Press. (费孝通:《中国士绅》)

Fei Xiao Tung. 1984[1946]. "An Interpretation of Chinese Social Structure and its Changes." In Fei Xiao Tung, *Chinese Village Close-up*, Beijing: New World Press, pp. 124-157.

Fei Xiao Tung. 1986a. "Small Towns, Great Significance—A Study of Small Towns in Wujiang County." In Fei Xiao Tung et al., *Small Towns in China*, pp. 9-61.

Fei Xiao Tung. 1986b. "Probing Deeper into Small Towns—A Study of Small Towns in the Four Municipalities of Southern Jiangsu." In Fei Xiao Tung et al., *Small Towns in China*, pp. 62-87.

Fei Xiao Tung. 1986c. "Small Towns in Northern Jiangsu." In Fei Xiao Tung et al., *Small Towns in China*, pp. 88-132.

Fei Xiao Tung. 1986d. "Small Towns in Central Jiangsu," in Fei Xiao Tung et al., *Small Towns in China*, pp. 133-170.

Fei Xiao Tung et al. 1986. *Small Towns in China—Functions, Problems and Prospects*. Beijing: New World Press.

Feil, Daryl K. 1987. *The Evolution of Highland Papua New Guinea Societies*. Cambridge: Cambridge University Press.

Fernandez-Kelly, Maria Patricia. 1981. "Development and the Sexual Division of Labor: An Introduction." *Signs*, 7, 2: 268-278.

Feuchtwang, Stephan. 1974. City Temples in Taipei Under Three

Regimes. In Mark Elvin and G. William Skinner, eds., *The Chinese City Between Two Worlds*, Stanford: Stanford University Press, pp. 263-302.

Feuerwerker, Albert. 1984. "The State and the Economy in Later Imperial China." *Theory and Society*, 13, 3: 297-326.

Fewsmith, Joseph. 1983. "From Guild to Interest Group: The Transformation of Public and Private in Late Qing China." *Comparative Studies in Society and History*, 25: 617-640.

Fielde, Adele M. 1887. *Pagoda Shadows*. London: T. Ogilvie Smith.

Fielde, Adele M. 1894. *A Corner of Cathay. Studies from Life among the Chinese*. New York: Macmillan.

Foster, Mrs. Arnold. 1899. *In the Valley of the Yangtse*. London: London Missionary Society.

Foster, George M. 1967. *Tzintzuntzan: Mexican Peasants in a Changing World*. Boston: Little, Brown.

Foster-Carter, A. 1978. "The Modes of Production Controversy." *New Left Review*, 107: 47-77.

Franke, Herbert. 1976. *Sung Biographies*. Weisbaden: Franz Steiner Verlag GMBH.

Freedman, Maurice. 1950. "Colonial Law and Chinese Society." *Journal of the Royal Anthropological Society*, 80: 97-126.

Freedman, Maurice. 1957. *Chinese Family and Marriage in Singapore. Colonial Research Study No. 20*. London: HMSO.

Freedman, Maurice. 1958. *Lineage Organization in Southeastern China.* London: Athlone.

Freedman, Maurice. 1963. "A Chinese Phase in Social Anthropology." *British Journal of Sociology,* 14, 1: 1-19.

Freedman, Maurice. 1966. *Chinese Lineage and Society.* London: Athlone.

Freedman, Maurice. 1967. "Ancestor Worship: Two Facets of the Chinese Case." In Maurice Freedman, ed., *Social Organization: Essays Presented to Raymond Firth,* London: Frank Cass, pp. 85-103.

Freedman, Maurice. 1974a. "On the Sociological Study of Chinese Religion." In Arthur P. Wolf, ed., *Religion and Ritual in Chinese Society,* Stanford: Stanford University Press, pp. 19-41.

Freedman, Maurice. 1974b. "The Politics of an Old State: A View from the Chinese Lineage." In John H. R. Davis., ed., *Choice and Change: Essays in Honour of Lucy Mair,* Stanford: Stanford University Press, pp. 68-88.

Freedman, Maurice. 1979. "Rites and Duties, or Chinese Marriage." In G. William Skinner, ed., *The Study of Chinese Society: Essays by Maurice Freedman,* Stanford: Stanford University Press, pp. 255-295.

Fried, Morton H. 1953. *The Fabric of Chinese Society. A Study of the Social Life of a Chinese County Seat.* New York: Octagon.

Fried, Morton H. 1967. *The Evolution of Political Society.* New York: Random House.

Friedman, Harriet. 1986. "Patriarchal Commodity Production." *Social Analysis,* 20: 47-55.

Fu Yiling. 1980. "Capitalism in Chinese Agriculture: On the Laws Governing Its Development." *Modern China,* 6, 3: 311-316.

Fu Zhufu. 1981. "The Economic History of China: Some Special Problems." *Modern China,* 7, 1: 3-30.

Gailey, Christine Ward. 1980. "Putting Down Sisters and Wives: Tongan Women and Colonization." In Eleanor Leacock and Mona Etienne, eds., *Women and Colonization,* New York: Monthly Review Press, pp. 294-322.

Gailey, Christine Ward. 1987. *From Kinship to Kingship.* Austin: University of Texas Press.

Galenson, Walter, ed. 1979. *Economic Growth and Structural Change in Taiwan: The Postwar Experience of the Republic of China.* Ithaca: Cornell University Press.

Gallin, Bernard. 1966. *Hsin Hsing: A Chinese Village in Change.* Berkeley: University of California Press.

Gallin, Rita S. and Bernard Gallin. 1987. "Dowry and Family in Changing Rural Taiwan." Paper, Association for Asian Studies, Boston.

Gamble, Sidney D. 1968[1954]. *Ting Hsien: A North China Rural Community.* Stanford: Stanford University Press.

Garaudy, Roger. 1967. *Le problème chinois, avec des textes essentiels de Mao Tse-Toung.* Paris: Seghers.

Gardella, Robert P. 1990. "The Min-pei Tea Trade during the

Late Ch'ien-lung and Chia-ch'ing Eras: Foreign Commerce and the Mid-Ch'ing Fukien Highlands." In Vermeer, ed., *The Development and Decline of Fukien Province*, pp. 317-348.

Gates, Hill. 1979. "Dependency and the Part-time Proletariat." *Modern China*, 5, 3: 381-407. [see also Hill Gates Rohsenow]

Gates, Hill. 1981. "Social Class and Ethnicity." In Ahern and Gates, eds., *The Anthropology of Taiwanese* (Taiwan residents) *Society*, pp. 241-281.

Gates, Hill. 1985. "The Petty Capitalist Mode of Production." *Chicago: Circle for Taiwan Studies*, University of Chicago, July.

Gates, Hill. 1987a. "Money for the Gods." *Modern China*, 13, 3: 259-277.

Gates, Hill. 1987b. *Chinese Working-Class Lives: Getting By in Taiwan*. Ithaca: Cornell University Press.

Gates, Hill. 1989. "The Commoditization of Chinese Women." *Signs*, 14, 4: 799-832.

Gates, Hill. 1991a. "Narrow Hearts and Petty Capitalism." In Littlefield and Gates, eds., *Marxist Approaches in Economic Anthropology*, pp. 13-36.

Gates, Hill. 1991b. "Eating for Revenge: Corruption and Consumption under Economic De-reform." *Dialectical Anthropology*, 16: 233-249.

Gates, Hill. 1992. "Small Fortunes: Class and Society in Taiwan." In Denis Simon and Michael Y. M. Kau, eds., *Taiwan: Beyond the*

Economic Miracle, Armonk, N. Y.: Westview Press, pp. 169-185.

Gates, Hill. 1993. "Cultural Support for Birth Limitation in Post-Mao China." In Deborah Davis and Stevan Harrell, eds., *Chinese Families in the Post-Mao Era,* Berkeley: University of California Press, pp. 251-274.

Gates, Hill. 1996. " Buying Brides in China—Again." *Anthropology Today,* 12, 4: 8-11.

Gates, Hill and Robert P. Weller, eds. 1987. "Hegemony and Chinese Folk Ideologies." *Modern China,* 13, 1: 3-16.

Geertz, Clifford. 1980. *Negara: The Theatre State in Nineteenth Century Bali.* Princeton: Princeton University Press.

Gereffi, Gary and Donald Wyman, eds. 1990. *Manufacturing Miracles: Paths of Industrialization in Latin America and East Asia.* Princeton: Princeton University Press.

Gernet, Jacques. 1962. *Daily Life in China on the Eve of the Mongol Invasion 1250-1276.* New York: Macmillan.

Gledhill, John. 1984. "The Transformations of Asiatic Formations: The Case of Late Prehispanic Mesoamerica." In Matthew Spriggs, ed., *Marxist Perspectives in Archaeology,* Cambridge: Cambridge University Press, pp. 135-148.

Goldfrank, Walter L. 1979. *The World System of Capitalism, Past and Present.* Beverly Hills, Calif.: Sage.

Goldstein, Sidney. 1987. "Forms of Mobility and Their Policy Implications: Thailand and China Compared." *Social Forces,* 65, 4: 915-

942.

Goodale, Jane C. 1971. *Tiwi Wives. A Study of the Women of Melville Island, North Australia.* Seattle: University of Washington Press.

Goodrich, Anne Swann. 1981. *Chinese Hells: The Peking Temple of Eighteen Hells and Chinese Conceptions of Hell.* Taibei: Monumenta Serica.

Goody, Esther N. 1982. "Introduction." In Esther N. Goody, ed., *From Craft to Industry: The Ethnography of Proto-industrial Cloth Production.* Cambridge: Cambridge University Press, pp. 1–37.

Goody, Jack. 1973. "Bridewealth and Dowry in Africa and Eurasia." In Goody and Tambiah, *Bridewealth and Dowry*, pp. 1-58.

Goody, Jack. 1983. *The Development of the Family and Marriage in Europe.* Cambridge: Cambridge University Press.

Goody, Jack. 1990. *The Oriental, the Ancient and the Primitive: Systems of Marriage and the Family in the Pre-industrial Societies of Eurasia.* Cambridge: Cambridge University Press.

Goody, Jack, and S. J. Tambiah. 1973. *Bridewealth and Dowry.* Cambridge: Cambridge University Press.

Graham, David Crockett. 1961. *Folk Religion in Southwest China.* Washington, D. C.: Smithsonian Institution.

Gray, John Henry. 1875. *Walks in the City of Canton.* Victoria, Hong Kong: De Souza.

Gray, John Henry. 1878. *China. A History of the Laws, Manners,* and *Customs of the People*. 2 vols. London: Macmillan and Company.

Greenhalgh, Susan. 1984. "Networks and their Nodes: Urban Society on Taiwan." *China Quarterly,* 99: 529-552.

Greenhalgh, Susan. 1985a. "Sexual Stratification in East Asia." *Population and Development Review,* 11, 2: 265-314.

Greenhalgh, Susan. 1985b. "Is Inequality Demographically Induced? The Family Cycle and the Distribution of Income on Taiwan." *American Anthropologist,* 87, 3: 571-594.

Greenhalgh, Susan. 1988. "Families and Networks in Taiwan's Economic Development." In Winckler and Greenhalgh, eds., *Contending Approaches to the Political Economy of Taiwan,* pp. 224-245.

Greenhalgh, Susan. 1994. "De-orientalizing the Chinese Family Firm." *American Ethnologist,* 21, 4: 746-775.

Gregory, C. A. 1982. *Gifts and Commodities.* New York: Academic Press.

Gronewold, Sue. 1985. *Beautiful Merchandise: Prostitution in China, 1860-1936.* New York: Harrington Park Press.

Grove, Linda, and Joseph W. Esherick. 1980. "From Feudalism to Capitalism: Japanese Scholarship on the Transformation of Chinese Rural Society." *Modern China,* 6, 4: 397-438.

Haeger, John Winthrop. 1975. "Introduction: Crisis and Prosperity in Sung China." In Haeger, ed., *Crisis and Prosperity in Sung China,* Albuquerque: University of Arizona Press, pp. 1-12.

Hajnal, John. 1981. "European Marriage Patterns in Perspective." In D. V. Glass and D. E. C. Eversley, eds., *Population in History*, London: Edward Arnold, pp. 101-143.

Hajnal, John. 1982. "Two Kinds of Preindustrial Household Formation System." *Population and Development Review*, 8, 3: 449-494.

Haldon, John. 1993. *The State and the Tributary Mode of Production*. London: Verso.

Hamilton, Gary. 1984. "Patriarchalism in Imperial China and Western Europe: A Revision of Weber's Sociology of Dominance." *Theory and Society*, 13, 3: 393-425.

Hamilton, Gary. 1985. "Why No Capitalism in China? Negative Questions in Historical, Comparative Research." *Journal of Developing Societies*, 1, 1: 65-89.

Handlin, Joanna F. 1975. "Lu K'un's New Audience: The Influence of Women's Literacy on Sixteenth-Century Thought." In Margery Wolf and Roxane Witke, eds., *Women in Chinese Society*, Stanford: Stanford University Press, pp. 13-38.

Hane Mikiso. 1982. *Peasants, Rebels, and Outcastes: The Underside of Modern Japan*. New York: Pantheon.

Hanley, Susan and Arthur P. Wolf. 1985. "Introduction." In Hanley and Wolf, eds., *History and Population in East Asia*, Stanford: Stanford University Press, pp. 1-30.

Harrell, Stevan. 1974. "When a Ghost Becomes a God." In

Arthur P. Wolf, ed., *Religion and Ritual in Chinese Society,* Stanford: Stanford University Press, pp. 193-206.

Harrell, Stevan. 1982. Ploughshare Village. *Culture and Context in Taiwan.* Seattle: University of Washington Press.

Harrell, Stevan. 1986. "Women, Men, and Ghosts." In Bynum, Harrell, and Richman, eds., *Gender and Religion,* pp. 97-116.

Harrell, Stevan. 1987. "The Concept of Fate in Chinese Folk Ideology." *Modern China,* 13, 1: 90-109.

Harrell, Stevan, and Sara A. Dickey. 1985. "Dowry Systems in Complex Societies." *Ethnology,* 24, 2: 105-120.

Harris, Marvin. 1971. *Culture, Man, and Nature.* New York: Thomas Y. Crowell.

Harris, Marvin. 1974. *Cows, Pigs, Wars, and Witches: The Riddles of Culture.* New York: Random House.

Harris, Marvin, and Eric B. Ross. 1987. *Death, Sex, and Fertility. Population Regulation in Preindustrial and Developing Societies.* New York: Columbia University Press.

Hart, Keith. 1986. "On Commoditization." In Esther N. Goody, ed., *From Craft to Industry: The Ethnography of Proto-industrial Cloth Production,* pp.38-49.

Hart, Keith. 1992. "Market and State after the Cold War: The Informal Economy Reconsidered." In Roy Dilley, ed., *Contesting Markets: Analyses of Ideology, Discourse, and Practice,* Edinburgh: University of Edinburgh Press, pp. 214-230.

Hartwell, Robert M. 1967. "A Cycle of Economic Change in Imperial China: Coal and Iron in Northeast China, 750-1350." *Journal of the Economic and Social History of the Orient,* 10: 102-159.

Hartwell, Robert M. 1982. "Demographic, Political, and Social Transformations of China, 750-1550." *Harvard Journal of Asiatic Studies,* 42: 365-442.

Harvey, David. 1989. *The Condition of Postmodernity.* Oxford: Blackwell.

Hase, Patrick. 1990. "New Territories Poetry and Song." In *Hong Kong Museum of History, Collected Essays on Various Materials for Hong Kong Studies.* Hong Kong: Urban Council.

Hazelton, K. 1986. "Patrilines and the Development of Localized Lineages: The Wu of Hsiu-ning City, Hui-chou, to 1525." In Ebrey and Watson, eds., *Kinship Organization in Late Imperial China, 1000-1940.* Berkeley: University of California Press, pp. 137-169.

He Liyi. 1993. *Mr. China's Son: A Villager's Life.* Boulder, Colo.: Westview Press.

Heider, Karl. 1991. *Grand Valley Dani: Peaceful Warriors.* 2d ed. Fort Worth, Tex.: Holt, Rinehart and Winston.

Hill, Ann Maxwell. 1989. "Chinese Dominance of the Xishuangbanna Tea Trade: An Interregional Perspective." *Modern China,* 15, 3: 321-345.

Hilton, Rodney, ed. 1976. *The Transition from Feudalism to Capitalism.* London: Verso.

Himmelweit, Susan. 1983. "Mode of Production." In Bottomore, ed., *A Dictionary of Marxist Thought*.

Hinton, William. 1966. *Fanshen: A Documentary of Revolution in a Chinese Village*. New York: Random House.(韩丁:《翻身:中国一个村庄的革命纪实》)

Ho, Samuel P. S. 1978. *Economic Development of Taiwan, 1860-1970*. New Haven: Yale University Press.

Ho P'ing-ti. 1954. "The Salt Merchants of Yang-chou: A Study of Commercial Capitalism in Eighteenth Century China." *Harvard Journal of Asiatic Studies*, 17: 130-168.

Ho P'ing-ti. 1959. *Studies on the Population of China 1368-1953*. Cambridge, Mass.: Harvard University Press.

Ho P'ing-ti. 1962. *The Ladder of Success in Imperial China*. New York: Columbia University Press.

Hoang, Pierre. 1898. *Le mariage chinois au point de vue légal*. Chang-hai [Shanghai]: Imprimerie de la Mission Catholique.

Hobsbawm, Eric J. 1965. "Introduction." In Hobsbawm, ed., *Precapitalist Economic Formations*, New York: International Publishers.

Hobsbawm, Eric J. 1989. "Out of the Wilderness." In Hobsbawm, *Politics for a Rational Left*, London: Verso, pp. 203-213.

Hobsbawm, Eric J., and Terence Ranger, eds. 1987. *The Invention of Tradition*. Cambridge: Cambridge University Press.

Hong Kong Governor's Committee. 1953. *Chinese Law and Custom in Hong Kong: Governor's Committee Report*. Hong Kong:

The Government Printer.

Honig, Emily. 1986. *Sisters and Strangers: The Cotton Textile Workers of Shanghai*. Stanford: Stanford University Press.

Honig, Emily, and Gail Hershatter. 1988. *Personal Voices: Chinese Women in the 1980's*. Stanford: Stanford University Press.

Hou Ching-lang. 1975. *Monnaies d' offrande*. Paris: Presses universitaires de France.

Howell, Nancy. 1979. *Demography of the Dobe! Kung*. New York: Academic Press.

Hsiao Kung-chuang. 1960. *Rural China: Imperial Control in the Nineteenth Century*. Seattle: University of Washington Press.

Hsieh Jih-chang and Chuang Ying-chang, eds. 1985. *The Chinese Family and Its Ritual Behavior*. [Taibei]: Institute of Ethnology, Academia Sinica.

Hsiung Ping-chen. 1992. "Mothers and Sons in the Ming and Ch'ing Household." Mimeo.

Hsu Chang-ming. 1984. "Peasants, Women, and the Revolution—CCP Marriage Reform in the Shaan-Gan-Ning Border Area." *Republican China,* 10, 1A: 1-24.

Hsu Cho-yun. 1980. *Han Agriculture: The Formation of Early Chinese Agrarian Economy (206 B.C.-A.D. 220)*. [Seattle]: University of Washington Press.

Hsu Hong. 1991. "Internal Migrations during the Yung-lo Period (1402-1424)." In Proceedings of the National Science Council,

Republic of China, 1, 2: 196-218.

Hu Hsien Chin. 1948. *The Common Descent Group in China and Its Functions*. New York: Viking Fund.

Hu Tai-li. 1984. *My Mother-in-law's Village: Rural Industrialization and Change in Taiwan*. Taibei: Institute of Ethnology, Academia Sinica.

Huang, Philip C. C. 1974. *Taxation and Governmental Finance in Sixteenth-Century Ming China*. Cambridge: Cambridge University Press.

Huang, Philip C. C. 1985. *The Peasant Economy and Social Change in North China*. Stanford: Stanford University Press.

Huang, Philip C. C. 1990. *The Peasant Family and Rural Development in the Yangzi Delta 1350-1988*. Stanford: Stanford University Press.

Huang, Ray. 1969. "Fiscal Administration during the Ming Dynasty." In Charles O. Hucker, ed., *Chinese Government in Ming Times*, New York: Columbia University Press, pp. 73-128.

Huang, Ray. 1974. *Taxation and Governmental Finance in Sixteenth-Century Ming China*. Cambridge: Cambridge University Press.

Huang Pei. 1974. *Autocracy at Work*. Bloomington: Indiana University Press.

Huang Shu-min. 1989. *The Spiral Road: Chang in a Chinese Village through the Eyes of a Communist Party Leader*. Boulder,

Colo.: Westview Press.

Huc, M. 1970[1855]. *The Chinese Empire*. 2 vols. Port Washington, N.Y.: Kennikat Press.

Hughes, Robert. 1987. *The Fatal Shore*. New York: Knopf.

Jaschok, Maria H. A. 1988. *Concubines and Bondservants: The Social History of a Chinese Custom*. London: Zed Books.

Jaschok, Maria H. A. 1984. "On the Lives of Women Unwed by Choice in Pre-Communist China: Research in Progress." *Republican China*, 10, 1A: 42-55.

Johnson, David G. 1977. *The Medieval Chinese Oligarchy*. Boulder, Colo.: Westview Press.

Johnson, David, Andrew J. Nathan and Evelyn S. Rawski, eds. 1985. *Popular Culture in Late Imperial China*. Berkeley: University of California Press.

Johnson, Elizabeth L. 1984. "Great-aunt Yeung: A Hakka Wage-Laborer." In Mary Sheridan and Janet Salaff, eds., *Lives: Chinese Working Women*, Bloomington: Indiana University Press, pp. 76-91.

Johnson, Elizabeth L. 1988. "Grieving for the Dead, Grieving for the Living: Funeral Laments of Hakka Women." In Watson and Rawski, eds., *Death Ritual in Late Imperial and Modern China*, pp. 135-163.

Johnston, R. F. 1910. *Lion and Dragon in Northern China*. London: John Murray.

Jones, Susan Mann. 1972. "Finance in Ningpo: The 'Ch'ien

Chuang', 1750-1880." In W.E. Willmott, ed., *Economic Organization in Chinese Society,* Stanford: Stanford University Press, pp. 47-77. [See also Susan Mann]

Jordan, David K. 1972. *Gods, Ghosts, and Ancestors. The Folk Religion of a Taiwanese Village.* Berkeley: University of California Press.

Judd, Ellen R. 1994. *Gender and Power in Rural North China.* Stanford: Stanford University Press.

Ka Chih-ming. 1987. *Land Tenure, Development and Dependency in Colonial Taiwan (1895-1945)*. Ph. D. diss., Department of Sociology, State University of New York at Binghamton.

Ka Chih-ming and Mark Selden. 1986. "Original Accumulation, Equity, and Late Industrialization: The Cases of Socialist China and Capitalist Taiwan." *World Development,* 14, 10-11: 1293-1310.

Kahn, Joel S. 1978. "Marxist Anthropology and Peasant Economies: A Study of the Social Structure of Underdevelopment." In John Clammer, ed., *The New Economic Anthropology,* New York: St. Martin's Press, pp. 110-137.

Kahn, Joel S. 1982. "From Peasants to Petty Commodity Production in Southeast Asia." *Bulletin of Concerned Asian Scholars,* 14, 1: 3-15.

Kahn, Joel S. and J. Llobera, eds. 1981. *The Anthropology of Pre-Capitalist Societies.* London: Macmillan.

Kamachi Noriko. 1990. "Feudalism or Absolute Monarchism?

Japanese Discourse on the Nature of State and Society in Late Imperial China." *Modern China,* 16, 3: 330-370.

Kishimoto-Nakayama Mio. 1984. "The Kangxi Depression and Early Qing Local Markets." *Modern China,* 10, 2: 227-256.

Kiyonari Tadao. 1983[1979]. "The Unsung Mainstays (1) Small Businesses." *Politics and Economics in Contemporary Japan,* Tokyo: Kodansha, pp. 157-183.

Koo, Hagen (with Doo-Seung Hong). 1981. "Class and Income Inequality in Korea." *American Sociological Review,* 45: 610-625.

Kottak, Conrad. 1974. *Anthropology.* New York: Random House.

Kriedte, Peter, Hans Medick, and Jurgen Shlumbohm. 1982. *Industrialization before Industrialization: Rural Industry in the Genesis of Capitalism.* Cambridge: Cambridge University Press.

Kriedte, Peter, Hans Medick, and Jurgen Shlumbohm. 1993. "Proto-industrialization Revisited: Demography, Social Structure, and Modern Domestic Industry." *Continuity and Change,* 8, 2: 217-252.

Krug, Barbara. 1989. "Economic Reforms." In *China in Crisis,* Royal Institute of International Affairs Discussion Paper, 20, London, pp. 22-35.

Kuhn, Dieter. 1988. *Textile Technology: Spinning and Reeling.* In Sir Joseph Needham, gen. ed., *Chemistry and Chemical Technology,* pt. 9. *Science and Civilization in China,* vol.5. Cambridge: Cambridge University Press.

Kuhn, Philip A. 1990. *Soulstealers: The Chinese Sorcery Scare of 1768.* Cambridge, Mass.: Harvard University Press.

Kulp, Daniel Harrison. 1923. *Country Life in South China.* New York: Teacher's College, Columbia University.

Labby, David. 1976. *The Demystification of Yap: Dialectics of Culture on a Micronesian Island.* Chicago: University of Chicago Press.

Lai Jeh-hang, Ramon H. Myer, and Wou Wei. 1991. *A Tragic Beginning: The Taiwan Uprising of February 28, 1947.* Stanford: Stanford University Press.

Leach, Edmund. 1965[1954]. *Political Systems of Highland Burma.* Boston: Beacon Press.

Leacock, Eleanor. 1971. *North American Indians in Historical Perspective.* New York: Random House.

Lee, James. 1990. *State and Economy in Southwest China.* Stanford: Stanford University Press.

Legros, Dominique, Donald Hunderfund, and Judith Shapiro. 1979. "Economic Base, Mode of Production, and Social Formation: A Discussion of Marx's Terminology." *Dialectical Anthropology,* 4, 3: 243-249.

Lehner, Urban C. 1991. "Growth Costs Taiwan in Social Dislocations as the Big Time Looms." *Wall Street Journal,* 5 August: A1.

Lem, Winnie. 1991. "Gender, Ideology, and Petty Commodity Production: Social Reproduction in Languedoc, France." In Littlefield

377

and Gates, eds., *Marxist Approaches in Economic Anthropology*, pp. 103-118.

Levy, Howard J. 1966. *Chinese Footbinding. The History of a Curious Erotic Custom*. New York: W. Rawls.

Li, K. T. 1976. *The Experience of Dynamic Economic Growth on Taiwan*. Taibei: Mei-Ya.

Li, Lillian M. 1982. "Introduction: Food, Famine, and the Chinese State." *Journal of Asian Studies,* 41, 4: 687-707.

Li Yih-yuan. 1976. "Chinese Geomancy and Ancestor Worship: A Further Discussion." In William H. Newell, ed., *Ancestors,* The Hague: Mouton, pp. 329-338.

Li Yu-ning. 1984. "Hsu Tsung-han: Tradition and Revolution." *Republican China,* 10, 1A: 13-28.

Lin, Jan. 1989. "Beyond Neoclassical Shibboleths: A Political-Economic Analysis of Taiwanese Economic Development." *Dialectical Anthropology,* 14, 4: 283-300.

Lin Man-houng. 1991. "Two Social Theories Revealed: Statecraft Controversies over China's Monetary Crisis, 1805-1854." *Late Imperial China,* 12, 2: 1-35.

Lin Renchuan. 1990. "Fukien's Private Sea Trade in the Sixteenth and Seventeenth Centuries." In Vermeer, ed., *The Development and Decline of Fukien Province,* pp. 163-216.

Lin Yu-tang. 1936. *"A Nun of Taishan" (a novelette) and Other Translations*. Shanghai: Commercial Press.

Little, Mrs. Archibald. 1898. *Intimate China*. London: Hutchinson.

Little, Daniel. 1989. *Understanding Peasant China: Case Studies in the Philosophy of Social Science*. New Haven: Yale University Press.

Littlefield, Alice. 1978. "Exploitation and the Expansion of Capital: The Case of the Hammock Industry of Yucatan." *American Ethnologist*, 5, 3: 495-508.

Littlefield, Alice and Hill Gates, eds. 1991. *Marxist Approaches in Economic Anthropology*. Lanham, Md.: University Press of America.

Littlefield, Alice and Larry T. Reynolds. 1990. "The Putting-Out System: Transitional Form or Recurrent Feature of Capitalist Production?" *Social Science Journal*, 27, 4: 359-372.

Liu, Alan P. L. 1987. *Phoenix and the Lame Lion*. Stanford: Hoover Institution Press.

Liu Pin-yen [Binyan]. 1990. *A Higher Kind of Loyalty: A Memoir by One of China's Foremost Journalists*. New York: Pantheon.

McCreery, John L. 1976. "Women's Property Rights and Dowry in China and South Asia." *Ethnology*, 15: 163-174.

McCreery, John L. n.d. 1990. "Why Don't We See Some Real Money Here? Offering in Chinese Religion." *Journal of Chinese Religion*, 18, 1: 1-24.

Macfarlane, Alan. 1987. *The Culture of Capitalism*. Oxford: Basil Blackwell.

Macgowan, J. 1909. *Lights and Shadows of Chinese Life*.

Shanghai: North China Daily News and Herald.

Mamdani, Mahmood. 1972. *The Myth of Population Control.* New York: Monthly Review Press.

Mann, Susan. 1987a. *Local Merchants and the Chinese Bureaucracy, 1750-1950.* Stanford: Stanford University Press.

Mann, Susan. 1987b. "Widows in the Kinship, Class, and Community Structures of Qing China." *Journal of Asian Studies,* 46: 37-56.

Mann, Susan. 1992. "Household Handicrafts and State Policies in Qing Times." In Jane Leonard, ed., *To Achieve Wealth and Security,* Ithaca: Cornell University Press, pp. 75-96. [See also Mann Susan Jones.]

Mao Zedong. 1963. *Where Do Correct Ideas Come from?* Beijing: Foreign Languages Press. (毛泽东:《人的正确思想是从哪里来的?》)

Mao Zedong. 1972. *Poems of Mao Tse-tung.* Trans. and with an Introduction and Notes by Hwa-ling Nie Engle and Paul Engle. New York: Simon and Schuster.

Mao Zedong. 1990. *Report from Xunwu.* Trans. and with an Intro. and Notes by Roger R. Thompson. Stanford: Stanford University Press. (毛泽东:《寻乌调查》)

Mark, Lindy Li. 1972. *Taiwanese Lineage Enterprises: A Study of Familial Entrepreneurship.* Ph. D. diss., Department of Anthropology, University of California, Berkeley.

Marks, Robert M. 1984. *Rural Revolution in South China: Peasants and the Making of History in Haifeng County, 1570-1930.* Madison: University of Wisconsin Press.

Martin, Emily. 1988. "Gender and Ideological Differences in Representations of Life and Death." In Watson and Rawski, eds., *Death Ritual in Late Imperial and Modern China,* pp. 164-179. [See also Emily Martin Ahern]

Marx, Karl. 1965. *Precapitalist Economic Formations.* Ed. and with an Introduction by E. J. Hobsbawm. New York: International Publishers.

Marx, Karl. 1968. *Karl Marx on Colonialism and Modernization; His Despatches and Other Writings on China, India, Mexico, the Middle East and North Africa.* Ed. and with an Introduction by Shlomo Avineri. Garden City, N.Y.: Doubleday.

Marx, Karl. 1973. *Grundrisse: Foundations of the Critique of Political Economy.* Trans. and with a Foreword by Martin Nicolaus. New York: Vintage.

Marx, Karl. 1977. *Capital,* vol. 1. Introduction. by Ernst Mandel, Trans. Ben Fowkes. New York: Vintage.

Marx, Karl. 1981. *Capital,* vol. 3. Introduction. by Ernst Mandel. Trans. David Fernbach. New York: Vintage.

Marx, Karl and Frederick Engels. 1962. *Selected Works,* vol. 1.

Mason, Edward S. and Mahn Je Kim. 1979-1981. *Studies in the Modernization of the Republic of Korea.* Cambridge, Mass.: Harvard

University Press.

McGough, James P. 1984. "The Domestic Mode of Production and Peasant Social Organization: The Chinese Case." In E. Paul Durrenberger, ed., *Chayanov, Peasants, and Economic Anthropology*, New York: Academic Press, pp. 183-201.

McKnight, Brian E. 1971. *Village and Bureaucracy in Southern Sung China*. Chicago: University of Chicago Press.

Meillassoux, Claude. 1978. "'The Economy' in Agricultural Self-Sustaining Societies: A Preliminary Analysis." In David Seddon, ed., *Relations of Production: Marxist Approaches to Economic Anthropology*. London: Cass.

Mendels, Franklin. 1970. *Industrialization and Population Pressure in Eighteenth-Century Flanders*. Ph.D. diss., Department of History, University of Wisconsin.

Mendels, Franklin. 1972. "Proto-industrialization: The First Stage of the Industrialization Process." *Journal of Economic History*, 32: 241-261.

Mendels, Franklin. 1981. *Industrialization and Population Pressure in Eighteenth-century Flanders*. New York: Columbia University Press.

Menpes, Mortimer. 1909. *China*. London: A. & C. Black.

Metzger, Thomas A. 1973. *The Internal Organization of Ch'ing Bureaucracy*. Cambridge MA: Harvard University Press.

Mintz, Sidney W. 1971. "Men, Women, and Trade." *Comparative Studies in Society and History*, 13, 3: 247-269.

Mintz, Sidney W. 1981. "Afterword." In Ahern and Gates, eds., *The Anthropology of Taiwanese* (Taiwan residents) *Society*, pp. 427-442.

Mintz, Sidney W. 1985. *Sweetness and Power: The Place of Sugar in Modern History*. New York: Viking.

Mitamura Taisuke. 1970. *Chinese Eunuchs: The Structure of Intimate Politics*. Rutland Vt., and Tokyo: Charles E. Tuttle.

Miyakawa Hisayuki. 1955. "An Outline of the Naito Hypothesis and Its Effects on Japanese Studies of China." *Far Eastern Quarterly*, 14: 533-552.

Miyakawa Hisayuki. 1969. "The Naito Hypothesis." In James T. C. Liu and Peter J. Golas, eds., *Change in Sung China: Innovation or Renovation?* Lexington, Mass.: D.C. Heath and Company.

Morgan Guaranty Survey, June 1961. 1962. "Economic Development in Taiwan." In *After Seeing Free China*, [Taibei]: n.p., pp. 43-50.

Morishima Michio. 1982. *Why Has Japan Succeeded? Western Technology and Japanese Ethos*. Cambridge: Cambridge University Press.

Morrison, Hedda and Wolfram Eberhard. 1973. *Hua Shan, the Taoist Sacred Mountain in West China: Its Scenery, Monasteries and Monks*. Hong Kong: Vetch and Lee.

Morse, Hosea Ballou. 1966[1909]. *The Gilds of China*. Taibei: Ch'eng-wen.

383

Moulder, Frances. 1977. *Japan, China, and the Modern World Economy: Toward a Reinterpretation of East Asian Development, ca. 1600 to ca. 1918*. Cambridge: Cambridge University Press.

Murphey, Rhoads. 1970. *The Treaty Ports and China's Modernization: What Went Wrong?* Michigan Papers in Chinese Studies, No. 7. Ann Arbor: University of Michigan Center for Chinese Studies.

Murray, Stephen O. and Hong Keelong. 1994. *Taiwanese Culture, Taiwanese* (Taiwan residents) *Society: A Critical Review of Social Science Research Done on Taiwan*. Lanham, Md.: University Press of America.

Myers, Ramon. 1970. *The Chinese Peasant Economy. Agricultural Development in Hopei and Shantung, 1890-1949*. Cambridge MA: Harvard University Press.

Myers, Ramon. 1976. " The ' Sprouts of Capitalism ' in Agricultural Development during the Mid-Qing Period." *Ch'ing-shih wen-t'i*, 6: 1-24.

Myers, Ramon. 1980. *The Chinese Economy: Past and Present*. Belmont, Calif.: Wadsworth.

Naquin, Susan. 1986. "Two Descent Groups of North China: The Wangs of Yung-p'ing Prefecture, 1500-1800." In Ebrey and Watson, eds., *Kinship Organization in Late Imperial China 1000-1940*, pp. 210-244.

Naquin, Susan. 1988. "Funerals in North China: Uniformity and

Variation." In James L. Watson and Evelyn S. Rawski, eds., *Death Ritual in Late Imperial and Modern China*, Berkeley: University of California Press, pp.37-70.

Naquin, Susan and Evelyn S. Rawski. 1987. *Chinese Society in the Eighteenth Century*. New Haven and London: Yale University Press.

Needham, Joseph. 1965. *Science and Civilization in China*, vol. 4, pt. 2. Cambridge: Cambridge University Press.

Nevard, Jacques. 1960. "End of Aid by '65 is Taiwan's Goal." *New York Times*, 3 April, 19: 3.

Ng Chin-keong. 1983. *Trade and Society: The Amoy Network on the China Coast, 1683-1735*. Singapore: Singapore University Press.

Ng Chin-keong. 1990. "The South Fukienese Junk Trade at Amoy from the Seventeenth to the Early Nineteenth Centuries." In Vermeer, ed., *The Development and Decline of Fukien Province*, pp. 297-316.

Niehoff, Justin. 1987. "The Villager as Industrialist: Ideologies of Household Manufacturing." *Modern China*, 13, 3: 278-309.

Nonini, Donald M. 1979. "The Mysteries of Capital Accumulation: Honoring the Gods and Gambling among Chinese in a Malaysian Market Town." In *Proceedings of the First International Symposium on Asian Studies*, 1979, Hong Kong: Asian Research Service, pp. 701-710.

Nonini, Donald M. 1983a. *The Chinese Community of a West*

Malaysian Market Town: A Study in Political Economy. Ph.D. diss., Department of Anthropology, Stanford University.

 Nonini, Donald M. 1983b. "The Chinese Truck Transport 'Industry' of a Peninsular Malaysian Market Town." In Linda Y.C. Lim and L. A. Peter Gosling, eds. *The Chinese in Southeast Asia*, vol. 1, Singapore: Maruzen Asia, pp. 171-206.

 Nugent, David. 1991. "Control of Space, Stability of Time: The Peruvian State as Arbiter of Surplus Flows." In Littlefield and Gates, eds., *Marxist Approaches in Economic Anthropology*, pp. 161-186.

 Numazaki Ichiro. 1986. "Networks of Taiwanese (Taiwan residents) Big Business." *Modern China*, 12, 4: 487-534.

 Numazaki Ichiro. 1991. *Networks and Partnerships: The Social Organization of The Chinese Business Elite in Taiwan*. Ph.D. diss., Department of Anthropology, Michigan State University.

 Numazaki Ichiro. 1993. "The Tainanbang: The Rise and Growth of a Banana-bunch-shaped Business Group in Taiwan." *The Developing Economies,* 31, 4: 485-510.

 Olsen, Stephen M. 1972. "The Inculcation of Economic Values in Taipei Business Families." In W. E. Willmott, ed., *Economic Organization in Chinese Society,* Stanford: Stanford University Press, pp.261-296.

 Omohundro, John T. 1981. *Chinese Merchant Families in Iloilo: Commerce and Kin in a Central Philippine City*. Athens: Ohio University Press.

Overmyer, Daniel L. 1984. "Attitudes toward the Ruler and State in Chinese Popular Religious Literature: Sixteenth and Seventeenth Century Pao-Chuan." *Harvard Journal of Asiatic Studies,* 44, 2: 347-380.

Oxfeld, Ellen. 1992. "Individualism, Holism, and the Market Mentality: Notes on the Recollections of a Chinese Entrepreneur." *Cultural Anthropology,* 7, 2: 267-300.

Oxfeld, Ellen. 1993. *Blood, Sweat, and Mahjong: Family and Enterprise in an Overseas Chinese Community.* Ithaca: Cornell University Press. [See also Ellen Oxfeld Basu]

Palmer, Bryan D. 1990. *Descent into Discourse: The Reification of Language and the Writing of Social History.* Philadelphia: Temple University Press.

Parish, William L. and Martin King Whyte. 1978. *Village and Family in Contemporary China.* Chicago: University of Chicago Press.

Parry, J. and M. Bloch, eds. 1989. *Money and the Morality of Exchange.* Cambridge: Cambridge University Press.

Pasternak, Burton. 1969. "The Role of the Frontier in Chinese Lineage Development." *Journal of Asian Studies,* 28, 3: 555-561.

Pasternak, Burton. 1972. *Kinship and Community in Two Chinese Villages.* Stanford: Stanford University Press.

Pasternak, Burton. 1983. *Guests in the Dragon.* New York: Columbia University Press.

Pasternak, Burton. 1985a. "The Disquieting Chinese Lineage and

Its Anthropological Relevance." In Hsieh Jih-chang and Chuang Ying-chang, eds., *The Chinese Family and Its Ritual Behavior*, [Taibei]: Institute of Ethnology, Academia Sinica, pp. 165-191.

Pasternak, Burton. 1985b. "On the Causes and Demographic Consequences of Uxorilocal Marriage in China." In Susan B. Hanley and Arthur P. Wolf, eds., *Family and Population in East Asian History*, Stanford: Stanford University Press, pp. 309-336.

Peng Ming-min. 1972. *A Taste of Freedom: Memoirs of a Formosan* (present day Taiwan resident, China) *Independence Leader*. New York: Holt, Rinehart and Winston.

Peng Zheyi. 1987[1959]. "Can the Historical Text 'The Weaver' Illuminate the Question of Sprouts of Capitalism in China's Handicraft Industry?" In [n.a.], *Collected Discussions of the Problem of China's Sprouts of Capitalism,* Taibei: Gufong Chubanshe, pp. 488-519.

Perdue, Peter C. 1987. *Exhausting the Earth: State and Peasant in Hunan, 1500-1850.* Cambridge, Mass.: Harvard University Press.

Perkins, Dwight H. 1969. *Agricultural Development in China, 1368-1968.* Chicago: Aldine.

Perkins, Dwight H. 1981. "Research on the Economy of the People's Republic of China: A Survey of the Field." *Journal of Asian Studies*, 42, 2: 345-372.

Perry, Elizabeth J. 1980. *Rebels and Revolutionaries in North China, 1845-1945.* Stanford: Stanford University Press.

Pickering, W. A. 1898. *Pioneering in Formosa* (present day Taiwan, China). London: Hurst and Blackett.

Plopper, Clifford H. 1969[1935]. *Chinese Religion as Seen through the Proverb.* New York: Paragon.

Polanyi, Karl. 1965[1944]. *The Great Transformation.* Boston: Beacon Press.

Potter, Jack M. 1968. *Capitalism and the Chinese Peasant.* Berkeley: University of California Press.

Pruitt, Ida. 1967[1945]. *A Daughter of Han.* Boston: Beacon Press.

Rawski, Evelyn Sakakida. 1972. *Agricultural Change and the Peasant Economy of South China.* Cambridge, Mass.: Harvard University Press.

Rawski, Evelyn Sakakida. 1985. " Economic and Social Foundations of Late Imperial Culture." In Johnson, Nathan, and Rawski, eds., *Popular Culture in Late Imperial China,* pp. 3-33.

Rebel, Hermann. 1989. " Cultural Hegemony and Class Experience: A Critical Reading of Recent Ethnological-Historical Approaches, part 1." *American Ethnologist,* 16, 1: 117-136.

Redding, S. Gordon. 1990. *The Spirit of Chinese Capitalism.* Berlin: Walter de Gruyter.

Rexroth, Kenneth and Ling Chung, eds. and trans. 1973. *The Orchid Boat: Women Poets of China.* New York: McGraw-Hill.

Roel, Vergilio. 1981. " El Modo de Produccion Inca." In

Waldemar Espinoza Soriano, ed., *Los modos de produccion en el imperio de los Incas,* Lima: Amaru Editores, pp. 201-212.

Rohsenow, Hill Gates. 1973. *Prosperity Settlement: The Politics of Pai-pai in Taipei, Taiwan.* Ph.D. diss., Department of Anthropology, University of Michigan.[see also Hill Gates]

Rohsenow, John S. 1991. *A Chinese-English Dictionary of Enigmatic Folk Similes (Xiehouyu).* Tucson: University of Arizona Press.

Ropp, Paul S. 1976. "The Seeds of Change: Reflections on the Condition of Women in the Early and Mid-Ch'ing." *Signs,* 2, 1: 5-23.

Rowe, William T. 1984. *Hankow: Commerce and Society in a Chinese City, 1796-1889.* Stanford: Stanford University Press.

Rudra, A. 1988. "Pre-Capitalist Modes of Production in Non-European Societies." *Journal of Peasant Studies,* 15: 373-394.

Sa, Sophie. 1985. "Marriage among the Taiwanese (Taiwan residents) of pre-1945 Taipei." In Susan Hanley and Arthur Wolf, eds., *History and Population in East Asia,* Stanford CA: Stanford University Press, pp. 277-308.

Sacks, Karen. 1979. *Sisters and Wives: The Past and Future of Sexual Equality.* Urbana: University of Illinois Press.

Sahlins, Marshall. 1972. *Stone Age Economics.* Chicago: Aldine.

Sahlins, Marshall. 1981. *Historical Metaphors and Mythic Realities: Structure in the Early History of the Sandwich Islands Kingdom.* Ann Arbor: University of Michigan Press.

Sahlins, Marshall. 1988. "Cosmologies of Capitalism: The Trans-Pacific Sector of 'The World System'." *Proceedings of the British Academy,* 74: 1-51.

Salaff, Janet W. 1988. *State and Family in Singapore.* Ithaca: Cornell University Press.

Sangren, P. Steven. 1983. "Female Gender in Chinese Religious Symbols: Kuan Yin, Ma Tsu, and the 'Eternal Mother'." *Signs,* 9: 4-25.

Sangren, P. Steven. 1984. "Great Tradition and Little Tradition Reconsidered: The Question of Cultural Integration in China." *Journal of Chinese Studies,* 1: 1-24.

Sangren, P. Steven. 1987. *History and Magical Power in a Chinese Community.* Stanford: Stanford University Press.

Sankar, Andrea. 1978. *The Evolution of the Sisterhood in Traditional Chinese Society: From Village Girls' Houses to Chai T'angs in Hong Kong.* Ph.D. diss., Department of Anthropology, University of Michigan.

Sankar, Andrea. 1984. "Spinster Sisterhoods." In Mary Sheridan and Janet W. Salaff, eds., *Lives: Chinese Working Women,* Bloomington: University of Indiana Press, pp. 51-70.

Saso, Michael. 1982. "Taiwan: Old Gods and Modern Society." In Carlos Calderola, ed., *Religions and Societies: Asia and the Middle East,* Amsterdam: Mouton, pp. 579-606.

Schafer, Edward H. 1963. *The Golden Peaches of Samarkand.*

Berkeley: University of California Press.

Schafer, Edward H. 1973. *The Divine Woman: Dragon Ladies and Rain Maidens in T'ang Literature.* Berkeley: University of California Press.

Scheper-Hughes, Nancy. 1992. *Death without Weeping: The Violence of Everyday Life in Brazil.* Berkeley: University of California Press.

Schneider, Jane and Peter Schneider. 1976. *Culture and Political Economy in Western Sicily.* New York: Academic Press.

Schoppa, R. Keith. 1989. *Xiang Lake—Nine Centuries of Chinese Life.* New Haven: Yale University Press.

Scott, James C. 1985. *Weapons of the Weak: Everyday Forms of Peasant Resistance.* New Haven: Yale University Press.

Seaman, Gary. 1981. "The Sexual Politics of Karmic Retribution." In Ahern and Gates, eds., *The Anthropology of Taiwanese* (Taiwan residents) *Society,* pp. 381-396.

Seaman, Gary. 1982. "Spirit Money: An Interpretation." *Journal of Chinese Religions,* 10: 80-91.

Selya, Roger Mark. 1974. *The Industrialization of Taiwan: Some Geographic Considerations.* Jerusalem: Jerusalem Academic Press.

Shadick, Harold. 1952. "Translator's Introduction." In Liu T'ieh-yun (Liu E), *The Travels of Lao Ts'an.* Ithaca: Cornell University Press.(刘鹗:《老残游记》)

Shaw, Robert. 1994. *Servant-Girls and Servant-Wives of Amoy,*

1905-1988. Honors Thesis, Department of Anthropology, Stanford University.

Shen Ts'ung-wen [Shen Congwen]. 1982[1947]. "The Frontier City." In Shen, *The Chinese Earth*. New York: Columbia University Press.(沈从文:《边城》)

Shepherd, John. 1988. "Rethinking Tenancy: Explaining Spatial and Temporal Variation in Late Imperial and Republican China." *Comparative Studies in Society and History*, 30, 3: 403-431.

Shepherd, John. 1993. *Statecraft and Political Economy on the Taiwan Frontier, 1600-1800*. Stanford: Stanford University Press.

Shiba Yoshinobu. 1970. *Commerce and Society in Sung China*. Ann Arbor: University of Michigan Center for Chinese Studies.

Shiba Yoshinobu. 1975. "Urbanization and the Development of Markets in the Lower Yangtze Valley." In John Winthrop Haeger, ed., *Crisis and Prosperity in Sung China*, Albuquerque: University of Arizona Press, pp.13-48.

Shiba Yoshinobu. 1977. "Ningpo and Its Hinterland." In G. William Skinner, ed., *The City in Late Traditional China*, pp. 391-440.

Shiga Shuzo. 1978. "Family Property and the Law of Inheritance in Traditional China." In David C. Buxbaum, ed., *Chinese Family Law and Social Change*. Seattle: University of Washington Press.

Shih Min-hsiung. 1976. *The Silk Industry in Ch'ing China*. Trans. E-tu Zen Sun. Ann Arbor: The University of Michigan Center for Chinese Studies.

Shinohara Miyohei. 1962. *Growth and Cycles in the Japanese Economy.* Tokyo: Kinokuniya.

Shryock, John. 1931. *The Temples of Anking and Their Cults.* Paris: Librairie Geuthner.

Shryock, John. 1976. *Leadership and Values.* Cambridge: Harvard University Press.

Simon, Denis Fred and Michael Y. M. Kau, eds. 1992. *Taiwan: Beyond the Economic Miracle.* Armonk, N.Y.: M. E. Sharpe.

Siu, Helen F. 1989. *Agents and Victims in South China.* New Haven: Yale University Press.

Skinner, G. William. 1961. *Leadership and Power in the Chinese Community of Thailand.* Ithaca: Cornell University Press.

Skinner, G. William. 1964. "Marketing and Social Structure in Rural China, Part I." *Journal of Asian Studies,* 24, 1: 1-43.

Skinner, G. William. 1965a. "Marketing and Social Structure in Rural China, Part II." *Journal of Asian Studies,* 24, 2: 195-228.

Skinner, G. William. 1965b. "Marketing and Social Structure in Rural China, Part III." *Journal of Asian Studies,* 24, 3: 363-399.

Skinner, G. William. 1971. "Chinese Peasants and the Closed Community: An Open and Shut Case." *Comparative Studies in Society and History,* 13, 3: 270-281.

Skinner, G. William. 1977a. "Cities and the Hierarchy of Local Systems." In G. William Skinner, ed., *The City in Late Imperial China,* pp. 275-351.

Skinner, G. William. 1977b. "Regional Urbanization in Nineteenth-Century China." In G. William Skinner, ed., *The City in Late Imperial China,* pp. 211-249.

Skinner, G. William. 1977c. "Urban and Rural in Chinese Society." In G. William Skinner, ed., *The City in Late Imperial China,* pp. 253-273.

Skinner, G. William. 1977d. "Urban Development in Imperial China." In G. William Skinner, ed., *The City in Late Imperial China,* pp. 3-31.

Skinner, G. William. 1977e. "Urban Social Structure in Ch'ing China." In G. William Skinner, ed., *The City in Late Imperial China,* pp. 521-553.

Skinner, G. William. 1985. "The Structure of Chinese History." *Journal of Asian Studies,* 64, 2: 271-292.

Skinner, G. William, ed. 1977. *The City in Late Imperial China.* Stanford: Stanford University Press.

Skocpol, Theda. 1979. *States and Social Revolutions: A Comparative Analysis of France, Russia, and China.* Cambridge: Cambridge University Press.

Skoggard, Ian. 1993. *Dependency and Rural Industrialization in Taiwan: The History and Organization of Taiwan's Shoe Industry.* Ph. D. diss., Department of Anthropology, City University of New York.

Smart, Josephine. 1983. "Dong-Kings, Triads and Hawkers: Spatial Monopoly among the Street Hawkers in Hong Kong." *Canadian*

Journal of Development Studies, 4, 1: 158-163.

Smart, Josephine. 1986. "The Hawker Permitted Place: A Discussion of the Impact of State Policy on Street Hawking in Hong Kong." *The Asian Journal of Public Administration,* 8, 2: 260-279.

Smart, Josephine and Alan Smart. 1991. "Personal Relations and Divergent Economies: A Case Study of Hong Kong Investment in South China." *International Journal of Urban and Regional Research,* 15, 2: 216-233.

Smart, Josephine and Alan Smart. 1992. "Capitalist Production in a Socialist Society: The Transfer of Manufacturing from Hong Kong to China." In F. A. Rothstein and M. L. Blim, eds., *Anthropology and the Global Factory: Studies of the New Industrialization in the Late Twentieth Century,* New York: Bergin and Garvey, pp. 47-61.

Smith, Arthur H. 1894. *Chinese Characteristics.* New York: Fleming H. Revell.

Smith, Arthur H. 1899. *Village China.* New York: Fleming H. Revell.

Smith, Arthur H. 1965[1917]. *Proverbs and Common Sayings from the Chinese.* New York: Dover.

Smith, Carol A. 1981. "Reconstructing the Elements of Petty Commodity Production." Ms.

Smith, Thomas C. 1977. *Nakahara: Family Farming and Population in a Japanese Village, 1717-1830.* Stanford: Stanford University Press.

So, Alvin Y. 1986. *The South China Silk District: Local Historical Transformation and World-System Theory.* Albany: State University of New York Press.

Spence, Jonathan. 1990. "Western Perceptions of China from the Late Sixteenth Century to the Present." In Paul S. Ropp, ed., *Heritage of China: Contemporary Perspectives on Chinese Civilization,* Berkeley: University of California Press, pp. 1-14.

Spence, Jonathan. 1992a. " Taxes." In Spence, *Chinese Roundabout: Essays in History and Culture,* New York: W. W. Norton, pp. 219-227.

Spence, Jonathan. 1992b. "Collapse of a Purist." In Spence, *Chinese Roundabout: Essays in History and Culture,* New York: W. W. Norton and Company, pp. 124-131.

Staunton, Sir George Thomas, trans. 1810. *Ta Tsing Leu Lee, Being the Fundamental Laws, and a Selection from the Supplementary Statutes, of the Penal Code of China.* London: T. Cadell and W. Davies.

Stevens, Rob. 1983. *Classes in Contemporary Japan.* Cambridge: Cambridge University Press.

Stites, Richard. 1982. "Small-scale Industry in Yingge, Taiwan." *Modern China,* 8, 2: 247-279.

Stites, Richard. 1985. "Industrial Work as an Enterpreneurial Strategy." *Modern China,* 1, 1: 227-246.

Stockard, Janice M. 1989. *Daughters of the Canton Delta:*

Marriage Patterns and Economic Strategies in South China, 1860-1930. Stanford: Stanford University Press.

Sung Hok-pang. 1974. "Legends and Stories of the New Territories." *Journal of the Hong Kong Branch of the Royal Asiatic Society,* 14: 160-180.

Sung Lung-sheng. 1981. "Property and Family Division." In Ahern and Gates, eds., *The Anthropology of Taiwanese* (Taiwan residents) *Society,* pp. 361-380.

Taiwan, Provincial Government, Bureau of Accounting and Statistics.[Various years] *Report on the Survey of Family Earning and Expenditure.* Taibei.

Takahashi Kohachiro. 1976. "A Contribution to the Discussion." In Rodney Hilton, ed., *The Transition from Feudalism to Capitalism,* London: Verso, pp. 68-97.

Tambiah, S. J. 1973. "Dowry and Bridewealth and the Property Rights of Women in South Asia." In Goody and Tambiah, *Bridewealth and Dowry,* pp. 59-169.

Tang Mei-chun. 1978. *Urban Chinese Families.* Taibei: National Taiwan University.

Tang Mei-chun. 1985. "Equal Right and Domestic Structure." In Hsieh Jih-chang and Chuang Ying-chang, eds., *The Chinese Family and Its Ritual Behavior,* [Taibei]: Institute of Ethnology, Academia Sinica, pp. 61-69.

Taussig, Michael. 1975. *The Devil and Commodity Fetishism in*

South America. Durham: University of North Carolina Press.

Teng, Jinhua Emma. 1990. "Religion as a Source of Oppression and Creativity for Chinese Women." *Journal of Women and Gender Studies,* 1: 165-191.

Ter Haar, Barend J. 1990. "The Genesis and Spread of Temple Cults in Fukien." In Vermeer, ed., *The Development and Decline of Fukien Province,* pp. 349-396.

The Far East. 1871. "Taiwan's Trade." 7: 1-3.

Thompson, Lawrence G. 1973. *The Chinese Way in Religion.* Encino, Calif.: Dickenson Publishing Company.

T'ien Ju-k'ang. 1990. "The Decadence of Buddhist Temples in Fukien in Late Ming and Early Ch'ing." In Vermeer, ed., *The Development and Decline of Fukien Province,* pp. 83-100.

Tokei, Ferenc. 1966. *Sur le mode de production asiatique.* Budapest: Akadamia Kiado.

Tong, James W. 1991. *Disorder under Heaven: Collective Violence in the Ming Dynasty.* Stanford: Stanford University Press.

Topley, Marjorie. 1975. "Marriage Resistance in Rural Kwangtung." In Margery Wolf and Roxanne Witke, eds., *Women in Chinese Society,* Stanford: Stanford University Press, pp. 67-88.

Torr, Dona, ed. 1951. *Marx on China, 1853-1860.* London: Lawrence and Wishart.

Tseng, Osman. 1991. "Steps toward a Mature Market." *Free China Review,* 41, 4: 49-53.

Tsui Yi-lan. 1987. *Are Married Daughters "Spilled Water"? A Study of Working Women in Urban Taiwan.* Taibei: Women's Research Program, National Taiwan University.

Tsui Yi-lan. 1989. "The Changing Role of Working Women in Taiwan." In Chang Kwang-chih et al., eds., *Anthropological Studies of the Taiwan Area,* pp. 285-318.

Tsurumi, E. Patricia. 1994. *Factory Girls: Women in the Thread Mills of Meiji Japan.* Stanford: Stanford University Press.

Twitchett, Denis. 1963. *Financial Administration under the Tang Dynasty.* Cambridge: Cambridge University Press.

Tzu, Y. Y. 1927. "Diary of a Chinese Buddhist Nun: T'ze Kuang." *The Journal of Religion,* 7, 5-6: 612-618.

Van der Sprenkel, Sybille. 1962. *Legal Institutions in Manchu China: A Sociological Analysis.* London: Athlone.

Van Slyke, Lyman P. 1988. *Yangtze: Nature, History, and the River.* Reading, Mass.: Addison-Wesley.

Vermeer, Eduard B., ed. 1990a. *The Development and Decline of Fukien Province in the Seventeenth and Eighteenth Centuries.* Leiden: E. J. Brill.

Vermeer, Eduard B., ed. 1990b. "The Deline of Hsing-hua Prefecture in the Early Ch'ing." In Vermeer, ed., *The Development and Decline of Fukien Province in the Seventeenth and Eighteenth Centuries,* pp. 101-162.

Vermeer, Eduard B., ed. 1990c. "Introduction." In Vermeer, ed.,

The Development and Decline of Fukien Province in the Seventeenth and Eighteenth Centuries, pp. 5-34.

Vertente, Christine, Hsu Hsueh Chi and Wu Mi-cha. 1991. *The Authentic Story of Taiwan: An Illustrated History, Based on Ancient Maps, Manuscripts and Prints*. Knotke, Belgium: Mappamundi.

Wade, Robert. 1990. *Governing the Market: Economic Theory and the Role of Government in East Asian Industrialization*. Princeton: Princeton University Press.

Wakeman, Frederick J. 1980. *Ming and Qing Historical Studies in the People's Republic of China*. Berkeley: Center for Chinese Studies, University of California.

Waltner, Ann Beth. 1981. *The Adoption of Children in Ming and Early Ch'ing China*. Ph.D. diss., Department of History, University of California.

Waltner, Ann Beth. 1990. *Getting an Heir: Adoption and the Construction of Kinship in Late Imperial China*. Honolulu: University of Hawaii Press.

Walton-Vargo, Linda Ann. 1978. *Education, Social Change, and NeoConfucianism in Song-Yuan China: Academies and the Local Elite in Ming Prefecture (Ningpo)*. Ph.D. diss., Department of History, University of Pennsylvania.

Wang Sung-hsing. 1974. "Taiwanese (Taiwan residents) Architecture and the Supernatural." In Arthur P. Wolf, ed., *Religion and Ritual in Chinese Society*, Stanford: Stanford University Press, pp.

183-193.

Wang Sung-hsing. 1985. "On the Household and Family in Chinese Society." In Hsieh Jih-chang and Chuang Ying-chang, eds., *The Chinese Family and Its Ritual Behavior*, pp. 50-60.

Wang Sung-hsing and Raymond Apthorpe. 1974. *Rice Farming in Taiwan: Three Village Studies*. Taibei: Institute of Ethnology, Academia Sinica.

Wang Yeh-chien. 1980. "The Sprouts of Capitalism in China." In Frederick J. Wakeman, Jr., ed., *Ming and Qing Historical Studies in the People's Republic of China,* Berkeley: Center for Chinese Studies, University of California, pp.96-103.

Ward, Barbara. 1972. "A Small Factory in Hong Kong: Some Aspects of Its Internal Organization." In W. E. Willmott, ed., *Economic Organization in Chinese Society,* Stanford: Stanford University Press, pp. 353-386.

Ward, Barbara. 1985. "Regional Operas and Their Audiences: Evidence from Hong Kong." In David Johnson et al., eds., *Popular Culture in Late Imperial China,* pp.161-187.

Watson, James L. 1975. *Emigration and the Chinese Lineage: The Mans in Hong Kong and London*. Berkeley: University of California Press.

Watson, James L. 1977. "Hereditary Tenancy and Corporate Landlordism in Traditional China: A Case Study." *Modern Asian Studies,* 11: 161-182.

Watson, James L. 1980a. "Transactions in People: The Chinese Market in Slaves, Servants, and Heirs." In Watson, ed., *Asian and African Systems of Slavery*, Cambridge: Cambridge University Press, pp. 223-250.

Watson, James L. 1980b. "Slavery as an Institution, Open and Closed Systems." In James L. Watson, ed., *Asian and African Systems of Slavery*, Cambridge: Cambridge University Press, pp. 1-15.

Watson, James L. 1985. "Standardizing the Gods: The Promotion of T'ien Hou ('Empress of Heaven') along the South China Coast, 960-1960." In Johnson et al., eds., *Popular Culture in Late Imperial China*, pp. 292-324.

Watson, James L. 1988. "The Structure of Chinese Funerary Rites: Elementary Forms, Ritual Sequence, and the Primacy of Performance." In Watson and Rawski, eds., *Death Ritual in Late Imperial and Modern China*, pp.3-19.

Watson, James L. and Evelyn S. Rawski. 1988. *Death Ritual in Late Imperial and Modern China*. Berkeley: University of California Press.

Watson, Rubie. 1984a. "Women's Work and Inheritance in Chinese Society: An Anthropologist's View." In Barbara D. Miller and Janice Hyde, eds., *Women in Asia and Asian Studies*. Association for Asian Studies, Committee on Women in Asian Studies Monograph Series 1, pp. 7-23.

Watson, Rubie. 1984b. "Women's Property in Republican

China: Rights and Practice." *Republican China,* 10, 1A: 1-12.

Watson, Rubie. 1985. *Inequality among Brothers: Class and Kinship in South China.* Cambridge: Cambridge University Press.

Watson, Rubie. 1990. "Corporate Property and Local Leadership in the Pearl River Delta, 1898-1941." In Joseph W. Esherick and Mary Backus Rankin, eds., *Chinese Local Elites and Patterns of Dominance,* Berkeley: University of California Press, pp. 239-260.

Watters, T. 1874. "Chinese Fox-Myths." *Journal of the North China Branch of the Royal Asiatic Society,* 8: 45-65.

Weber, Max. 1977[1948]. *From Max Weber: Essays in Sociology.* Trans., ed., and with an Intro. by H. H. Gerth and C. Wright Mills. London: Routledge & Kegan Paul.

Weller, Robert P. 1985. "Beggars, Bandits, and Ghosts: The Failure of State Control over Religious Interpretation in Taiwan." *American Ethnologist,* 12: 46-61.

Weller, Robert P. 1986. *Unities and Diversities in Chinese Religion.* Seattle: University of Washington Press.

Weller, Robert P. 1987. "The Politics of Ritual Disguise: Repression and Response in Taiwanese (Taiwan residents) Popular Religion." *Modern China,* 13, 1: 17-39.

Wessman, James W. 1981. *Anthropology and Marxism.* Cambridge, Mass.: Schenkman.

Wheatley, Paul. 1971. *The Pivot of the Four Quarters.* Chicago: Aldine.

Wiens, Herold J. 1967. *Han Chinese Expansion in South China.* North Haven, Conn.: The Shoestring Press.

Will, Pierre-Etienne. 1991. *Nourish the People: The State Civilian Granary System in China, 1650-1850.* Ann Arbor: Center for Chinese Studies, University of Michigan.

Willmott, W. E. 1970. *The Political Structure of the Chinese Community in Cambodia.* London: Athlone.

Winckler, Edwin and Susan Greenhalgh. 1988. *Contending Approaches to the Political Economy of Taiwan.* Armonk, N. Y.: M. E. Sharpe.

Wittfogel, Karl. 1957. *Oriental Despotism.* New Haven: Yale University Press.

Wolf, Arthur P. 1968. "Childhood Association, Sexual Attraction, and the Incest Taboo: A Chinese Case." *American Anthropologist,* 68, 4: 883-898.

Wolf, Arthur P. 1970. "Chinese Kinship and Mourning Dress." In Maurice Freedman, ed., *Family and Kinship in Chinese Society,* Stanford CA: Stanford University Press, pp. 189-207.

Wolf, Arthur P. 1974a. "Introduction." In Wolf, ed., *Religion and Ritual in Chinese Society,* Stanford: Stanford University Press, pp. 1-18.

Wolf, Arthur P. 1974b. "Gods, Ghosts, and Ancestors." In Wolf, ed., *Religion and Ritual in Chinese Society,* Stanford CA: Stanford University Press, pp. 131-182.

Wolf, Arthur P. 1976. "Aspects of Ancestor Worship in Northern Taiwan." In William H. Newell, ed., *Ancestors,* The Hague: Mouton, pp. 339-364.

Wolf, Arthur P. 1980. Fieldnotes.

Wolf, Arthur P. 1981. "Women, Widowhood and Fertility in Premodern China." In J. Dupaquier et al., eds., *Marriage and Remarriage in Populations of the Past,* New York: Academic Press, pp. 139-147.

Wolf, Arthur P. 1985a. "Fertility in Prerevolutionary Rural China." In Susan B. Hanley and Arthur P. Wolf, eds., *Family and Population in East Asian History,* Stanford: Stanford University Press, pp.154-185.

Wolf, Arthur P. 1985b. "Chinese Family Size: A Myth Revitalized." In Hsieh Jih-chang and Chuang Ying-chang, eds., *The Chinese Family and Its Ritual Behavior,* pp. 241-260.

Wolf, Arthur P. 1989a. "The Origins and Explanation of Variation in the Chinese Kinship System." In Chang Kwang-chih et al., *Anthropological Studies of the Taiwan Area: Accomplishments and Prospects,* pp. 241-260.

Wolf, Arthur P. 1989b. "Social Hierarchy and Cultural Diversity: A Critique of G. William Skinner's View of Chinese Peasant Culture." *Proceedings of the Second International Conference on Sinology,* Academia Sinica, Taibei, pp. 311-318.

Wolf, Arthur P. 1995. *Sexual Attraction and Childhood Association: A Chinese Brief for Edward Westermarck.* Stanford:

Stanford University Press.

Wolf, Arthur P. and Huang Chieh-shan. 1980. *Marriage and Adoption in China, 1845-1945*. Stanford: Stanford University Press.

Wolf, Eric R. 1959. *Sons of the Shaking Earth*. Chicago: University of Chicago Press.

Wolf, Eric R. 1966. *Peasants*. Englewood Cliffs, N. J.: Prentice-Hall.

Wolf, Eric R. 1982. *Europe and the Peoples without History*. Berkeley: University of California Press.

Wolf, Eric R. 1990. "Facing Power—Old Insights, New Questions." *American Anthropologist*, 92, 3: 586-596.

Wolf, Margery. 1968. *The House of Lim*. New York: Appleton-Century-Crofts.

Wolf, Margery. 1972. *Women and the Family in Rural Taiwan*. Stanford: Stanford University Press.

Wolf, Margery. 1985. *Revolution Postponed: Women in Contemporary China*. Stanford: Stanford University Press.

Wolpe, Harold, ed. 1980. *The Articulation of Modes of Production*. London: Routledge & Kegan Paul.

Worseley, Peter. 1968. *The Trumpets Shall Sound*. London: MacGibbon and Kee.

Wright, Tim. 1988. "'The Spiritual Heritage of Chinese Capitalism': Recent Trends in the Historiography of Chinese Enterprise Management." *Australian Journal of Chinese Affairs*, 19/20: 185-214.

Wu, David Y. H. 1985. "The Conditions of Development and Decline of Chinese Lineages and the Formation of Ethnic Groups." In Hsieh Jih-cheng and Chuang Ying-chang, eds., *The Chinese Family and Its Ritual Behavior,* pp. 192-209.

Wu Ching-tzu. 1973. *The Scholars.* Beijing: Foreign Languages Press.(吴敬梓:《儒林外史》)

WuDunn, Sheryl. 1991. "Market Revives Feudal Evil: The Sale of Wives." *New York Times,* 4 August: A8.

Xu Xinwu. 1988. "The Struggle of the Handicraft Cotton Industry against Machine Textiles in China." *Modern China,* 14, 1: 31-49.

Yanagisako, Sylvia Junko and Jane Fishburne Collier. 1987. "Toward a Unified Analysis of Gender and Kinship." In Sylvia Junko Yanagisako and Jane Fishburne Collier, eds., *Gender and Kinship: Essays toward a Unified Analysis,* Stanford: Stanford University Press, pp. 14-50.

Yang, C. K. 1967. *Religion in Chinese Society.* Berkeley: University of California Press.

Yang, Martin C. 1945. *A Chinese Village: Taitou, Shantung Province.* New York: Columbia University Press.

Yang Lien-sheng. 1952. *Money and Credit in China: A Short History.* Cambridge, Mass.: Harvard University Press.

Yang Lien-sheng. 1979. "Government Control of Urban Merchants in Traditional China." *Tsing Hua Journal of Chinese*

Studies, 8, 1: 186-206.

Yao, Esther S. Lee. 1983. *Chinese Women Past and Present*. Houston, Tex.: Mesquite Press.

Yue Zumou. 1994. *A Regional Analysis of Early Chinese Urbanization*. Ph. D. diss., Department of Anthropology, Stanford University.

Zelin, Madeleine. 1987. *The Magistrate's Tael*. Berkeley: University of California Press.

Zhang Boshu. 1994. *Marxism and Human Sociobiology: The Perspective of Economic Reforms in China*. Albany: State University of New York Press.

Zhou Ye [recounted by Zhou Jianren]. 1988. An Age Gone By: Lu Xun's Clan in Decline. Beijing: New World Press.

Zipf, G. K. 1949. *Human Behavior and the Principle of Least Effort*. Cambridge, Mass.: Harvard University Press.

Zito, A. R. 1987. "City Gods, Filiality, and Hegemony in Late Imperial China." *Modern China*, 13, 3: 333-369.

翻译后记

葛希芝教授一直专注和执着于缠足研究,当看到寺庙墙上画的《二十四孝图》时,她注意到的是一幅幅画面里那些扮演妻子、女儿和母亲角色的女人们的脚是如何露出一个足尖,或者干脆藏起来,仅从几缕勾勒的线条中隐约可见。翻译《中国"马达"》历时三年,我被这部译稿占据了脑海,近乎偏执和疯狂:2018年4月与葛老师携手同游杭州寺庙时,寺庙门口摆着一对石狮子,我脑子里浮现出第9章对狮子性别差异的描述;进了一重门,寺庙门口摆着一座石象,我对同行的葛老师和邵蕴绮说,"大象在第4章的开头提及";葛老师在饭桌上腼腆地说:"你们可能不记得了,在书中记录了一个插曲,妓女被县官遣散,按斤卖……"我大叫:"怎么不记得!在第7章哪里哪里……"葛老师哈哈大笑。她可能不知道,在这三年的时间里,《中国"马达"》几乎成为我生命中不可分割的一部分,以至于我看到任何相关事物的时候,脑子里投射的都是英文书稿中相关内容的具体位置。写后记的时候,我才意识到,它译完了。

2016年春,当时还在上海大学人类学与民俗学研究所供职的张佩国教授,从美国加州大学洛杉矶分校访学归来,带着他对葛希芝教授的承诺,动议翻译《中国"马达"》。在全书进入统稿阶段时,他力图用"信""达""雅"的翻译标准,使译稿臻于完善。对译稿中的大部分古典文献、歌谣、谚语等引文,他在查对中文原著的基础上,进行了"回译",并对全部译稿进行了加工、润色和审校。挪威卑尔根大学社会人类学专业硕士、当时任职于美国驻沪海外留学项目的邵蕴绮填补进来,在繁忙的外事工作的间隙,承担前三章的翻译。上海大学人类学在读博士生乔纲提供了第4、5、6章的初稿,同样是上海大学人类学在读博士生的王文娟承担、参与了第7、8、9章的翻译,感谢他们的付出。

首都师范大学历史学院史学理论专业的陈建博士,现任临沂大学历史文化学院副教授,他承担了第4章、第9章的翻译。当时他的博士论文正进入紧锣密鼓的写作进程,就在翻译"吃紧"的这个当头,他放下了自己的博士论文,义无反顾地投入其中。2022年冬到2023年夏,他对全书做了审校。

贵州师范大学历史与政治学院的石峰教授参与审校工作,他的人类学翻译经验和水准,也为译者提供了心理上的安全感。石峰教授在翻译进入攻坚阶段时,还亲临上海大学,指导了若干处意译,他的到来恰逢其时。

任教于河南师范大学社会事业学院、现在美国波士顿大学人类学系访学的陈妍娇副教授帮助我们,在哈佛大学燕京图书馆,找到了第9章中"哭嫁歌"的原文。上海博物馆的青年人类学家张经纬在幕后给了适时的团队合作指导,并提供了具体的翻译咨询。山东大学儒学高等研究院民俗学研究所的刁统菊教授对第9章做了细致的修订,她也长期关注葛希芝的缠足与性别研究。

第8章涉及诸多闽南语的发音,为了明确译名,我求助于华南师范大学的同学林仰暖。她是潮汕人,大姐十多年前嫁到台湾,正是她反馈的闽南语综合信息,使得我能够在脚注中标出闽南语由于地域不同而具有的多样性及亲缘性,进一步突显了葛希芝教授对台湾民间宗教的田野调查把握的精湛程度。

除了平添缕缕华发,我也带着翻译《中国"马达"》的阅历,通过了2018—2019年富布赖特访问学者的激烈选拔。若干年前我途经加州大学伯克利分校,曾漫步于海边;随着访学时间的临近,那片海潮似乎正向我的书桌涌来,也许这是葛希芝老师给我的礼物。

马丹丹

2018年5月3日作

2019年8月14日改

翻译分工如下:

邵蕴绮:第1、2、3章

陈建、乔纲:第4章

马丹丹、乔纲:第5、6章

王文娟、马丹丹:第7、8章

陈建、王文娟:第9章

马丹丹:序言、第10章、附录

全书统稿:马丹丹

审校:石峰、陈建

大学问，广西师范大学出版社学术图书出版品牌，以"始于问而终于明"为理念，以"守望学术的视界"为宗旨，致力于以文史哲为主体的学术图书出版，倡导以问题意识为核心，弘扬学术情怀与人文精神。品牌名取自王阳明的作品《〈大学〉问》，亦以展现学术研究与大学出版社的初心使命。我们希望：以学术出版推进学术研究，关怀历史与现实；以营销宣传推广学术研究，沟通中国与世界。

截至目前，大学问品牌已推出《现代中国的形成（1600—1949）》《中华帝国晚期的性、法律与社会》等100余种图书，涵盖思想、文化、历史、政治、法学、社会、经济等人文社会科学领域的学术作品，力图在普及大众的同时，保证其文化内蕴。

"大学问"品牌书目

大学问·学术名家作品系列
朱孝远　《学史之道》
朱孝远　《宗教改革与德国近代化道路》
池田知久　《问道：〈老子〉思想细读》
赵冬梅　《大宋之变，1063—1086》
黄宗智　《中国的新型正义体系：实践与理论》
黄宗智　《中国的新型小农经济：实践与理论》
黄宗智　《中国的新型非正规经济：实践与理论》
夏明方　《文明的"双相"：灾害与历史的缠绕》
王向远　《宏观比较文学19讲》
张闻玉　《铜器历日研究》
张闻玉　《西周王年论稿》
谢天佑　《专制主义统治下的臣民心理》
王向远　《比较文学系谱学》
王向远　《比较文学构造论》
刘彦君　廖奔　《中外戏剧史（第三版）》
干春松　《儒学的近代转型》
王瑞来　《士人走向民间：宋元变革与社会转型》
罗家祥　《朋党之争与北宋政治》

大学问·国文名师课系列
龚鹏程　《文心雕龙讲记》

张闻玉	《古代天文历法讲座》
刘　强	《四书通讲》
刘　强	《论语新识》
王兆鹏	《唐宋词小讲》
徐晋如	《国文课:中国文脉十五讲》
胡大雷	《岁月忽已晚:古诗十九首里的东汉世情》
龚　斌	《魏晋清谈史》

大学问·明清以来文史研究系列

周绚隆	《易代:侯岐曾和他的亲友们(修订本)》
巫仁恕	《劫后"天堂":抗战沦陷后的苏州城市生活》
台静农	《亡明讲史》
张艺曦	《结社的艺术:16—18世纪东亚世界的文人社集》
何冠彪	《生与死:明季士大夫的抉择》
李孝悌	《恋恋红尘:明清江南的城市、欲望和生活》
李孝悌	《琐言赘语:明清以来的文化、城市与启蒙》
孙竞昊	《经营地方:明清时期济宁的士绅与社会》
范金民	《明清江南商业的发展》
方志远	《明代国家权力结构及运行机制》
严志雄	《钱谦益的诗文、生命与身后名》
严志雄	《钱谦益〈病榻消寒杂咏〉论释》
全汉昇	《明清经济史讲稿》

大学问·哲思系列

罗伯特·S.韦斯特曼	《哥白尼问题:占星预言、怀疑主义与天体秩序》
罗伯特·斯特恩	《黑格尔的〈精神现象学〉》
A.D.史密斯	《胡塞尔与〈笛卡尔式的沉思〉》
约翰·利皮特	《克尔凯郭尔的〈恐惧与颤栗〉》
迈克尔·莫里斯	《维特根斯坦与〈逻辑哲学论〉》
M.麦金	《维特根斯坦的〈哲学研究〉》
G·哈特费尔德	《笛卡尔的〈第一哲学的沉思〉》
罗杰·F.库克	《后电影视觉:运动影像媒介与观众的共同进化》
苏珊·沃尔夫	《生活中的意义》
王浩	《从数学到哲学》
布鲁诺·拉图尔　尼古拉·张	《栖居于大地之上》

罗伯特·凯恩 《当代自由意志导论》
维克多·库马尔　里奇蒙·坎贝尔 《超越猿类:人类道德心理进化史》

大学问·名人传记与思想系列
孙德鹏 《乡下人:沈从文与近代中国(1902—1947)》
黄克武 《笔醒山河:中国近代启蒙人严复》
黄克武 《文字奇功:梁启超与中国学术思想的现代诠释》
王　锐 《革命儒生:章太炎传》
保罗·约翰逊 《苏格拉底:我们的同时代人》
方志远 《何处不归鸿:苏轼传》
章开沅 《凡人琐事:我的回忆》

大学问·实践社会科学系列
胡宗绮 《意欲何为:清代以来刑事法律中的意图谱系》
黄宗智 《实践社会科学研究指南》
黄宗智 《国家与社会的二元合一》
黄宗智 《华北的小农经济与社会变迁》
黄宗智 《长江三角洲的小农家庭与乡村发展》
白德瑞 《爪牙:清代县衙的书吏与差役》
赵刘洋 《妇女、家庭与法律实践:清代以来的法律社会史》
李怀印 《现代中国的形成(1600—1949)》
苏成捷 《中华帝国晚期的性、法律与社会》
黄宗智 《实践社会科学的方法、理论与前瞻》
黄宗智　周黎安 《黄宗智对话周黎安:实践社会科学》
黄宗智 《实践与理论:中国社会经济史与法律史研究》
黄宗智 《经验与理论:中国社会经济与法律的实践历史研究》
黄宗智 《清代的法律、社会与文化:民法的表达与实践》
黄宗智 《法典、习俗与司法实践:清代与民国的比较》
黄宗智 《过去和现在:中国民事法律实践的探索》
黄宗智 《超越左右:实践历史与中国农村的发展》
白　凯 《中国的妇女与财产(960—1949)》

大学问·法律史系列
田　雷 《继往以为序章:中国宪法的制度展开》
北鬼三郎 《大清宪法案》

寺田浩明 《清代传统法秩序》
蔡　斐 《1903：上海苏报案与清末司法转型》
秦　涛 《洞穴公案：中华法系的思想实验》
柯　岚 《命若朝霜：〈红楼梦〉里的法律、社会与女性》

大学问·桂子山史学丛书
张固也 《先秦诸子与简帛研究》
田　彤 《生产关系、社会结构与阶级：民国时期劳资关系研究》
承红磊 《"社会"的发现：晚清民初"社会"概念研究》

大学问·中国女性史研究系列
游鉴明 《运动场内外：近代江南的女子体育（1895—1937）》

其他重点单品
郑荣华 《城市的兴衰：基于经济、社会、制度的逻辑》
郑荣华 《经济的兴衰：基于地缘经济、城市增长、产业转型的研究》
拉里·西登托普 《发明个体：人在古典时代与中世纪的地位》
玛吉·伯格等 《慢教授》
菲利普·范·帕里斯等 《全民基本收入：实现自由社会与健全经济的方案》
王　锐 《中国现代思想史十讲》
简·赫斯菲尔德 《十扇窗：伟大的诗歌如何改变世界》
屈小玲 《晚清西南社会与近代变迁：法国人来华考察笔记研究（1892—1910）》
徐鼎鼎 《春秋时期齐、卫、晋、秦交通路线考论》
苏俊林 《身份与秩序：走马楼吴简中的孙吴基层社会》
周玉波 《庶民之声：近现代民歌与社会文化嬗递》
蔡万进等 《里耶秦简编年考证（第一卷）》
张　城 《文明与革命：中国道路的内生性逻辑》
洪朝辉 《适度经济学导论》
李竞恒 《爱有差等：先秦儒家与华夏制度文明的构建》
傅　正 《从东方到中亚——19世纪的英俄"冷战"（1821—1907）》
俞　江 《〈周官〉与周制：东亚早期的疆域国家》
马嘉鸿 《批判的武器：罗莎·卢森堡与同时代思想者的论争》
李怀印 《中国的现代化：1850年以来的历史轨迹》